Contraste insuffisant
NF Z 43-120-14

RÉPERTOIRE

DE LA

LITTÉRATURE

ANCIENNE ET MODERNE.

IMPRIMERIE DE CHASSAIGNON,
RUE GÎT-LE-CŒUR, N° 7.

RÉPERTOIRE

DE LA

LITTÉRATURE

ANCIENNE ET MODERNE,

CONTENANT

1° LE LYCÉE DE LA HARPE, LES ÉLÉMENTS DE LITTERATURE DE MARMONTEL, UN CHOIX D'ARTICLES LITTÉRAIRES DE ROLLIN, VOLTAIRE, BATTEUX, ETC.;

2° DES NOTICES BIOGRAPHIQUES SUR LES PRINCIPAUX AUTEURS ANCIENS ET MODERNES, AVEC DES JUGEMENS PA NOS MEILLEURS CRITIQUES, TELS QUE :

D'Alembert, Batteux, Bernardin de Saint-Pierre, Blair, Boileau, Chénier, Delille, Diderot, Dussault, Fénelon, Fontanes, Ginguené, La Bruyère, La Fontaine, Marmontel, Maury, Montaigne, Montesquieu, Palissot, Rollin, J.-B. Rousseau, J.-J. Rousseau, Thomas, Vauvenargues, Voltaire, etc. ;

Et MM. Amar, Andrieux, Auger, Burnouf, Buttnra, Chateaubriand, Duviquet, Feletz, Gaillard, Le Clerc, Lemercier, Patin, Villemain, etc.;

3° DES MORCEAUX CHOISIS AVEC DES NOTES.

TOME VINGT ET UNIEME.

A PARIS,

CHEZ CASTEL DE COURVAL, LIBRAIRE-ÉDITEUR,

RUE DE SAVOIE, N° 6.

M DCCC XXV

RÉPERTOIRE

DE LA

LITTÉRATURE

ANCIENNE ET MODERNE.

OVIDE (PUBLIUS OVIDIUS NASO), naquit à Sulmone, le 20 mars de l'an 711 de Rome (45 ans avant l'ère vulgaire), à cette même époque où la liberté romaine s'anéantissait, où l'ambition d'un seul homme, qui n'était connu que par ses vices et ses crimes, parvînt, à force d'artifice, à relever le trône des Tarquins et à s'y placer avec quelque gloire pour y précéder une foule de monstres.

Ovide appartenait à une famille de l'ordre appelé équestre. Quoique doué de philosophie, le poète prend le soin de nous l'apprendre lui-même. Les Romains tenaient beaucoup à la différence de castes; ils touchaient encore à ces temps où les peuples d'Italie, établis par le droit de conquête, se croyaient fortement intéressés à poser une barrière éternelle entre les oppresseurs et les opprimés. A côté des bienfaits de la civilisation, ils ne rougissaient point de placer l'esclavage ; l'intérêt personnel parlait plus haut que la justice, et sans doute l'avilissement des classes inférieures avait accoutumé les Romains au mépris des hommes, qui fut la source de tous les crimes dont ils ont souillé leur gloire.

L'élévation même de la naissance d'Ovide semblait lui fermer la carrière où la nature l'appelait.

Son père l'avertissait avec sévérité que la poésie avait rarement conduit à la fortune, et il lui ordonnait impérieusement d'abandonner une étude qu'il appelait frivole, pour embrasser un état lucratif. Le jeune Ovide, un moment ébranlé par l'autorité paternelle, promettait, s'efforçait de tenir sa promesse ; et l'engagement qu'il prenait de renoncer à la poésie, il l'écrivait en vers. Le préjugé, l'intérêt, la vanité tentèrent inutilement d'enchaîner le génie du poète, il triompha de tous les obstacles. Ovide marcha de succès en succès, sa réputation fut aussi rapide qu'éclatante, et Rome, fumante encore du sang des victimes de la tyrannie, sembla oublier ses maux aux accords de la lyre d'Ovide ; veuve des grands écrivains à qui elle devait sa véritable gloire, la capitale de l'univers crut retrouver dans l'auteur des *Métamorphoses* la philosophie profonde de Lucrèce, la muse touchante de Virgile et la grace piquante du chantre de Tibur. La renommée d'Ovide remplissait le monde civilisé ; ses vers excitaient l'enthousiasme des Romains, et son caractère faisait les délices de ses amis. Partisan des plaisirs, mais noble dans ses goûts, courtisan aimable, mais philosophe profond, ce grand homme se conciliait la faveur de la cour voluptueuse du nouveau César et l'estime des Romains, dignes encore de ce nom.

Ovide avait tous les goûts simples, tous les sentiments généreux qui sont inconnus aux cœurs corrompus; il fut père tendre, ami fidèle, opulent sans orgueil; il possédait de riches domaines dans le pays des Péligniens; souvent on le voyait au milieu des magnifiques jardins qu'il possédait dans l'un des faubourgs de Rome; il aimait à cultiver la terre, à greffer des arbres, à arroser des fleurs. Le poète était d'une sobriété remarquable : ami d'Horace, il ne buvait guère que de l'eau; il ne vantait ni le Falerne, ni la joie des festins, ni les désordres de l'ivresse. Il ne fut ni envieux ni jaloux; il rechercha, comme il le dit lui-même, il chérit tendrement les poètes ses contemporains; il les regardait comme des êtres au-dessus de l'humanité. *Quotque aderant vates, rebar adesse deos*. Pour exprimer le sentiment qui l'unissait aux poètes, Ovide dit qu'ils étaient une partie de lui-même; il appelait Virgile *animæ dimidium meæ*, la moitié de mon âme. Ses *Tristes*, et ses épîtres *Pontiques* sont comme les mémoires justificatifs de sa vie; ils prouvent quelles étaient sa candeur, sa sensibilité, sa reconnaissance, et à quel point il réunissait les goûts simples, les qualités aimables, les dons brillants du génie, à tous les sentiments de l'honnête homme.

Les personnages les plus marquants de l'état recherchaient son amitié ; on s'honorait de le connaître. Les traits chéris du poète, retracés de mille manières, décoraient les lieux publics, où se trouvaient gravés sur les pierres précieuses qui ornaient les doigts des jeunes beautés ou des graves sénateurs. On s'empressait de rendre hommage au génie fécond qui offrait dans les *Métamorphoses* tout ce que la poésie peut réunir de charme, de richesse et d'éclat ; on admirait avec reconnaissance l'écrivain fécond qui savait à-la-fois triompher sur la scène tragique, célébrer les amours, peindre les plus doux sentiments de la nature, et qui éternisait en vers sublimes les fastes glorieux du peuple souverain.

Octave venait de recevoir, de Rome avilie, le titre d'Auguste. Né avec le goût des lettres, ce nouveau maître de la terre, au milieu même des orages qui l'environnaient, tentait souvent de ressaisir la véritable gloire en protégeant les arts. Celui qui avait accueilli Virgile, Horace, Varius, devint le protecteur d'Ovide. Dans tous les temps, il faut en convenir, quelques hommes de génie ont dû la rapidité de leurs succès à la protection du pouvoir ; mais presque toujours ils ont acheté cette faveur par le sacrifice de leur repos ou de leur indépendance.

Ovide, ornement d'une cour brillante où une foule de rois venaient implorer un coup-d'œil du maître des Romains ; objet constant de l'idolâtrie du grand peuple, Ovide, enivré pendant vingt ans de tous les prestiges de la gloire et de la fortune, se voit tout-à-coup précipité dans un abîme de malheurs où doit s'éteindre lentement sa vie illustre.

Les revers d'Ovide sont célèbres comme ses talents. Dans un âge déjà avancé, au seul signal d'un tyran ombrageux, ce grand homme est arraché à sa patrie, à sa famille, et relégué sous un affreux climat, au milieu d'un peuple presque sauvage et dont il n'entend pas le dialecte barbare. La cause de cette proscription est restée enveloppée d'un profond mystère. Chacun a tenté d'interpréter à sa manière les vers où le poète parle de ses malheurs : son silence affecté, ses réticences dans ses plaintes, ont donné lieu à de longues et infructueuses investigations. Après mille conjectures adoptées et réfutées tour-à-tour, les ténèbres qui couvraient ce triste évènement ne semblaient que plus épaisses. Il était réservé à l'élégant et fidèle traducteur des *Métamorphoses*, M. Villenave, de résoudre ce fameux problème. Ses aperçus ingénieux, ses remarques se fondent sur des faits vérifiés par les évènements historiques, et la longue série de ses observations et de ses probabilités, demeurées sans réplique [*], ont acquis la force de la vérité.

[*] L'un des plus savants littérateurs de notre époque, Ginguené, dit au sujet de l'opinion de M. Villenave : « L'auteur donne à sa conjecture des développements, tirés de l'histoire de la famille d'Auguste, de toutes les circonstances qui peuvent leur prêter de la force, et qu'on ne peut lire sans intérêt, je dirai même sans persuasion. » Ce jugement de Ginguené a trouvé de nombreux partisans et point de contradicteurs. L'Europe savante le con-

Après avoir fait remarquer que ce fut à la même époque qu'Auguste chassa de Rome le plus proche héritier de son trône, bannit Julie, sœur d'Agrippa, et relégua Ovide en Scythie, M. Villenave ajoute: «Il ne sera pas difficile de prouver que les diverses conjectures émises jusqu'à ce jour sur les causes de l'exil d'Ovide, ne peuvent soutenir un examen réfléchi; plusieurs auteurs ont adopté, d'après un historien du quatrième siècle, Aurélius Victor, l'opinion qu'Ovide fut exilé pour avoir composé les trois livres de l'*Art d'aimer*.» Il est certain que cet ouvrage devint le prétexte de son exil. L'*Art d'aimer* fut exclu de la bibliothèque du Mont-Palatin, et de celle qu'Agrippa avait fondée dans le vestibule du temple de la Liberté. Mais Ovide dit souvent, dans ses *Tristes* et dans ses *Pontiques*, qu'il a été puni non-seulement pour avoir écrit ce poème, mais aussi pour avoir vu ce qu'il ne devait pas voir. Il suppose que se plaignant à l'Amour de n'avoir obtenu d'autre récompense pour avoir travaillé à étendre son empire, que d'être exilé parmi les barbares, l'Amour lui répond: «Vous savez bien que ce « n'est pas ce qui vous a fait le plus de tort (*Ex* « *Ponto* III, 3). Comment, dit Voltaire dans ses «*Questions encyclopédiques*, comment Auguste, «dont nous avons encore des vers remplis d'or-«dures, pouvait-il exiler Ovide à Tomes, pour

---

firme aujourd'hui unanimement. L'Allemagne, sur-tout, offre un grand nombre de commentateurs dont la profonde érudition a reconnu le mérite de la dissertation de M. Villenave.

«avoir donné à ses amis, plusieurs années aupara-
« vant, des copies de l'*Art d'aimer*? Comment avait-
« il le front de reprocher à Ovide un ouvrage écrit
« avec quelque modestie, dans le temps qu'il ap-
« prouvait les vers où Horace prodigue tous les
« termes de la plus infâme prostitution? Il y a cer-
« tainement de l'impudence à blâmer Ovide quand
« on tolère Horace. Il est clair qu'Octave allé-
« guait une bien méchante raison, n'osant parler
« de la bonne. » Il est donc constant qu'Ovide ne
fut point exilé pour avoir publié son *Art d'aimer*.
Le poète avoue souvent dans ses *Tristes* et dans
ses épîtres *Pontiques*, qu'il a commis une faute,
mais il ne veut pas qu'on la qualifie du nom de
crime. Il est vrai qu'Ovide ne fait point connaître
la nature de cette faute, et qu'il parle toujours
avec mystère de ce qu'il a vu. Tantôt son génie
a été la cause de son exil (*Trist.* I, 1), tantôt ses
yeux seuls l'ont rendu criminel (*Ibid.* V, 12). Il
écrit à sa femme que César pouvait le condamner
à mort sans injustice (*Ibid.* V, 2). Il dit ailleurs
qu'il a été plus insensé que coupable (*Ibid.* I, 2):
on le voit sans cesse vouloir et n'oser s'expliquer
clairement (*Ibid.* III, 5). Il craint de renouveler
les blessures d'Auguste (*Ibid.* II); il craint de
rouvrir les siennes ; il ne veut point qu'on l'interroge; il consent à ce que les Romains croient que
l'*Art d'aimer* a seul causé sa perte (*Ex Ponto*, II, 9).
« Il serait, dit-il, trop pénible et trop doulou-
« reux de raconter l'origine de mes malheurs....
« Taisez vous, ma langue ; je ne puis en dire da-

« vantage. » (*Ibid.* I, 6; II, 2.) Ces réticences, ces plaintes, ces contradictions ont ouvert un large champ aux conjectures des savants, des biographes et des commentateurs. Plusieurs ont imaginé qu'Ovide avait surpris l'empereur dans une action criminelle avec sa fille. Il est vrai que, selon Suétone, Caligula publiait que sa mère était née d'Auguste et de Julie; mais quelle foi peut-on ajouter à cet odieux témoignage d'un prince plus odieux encore? D'ailleurs l'historien des Césars aurait-il négligé de révéler cet exécrable inceste? C'était de son génie, dit Bayle, de déterrer cette espèce d'anecdote, et de l'insérer hardiment dans son ouvrage. Cœlius Rhodiginus cite des fragments d'un certain Cœcilius Minucianus Apuléius, auteur presque contemporain d'Auguste, qui paraît avoir le premier parlé d'un inceste de cet empereur, vu par Ovide, et cause de son exil : *Pulsum quoque in exilium, quod Augusti incestum vidisset* (*Antiq. Lect.* I, XIII, 1). Mais il suffit de dire que lorsqu'Ovide fut relégué chez les Sarmates, Julie, triste objet de l'indignation de son père, était exilée de Rome depuis dix ans. Plusieurs auteurs ont prétendu qu'Auguste avait été surpris par Ovide, non avec sa fille, mais avec sa petite-fille. Cette conjecture ne cède pas comme la première à la chronologie, puisque l'exil d'Ovide et celui de la seconde Julie se rapportent à la même époque; mais on peut alléguer, pour la détruire, le silence de Suétone. On doit ajouter que le poète, quelque indiscret qu'on le suppose, ne serait pas revenu si souvent, même avec les expressions les plus vagues, sur ce qu'il avait vu, s'il s'était agi d'un crime qui eût exposé Auguste au mépris du peuple romain. Les révélations d'Ovide pouvaient donc compromettre le repos, mais non la réputation et la gloire de l'empereur. Le poète aurait-il osé dire à ce prince, dans son apologie: « Ma fortune « me paraît trop peu de chose pour que je veuille « ici me justifier en renouvelant vos blessures; « c'est déjà trop que vous en ayez une fois ressenti « les atteintes. » L'inceste de Julie avec son grand-père, âgé de soixante-dix ans, était-il donc de nature à pouvoir être rendu public dans certains cas, c'est-à-dire, comme le remarque Bayle, « par « une personne qui se serait crue fort impor-« tante? » N'était-ce pas un crime, qu'absolument et sans réserve il fallait tenir dans un silence éternel? et croira-t-on que le maître du monde se fût borné à reléguer Ovide loin de sa patrie, si le secret dont le poète était seul dépositaire avait pu, par une manifestation échappée à la vanité d'un poète indiscret, ou légitimée par le désir de se justifier aux yeux de ses contemporains et de la postérité, ou arrachée par le malheur et par le désespoir, attacher au nom d'Auguste une flétrissure éternelle, et faire succéder à l'amour et à la vénération du peuple romain des sentiments contraires? D'autres écrivains ont pensé qu'Ovide fut exilé pour avoir été témoin de quelques débauches de la petite-fille de l'empereur.

Mais il suffit de remarquer qu'Auguste ayant lui-même publié le déshonneur de sa famille, Ovide ne pouvait être puni pour avoir vu ce que l'empereur dénonçait au sénat, à Rome et à l'univers: imprudence qui lui fut sans doute arrachée par Livie, et dont il se repentit avant sa mort. Il s'écria souvent, dit Sénèque: « Rien de tout cela ne « serait arrivé, si Agrippa ou Mécène avait vécu. » La plupart des auteurs anciens, Tacite, Suétone, Dion, Velléius-Paterculus, Pline, Sénèque, Juvénal, etc., parlent de la dissolution des mœurs de la fille d'Auguste ; Valère-Maxime est peut-être le seul qui ait osé lui donner pour compagne assidue la pudeur: *Tu palatii columen Augustos penates, sanctissimum que Juliæ thorum assiduâ statione celebras* (V, 1, *De pudit*). On pourrait trouver matière à beaucoup de conjectures contre Livie et contre Tibère, en faveur des deux Julie dans ce passage de Velléius-Paterculus. Julie dont la fécondité fut également malheureuse, et pour elle et pour l'état : *Fœminam neque sibi, neque reipublicæ felicis uteri.* (XI, 48).

Ceux qui ont voulu voir la cause de l'exil d'Ovide dans la découverte d'une intrigue avec l'une ou l'autre Julie, ont oublié que c'était un crime de lèze-majesté qui fut puni de mort dans Jules-Antoine, fils du triumvir. (*Tac.*, *Ann.* IV, 44). Il est vrai que Quintus-Crispinus, homme consulaire, qu'Appius-Claudius, Sempronius Gracchus, Scipion, et plusieurs autres sénateurs ou chevaliers, qu'on accuse d'avoir déshonoré la fille d'Auguste et la femme de Tibère, ne furent punis que comme s'il se fut agi d'une femme ordinaire (*Vell. Paterc.*, XI, 5o), c'est-à-dire qu'on leur appliqua la loi *Julia*, qui condamnait à l'exil les adultères, de quelque condition qu'ils fussent. Mais Ovide ne fut même pas exilé; il conserva ses biens et ses droits de citoyen. Relégué aux extrémités de l'empire, parmi les barbares, tandis que tous les exilés étaient envoyés dans des provinces beaucoup moins éloignées : on eût dit qu'Auguste voulait moins se venger et punir, qu'ensevelir un secret important sur une terre à peine connue des Romains. Ceux qui ont cru qu'Ovide fut relégué sur les bords du Pont-Euxin, pour avoir désigné dans l'*Art d'aimer*, sous le nom de Corinne la fille ou la petite-fille de l'empereur, n'ont point réfléchi que la seconde Julie n'était pas née lorsqu'Ovide, à peine âgé de vingt ans, chantait déjà Corinne et les amours. Ils n'ont pas fait attention qu'Auguste, ami des vers et poète lui-même, n'avait pu ignorer, pendant vingt ans, qu'Ovide avait célébré Corinne dans ses élégies, et, pendant dix ans, qu'il l'avait nommée dans son *Art d'aimer*. Auguste ne pouvait ignorer si le poète qu'il aimait, qu'il admettait familièrement auprès de lui, avait osé désigner sa fille ou sa petite-fille sous le nom de cette Corinne qui retentissait dans Rome, et jusque sur les théâtres, où l'on récitait au peuple assemblé les vers du poète latin. Dans tous les cas, il devient impossible de croire que le maître du monde ait voulu arrêter si long-temps sa justice, ou que celui qui fut Octave, ait pu, pendant dix ans, retarder sa vengeance.

Quelques écrivains ayant remarqué qu'Ovide n'avait parlé de Mécène dans aucun de ses ouvrages, ont imaginé que ce ministre courtisan avait pu être l'ennemi du poète et l'auteur de sa disgrace. Mais, pour réfuter cette opinion, il suffit de dire que Mécène était mort depuis quinze ans lorsqu'Ovide fut relégué chez les Tomitains, et qu'il est étonnant que le savant abbé Goujet ait lui-même adopté, dans sa *Vie d'Ovide*, cette erreur de chronologie, en paraissant rejeter, par d'autres motifs, l'opinion que le favori d'Auguste ait été le persécuteur d'un poète digne émule de ceux qu'il se fit gloire de protéger.

Poinsinet de Sivry fit imprimer dans le *Mercure de France* (avril 1773) une *Lettre sur la vraie cause de l'exil d'Ovide*; il lui était réservé, disait-il, de faire enfin cette découverte. Il prétendit « qu'Ovide étant décemvir, eut l'imprudence d'informer de quelque crime énorme commis par le jeune Marcus Agrippa, et que ce fut en conséquence de ce forfait ébruité, qu'Auguste prit le parti de reléguer ce prince dans une île, ainsi que de le déclarer déchu de son droit à l'empire et de sa succession, comme atteint et convaincu de cruautés atroces. » Cette conjecture, la plus insoutenable de toutes celles qu'on a formées sur l'exil d'Ovide, a été longuement réfutée par un anonyme dans le *Journal encyclopédique*. Les historiens qui ont parlé d'Agrippa Posthume, le représentaient comme un homme grossier et brutal, follement vain de la vigueur de son corps. *Rudem sanè bonarum artium et robore corporis stolidè ferocem* (*Tac. Ann.* I, 3); mais Tacite ajoute expressément qu'il ne fut convaincu d'aucun crime; *nullius tamen flagitii compertum.* Un seul vers des *Tristes* (IV, 10), eût dû suffire pour faire abandonner à Poinsinet de Sivry sa ridicule hypothèse. Dans ce vers, le plus important de tous, le secret d'Ovide semble près de lui échapper. Pourquoi, dit-il, retracerais-je le crime de mes compagnons et la complicité de mes domestiques :

« Quid referam comitumque nefas, famulosque nocentes. »

On voit bien qu'il s'agit de tout autre chose que d'une information juridique ; d'ailleurs Auguste fit lui-même homologuer, par un sénatus-consulte, l'exil de son petit-fils. Et comment eût-l exilé en même temps le condamné et celui qi avait été son juge? Comment Ovide espéra-t-l de voir la fin de son exil, tant que vécut Auguste; et pourquoi, lorsque Tibère régna, Ovide vit-il son malheur sans espoir. Cependant, dans le système de Poinsinet de Sivry, Ovide eût été le complice de Tibère et de Livie !

Les pères Catrou et Rouillé conjecturent dans leur *Histoire romaine*, que le crime d'Ovide fit d'avoir été témoin d'une scène humiliante pour Auguste, rapportée par Dion-Athénodore, in des familiers du palais impérial. Ayant su qe l'empereur attendait une femme mariée, et voulant lui donner une leçon philosophique, mais dangereuse, s'avisa de s'habiller en femme, voila son visage, se fit porter en litière jusqu'à l'appartement d'Auguste ; et sortant brusquement de sa chaise, un poignard à la main : « Ne crains-tu pas, lui dit-il, que quelque assassin, déguisé de la même manière, ne t'ôte la vie ? » Auguste, ajoute Dion, au lieu de se trouver offensé, remercia Athénodore ; mais eût-il puni d'un exil éternel un autre familier de son palais qui aurait été témoin de cette aventure. L'abbé Desfontaines a solidement réfuté la conjecture des deux jésuites historiens. Il ne reste à examiner que l'opinion qu fait exiler Ovide pour avoir osé aimer la chaste Livie, ou du moins pour le malheur qu'il aurait eu de la voir, par hasard, dans le même éat où Diane fut surprise par Actéon, et pour l'mprudence qu'il aurait commise en osant parler de ce qu'il avait vu. Ce qui a donné lieu à cette onjecture, c'est que le poète dit, dans son apolgie à Auguste : « Pourquoi ai-je vu quelque «chose ? Ainsi Actéon vit Diane sans vêtements ; «il la vit sans chercher à la voir, et il n'en de-«vint pas moins la proie de ses chiens. » Mais ue comparaison n'est pas toujours une allusion. E admettant néanmoins qu'Ovide eût vu, par l'ffet du hasard, la chaste Livie dans le bain, Auguste l'aurait-il puni si cruellement pour une faute involontaire ? Et s'il l'avait proscrit, dans u premier emportement, n'est-il pas vraisem-

blable qu'il se serait ensuite laissé fléchir aux prières de Maxime, son confident, aux larmes de la femme d'Ovide, qui avait été élevée dans la famille des Césars, aux supplications de plusieurs citoyens que recommandait leur crédit, leurs vertus et leurs dignités ? Mais si Auguste avait pu rester inflexible, après la mort de ce prince, Livie n'aurait-elle pas demandé sa grace ? Et Tibère, sollicité par les amis d'Ovide, dont plusieurs étaient ses favoris, aurait-il eu quelques motifs pour ne pas l'accorder ? Il est donc vrai que les diverses opinions émises jusqu'à ce jour sur les causes de l'exil d'Ovide, ne peuvent soutenir un examen réfléchi, tandis que nulle invraisemblance ne se trouve dans celle qui fait ce poète victime d'un secret d'état : il est certain qu'il fréquentait familièrement le palais d'Auguste ; qu'il y avait été témoin de quelque fait ou dépositaire de quelque secret important. Il paraît constant qu'il ne fut pas assez discret. Il écrivait à Pomponius-Græcinus : « Lorsque mon vaisseau voguait à pleines voiles, on pouvait m'avertir de prendre garde aux écueils ; maintenant que j'ai fait naufrage, il est bien inutile de m'enseigner la route que j'aurais dû tenir » (*Ex Ponto*, II, 6). Il mandait du fond de son exil à son ami Carus, précepteur des enfants de Germanicus : « Tu
« étais le seul à qui je confiais tous mes secrets,
« tous, excepté celui qui a causé ma perte, et si
« je te l'avais communiqué, tu jouirais encore
« de la présence de ton ami, et par tes sages con-

« seils j'aurais évité ma disgrace. (*Trist.*, III, 6). »
Ovide appelle ailleurs sa faute, imprudence, malheur. (*Ibid.*, I, 6; III, 3.) « Personne n'i-
« gnore à Rome, écrivait-il à Messalinus, que je
« ne fus coupable d'aucun crime. »(*Ex Ponto*, I,
7.) Cependant il reconnaît plusieurs fois qu'il méritait d'être puni plus sévèrement. Il loue la clémence d'Auguste (*Trist.* V, 2 et 11), et l'on doit sur-tout remarquer qu'il ne le conjure pas de finir, mais de changer son exil (*Ibid.*, V, 2).

Il recommande à sa femme, lorsqu'elle implorera Livie, à ses amis, quand ils solliciteront le maître du monde, de se borner à demander pour lui un ciel plus doux, un pays moins barbare (*Ex Ponto*, I, 1 et 2; II, 2; III, 1; IV, 15). Il savait que sa faute n'était pas de nature à être excusée, ou plutôt il n'ignorait pas qu'il avait dans le palais des Césars des ennemis puissants qui ne pourraient lui pardonner : il invitait Brutus, Fabius, Maximus, Messalinus, Sextus-Pompée à ne rien négliger pour fléchir Auguste. Il osait l'implorer lui-même; mais il ne s'adressait jamais à Livie, jamais à Tibère. Il n'exhorta point ses amis à réclamer leur crédit, à les attendrir sur ses malheurs. Une seule fois, près de succomber aux longues misères de son exil, il invita sa femme à tenter une démarche auprès de Livie; mais avec quelles précautions il l'invitait à l'aborder, à choisir un moment favorable! Lorsque Rome et la famille impériale seraient dans la joie d'une fête publique, lorsque le sénat en corps se

trouverait au palais d'Auguste : « Alors, dit Ovide,
« passez à travers la foule, tombez aux pieds de
« Junon, et, prosternée à terre, d'une voix
« tremblante, entrecoupée de larmes, suppliez...
« mais gardez-vous de vouloir justifier ma faute,
« et ne demandez pour toute grace qu'un exil
« moins rigoureux » (*Ex Ponto*, III, 1).

Germanicus, haï de Tibère et de Livie, parce
que les vœux des Romains l'appelaient à l'empire, protégeait secrètement Ovide. Parmi les
amis les plus tendres, les plus constants et les
plus courageux du poète, on remarque les plus
illustres favoris de Germanicus, Carus, précepteur de ses enfants, Salanus qui, dès sa plus
tendre enfance, fut le compagnon de ses études ;
Suillius et Sextus-Pompée, qui furent admis dans
sa confidence et dans son amitié. Suillius communiquait sans doute à Germanicus sa correspondance avec un poète proscrit, puisque, dans ses
élégies, Ovide s'adressait tantôt au favori du
prince, tantôt au prince lui-même, et qu'il
reconnaissait lui devoir de vivre encore. *Vitamque tibi debere fateor* (*Ex Ponto*, III, 5 ; IV,
15).

Ce fut Sextus-Pompée qui veilla sur les dangers du long et pénible voyage de son exil ; qui
le fit passer en sûreté à travers des nations barbares ; qui l'empêcha d'être égorgé par les Bistoniens (*Ibid.* IV, 1). Mais soit qu'Ovide s'adressât
directement à Germanicus, soit qu'il écrivit à ses
favoris, il ne les invita jamais à solliciter la fin

de ses malheurs qui paraissaient liés à ceux du maître du monde.

Après avoir obtenu la proscription des enfants d'Auguste (l'an 762) Tibère avait érigé un temple à la Concorde (l'an 763). L'exil de Julie, d'Agrippa et d'Ovide avait été suivi de l'association de Tibère à l'empire (l'an 764). Tibère avait triomphé pour les guerres de la Panonie et de la Dalmatie (l'an 765). Mais, malgré sa dissimulation profonde, il n'avait pu triompher des pressentiments et des craintes d'Auguste. Affaibli par l'âge, et dominé par Livie, Auguste fut effrayé du maître qu'il venait de donner à Rome, du maître qu'il s'était donné à lui-même en partageant le pouvoir avec Tibère. C'est à cette époque, qu'accompagné de Maxime, l'ami le plus cher d'Ovide, Auguste revit secrètement son petit-fils, et songea à lui restituer l'héritage du monde dont il l'avait dépouillé; en même temps il s'était attendri sur le sort d'Ovide, qui fut adouci par la permission de correspondre ouvertement avec ses amis (*Ex Ponto*, IV, 6). Une fatale indiscrétion perdit Agrippa, Julie, Ovide, Maxime, et sans doute Auguste lui-même. Maxime avait révélé à sa femme le secret de l'État; Marsia ne sut point le garder, il parvînt à Livie : peu de jours s'étaient écoulés, et Maxime et sa femme avaient cessé de vivre; Auguste était mort secrètement à Nole dans la Campanie (l'an 767). Tibère régnait; Agrippa était tombée sous le fer d'un assassin; Julie, sa mère, avait terminé ses jours par le supplice de la faim; et désormais Ovide devait achever dans l'exil sa vie et sa misère. Dès-lors, circonstance bien remarquable, les amis du poète n'osèrent plus solliciter son pardon : *omnis pro nobis gratia muta fuit* (*Ex Ponto*, II, 7). Ils ne pouvaient former que des vœux impuissants; et Suillius, Carus, Salanus, attachés à Germanicus, craignirent de compromettre ce prince inutilement. Ovide lui-même cessa d'invoquer leur zèle et leur appui. Une seule fois, Sextus-Pompée étant consul, le poète réclama son intervention auprès de Tibère, non pour obtenir son rappel à Rome, mais un changement d'exil sous un ciel moins affreux. Ah! si dans ma misère, écrivait-il à Germanicus, il m'est défendu de revoir ma patrie, que je sois du moins relégué dans des lieux plus voisins du ciel de l'Ausonie (*Ex Ponto*, IV, 8 et 14)! et il ne put même obtenir cette faible consolation. Toutes ces circonstances réunies, et il serait facile de les fortifier par de nouveaux extraits des *Tristes* et des *Pontides*, semblent prouver qu'Ovide était sincèrement attaché aux enfants et à la famille d'Auguste; qu'il ne se borna pas à faire comme les Romains des vœux secrets, qu'il laissa connaître ses sentiments généreux; qu'il osa peut-être davantage, et qu'il ne fut pas plus difficile à Livie d'arracher à la vieillesse d'Auguste la proscription de ce poète, que celle des deux Julie, que celle du malheureux Agrippa, le dernier des petits-fils de l'empereur, et son héritier légitime.

Les excès de la première Julie paraissent constatés par les témoignages de l'histoire, mais la haine toute puissante de Livie pouvait les avoir considérablement exagérés; mais la crainte ou l'adulation avaient pu les propager, quand on vit Auguste lui-même en faire une révélation effrayante à Rome, à son siècle, à l'Univers. Le scandale de la vie de sa petite-fille est moins certain : elle fut accusée d'adultère par le chef de l'empire, et perdue sans retour. Agrippa fut proscrit comme ayant un caractère sombre et farouche, et ce fut la mère de Tibère, le plus sombre et le plus féroce des Romains, qui obtint ce triomphe odieusement ridicule, mais nécessaire à son ambition.

Enfin Ovide fut condamné comme corrupteur des mœurs, dans une cour corrompue, qui avait aimé et protégé les poètes les plus licencieux, par un monarque qui avait lui-même composé des vers que l'auteur de l'*Art d'aimer* eût peut-être rougi d'insérer dans ses chants.

Mais il fallait que Tibère régnât: il fallait perdre la famille d'Auguste, il fallait comprimer ses partisans par la terreur: on chercha des prétextes, on aggrava des fautes, on supposa des crimes, et l'on en commit. L'héritier des Césars fut assassiné, la fille d'Auguste mourut de faim, sa petite-fille de misère, Ovide de chagrin, dans quatre exils différents, mais qui paraissaient avoir eu une même cause, et semblent rattacher au même évènement quatre victimes de la haine d'une femme, dont l'ambition devait être si fatale à la famille d'Auguste et au repos du monde.

Il a fallu donner quelque étendue à cet examen de douze systèmes différents sur les causes de l'exil d'Ovide, et au développement de nouvelles conjectures tendant à expliquer un mystère que le silence de l'histoire semble avoir laissé impénétrable, et à jeter quelque lumière sur une époque intéressante, mais obscure, de l'histoire des Césars.

Dix années d'exil avaient usé les forces d'Ovide, sa vie s'éteignait dans le chagrin et la douleur, cependant il dut quelques consolations à son art divin. Loin de sa patrie, sur les bords de l'Euxin, environné de dangers, seul parmi des barbares, le poète reprit sa lyre, son noble enthousiasme le consola en lui inspirant des chants qui après vingt siècles font encore nos délices. Les ouvrages qu'il composa sur la terre étrangère, portent l'empreinte de sa triste situation, plein de grace et de charmes dans l'expression de sa plaintive douleur, son talent pâlit lorsqu'il s'abandonne aux louanges adressés à son persécuteur. Ses plaintes amères et continues, en nous déchirant le cœur, laissent trop apercevoir que le grand homme succombe dans sa lutte avec l'adversité. Il s'abaisse jusqu'à supplier un tyran inflexible, il fait retentir les déserts de ses éloges, et lui érige un autel; on souffre de voir Ovide abjurer ainsi la noblesse du génie et de l'infortune. Cette faiblesse lui a été sévèrement reprochée. On a dit qu'on ne savait ce qu'on devait blamer le plus de la rigueur du despote cruel, ou de la servilité de l'illustre proscrit. Mais il faut songer qu'il était accablé de souffrances et d'années ; une idée horrible le poursuivait sans cesse, il allait expirer sans revoir sa femme et ses enfants, il éprouvait la soif dévorante de la patrie, il ne souhaitait plus que mourir dans les lieux qui avait vu sa gloire, son bonheur. Quel homme courageux aurait donc supporté le fardeau de ses tourments? d'ailleurs si l'on admet les causes que son judicieux interprète assigne à son exil, on conviendra qu'Ovide, qui se reprochait à lui-même des torts involontaires envers son ancien protecteur, ne devait pas regarder Auguste comme son ennemi principal. Le poète qui connaissait le pouvoir de l'adulation sur l'empereur, pouvait espérer qu'il renoncerait à une sévérité que lui suggérait une femme impérieuse et cruelle qui alors régentait celui qui se croyait le maître du monde.

La mort d'Auguste mit fin aux plaintes d'Ovide; il savait donc qu'il lui restait des ennemis dont il ne fléchirait jamais la haine.

Ovide oublié de Rome, mourut à Tomes, près des bouches du Danube, à l'âge d'environ soixante ans. Il avait vivement désiré que l'on transportât sa cendre sur les bords du Tibre ; il n'obtint pas même cette triste faveur. La main des Scythes lui érigea un tombeau sous le ciel qui avait été témoin de ses souffrances. Ce grand poète reçut d'un peuple demi-sauvage, les honneurs funèbres que lui refusait sa patrie ingrate.

DE PONGERVILLE.

JUGEMENTS.

I.

Les ouvrages et les malheurs d'Ovide l'ont rendu également célèbre. La postérité jouit des uns, et n'a pu encore expliquer les autres. Son exil est un mystère sur lequel la curiosité s'est épuisée en conjectures inutiles. Il est bien sûr que son poëme de *l'Art d'aimer* en fut le prétexte; mais sa discrétion, apparemment nécessaire, nous en a caché la véritable cause*. Il répète en vingt endroits : « Mon crime est d'avoir eu des « yeux. Pourquoi ai-je vu ce que je ne devais pas « voir? » Qu'avait-t-il vu ? c'est ce que nous ignorons. On a cru, on a même écrit de son temps qu'il avait surpris Auguste commettant un inceste. Rien n'est moins vraisemblable. Il eût été trop maladroit de rappeler sans cesse à ce prince ce qui devait le faire rougir. Il est plus probable qu'ayant un accès facile dans la maison d'Auguste, qui estimait ses talents, il fut témoin de quelque action honteuse à la famille impériale; et ce qui vient à l'appui de cette opinion, c'est qu'après la mort d'Auguste, Tibère ne rappela point Ovide de son exil; d'où l'on peut conclure que, dans ce qu'il avait vu, Auguste n'était pas le seul qui fût compromis. Quoi qu'il en soit, ce fut un abus de pouvoir, un acte de tyrannie très odieux, que

---

* Voyez l'excellente dissertation de M. Villenave citée plus haut.

d'exiler un chevalier romain pour la faute d'autrui. Le prétexte de cette cruauté était absurde. Comment osait-on punir les vers d'Ovide, beaucoup moins libres que ceux d'Horace? Ces réflexions ont été faites, et il faut les répéter, parce qu'on ne peut pas trop souvent condamner l'injustice, sur-tout dans ceux qui peuvent être injustes impunément.

Ovide, accoutumé aux délices de Rome, et transporté, à l'âge de cinquante ans, aux extrémités de l'empire romain, sur les bords de la mer Noire, dans un pays sauvage et sous un climat très rigoureux, aurait été assez puni, quand même il eût commis la faute la plus grave. Que sera-ce si l'on songe qu'il était innocent? Il mérite sans doute la pitié, et l'on peut même lui pardonner d'avoir été accablé de son exil, comme Cicéron le fut du sien. Je sais que Gresset a dit :

> Je cesse d'estimer Ovide
> Quand il vient, sur des faibles tons,
> Me chanter, pleureur insipide,
> De longues lamentations.

Gresset en parle bien à son aise. Il faut se souvenir qu'il y a tel exil qui peut paraître pire que la mort, et celui d'Ovide était de cette espèce. Sans parler de ses autres maux, il était séparé d'une femme qu'il adorait; et la plus intéressante de ses élégies, sans nulle comparaison, est celle où il détaille les circonstances de son départ, la dernière nuit qu'il passa dans Rome, et les adieux tendres et douloureux de son épouse. Ne jugeons pas le malheur de si loin, et ne croyons pas que la sensibilité soit toujours une faiblesse. Ce que je reproche à Ovide, ce n'est pas de sentir son infortune, elle était affreuse, c'est d'en adorer l'auteur, c'est l'excès continuel et fatiguant de ses flatteries prodiguées à son oppresseur; c'est cette basse idolatrie qu'il porta au point de lui élever, même après sa mort, un autel où il sacrifiait tous les jours. Voilà ce que le malheur ne peut excuser, parce que rien n'oblige d'être vil. Au reste, sa bassesse et son encens furent perdus, et ses deux divinités, Auguste et Tibère, furent également sourdes pour lui.

Les élégies composées pendant son exil, et qu'il intitula les *Tristes*, sont, à l'exception de celle dont je viens de parler, généralement fort médiocres. Il joint à la monotonie du sujet celle du style: il a trop peu de sentiments et beaucoup trop d'esprit. On voit que la douleur ne saurait passer de son âme jusque dans son style, et l'on croirait qu'il s'amuse de ses plaintes et de ses vers*.

Ovide, né avec un génie facile et abondant, une imagination riante et voluptueuse, et, comme a dit M. Marmontel,

> Enfant gâté des Muses et des Graces,
> De leurs trésors brillant dissipateur,
> Et des plaisirs savant législateur,

* Ce jugement, beaucoup trop sévère, ne peut s'appliquer qu'à quelque partie de l'ouvrage. DE PONGERVILLE.

Ovide était bien plus fait pour être le peintre des voluptés que le chantre du malheur. Ses trois livres des *Amours*, ouvrage de sa jeunesse, ont tout l'éclat, toute la fraîcheur de l'âge où il les composa : il est impossible d'avoir plus d'esprit et d'agrément. Il n'a, je l'avoue, ni la sensibilité, ni l'élégance, ni la précision de Tibulle * ; il est moins passionné que Properce. On peut lui reprocher l'abus de la facilité, de fréquentes répétitions d'idées, et quelquefois du mauvais goût ; mais quelle foule d'idées ingénieuses et de détails charmants ! Quelle vérité d'images gracieuses et de mouvements toujours aimables ! Comme il aime franchement le plaisir ! C'est là ce qui manque à tant d'auteurs qui ont voulu l'imiter ; on voit trop que c'est un air qu'ils se donnent, et qu'ils sont beaucoup plus sages qu'ils ne voudraient nous le faire croire. Ils n'ont pas ce ton de vérité sans lequel on ne persuade jamais. Ils oublient qu'on n'a jamais bonne grace à vouloir être ce qu'on n'est pas. Boileau a si bien dit :

> Chacun, pris dans son air, est agréable en soi,
> Ce n'est que l'air d'autrui qui peut déplaire en moi.

Et malheureusement cet air-là s'aperçoit tout de suite. Il en est d'un livre comme de la société : dans l'un et dans l'autre il ne faut point avoir d'autre caractère que le sien. Ovide ne cherche

---

* Ovide peut n'avoir pas toujours la précision de Tibulle, mais il n'est inférieur à aucun de ses contemporains pour l'élégance et la sensibilité,

DE PONGERVILLE.

pas à en imposer, et n'en impose point. Lorsque dans la troisième élégie de son livre des *Amours*, il promet à sa maîtresse de n'aimer jamais qu'elle, et assure que de son naturel il n'est point inconstant, on en a déjà vu assez pour être bien sûr qu'il promet plus qu'il ne peut tenir, qu'il ne la trompe pas, mais qu'il se trompe lui-même. Aussi ne tarde-t-il pas à confesser qu'il aime toutes les femmes, et qu'il n'est pas en lui de ne pas les aimer toutes. Il ne manque pas d'en donner de très bonnes raisons, et cette confession, qui n'est pas très édifiante, est au moins une de ses plus jolies pièces. Il se plaint de cette malheureuse disposition à aimer, avec un sérieux qui est très amusant. On juge bien qu'il ne songe pas à intéresser par le tableau d'une belle passion. On ne peut pas être moins scrupuleux en amour. Il ne traite pas mieux que les autres cette beauté qu'il rendit si célèbre sous le nom de *Corinne*, et qui la première avait éveillé son génie. Il eut la discrétion de se servir d'un nom feint, parce que c'était une dame romaine ; au lieu que Délie, Nééra, Némésis et autres, célébrées par Tibulle et Properce, étaient des courtisanes. Quelques-uns ont cru que cette Corinne n'était autre que Julie, fille d'Auguste, et que cette liaison découverte fut la véritable cause de sa disgrace. Sidonius-Apollinaris l'a écrit expressément ; mais cette opinion est destituée de toute vraisemblance. S'il eût eu à se reprocher cette faute, aurait-il osé dire sans cesse à Auguste qu'il ne l'avait offensé que par une erreur involontaire? Il paraît par ses écrits que cette Corinne l'aima passionnément, et que si elle finit par lui être infidèle, c'est qu'il lui en avait donné l'exemple. Il se plaint amèrement de sa jalousie continuelle dans une de ses élégies, et surtout de ce qu'elle le soupçonne d'une intrigue avec sa femme de chambre. Il faut voir quel pathétique il met dans ses plaintes, que de protestations, de serments! On serait tenté d'en être dupe. Mais il n'a pas envie qu'on le soit; car la pièce qui suit immédiatement, et qui peut-être partit avec l'autre, est adressée à cette même femme de chambre, qui était, à ce qu'il nous apprend lui-même, une brune très piquante. Il l'accuse d'avoir donné lieu, par quelque indiscrétion, aux soupçons de sa maîtresse; il lui reproche d'avoir rougi comme un enfant lorsqu'il l'a regardée; il lui rappelle avec quel sang-froid il a su lui mentir, avec quelle intrépidité il s'est parjuré quand il a été question de se justifier, et finit par lui demander un rendez-vous. Il y a là de quoi décréditer à jamais tous les serments des poètes. Voilà les *Amours* de celui qui a fait l'*Art d'aimer*. Mais il ne faut pas s'y tromper; le titre latin ne présente pas tout-à-fait l'idée que nous attachons à ce mot *aimer*. Ce titre *Artis amatoriæ* signifie proprement *l'Art de faire l'amour*, et en cela le poète a raison; car l'un ne s'apprend pas, et l'autre peut en effet se réduire en art.

La division seule du poème suffit pour prouver le but de l'auteur: dans le premier livre, il traite du choix d'une maîtresse ; dans le second, des moyens de lui plaire et de se l'attacher long-temps. C'est à peu près le plan qu'a suivi Bernard, et l'on voit déjà le premier et le plus grand défaut commun aux deux ouvrages, c'est que dans *l'Art d'aimer*, tant latin que français, on trouve tout, excepté de l'amour. On me dira qu'il ne pouvait guère s'y trouver : c'est donc un sujet mal choisi. On ne s'accoutume point à entendre parler si long-temps d'amour sans que le cœur y soit pour rien. L'imagination est trompée ; et par conséquent refroidie. Je ne parlerai point ici du poème de Bernard, si ce n'est pour dire qu'il est infiniment supérieur à celui d'Ovide par le mérite de l'exécution. De plus, Ovide est ici bien inférieur à lui-même. Ce poète, si agréable dans ses *Amours*, est en général médiocre et froid dans *l'Art d'aimer*. Aussi est-il infiniment moins difficile de réussir dans des pièces détachées que dans un poème régulier, où il faut avoir un plan et aller à un but. Dès le premier livre le lecteur sent trop que l'ouvrage n'aura rien d'attachant. Qu'est-ce qu'un millier de vers, pour vous apprendre à chercher une maîtresse ? Le cœur répond d'abord qu'on la trouve sans la chercher, et que cet arrangement ne se fait pas comme dans la tête du poète. Ovide vous envoie courir les places publiques, les temples, les spectacles, la ville, la campagne, les eaux de Baies, pour trouver celle à qui vous puissiez dire : Je vous aime. *Elle ne tombera pas du ciel*, dit-il ; *il faut la chercher*.

Ne voilà-t-il pas une belle découverte? Viennent ensuite quantité de détails minutieux qu'il faut renvoyer au village des *Petits-Soins*, dans la carte de *Tendre* *, et dont quelques-uns pourraient être agréables dans une pièce badine, mais qui ne doivent pas être des leçons débitées d'un ton sérieux. L'auteur y joint cinq ou six épisodes, plus insipides, plus déplacés les uns que les autres. A propos des spectacles, il raconte l'enlèvement des Sabines : s'il veut prouver les dispositions que les femmes ont à aimer, il choisit décemment la fable de Pasiphaé. En un mot, quoiqu'il y ait quelques détails ingénieux et quelques jolis vers, le tout ne présente qu'un ramage mesuré, et la facilité de dire des riens en vers faibles et négligés.

Quand vous avez trouvé la femme que vous voulez aimer, Ovide met en question, et très sérieusement, si c'est un bon moyen pour devenir son amant, que de commencer par être celui de sa femme de chambre. Il examine le pour et le contre, pèse les avantages et les inconvénients, et enfin il décide, pour rendre à chacun ce qui lui appartient, que la femme de chambre ne doit passer qu'après la maîtresse. On vient de voir que sur ce point il prêchait d'exemple. Encore une fois, tout cela pourrait faire le sujet d'une saillie poétique, d'un badinage; mais rédiger de pareils préceptes, c'est se moquer du monde.

---

* La Harpe qui répète ici un jeu de mots commun, aurait mieux fait de remarquer que les détails minutieux qu'il condamne, sont peints avec un art qui en relève la bassesse. DE PONGERVILLE.

Le second chant est meilleur ; quoiqu'il commence par un long épisode sur l'aventure de Dédale et d'Icare, aussi mal amené que ceux qui précèdent. Il est ici question des moyens de plaire, et l'on peut penser qu'Ovide n'était pas ignorant en cette matière, analogue d'ailleurs à la tournure de son esprit et à la nature même de son talent où l'on remarque toujours, s'il est permis de le dire, une sorte de coquetterie. Il y a des endroits bien maniés, des observations que tout le monde a faites, il est vrai, mais exprimées d'une manière piquante, et qui marquent beaucoup de connaissance des femmes : un épisode de Vénus surprise avec le dieu Mars, le seul qui aille bien au sujet ; mais, malgré ses beautés de détail, le vice de ce sujet se fait toujours sentir.

Ovide apparemment a voulu obtenir grace auprès des femmes pour toutes ses infidélités ; car il emploie à les instruire le troisième livre de son *Art d'aimer*. Il leur enseigne comment il faut s'y prendre pour plaire aux hommes, pour avoir des amants, pour les garder ; quel parti il en faut tirer, à quel point il faut les tourmenter pour les attacher davantage ; combien elles doivent être en garde pour n'être pas trompées ; enfin il va jusqu'à leur apprendre à duper les époux, les surveillants, et même un peu leurs amants. Il s'est bien douté qu'il y aurait des gens assez méchants pour trouver ses leçons inutiles ; aussi commence-t-il par poser en principe que les femmes trompent beaucoup moins que les hommes, et il ajoute

qu'après nous avoir donné des armes contre elles, il est juste de leur en donner contre nous. Il se fait donner cet ordre par Vénus elle-même, et il s'en acquitte parfaitement. Il descend jusqu'aux plus petites circonstances, dans tout ce qui peut avoir rapport à l'art de plaire. Il marque quelle couleur d'habit convient aux brunes et aux blondes; il épuise la science de la toilette; il prescrit la mesure de rire, selon qu'on a les dents plus ou moins belles : on ne peut pas être plus profond dans les bagatelles. Il ne néglige pourtant pas le solide, et s'occupe de leurs intérêts. « L'homme riche, dit-
« il, vous fera des présents; le jurisconsulte diri-
« gera vos affaires; l'avocat défendra vos clients.
« Pour nous autres poètes, il ne faut nous de-
« mander que des vers. » Il ne manque pas cette occasion de faire le plus bel éloge des poètes ses confrères, et sur-tout il affirme qu'il n'y a point d'amants plus tendres, plus constants, plus fidèles que ceux qui cultivent les Muses. Voilà trois belles qualités qu'il nous accorde, et l'on ne manquera pas de dire qu'en nous traitant si bien, il est un peu suspect dans sa propre cause, et que d'ailleurs son exemple affaiblit un peu son autorité. Je ne saurais en disconvenir; mais pourtant, s'il nous donne trop, ce n'est pas une raison pour nous refuser tout. Voyons, sans trop de partialité, ce qui doit nous rester de ce qu'il nous attribue. Tendres; il a raison : les gens à imagination sont plus passionnés que d'autres, et il entre beaucoup d'imagination dans l'amour : ceux

qui en manquent doivent être des amants un peu insipides, et c'est pour cela qu'on a dit que les sots ne pouvaient pas aimer. Constants; c'est beaucoup : ici Ovide nous flatte un peu. L'imagination est mobile; cependant il est possible que, distraite de temps en temps par d'autres objets, elle revienne toujours à l'objet de préférence ; et si les poètes ne sont pas très constants, ils peuvent bien aussi n'être pas plus inconstants que d'autres. Fidèles : oh! c'est ici la grande difficulté. La fidélité, c'est la perfection ; et l'on sait qu'en approcher plus ou moins, c'est tout ce qui est donné à notre fragile nature. On lit, il est vrai, dans la liste des personnages d'un opéra de Quinault, *troupe d'amants fidèles;* mais on sait aussi que cela ne se trouve par *troupes* qu'à l'Opéra : c'est le pays des merveilles.

Ses *Fastes*, dont nous n'avons que les six premiers livres, sont bien inférieurs, mais ne sont pas non plus sans mérite : cet ouvrage est aux *Métamorphoses* ce qu'est un dessin à un tableau. Les *Fastes* ont peu de coloris poétique ; mais on y remarque toujours la facilité du trait *. Ses *Héroïdes*, sortes d'épîtres amoureuses, que l'on peut rapprocher de ses *Élégies*, ont le défaut de

---

* Ce jugement est un peu court. On trouve quelques lignes sur ce même poème dans le morceau où il examine les *Fastes* de Lemierre, et que nous avons donné, tom. XVII, pag. 310, de notre Répertoire. Ce poème, négligé par La Harpe, a été peut-être trop vanté par Saint-Ange, qui en parle avec l'enthousiasme exagéré d'un traducteur, et avant lui par Rapin. Voyez plus bas le jugement de M. Patin sur cet ouvrage. F.

se ressembler toutes par le sujet; ce sont toujours des amantes malheureuses et abandonnées. C'est Phylis qui se plaint de Démophon, Hypsipyle de Jason, Déjanire d'Hercule, Laodamie de Protésilas, etc. On conçoit la monotonie qui résulte de cette suite de plaintes, de reproches, de regrets qui reviennent sans cesse; mais on ne saurait employer plus d'art et d'esprit à varier un fond si uniforme [*]. Il y a même des morceaux touchants et d'une sensibilité qui doit nous faire comprendre aisément le grand succès qu'obtint sa tragédie de *Médée*. Nous ne l'avons plus; mais Quintilien a dit qu'elle faisait voir ce que l'auteur aurait pu faire, s'il avait su régler son génie, au lieu de s'y abandonner. Il faut avouer, en effet, avec les critiques les plus éclairés, qu'Ovide, dans tous ses ouvrages, a plus ou moins abusé d'une facilité toujours dangereuse quand on ne s'en défie pas. Il ne se refuse aucune manière de répéter la même pensée, et quoique souvent elles soient toutes agréables, l'une nuit souvent à l'autre. On peut lui reprocher aussi les faux brillants, les jeux de mots, les pensées fausses, la profusion des ornements. Ainsi, venant après Virgile, Horace et Tibulle, les modèles de la perfection, il a marqué le premier degré de décadence chez les

---

[*] La remarque est juste et l'éloge mérité; on peut dire cependant qu'Ovide, ne pouvant voir un sujet, qui est toujours le même que par le développement des circonstances particulières à chacun de ses héros, a donné presque toujours à l'expression de détails tout-à-fait secondaires beaucoup plus de place qu'à celle du sentiment principal qu'il avait à rendre. H. P.

Latins, pour n'avoir pas eu un goût assez sévère et une composition assez travaillée.

A le considérer du côté moral, quoique ses écrits, comme a dit un de nos poètes,

<blockquote>Alarment un peu l'innocence,</blockquote>

il n'a du moins montré dans ses poésies que cette espèce d'amour que l'on peut avouer sans honte ; et c'est un mérite presque unique dans la corruption des mœurs grecques et romaines. Il dut à sa passion extrême pour les femmes d'être préservé de la contagion générale. Il était d'un caractère très doux, et lui-même se rend ce témoignage dans un endroit de ses *Tristes*, que la censure n'a jamais attaqué sa personne ni ses écrits ; aussi était-il l'ami et le panégyriste de tous les talents. Tous les écrivains célèbres qui furent ses contemporains sont loués dans ses vers avec autant de candeur que d'affection ; et il en est plusieurs parmi eux dont les ouvrages ont été perdus, et qui ne nous sont connus que par ses éloges.

Ovide a été un des génies les plus heureusement nés pour la poésie, et son poème des *Métamorphoses* est un des plus beaux présents que nous ait faits l'antiquité. C'est dans ce seul ouvrage, il est vrai, qu'il s'est élevé fort au-dessus de toutes ses autres productions ; mais aussi quelle espèce de mérite ne remarque-t-on pas dans les *Métamorphoses* ! Et d'abord, quel art prodigieux dans la texture du poème ! Comment Ovide a-t-il pu, de tant d'histoires différentes, le plus souvent étrangères les unes aux autres, former un tout si bien suivi, si bien lié ; tenir toujours dans sa main le fil imperceptible qui, sans se rompre jamais, vous guide dans ce dédale d'aventures merveilleuses; arranger si bien cette foule d'évènements, qu'ils naissent tous les uns des autres ; introduire tant de personnages, les uns pour agir, les autres pour raconter, de manière que tout marche et se développe sans interruption, sans embarras, sans désordre, depuis la séparation des éléments, qui remplace le chaos, jusqu'à l'apothéose d'Auguste ? Ensuite, quelle flexibilité d'imagination et de style pour prendre successivement tous les tons, suivant la nature du sujet, et pour diversifier par l'expression tant de dénouements dont le fond est toujours le même, c'est-à-dire un changement de forme ! C'est là sur-tout le plus grand charme de cette lecture; c'est l'étonnante variété de couleurs toujours adaptées à des tableaux toujours divers, tantôt nobles et imposants jusqu'à la sublimité, tantôt simples jusqu'à la familiarité, les uns horribles, les autres tendres, ceux-ci effrayants, ceux-là gais, riants et doux.

Toutes ces peintures sont riches, et aucune ne paraît lui coûter. Tour-à-tour il vous élève, vous attendrit, vous effraie, soit qu'il ouvre le palais du Soleil, soit qu'il chante les plaintes de l'amour, soit qu'il peigne les fureurs de la jalousie et les horreurs du crime. Il décrit aussi facilement les combats que les voluptés, les héros que les bergers, l'Olympe qu'un bocage, la caverne de l'Envie que la cabane de Philémon. Nous ne savons pas au juste ce que la mythologie lui avait fourni, et ce qu'il a pu y ajouter : mais combien d'histoires charmantes! Que n'a-t-on pas pris dans cette source qui n'est pas encore épuisée! Tous les théâtres ont mis Ovide à contribution. Je sais qu'on lui reproche, et avec raison, du luxe dans son style, c'est-à-dire trop d'abondance et de parure : mais cette abondance n'est pas celle des mots qui cache le vide des idées ; c'est le superflu d'une richesse réelle. Ses ornements, même quand il en a trop, ne laissent voir ni le travail ni l'effort : enfin, l'esprit, la grace et la facilité, trois choses qui ne l'abandonnent jamais, couvrent ses négligences, ses petites recherches ; et l'on peut dire de lui, bien plus véritablement que de Sénèque, qu'*il plait même dans ses défauts*. Quelqu'un a dit de nos jours :

> J'étais pour Ovide à vingt ans ;
> Je suis pour Horace à quarante.

S'il a voulu dire qu'Horace a le goût plus sûr qu'Ovide, cela est incontestable ; mais je crois qu'à tout âge on peut aimer, et beaucoup, l'auteur des *Métamorphoses*. Voltaire avait une grande admiration pour cet ouvrage, et l'on sait qu'il ne prodiguait pas la sienne. Sans doute on ne peut comparer le style d'Ovide à celui de Virgile ; mais peut-être fallait-il que Virgile existât pour que l'on sentît bien ce qui manque à Ovide *.

LA HARPE, *Cours de Littérature.*

* Ovide est fort propre à inspirer du goût pour la poésie, à donner de

II.

Il est sans doute impossible de chercher à établir une préséance entre les quatre grands poètes de la latinité. Lucrèce, Virgile, Horace, Ovide, obtiennent chacun une admiration qui n'a rien d'exclusif. L'auteur des *Métamorphoses* brilla le dernier sur la scène littéraire ; et, s'il eût l'avantage de trouver d'heureux modèles, il éprouva la difficulté de lutter avec de redoutables rivaux. Doué d'une imagination féconde, d'un talent souple et plein de grace, Ovide, en se rapprochant ou s'écartant avec adresse de ses illustres devanciers, se fraya une nouvelle carrière où son génie a laissé une empreinte éternelle.

Les ouvrages d'Ovide sont nombreux et variés ; il était impossible que dans des genres opposés son talent se soutînt à la même hauteur. C'est donc avec justice qu'on a reproché de graves défauts à plusieurs de ses poèmes ; mais dans ceux-là mêmes on retrouve sans cesse de grandes beautés,

---

la facilité, de l'invention, de l'abondance. Ses *Métamorphoses* sur-tout peuvent être fort agréables par la grande variété qui y règne. Il n'y faut pas chercher cette exactitude, cette justesse, cette pureté de goût qu'on trouve dans Virgile. Il est souvent trop diffus dans ses narrations, et il s'abandonne trop à son génie ; mais il a de très beaux endroits, et il peut être fort utile pour ceux qui commencent : *Nimium amator ingenii sui, laudandus tamen in partibus* (Quintil, X, 1.). Ses défauts mêmes, qu'un maître attentif ne manquera pas de faire remarquer aux jeunes gens, leur serviront presque autant que les beautés qu'on leur y fera admirer; sur-tout quand ils seront en état de faire la comparaison d'Ovide et de Virgile.

ROLLIN, *Traité des Etudes*.

Les *Fastes*, objet d'une sévère critique, ont cependant le double avantage d'offrir de charmants tableaux poétiques et des détails instructifs sur les mœurs et sur les coutumes religieuses et politiques des Romains. *L'Art d'Aimer* est un chef-d'œuvre de difficultés vaincues, où la grace, l'esprit et le talent étincèlent sans cesse. On a beaucoup exagéré les dangers de cet ouvrage ; on juge plutôt les choses sur l'effet qu'elles produisent que sur leurs propres qualités. *L'Art d'Aimer* ayant servi de prétexte au bannissement d'Ovide ; on s'obstina à n'y voir que des préceptes du vice. Quelques-uns de ses tableaux peuvent sans doute alarmer la pudeur, mais les reproches qu'on leur adresse sont portés jusqu'à la rigueur la plus injuste. On ne trouve jamais dans l'*Art d'Aimer* les obscénités de plusieurs poètes latins, de Catule, de Martial et d'Horace lui-même. Il y faudrait retrancher bien peu de vers pour rendre ce poème l'une des plus décentes productions de la muse érotique. Ce charmant ouvrage est moins un code du plaisir, comme son titre semble l'annoncer, qu'un tableau ingénieux de la vie et des mœurs de Rome, dans lequel un grand peintre a donné, à force d'art et de délicatesse, un air de décence à la volupté. Les *Tristes* et les *Epîtres pontiques*, composées dans l'exil, étincèlent souvent de beautés et retracent les plus louables sentiments; le poète infortuné s'y montre tout entier avec une rare candeur ; il semble avoir la noble intention de soumettre sa vie illustre au tribunal de la postérité. Ses élégies seront à jamais des modèles de ce genre touchant, où le sentiment et la poésie se prêtent, en s'unissant, leur puissance et leur charme. Les vers que le malheur inspire au poète rappellent souvent ses plus belles inspirations; s'ils n'offrent plus cet éclat qui appartient à la force de l'âge et à l'enivrement des succès, ils semblent nous faire entendre les accents affaiblis du génie expirant.

Le plus beau monument élevé par Ovide est le poème des *Métamorphoses*. De tous les chefs-d'œuvre de l'antiquité, cet ouvrage est sans doute le plus intéressant. Le poète sut allier à d'ingénieuses fictions les plus doux penchants du cœur humain. Le temps n'a rien ravi au charme de ses tableaux, qui seront inaltérables comme la nature dont ils sont la peinture fidèle. Cette brillante et sublime composition est le premier titre d'Ovide à l'immortalité. Tel était son propre jugement, que vingt siècles ont confirmé.

Un contemporain de ce grand écrivain, Velléius Paterculus, le regarde comme le premier poète latin. Martial le place presque toujours à côté de Virgile; Sénèque l'appelle le plus ingénieux des poètes, et plusieurs hommes célèbres parmi les anciens ont rendu une justice éclatante à son génie. L'un et l'autre, Scaliger le regardent comme un poète divin, Henisius, comme un génie céleste. Mais s'il est chez les anciens et chez les modernes des écrivains qui se sont montrés admirateurs exagérés d'Ovide, il en est aussi qui ont relevé ses défauts avec une sévérité injuste. Le sort des hommes célèbres est de trouver des panégyristes enthousiastes et des détracteurs passionnés. Quelle que soit l'étonnante diversité des opinions littéraires sur l'ingénieux auteur des *Métamorphoses*, dit M. Villenave, son habile interprète, tous les savants ont pensé que ce poème était l'un des plus précieux monuments de l'antiquité. Cette grande composition, ajoute l'écrivain distingué que nous citons, n'est ni une épopée, ni un poème historique, ni didactique, les *Métamorphoses* appartiennent au genre que les anciens nommaient cyclique. Le poète ne rattache pas toutes ses fables à une seule action, mais il les lie entre elles avec un art où l'effort se montre moins que le génie.

Ovide peint les amours et chante les aventures des dieux et des héros. Son style est tour-à-tour vif et délicat, voluptueux et touchant, sublime et gracieux; il sait distinguer, par des nuances fondues avec art, plusieurs fables dont le fond est à peu près le même. Des liaisons souvent ingénieuses, quelquefois admirables, semblent ne former qu'un tout de cent objets divers. Il a le secret de tout peindre, de tout animer; son génie est inépuisable et sans frein; il abonde en images, il les prodigue, et l'on peut reprocher à ce grand poète un défaut que tant d'auteurs pourraient croire dignes d'envie, trop de richesse dans le style, dans l'esprit et dans l'imagination.

Notre célèbre professeur Tissot, ce digne successeur de Delille, qui, bien plus versé que

La Harpe dans la connaissance de la littérature ancienne, dont il nous révèle les plus importantes beautés, dit, dans ses profondes études sur Virgile : « Quoique l'auteur des *Métamorphoses*
« n'ait pas créé de poème épique, cependant il
« touche si souvent par ses ouvrages à Homère et
« à Virgile, que nous ne pouvons nous dispenser
« de lui demander d'utiles et précieuses comparai-
« sons. » Il ajoute : « Ovide invente encore avec
« succès, lorsque Virgile semble avoir atteint le
« terme des ressources d'un sujet. Telle de ses
« fables renferme toutes les conditions d'une ac-
« tion dramatique parfaite ; de ce nombre est la
« métamorphose d'Alcyone et de Ceyx ; elle con-
« duit le lecteur d'émotion en émotion, de sur-
« prise en surprise jusqu'au dénouement, qui,
« lui-même, est un chef-d'œuvre de gradations sa-
« vantes. On doit regarder aussi l'aventure de Phi-
« lomèle et de Térée comme un drame tout entier
« et digne des plus grands maîtres. Il n'est guère
« de poëtes qui surpassent Ovide dans la peinture
« des désordres de l'âme, causés par la passion
« de l'amour. Peut-être sa Biblis et sa Myrrha
« peuvent-elles supporter le paralèle avec la Phè-
« dre de Racine. Ovide n'excelle pas moins qu'Eu-
« ripide à représenter tous les degrés de la dou-
« leur ; il verse de douces larmes sur les enfants
« de la jeune Driope et sur leur mère ; il a des
« cris de désespoir pour la vierge Philomèle ; il a
« des pleurs de rage et des rugissements de ven-
« geance pour l'inconsolable Hécube. Après avoir

« suffi aux développements des scènes les plus
« tragiques, le poète réussit également à peindre
« les innocentes caresses de deux enfants, les chas-
« tes feux de Procris, la tristesse qui consume la
« jalouse Clitie, et la flamme légère d'Apollon
« pour Daphné. Les avantages que nous avons re-
« cueillis du rapprochement de ces deux beaux
« génies nous portent à penser qu'on ne devrait
« jamais expliquer séparément Virgile et Ovide.
« Avec l'autorité du premier, la critique condamne
« l'abus de l'esprit, l'excès de la facilité, les né-
« gligences fréquentes, les vers ébauchés, le vain
« luxe d'ornements et de paroles, qui déparent
« les *Métamorphoses;* avec des citations du se-
« cond, elle révèle les secrets de la composition,
« mieux connus quelquefois d'Ovide que de Vir-
« gile ; elle corrige la sévérité, la parcimonie de
« ce grand poète, par la richesse, par les inspira-
« tions riantes, les graces enjouées, par je ne sais
« quelle fantaisie d'artiste, qui semblaient être
« des présents du climat de la Grèce, présents
« qu'Ovide a possédés seul parmi les écrivains du
« siècle d'Auguste. »

Les ouvrages d'Ovide ont été souvent traduits
dans différentes langues modernes. En France, le
nombre en est immense ; les versions en vers et en
prose sont en général très faibles ; nous nous abs-
tiendrons d'en citer les auteurs. La traduction en
vers de Saint-Ange a joui d'une grande réputation ;
mais on sent tout ce qui lui manque en la compa-
rant aux belles traductions dont la France s'ho-

nore. La traduction en prose de M. Villenave est d'un mérite incontestable; cet écrivain a reproduit avec une élégante fidélité les images touchantes et la grace naïve de la muse d'Ovide. Aucune traduction en prose ne donne une idée plus exacte des beautés poétiques de l'original; en un mot, la version de M. Villenave remplit toutes les conditions exigées à ce genre de travail si difficile et si nécessaire.*

DE PONGERVILLE.

III.

Le sujet du poème des *Fastes* est proprement le calendrier romain mis en vers. Mais pour bien comprendre ce qu'un pareil sujet offrait au poète, il faut bien entendre ce que les romains entendaient par le mot de *fastes*.

L'ordre des jours, dans l'année romaine, était marqué sous la division générale de jours *fastes* et *néfastes*, permis et défendus; c'est-à-dire, de jours destinés aux affaires publiques et particulières, et de jours consacrés aux féries et au repos. Comme le plus grand nombre des jours étaient *fastes*, on appela livres des *Fastes*, le registre où fut consigné ce double ordre des jours. L'acception de ce mot devint depuis plus étendue. Les pontifes, auxquels ce livre avait été confié, parce qu'il ne renfermait d'abord que l'ordre des fêtes et des cé-

---

* M. de Pongerville a entrepris la traduction des *Métamorphoses*; nous en citerons des fragments.   F.

rémonies religieuses, la computation des temps, et les observations de la physique céleste, en firent dans la suite le répertoire des faits mémorables et les annales de Rome. Guerres nouvelles, batailles gagnées ou perdues, triomphes, dédicaces de temples, etc., tout y était consigné selon que la chose avait eu lieu dans un jour faste ou dans un jour néfaste. Ce recueil était donc le dépôt des connaissances astronomiques, religieuses et politiques des Romains. Ovide s'en empara pour en faire un poème, et il le traita sous ce triple rapport, comme il l'indique lui-même au début de son poème.

On pourrait croire au premier coup-d'œil que ce sujet manque d'unité; mais tout s'y rapporte à la religion; c'est la peinture des cérémonies religieuses, rapprochées de leurs origines historiques et fabuleuses, et exposées dans l'ordre où les ramènent le cours des astres et la marche des constellations. Il offre en outre beaucoup de variété dans la peinture des détails; enfin, il offre l'avantage de réunir toutes les connaissances rassemblées dans les registres des pontifes, et il remplace pour nous ces monuments authentiques de l'histoire romaine.

Pourquoi donc ce poème intéresse-t-il si peu? C'est, je crois, qu'il manque de liaison, et c'est là le vice du principal sujet; toutes ces peintures, ces narrations, ne se succèdent que dans l'ordre des temps; elles n'ont entre elles qu'un rapport de succession, et ce rapport ne suffit pas pour fonder un véritable intérêt; il n'y a rien qui vous engage à aller en avant. Ce défaut nécessaire de liaison est, ce me semble, le défaut capital du sujet, heureux d'ailleurs en beaucoup d'autres points.

De ce défaut du sujet, il en résulte un autre dans l'exécution, c'est une insupportable monotonie. Expliquons nous:

Le poème était composé de douze livres, dont six sont perdus. *

Sex ego fastorum scripsi, totidem que libellas. (Trist.)

Le sujet indiquait assez cette division, par le nombre des mois.

La division de chaque mois en Calendes, Nones et Ides, a dû aussi former la division de chaque livre, comme la division de l'année avait réglé celle de l'ouvrage.

Enfin, les trois parties de chaque mois, et par conséquent de chaque livre se trouvent elles-mêmes nécessairement subdivisées en un certain nombre de parties toujours à-peu-près égales.

Or, je demande quelle imagination assez riche et assez facile, pourrait déguiser par la variété des tournures la monotonie de ces innombrables divisions.

Ovide y fait tous les efforts, il emploie des invocations au dieu qui préside à chaque mois, des périphrases agréables, des fictions poétiques,

Un poète latin, moderne, nommé Morizot, a cherché à réparer cette perte.

telles qu'un dieu qui lui parle, un passant qu'il consulte, etc.

Mais outre que ces fictions sont nécessairement un peu froides, elles doivent bientôt s'épuiser, et laisser l'auteur réduit à ces éternelles transitions, *le mois suivant, le jour suivant, la prochaine aurore, proximum mensis, proxima lux, proxima aurora.*

A cette monotonie qui résulte nécessairement du sujet, se joint celle du mètre choisi par Ovide. Le mètre élégiaque ne peut plaire que dans les pièces de peu d'étendue, parcequ'il n'a aucune variété, mais un long poème en distiques doit nécessairement fatiguer.

Ce même mètre par sa monotonie, même et sa négligence, est très propre à rendre les mouvements de la douleur, et même ceux de la joie, ainsi que le dit Horace :

> Versibus impariter junctis querimonia primùm
> Post etiam inclusa est voti sententia compos.

Il est encore fort propre par sa négligence même aux petites pièces érotiques, et on connaît l'origine que donne Ovide au vers pentamètre :

> Arma gravi numero violentaque bella parabam
>   Edere, materiâ conveniente modis.
> Parierat inferior versus risisse cupido
>   Dicitur, atque unum surripuisse pedem.
> *Amor Eleg.* I. 5.

C'est assez dire que le mètre élégiaque n'a pas

assez de dignité pour les sujets élevés, et il y a dans les *fastes* beaucoup de narrations à la hauteur desquelles il ne peut atteindre.

Les narrations badines sont les meilleures du poème, mais elles sont trop licencieuses pour être citées.

Ovide le sentait lui-même ; il en fait l'aveu au commencement du second livre de son poème, dans des vers que St-Ange a traduits agréablement:

> L'année et mon ouvrage avancent à la fois ;
> Un nouveau chant commence avec un nouveau mois.
> O mes vers, élevez vos poétiques ailes.
> Vous étiez autrefois d'aimables bagatelles ;
> Alors il m'en souvient, au printemps de mes jours,
> Agiles messagers, vous serviez mes amours :
> Je célèbre aujourd'hui, par de sages contrastes,
> L'ordre des temps pieux consigné dans les Fastes.
> Qui vous eut dit alors que de si doux objets
> Vous passeriez un jour à ces graves sujets.

Je conclus qu'outre la monotonie, fruit du sujet et du genre de mètre, le poème a encore le défaut d'une poésie négligée, et, il faut le dire, faible en bien des endroits. L'ouvrage me semble en général écrit avec beaucoup de précipitation ; on y trouve de nombreuses répétitions, et non pas seulement pour les mots, mais pour les choses : il est telle narration qui s'y rencontre reproduite deux fois avec des circonstances entièrement semblables ; il n'y a que le nom d'un des acteurs, qui diffère.

Quoi qu'il en soit, on retrouve dans les *fastes*

Ovide avec ses beautés et ses défauts ordinaires, mais beaucoup affaibli, observation qui peut s'appliquer à tous les ouvrages qu'il composa dans l'exil. C'est, à quelque différence près, le même esprit, la même délicatesse, la même facilité; mais aussi le même abus de ses qualités, le même défaut de choix et de mesure dans ses peintures et ses narrations.

Nous possédons deux poèmes des *Fastes*, assez ignorés aujourd'hui ; l'un de Godeau évêque de Vence, consacré entièrement aux cérémonies de l'Église, il est faible de couleur et de poésie.

L'autre de Lemierre, qui comprend une multitude d'objets, qui manque sur-tout d'unité, et duquel on n'a retenu que la description du clair de lune.

MORCEAUX CHOISIS.

I Le palais du Soleil.

Sur cent colonnes d'or, circulaire portique,
S'élève du soleil le palais magnifique,
Le dôme est étoilé de saphirs éclatants,
Les portes font jaillir de leurs doubles battants
L'éclat d'un argent pur, rival de la lumière :
Mais le travail encor surpassait la matière;
Là, d'un savant burin l'artisan de Lemnos,
De l'Océan mobile a ciselé les flots,
Et l'orbe de la terre environné de l'onde,
Et le ciel radieux, voûte immense du monde:
L'onde a ses dieux marins, et Protée et Triton,
Triton la conque en main, et l'énorme Égéon
Qui presse entre ses bras une énorme baleine.

On voit au milieu d'eux, sur la liquide plaine,
Les filles de Doris former cent jeux divers,
Sécher leurs longs cheveux teints de l'azur des mers,
Sur le dos des poissons voguer, nager ensemble ;
Leur figure diffère et pourtant se ressemble ;
Elle sied à des sœurs. La terre offre à la fois
Ses hameaux, ses cités, ses fleuves et ses bois,
Et les nymphes de l'onde, et les Dieux du bocage ;
Au-dessus luit des cieux la rayonnante image ;
Et le cercle des mois, sous des signes divers,
D'une ceinture oblique embrasse l'univers.
. . . . Vêtu de pourpre et de lumière,
Roi, sur son trône d'or, de la nature entière,
Le soleil en sa cour rassemble sous ses lois
Les siècles et les jours, et les ans et les mois,
Et les heures encor, ses légères suivantes,
L'une de l'autre en cercle également distantes.
Là, paraît couronné d'une tresse de fleurs,
Le printemps au front jeune, aux riantes couleurs;
L'été robuste et nu, ceint d'une gerbe mûre ;
L'automne dont le pampre orne la chevelure,
Rouge encor des raisins que ses pieds ont pressés,
Et l'hiver aux cheveux de neige hérissés.

DE SAINT-ANGE, *traduction des Métamorphoses.*

II. Apollon et Daphné.

Daphné, toujours fidèle à la pudeur austère,
Libre, au sein des forêts, veut errer solitaire ;
De l'Amour, de l'Hymen, elle fuit les autels,
Même sans les connaître, elle hait les mortels.
Son père lui répète: « A mes vieux ans, ma fille,
Tu dois un gendre, enfin tu dois une famille. »
Mais l'Hymen, comme un crime, épouvante Daphné;
La rougeur couvre alors son beau front incliné ;

De ses bras suppliants elle entoure son père :
« Noble auteur de mes jours, si Daphné vous est chère,
Ah! ne la privez pas de ce don précieux
Qu'à Diane accorda le souverain des cieux! »
Elle fléchit son père: ô vierge infortunée,
Tes charmes, malgré toi, feront ta destinée !

 Phébus la voit, il l'aime, à son sort veut s'unir;
Ses regards immortels pénètrent l'avenir ;
Mais l'amour les couvrait de son bandeau perfide.
Tel qu'après la moisson s'embrase un chaume aride,
Tel que, la nuit, s'enflamme un buisson desséché,
Lorsque du voyageur le flambeau l'a touché ;
Tel au cœur d'Apollon un feu secret s'allume,
Et d'un stérile amour le désir le consume.
Les cheveux de la nymphe aux vents abandonnés
Flottaient.... Ah! dit le dieu, si l'art les eut ornés!
Il voit briller ses yeux, il voit son doux sourire,
Mais c'est trop peu de voir.... en extase il admire
Et sa bouche de rose, et ses traits ingénus,
Et sa taille légère, et ses bras demi-nus ;
Il s'enivre d'amour, et sa pensée ardente
De tout ce qu'il devine embellit son amante.
Plus prompte que le vent, Daphné vole, s'enfuit,
Le dieu, plus prompt encor, et s'élance et la suit.

 « Demeure, entends ma voix, nymphe je t'en conjure;
Demeure.... et de qui donc peux-tu craindre l'injure !
Le daim fuit le lion, l'agneau le loup sanglant,
La colombe au vautour oppose un vol tremblant ;
Tout fuit son ennemi, mais ta frayeur est vaine ;
Vers toi, c'est l'amour seul, c'est l'amour qui m'entraîn :
O nymphe du Pénée ! où s'égarent tes pas?
Ces ronces les vois-tu sous tes pieds délicats ?
Sur quels âpres rochers, dans quels lieux tu t'élances!

Malheureux! est-ce à moi de causer tes souffrances!
Modère au moins, modère un imprudent essor,
Ou bien à t'approcher, oui, je diffère encor.
Daphné, connais l'amant que ton erreur outrage,
Il ne végète pas sur cet obscur rivage,
Aux vils travaux d'un pâtre il n'est point destiné;
Tu ne sais qui tu fuis, imprudente Daphné!
Non, tu ne fuirais pas .... Jupiter est mon père,
Delphe adore mes lois, Ténédos me révère;
J'unis aux sons du luth les chants harmonieux,
Le destin des mortels se dévoile à mes yeux;
Leurs maux sont adoucis par ma main bienfaisante,
La foule à mes autels tombe reconnaissante.
Vers le but assuré mon trait vole vainqueur,
Hélas! un trait plus sûr a déchiré mon cœur!
J'emprunte aux végétaux leur vertu secourable,
Mais du perfide amour la plaie est incurable!
Mon art, utile à tous, est impuissant pour moi »

Il lui parlait encor .... en frissonnant d'effroi,
Daphné rapidement s'échappe, le devance,
Et n'entend même plus les plaintes qu'il commence.

Que de charmes sa course offre aux yeux d'un amant!
L'air écarte et soutient son léger vêtement;
Le Zéphyr qui la flatte avec un doux murmure,
Soulève à flots mouvants sa blonde chevelure;
La nymphe à chaque pas révèle une beauté.
Le dieu cesse un discours qui n'est plus écouté;
Mais, plus impétueux, il s'élance il la presse,
Et, comme son amour, s'augmente sa vitesse.
Tel quand le chien gaulois surprend dans nos vergers
La biche dont la peur hâte les pas légers,
Il court, jappe, s'étend, sa force se déploie,
Sa gueule s'ouvre, il mord la trace de sa proie;

L'animal fugitif, incertain se defend,
Et déjà croit sentir la redoutable dent.
Daphné de son amant évite ainsi l'atteinte,
L'un est brûlant d'espoir, l'autre frémit de crainte.
Phébus vole, la suit de détour en détour,
Il semble soutenu sur l'aile de l'amour ;
Ses pas touchent ses pas, son haleine brûlante
Soulève les cheveux de la nymphe tremblante.

Pâle et sur le Pénée attachant son regard :
« Au céleste pouvoir si les fleuves ont part,
Mon père, entends mes vœux ! terre, espoir qui me reste,
Engloutis-moi, détruis cette beauté funeste ! »

Ses membres si légers se glacent engourdis ;
Une écorce revêt leurs contours arrondis ;
En racines, ses pieds s'attachent au rivage,
Ses bras sont des rameaux, ses cheveux un feuillage,
Et le sommet d'un arbre, avec grace agité,
De son front qu'il couronne offre encor la beauté.

Vers cet arbre chéri le dieu se précipite,
Sous l'écorce sa main sent un cœur qui palpite ;
Il presse ses rameaux, leur imprime un baiser,
Que l'arbre dédaigneux semble encor refuser.
« Si le sort avec toi m'interdit l'hymenée,
A ton amant, dit-il, sois toujours destinée.
Sous ta forme nouvelle obtiens de nobles droits,
Laurier, orne à jamais ma lyre et mon carquois.
Quand Rome aux pieds des dieux conduira la victoire,
Sois au front des héros l'emblème de la gloire ;
Près du chêne sacré, couvre de rameaux verts
Le palais d'où César régira l'univers :
Et, comme les cheveux de ma tête immortelle,
Tes feuilles garderont leur fraîcheur éternelle. »

Dans les airs à ces mots, le laurier frémissant
Incline vers le dieu son front reconnaissant.
 DE PONGERVILLE, *traduction inédite des Métamorphoses.*

III. La fontaine Salmacis.

Dans son cristal trompeur tout mortel abreuvé,
Sort déchu de son sexe et languit énervé.
De son pouvoir fatal apprenez l'origine.

Aux côteaux de l'Ida, près des champs de Myrine,
Les nymphes ont nourri sous des ombrages frais
L'enfant né des amours d'Aphrodite et d'Hermès.
Des auteurs de ses jours ses traits offrent l'image,
Et de leurs noms divins son nom est l'assemblage.
A peine sur son front brillent quinze printemps,
Il s'exile des lieux, chers à ses premiers ans.
Il va, joyeux d'errer où son désir l'appelle,
De voir des cieux nouveaux, une terre nouvelle,
Des fleuves inconnus, des peuples étrangers,
Son instinct curieux rend ses pas plus légers.
Après de longs détours dans l'opulente Asie,
L'aimable enfant sortait des villes de Lycie;
Dans le vallon prochain s'offre un riant canal,
L'œil se plonge à travers son limpide cristal,
Ni le roseau fangeux, ni la mousse stérile,
N'ont jamais profané sa surface immobile.
Des gazons toujours frais, de tendres arbrisseaux,
D'une verte ceinture environnent ses eaux.
Une nymphe charmante en habite la source:
Salmacis, inhabile à la chasse, à la course,
Coule des jours oisifs, sans armes, sans carquois;
Elle n'a jamais vu la déesse des bois.

Ses sœurs lui répétaient, viens, arme-toi, profane,

« Mêle à tes loisirs vains les travaux de Diane ;
La nymphe dédaignant son arc, ses javelots,
Préfère aux nobles jeux un indolent repos,
Redoute les périls, chérit la solitude,
Et la douce mollesse est son unique étude.
Tantôt au bord natal elle porte ses pas,
Plonge en des flots d'azur ses membres délicats ;
Et tantôt avec art nouant sa chevelure,
Consulte en s'admirant le sein d'une onde pure,
Ou voilant son beau corps d'un tissu transparent,
Presse de son doux poids le gazon odorant,
Elle cueille souvent la fleur qui vient d'éclore,
Et peut-être ce so n la préoccupe encore
Quand l'enfant voyageur apparaît à ses yeux.
Elle le voit : déjà l'amour audacieux
L'entraîne.... mais rendant sa victoire plus sûre,
En s'approchant, la nymphe arrange sa parure,
Compose son regard, sa démarche, ses traits,
Et dans tout leur éclat fait briller ses attraits.

« D'une voix caressante : objet charmant, dit-elle,
Ah ! n'es-tu pas un dieu ? ta beauté te décèle ;
Réponds-moi, s'il est vrai, je vois en toi l'amour.
D'une simple mortelle as-tu reçu le jour ?
Que ta mère est heureuse ! heureux aussi ton frère !
Oh ! que je porte envie à la sœur qui t'est chère !
Plus heureuse sur-tout, heureuse mille fois !
L'épouse que Vénus a soumise à tes lois.
Hélas ! déjà d'hymen si le nœud te captive,
Souffre de mes larcins la volupté furtive.
Mais, es-tu libre encor? sois à moi ! que mon cœur
S'abreuve sur ton sein d'un éternel bonheur ! »

Elle lui parle en vain d'un secret qu'il ignore,
Il rougit, de son trouble il s'embellit encore.

Son beau front se revêt d'un pudique incarnat;
Tel l'ivoire à la rose emprunte un vif éclat,
Telle par le zéphyr dans les airs balancée,
Des couleurs du soleil la pomme est nuancée.

 Plus pressante elle implore un innocent baiser,
Un baiser qu'une sœur ne pourrait refuser.
Et, lui tendant les bras, déjà sa main folâtre
Du cou de son amant ose effleurer l'albâtre.
« Cesse! ou je fuis, dit-il, et toi-même et ces lieux! »
Salmacis a frémi; mais baissant ses beaux yeux:
Jeune étranger, je pars, sois maître du bocage.
A ces mots se glissant sous un épais feuillage,
Elle plie un genou, sur l'autre se soutient,
Et voit sans être vue. Alors l'enfant va, vient,
Foule le frais gazon, court vers l'onde limpide
Effleure sa surface, y pose un pied timide,
Le plonge, le retire, et détache soudain!
Le tissu dont les plis voilaient son corps divin.
La nymphe le contemple, et ses regards avides
Etincellent, pareilles à ces perles liquides,
Où brillent en naissant les rayons d'un beau jour.
De désir palpitante, et s'enivrant d'amour,
La nymphe toute entière à l'objet qu'elle admire,
Ne peut plus commander à son brûlant délire.

 Déjà le fils d'Hermès se penche au bord des eaux,
Des mains frappe ses flancs, et plonge dans les flots.
Les divise en nageant: leur nappe transparente
Découvre de son corps la forme ravissante.
Tel brille sous le verre un jeune et tendre lis.
Triomphe! il est à moi, s'écria Salmacis:
Et nue, au bord des flots vole, et s'y précipite,
Dans ses bras amoureux enchaîne Hermaphrodite,
Savoure des baisers qu'il lui dispute en vain.

Sur son sein haletant elle presse son sein ;
Captive ses efforts, de doux nœuds l'embarrasse,
Son corps voluptueux à son corps s'entrelace.
Tel surpris par le vol de l'aigle audacieux,
Un serpent qui résiste est porté vers les cieux ;
Ses anneaux, déroulés en chaîne tortueuse,
Enlacent de l'oiseau l'aile victorieuse.
Mille fois recourbé, tel le lierre amoureux,
Aux rameaux d'un palmier entremêle ses nœuds.
Tel des souples réseaux qu'il resserre et déploie,
Le Polype dans l'onde enveloppe sa proie.

L'amant de Salmacis sur son sein se débat,
Mais, d'amour enivrée, elle s'écrie : ingrat !
« Ne crois pas m'échapper ! ô vous, Dieux que j'implore ;
Dieux ! confondez mon être à l'être que j'adore !
Ordonnez que soumis à votre auguste loi,
Rien ne m'arrache à lui, rien ne l'arrache à moi ! »

Les Dieux daignent l'entendre : un pouvoir sympathique
Enveloppe leurs corps sous une forme unique.
Sur le tronc nourricier, tels deux jeunes ormeaux
Dans une même écorce enferment leurs rameaux.

O prodige ! asservis au nœud qui les rassemble,
Ils ne sont déjà plus, ou sont tous deux ensemble.
Ces amants enrichis de leurs trésors communs,
De deux sexes formés, n'en possèdent aucuns.

Hermaphrodite outré qu'une indigne faiblesse
De son sexe puissant dégradât la noblesse,
D'une voix, qui déjà trahissait ses destins,
De mes jours avilis, ô vous, auteurs divins !
Faites que dans ces flots, chaque mortel subisse
De sa virilité le honteux sacrifice.
Mercure et Cythérée ont entendu leur fils.
Cette onde rend encor les sexes indécis.

Le même, *Ibid.*

IV. Élégie sur la mort de Tibulle.

   Si des Déesses immortelles,
   Si jadis l'Aurore et Thétis
    Ont de leurs larmes maternelles
    Mouillé les cendres de leurs fils:
Viens, les cheveux épars, ô plaintive Élégie,
Viens, et laisse à ton tour éclater tes douleurs;
Ton nom ne sied que trop à tes propres malheurs.
Ta gloire la plus douce aujourd'hui t'est ravie.
    Oui, ton poète bien-aimé,
Que toi-même à tes chants avais pris soin d'instruire,
Tibulle, hélas! n'est plus qu'un reste inanimé
Que le bûcher fatal achève de détruire.

    Déjà pâle et les yeux baissés
  L'amour portant entre ses mains tremblantes
Son flambeau sans lumières et ses traits renversés,
Le sein meurtri, l'air morne, et les ailes pendantes,
S'avance tristement, de larmes abondantes
Mouillant ses beaux cheveux sur son cou dispersés,
Et remplissant les airs de ses plaintes touchantes.
Tel autrefois d'Énée escortant le cercueil,
Jeune Iule, il sortit de ton palais en deuil.
Vénus même, à la mort de ce poète aimable,

Vénus même n'a pas éprouvé moins d'ennuis,
   Que lorsqu'un monstre impitoyable
Déchira dans les bois son charmant Adonis.
Et du ciel, nous dit-on, augustes interprètes,
Nous sommes chers aux dieux qui veillent sur nos jours!
Les dieux, si du vulgaire on en croit les discours,
Ont d'un souffle immortel animé les poètes!
O mort! rien n'est sacré pour tes profanes mains,
A tes aveugles coups rien ne peut se soustraire.

D'Orphée et de Linus on connaît les destins.
Ils ont eu vainement le Dieu des vers pour père;
Vainement ils ont su par les accords divins
    De leur immortelle harmonie
    Des monstres les plus inhumains
Dompter dans les forêts la sauvage furie.
    Voyez dans le sacré vallon
  Homère des trésors de sa veine féconde
Epancher ces beaux vers, source immense et profonde,
Où viennent s'abreuver tous les fils d'Apollon.
Homère, comme un autre, a vu le noir rivage;
Ses vers seuls de la Parque ont évité l'outrage,
Vivez, fruits du génie! admirables travaux!
Vivez de siècle en siècle, Achille, Hector, Ulysse,
Et toi, noble beauté, dont le chaste artifice
De ton époux absent sut tromper les rivaux.

Délie et Némésis, ainsi, dans tous les âges,
L'avenir redira vos noms chers à l'amour,
O vous qui de Tibulle avez eu tour-à-tour
Et les premiers soupirs et les derniers hommages.
    Malheureuses, dans ce moment
Que vous servent, hélas! tant de pieux mystères,
Et vos cistres d'Egypte, et ces nuits solitaires
    Qui n'ont point sauvé votre amant?
Il n'est plus! pardonnez des doutes sacrilèges;
Grands Dieux! si les vertus d'un cœur religieux,
Contre l'affreux trépas sont de vains privilèges,
Puis-je croire au pouvoir qui gouverne les cieux.
Vertueux ou méchant à la mort tout succombe.
Servez les Dieux, la mort, à la face des Dieux,
Du pied de leurs autels vous entraîne à la tombe.
Comptez sur les beaux vers, Tibulle est sous vos yeux.
Et cette urne contient tout ce qui nous en reste.

Eh, quoi! la flamme impie, ô poète enchanteur,
A dévoré ton corps sur le bûcher funeste !
La flamme sans respect a consumé ce cœur,
De toutes les vertus séjour pur et céleste !
 Feux profanes, feux criminels,
Que n'allez-vous des Dieux embraser les autels !
Vénus à cet aspect détourna son visage;
Des pleurs même, dit-on, coulèrent de ses yeux
Cher Tibulle, du moins un barbare rivage
N'ensevelira pas tes restes précieux.

 Du moins, cher Tibulle, une mère
A fermé de ses mains ta mourante paupière;
Une sœur, une mère, unissant leurs douleurs,
Ont couvert ton tombeau de présents et de fleurs.
Du moins les deux beautés dont tu chéris les charmes,
Près du triste bûcher où tu fus consumé,
Ont serré dans leurs bras ton corps inanimé.
Cher amant, dit Délie, en répandant des larmes,
Le ciel d'un œil propice avait vu nos amours ;
Tant que je te fus chère, il épargna tes jours.

 Cessez, lui répond sa rivale,
 Cessez d'accuser le destin :
Vous pleurez une perte à moi seule fatale ;
C'est moi qu'en expirant pressait sa faible main.
Si l'homme cependant se survit à lui-même,
S'il doit rester de nous, après l'instant suprême,
Autre chose qu'une ombre et qu'un vain souvenir,
L'Élysée a reçu les mânes de Tibulle.
Au-devant de ses pas son ombre a vu venir,
Et le joyeux Calvus, et le docte Catulle,
Et toi, poète aimable autant que malheureux,
Qui de tes propres mains a terminé ta vie !
O Gallus ! s'il est vrai qu'aucune perfidie

Ne souilla ton cœur généreux.
Parmi ces ombres fortunées,
Cher Tibulle, heureux à jamais,
Tes immortelles destinées
S'écouleront au sein d'une éternelle paix.
Repose, cependant, repose; et que la terre
Dans ton dernier asile à tes os soit légère.

Ch. Loyson.

PACATUS (Latinus DREPANIUS), naquit à Bordeaux ou à Agen dans le iv° siècle.

Au temps de Théodose, on trouve encore quelques traces d'éloquence dans l'occident. Nous avons un panégyrique latin de cet empereur: il est d'un Gaulois d'Acquitaine, nommé Pacatus; ce Gaulois était en même temps poète et orateur. Sidoine Appollinaire en parle, et Ausone le cite avec éloge : Il prononça son panégyrique dans le sénat de Rome. On voit combien ce nom, et le souvenir d'une ancienne grandeur, en imposait encore : « L'orateur, « dit-il, craint de faire entendre devant les héri- « tiers de l'éloquence romaine, ce langage inculte « et sauvage d'au-delà des Alpes; et son œil ef- « frayé croit voir dans le sénat les Cicéron, les « Hortensius et les Caton assis auprès de leur « postérité pour l'entendre. » Il y a trop d'occasions où il faut prendre la modestie au mot, et convenir de bonne foi avec elle qu'elle a raison; mais ici il y aurait de l'injustice : l'orateur vaut mieux qu'il ne dit; s'il n'a point ces agréments que donnent le goût et la pureté du style, il a souvent de l'imagination et de la force, espèce de mérite qui, se semble, aurait dû être moins rare dans un temps où le choc des peuples, les intérêts de l'empire, et le mouvement de l'univers qui s'agitait pour prendre une face nouvelle, offraient un grand spectacle, et paraissaient devoir donner du ressort à l'éloquence; la sienne, en général, ne manque ni de précision, ni de rapidité. Au reste, dans sa manière d'écrire, il ressemble plus à Sénèque et à Pline qu'à Cicéron; quelquefois même il a des tours et un peu de la manière de Tacite: ses expressions ont alors quelque chose de hardi, de vague et de profond qui ne déplaît pas. L'endroit le plus éloquent de cet éloge, est la peinture de la tyrannie de Maxime vaincu par Théodose. Maxime était un général des troupes en Angleterre, qui, révolté contre Gratien, l'avait joint à Paris, lui avait enlevé son armée sans combattre, et l'avait ensuite fait assassiner à Lyon. Ce meurtrier usurpateur domina cinq ans dans les Gaules; c'est-à-dire que, pendant cinq ans, il usa de son pouvoir pour commettre impunément des crimes. L'orateur parle avec éloquence de tous les maux que nos ancêtres ont soufferts sous ce tyran; il peint les brigandages et les rapines, les riches citoyens proscrits, leurs maisons pillées, leurs biens vendus, l'or et les pierreries arrachés aux femmes, les vieillards survivants à leur fortune, les enfants mis à l'enchère avec l'héritage de leurs pères; le meurtre employé comme les formes de justice, pour s'enrichir; l'homme riche invoquant l'indigence, pour échapper au bourreau; la fuite, la désolation; les villes devenues désertes, et les déserts peuplés; le palais impérial, où l'on portait de toutes parts les trésors des exilés et le fruit du carnage; mille mains occupées jour et nuit à compter de l'argent, à entasser des métaux, à mutiler des vases; l'or teint de sang, pesé dans les balances, sous les yeux du tyran; l'avarice insatiable englobissant tout, sans jamais rendre, et ces richesses immenses perdues pour le ravisseur même, qui, dans son économie sombre et sauvage, ne savait ni en user, ni en abuser; au milieu de tant de maux, l'affreuse nécessité de paraître encore se rejouir, le délateur errant, pour calomnier les regards et les visages; le citoyen, qui, de riche, est devenu pauvre, n'osant paraître triste, parce que la vie lui restait encore, et le frère, dont on avait assassiné le frère, n'osant sortir en habit de deuil, parce qu'il avait un fils.

On trouve encore dans ce discours un morceau plein de force sur la lâcheté du tyran qui, vaincu et sans ressource, n'avait pas eu, dit l'orateur, assez de courage pour ne pas tomber entre les mains du vainqueur. Cette idée, comme on voit, tenait à l'ancien préjugé romain, qui mettait de la gloire dans le suicide, erreur justement condamnée aujourd'hui par la religion et par les lois.

Thomas, *Essai sur les Éloges.*

PACUVIUS (MARCUS), poète latin, fils d'une sœur d'Ennius, naquit à Brindes, et mourut à Tarente (l'an 154 avant J.-C.) âgé de plus de 90 ans. Il avait publié des satires et plusieurs pièces de théâtre dont il ne reste que quelques fragments. On les trouve dans le *Corpus pœtarum* de Maittaire. M. Levée en a donné le texte avec la traduction dans sa collection du *Théâtre des Latins*. Pacuvius était contemporain d'Accius. (Voy. l'article de ce dernier.)

PALAPRAT (JEAN), sieur de Bigot, poète comique, naquit à Toulouse en 1650, d'une famille de robe, et suivit d'abord la carrière du barreau. Créé capitoul en 1675, et chef du consistoire en 1684, il s'acquitta de ces deux emplois avec la droiture de cœur et la liberté d'esprit qui le caractérisaient. Il avait montré de bonne heure du goût pour la poésie, et avait remporté des prix aux jeux floraux. Etant venu à Paris, où il obtint la place de secrétaire du duc de Vendôme, son goût se décida pour le théâtre; et devenu en même-temps ami de Brueys, il travailla de concert avec ce poète, provençal comme lui. On peut voir à l'article BRUEYS les pièces auxquelles il eut part; la plus célèbre est le *Grondeur*. Palaprat composa seul *Hercule* et *Omphale*, les *Sifflets*, le *Ballet extravagant* et la *Prude du temps*. Il mourut à Paris en 1721. M. Etienne a trouvé dans l'amitié de Brueys et Palaprat le sujet d'une de ses plus jolies pièces, pleine d'esprit et qui a obtenu un succès soutenu et mérité. Les œuvres de Palaprat sont réunies à celles de Brueys. (*Voyez l'article de ce dernier*).

PALISSOT DE MONTENOY (CHARLES), né à Nancy le 3 janvier 1730, avait à peine atteint sa douzième année lorsqu'il termina son cours de philosophie et reçut le grade de maître-ès-arts. Il connut de très bonne heure les jouissances de la célébrité, puisque le bénédictin Calmet ne dédaigna pas de lui consacrer quelques lignes dans son dictionnaire in-fol. des *Ecrivains de Lorraine*. Mais il avait déjà un genre de mérite bien supérieur à ces étincelles de talent, ou plutôt à ces jeux de mémoire qu'on admirait dans les thèses d'un enfant, c'est qu'il appréciait à leur juste valeur les études rapides et prématurées, bien résolu de revenir avec la maturité de la raison sur les matières qu'il avait effleurées d'abord avec un succès plus apparent que solide; exemple très bon à suivre, puisque la marche contraire a souvent anéanti les fruits de la plus belle éducation. Palissot perfectionna ses études dans la congrégation de l'Oratoire, qu'il quitta à l'âge de dix-huit ans pour entrer dans le monde, lorsque son patrimoine et le mariage qu'il venait de contracter le mirent en état de se livrer exclusivement à son goût pour la littérature. Son premier ouvrage fut une tragédie intitulée *Ninus*, d'un style assez correct, mais sans intérêt dramatique; et les spectateurs crurent avoir comblé dès la troisième représentation, la mesure d'indulgence que pouvait réclamer l'âge de l'auteur. Palissot, froidement accueilli sur la scène tragique, étudia mieux la nature de son talent, et reconnut en lui-même un esprit assez caustique, un besoin de médire assez prononcé pour se promettre de véritables succès dans la comédie. Après les *Tuteurs*, représentés en 1754, il donna une petite pièce assez gaie, intitulée le *Barbier de Bagdad*, sujet tiré des *Mille et une Nuits*. Mais le premier ouvrage qui le fit connaître avec éclat fut sa comédie du *Cercle*, jouée à Nancy en présence du roi Stanislas. Il est vrai que le mérite littéraire de la pièce ne fit pas tous les frais du succès, et que les circonstances contribuèrent beaucoup à la sensation qu'elle produisit momentanément. La classe des écrivains nommés philosophes avait à cette époque toute l'importance d'une secte qui se croyait appelée à changer la face du monde; quelques hommes d'un grand talent étaient parvenus à rassembler sous une commune bannière des légions de toutes armes, et cette croisade anti-religieuse où le génie et la dernière médiocrité guerroyaient pêle-mêle, offrait un spectacle d'abord plus ridicule qu'effrayant. La verve satirique de Palissot saisit avec une rare finesse le côté plaisant des hommes et des doctrines, et ce fut dans la comédie du *Cercle* qu'elle hasarda ses premières railleries contre l'empirisme philosophique. L'insulte fut d'autant plus sensible aux novateurs que le poète n'était pas entièrement opposé à leurs principes, et que le zèle de la religion n'entrait pour rien dans l'amertume de ses satires. J.-J. Rousseau, qu'avaient atteint les traits les plus mordants, exprima ses plaintes avec la réserve d'un homme qui voulait jouer le personnage de Socrate, et qui peut-être s'applaudissait en secret d'un outrage qui l'assimilait au philosophe de *nuées*. Les reproches de Voltaire respiraient aussi une bénignité qui accompagnait rarement ses témoignages d'improbation. « Vous méritiez, lui écrivait-il, » d'être l'ami des philosophes. J'ai toujours sou- « haité que vous ne prissiez les armes que contre » nos ennemis ». Mais les autres écrivains du parti parlaient un langage plus franchement hostile, tandis que Palissot renouvelait ses attaques dans ses *Petites Lettres contre de grands Philosophes*, où brillent sur-tout les saillies dirigées contre Diderot. Bientôt le bruit de ces hostilités partielles se perdit dans le fracas d'une lutte plus générale. La comédie des *Philosophes*, jouée en 1760, attira sur son auteur un débordement de libelles, et la gravure venant au secours des plumes belligérantes, le poète fut représenté à genoux devant les écrits de ses adversaires, avec cette inscription : *Pâlis-Sot !* calembourg attribué à Voltaire, qui conservait cependant avec lui quelques relations de politesse. Quatre ans après,

Palissot publia la *Dunciade* française, en trois chants, dont il envoya un exemplaire au philosophe de Ferney. Voltaire, qui n'y était pas attaqué personnellement, le remercia de sa *petite drolerie*, qualification que l'auteur prit pour un éloge, et qui lui inspira plus tard l'idée d'allonger considérablement son poème, et de porter les chants au nombre de dix. Il n'avait pas abandonné le théâtre; mais, absorbé par la polémique, il n'ajouta rien à sa réputation littéraire dans *les Deux Ménechmes*, ni dans les *Courtisanes*, ni même dans le *Satirique*, entravé dans son apparition par la maladresse de l'auteur. Il avait répandu le bruit que cette pièce était l'ouvrage d'un de ses ennemis, qui avait voulu le peindre sous les traits d'un satirique odieux; et, croyant l'officier de police moins disposé à l'obliger qu'il ne l'était en effet, il le pria d'empêcher la mise en scène d'une comédie où sa personne était attaquée; cet étrange artifice suspendit, contre son attente, la représentation du *Satirique*. *Les Philosophes* furent repris en 1782, et ne soutinrent pas la gloire de leur premier succès. La secte était devenue toute-puissante, et ses travers ressemblaient trop à des crimes pour appartenir encore au domaine de la comédie. Dans l'intervalle de ses travaux dramatiques et de ses querelles avec la philosophie, Palissot rédigea des *Mémoires sur la Littérature*, ouvrage très répandu et souvent réimprimé. Ses jugements sont équitables et calmes à l'égard des écrivains antérieurs à son siècle ; mais, lorsqu'il parle des contemporains, il n'est guère plus scrupuleux que ses adversaires sur l'article de la partialité. La révolution, au moins dans son aurore, n'inspira point à Palissot cette défiance que devait naturellement faire naître la violente secousse imprimée au corps social. Mais il n'approuva jamais les fureurs des Jacobins ; et si, pour obtenir en 1793 un certificat de *civisme*, il consentit à rétracter, par écrit, quelques sarcasmes de sa fameuse comédie, on ne peut attribuer cette condescendance qu'à la nécessité. Il avait publié précédemment une édition en 55 volumes in-8°. des *OEuvres choisis de Voltaire*, et fait hommage de ce travail à l'Assemblée constituante. En 1797, il fit des vers pour le général Bonaparte, et fut nommé député au Conseil des anciens. Son rôle politique y fut à-peu-près nul, et lui laissa assez de loisir pour donner une belle édition de Corneille, avec des notes judicieuses, tant sur le texte que sur les jugements de Voltaire. Ruiné par les dilapidations révolutionnaires, Palissot trouva sur la fin de sa vie, une retraite honorable à la bibliothèque Mazarine, dont il fut nommé administrateur. Il conserva dans un âge très avancé le goût des lettres et la vigueur d'esprit nécessaire à l'étude. A quatre-vingt-deux ans, il prenait encore la plume pour défendre ses anciennes décisions littéraires contre les critiques qui n'étaient pas de son avis. On pouvait lui reprocher d'avoir long-temps combattu, sans conviction personnelle, les ennemis des croyances religieuses ; mais le calme de la vieillesse avait fixé ses irrésolutions sur cette matière importante, et Palissot mourut en chrétien, le 15 juin 1814. Outre les ouvrages dont nous avons parlé, on a de Palissot l'*Histoire des premiers siècles de Rome*, généralement estimée ; des *Questions sur quelques opinions religieuses; le génie de Voltaire*, Recueil de tous les jugements que l'auteur avait disséminés dans l'édition de Voltaire, et un grand nombre de *Lettres*. La dernière édition de ses *OEuvres*, faite sous ses yeux, est en 6 vol. in-8°. 1809.

Favier.

JUGEMENT.

Dans ses *Mémoires*, très bien écrits, les talents qui ont illustré le règne de Louis XIV sont appréciés avec autant d'impartialité que de justesse : l'éloge toutefois n'est pas le partage exclusif des morts : bien différent en ce point d'un autre critique, non moins célèbre (l'auteur du *Cours de Littérature*). L'auteur exerce une équitable bienveillance envers plusieurs de ses contemporains ; mais, entraîné dès sa jeunesse dans une de ces guerres de plume qui ont trop souvent affligé la littérature, il y déploya beaucoup de talent, trop peut-être, car il en perpétua le souvenir, et l'ascendant d'une première démarche a quelquefois déterminé ses jugements comme il a influé sur sa destinée. Il n'est pas de ceux qui repoussent indistinctement tous les propagateurs de la philo-

sophie moderne : on a vu quel respect il a pour
Voltaire. Nul n'a rendu plus d'hommages au laborieux, modeste et vertueux Bayle ; nul n'a plus
vanté Montesquieu et J.-J. Rousseau lui-même,
ce qui paraîtra singulier, mais ce qui est toutefois
rigoureusement vrai ; nul enfin n'a loué de meilleure foi, Fréret, Duclos, Du Marsais, Condillac.
Nous voudrions pouvoir ajouter quelques autres
talents de la même trempe, et que l'on distinguera
d'autant mieux, que nous évitons de les nommer.
On peut donc reprocher à M. Palissot de la partialité ; tranchons le mot, de l'injustice à l'égard
de trois ou quatre écrivains illustres, et dont il
eût mérité d'être l'ami ; mais aucun homme sincère et judicieux ne lui contestera la pureté du
goût, l'élégance continue du style, le don très
rare de bien écrire en prose et en vers, d'exceller
sur-tout dans les vers de la comédie, et l'honneur
d'avoir dès long-temps marqué sa place entre nos
premiers littérateurs.

  M. J. Chénier. *Tableau de la Littérature française.*

MORCEAU CHOISI.*

Le Faux Philosophe.

     Il s'en donne le nom,
Comme tous ces messieurs qui, fiers de leur raison,
Se croyant appelés à réformer la terre,
A tous les préjugés ont déclaré la guerre.
Petits pédants obscurs, qui pensent à la fois
Eclairer l'univers, et régenter les rois :

* Voyez dans le *Répertoire* les jugements de Palissot sur différents auteurs.

Fanatiques d'orgueil, dont la folle manie
Est de se croire un droit exclusif au génie :
Flatteurs, en affichant le mépris des grandeurs;
De tout ce qu'on révère audacieux frondeurs;
Pleins de crédulité pour les faits ridicules,
Et sur tout autre objet sottement incrédules,
Pensant que rien n'échappe à leurs yeux pénétrants;
Prêchant la tolérance, et très intolérants;
Qui, sur un tribunal érigé par eux-mêmes,
Jugent tous les talents en arbitres suprêmes;
De quiconque les flatte orgueilleux protecteurs,
De quiconque les brave ardents persécuteurs;
Enfin du monde entier s'arrogeant les hommages,
Pour avoir usurpé la qualité de sages.
Les Philosophes, act. Ier, sc. 2.

PANARD (CHARLES-FRANÇOIS), né à Nogent-le-Roi, près de Chartres, montra de bonne heure beaucoup de talent pour le vaudeville moral, dont il est regardé comme le père. Il savait aiguiser les traits de l'épigramme, mais il ne s'en servit jamais contre personne, et chansonna le vice sans désigner le vicieux.

Ce poète aimable avait, dit-on, un penchant extrême pour le vin, et n'était jamais si bien en verve que sous la treille de la guinguette. Intimement lié avec Gallet, autre chansonnier du même temps, l'ivresse était pour eux l'état le plus heureux. « Mais avant que d'être ivres, dit Mar-
« montel, dans ses *Mémoires*, ils avaient des mo-

« ments d'inspirations qui faisaient croire à ce
« qu'Horace a dit du vin.

« Le bon-homme Panard, continue le même
« écrivain, aussi insouciant que son ami, aussi
« oublieux du passé, et négligent de l'avenir, avait
« plutôt dans son infortune la tranquillité d'un
« enfant que l'indifférence d'un philosophe. Le
« soin de se nourrir, de se loger, de se vêtir, ne le
« regardait pas ; c'était l'affaire de ses amis; et il
« en avait d'assez bons pour mériter cette con-
« fiance. Dans ses mœurs, comme dans l'esprit,
« il tenait beaucoup du naturel simple et naïf de
« La Fontaine. Jamais l'extérieur n'annonça moins
« de délicatesse ; il en avait pourtant dans la pensée
« et dans l'expression. Plus d'une fois à table, et,
« comme on dit, entre deux vins, j'avais vu sortir
« de cette masse lourde et de cette épaisse enve-
« loppe des couplets impromptus pleins de facilité,
« de finesse et de grace. * Lors donc qu'en rédi-
« geant le *Mercure* du mois, j'avais besoin de quel-
« ques jolis vers, j'allais trouver mon ami Panard.
« *Fouillez*, me disait-il, *dans la boîte à perruque*.
« Cette boîte était en effet un vrai fouillis où
« étaient entassés pêle-mêle, et griffonnés sur des
« chiffons, les vers de ce poète aimable. En voyant
« presque tous ses manuscrits tachés de vin, je lui
« en faisais le reproche. *Prenez, prenez*, me disait-

---

* Collé, Piron, Panard, forment le trio joyeux qui nous ravit tant de fois par ses refrains. Ils portèrent le mieux sur la scene, les grelots de leur folie. Leurs couplets ne sont pas aiguisés de pointes, ni de subtiles équivoques, mais de vrais bons mots, finement épigrammatiques.

LEMERCIER, *Cours Analytique de Littérature.*

« il, *c'est là le cachet du génie*. Il avait pour le vin
« une affection si tendre, qu'il en parlait toujours
« comme de l'ami de son cœur ; et, le verre à la
« main, en regardant l'objet de son culte et de
« ses délices, il s'en laissait émouvoir au point que
« les larmes lui en venaient aux yeux. Je lui en ai
« vu répandre pour une cause bien singulière.

« Après la mort de son ami Gallet, l'ayant trouvé
« sur mon chemin, je voulus lui marquer la part
« que je prenais à son affliction : *Ah ! Monsieur,*
« me dit-il, *elle est bien vive et bien profonde ! Un*
« *ami de trente ans, avec qui je passais ma vie ! à*
« *la promenade, au spectacle, au cabaret, toujours*
« *ensemble, je l'ai perdu ; je ne chanterai plus, je*
« *ne boirai plus avec lui. Il est mort ; je suis seul au*
« *monde. Je ne sais plus que devenir.* En se plai-
« gnant ainsi le bonhomme fondait en larmes, et
« jusque là rien de plus naturel ; mais voici ce
« qu'il ajouta : *Vous savez qu'il est mort au temple ?*
« *j'y suis allé pleurer et gémir sur sa tombe. Quelle*
« *tombe ! ah ! Monsieur, ils me l'ont mis sous une*
« *gouttière, lui qui, depuis l'âge de raison, n'avait*
« *pas bu un verre d'eau !* »

Panard mourut à Paris, d'une apoplexie, le 13 juin 1765, à l'âge de soixante-quatorze ans.

Le total de ses pièces, représentées tant à l'Opéra-Comique qu'au spectacle pantomime, s'élève à plus de quatre-vingt. On a imprimé ses ouvrages sous le titre de *Théâtre et Œuvres de Panard*, Paris, 1763, 4 vol. in-12. *Ses œuvres choisis* forment 3 vol. in-18.

PANTOMIME.

JUGEMENT.

Voyez le jugement de La Harpe sur Panard, article Opéra comique, tome XX, p. 401—405, et l'article Chanson, tome VII, page 67—69 et 79—83 du *Répertoire*.

PANTOMIME. C'est le langage de l'action, l'art de parler aux yeux, l'expression muette.

L'expression du visage et du geste accompagne naturellement la parole, et s'accorde avec elle pour peindre la pensée ; en sorte que, plus l'expression de la parole est faible, au gré de celui qui s'énonce, plus l'expression du geste et du visage s'anime pour y suppléer. De là vient que, chez les peuples doués d'une imagination vive et d'une grande sensibilité, la pantomime naturelle est plus marquée, ainsi que l'accent de la parole. De là vient aussi que, plus on a de difficulté à s'exprimer par la parole, soit à cause de la distance ou de quelque vice d'organe, soit manque d'habitude de la langue qu'on veut parler, plus on donne de force et de vivacité à cette expression visible. C'est donc sur-tout aux mouvements de l'âme les plus passionnés que la pantomime est nécessaire : alors ou elle seconde la parole, ou elle y supplée absolument.

L'expression du geste et du visage, unie à celle

de la parole, est ce qu'on appelle action, ou théâtrale ou oratoire. (*Voyez* DÉCLAMATION.)

La même expression, sans la parole, est ce qu'on appelle plus particulièrement *pantomime*.

Chez les anciens, l'action théâtrale se réduisait au geste. Les acteurs, sous le masque, étaient privés de l'expression du visage, qui, chez nous, est la plus sensible ; et si on demande pourquoi ils préféraient un masque immobile à un visage où tout se peint, c'est, 1° que, pour être entendu dans un amphithéâtre qui contenait au moins six mille spectateurs, il fallait que l'acteur eût à la bouche une espèce de trompe ; 2° que, dans l'éloignement, le jeu du visage eût été perdu, quand même on eût joué sans masque. Or, l'action théâtrale étant privée de l'expression du visage, on s'efforça d'y suppléer par l'expression du geste, et l'immensité des théâtres obligea de l'exagérer *.

Par degrés, cet art fut porté au point d'oser prétendre à se passer du secours de la parole, et à tout exprimer lui seul. De là cette espèce de comédiens muets, qu'on n'avait point connus dans la Grèce, et qui eurent à Rome un succès si follement outré.

Ce succès n'est pourtant pas inconcevable, et en voici quelques raisons :

1° La tragédie grecque, transplantée à Rome, y était étrangère, et n'y devait pas faire la même

---

* Voyez sur l'emploi des masques dans les représentations scéniques des anciens, tome X, page 40 ; XXVIII, 81 de notre *Répertoire*.   H. P.

impression que sur les théâtres de Corinthe et d'Athènes. (*Voyez* POÉSIE, TRAGÉDIE.)

2° Elle était faiblement traduite, et Horace le fait assez entendre, en disant qu'on y avait *assez bien* réussi.

3° Elle était aussi faiblement jouée, et il y a apparence que les comédiens n'auraient pas été chassés par les pantomimes, s'ils avaient tous été des Æsopus et des Roscius.

4° Les Romains n'étaient pas un peuple sensible, comme les Grecs, aux plaisirs de l'esprit et de l'âme; leurs mœurs austères ou dissolues, selon les temps, n'eurent jamais la délicatesse des mœurs antiques ; il leur fallait des spectacles, mais des spectacles faits pour les yeux. Or la la pantomime parle aux yeux un langage plus passionné que celui de la parole ; elle est plus véhémente que l'éloquence même, et aucune langue n'est en état d'en égaler la force et la chaleur. Dans la pantomime tout est action, rien ne languit ; l'attention n'est point fatiguée : en se livrant au plaisir d'être ému, on peut s'épargner presque la peine de penser; ou s'il se présente des idées, elles sont vagues comme les songes. La parole retarde et refroidit l'action; elle préoccupe l'acteur et rend son art plus difficile. Le pantomime est tout à l'expression du geste ; ses mouvements ne lui sont point tracés ; la passion seule est son guide. L'acteur est continuellement le copiste du poëte ; le pantomime est original : l'un est asservi au sentiment et à la pensée d'autrui, l'autre se livre et s'abandonne au mouvement de son âme. Il doit donc y avoir, entre l'action du comédien et celle du pantomime, la différence de l'esclavage à la liberté.

5° La difficulté vaincue avait un autre charme, et cette surprise continuelle, de voir un acteur muet se faire entendre, devait être un plaisir très vif.

6° Enfin, dans l'expression du geste, les pantomimes, uniquement occupés des graces, de la noblesse et de l'énergie de l'action, donnaient à la beauté du corps des développements inconnus aux comédiens, dont le premier talent était celui de la parole; et, comme on en peut juger encore par l'impression que font nos danses, l'idolâtrie des Romains et des Romaines pour les pantomimes était un culte rendu à la beauté.

Si l'on joint à ces avantages de la pantomime celui de dispenser le siècle et le pays où elle florissait de produire de grands poètes; de ne demander qu'une esquisse de l'action qu'elle imitait; de sauver son spectacle de tous ces écueils qui environnent la poésie; de tout réduire à l'éloquence du geste, et de n'avoir pour juges que les yeux, bien plus faciles à séduire que l'oreille, que l'esprit et que la raison; on ne sera pas étonné qu'un art dont les moyens étaient si simples, si puissants, et les succès si infaillibles, eût prévalu sur l'attrait d'un spectacle où l'esprit et le goût étaient rarement satisfaits.

On pourrait même présumer, d'après l'exemple

des Romains, que, dans tous les temps et chez tous les peuples du monde, la pantomime, portée au même degré de perfection, éclipserait la comédie et la tragédie elle-même, et c'est le danger de ce spectacle, de dégoûter de tous les autres, semblable à une liqueur forte, qui blase et qui détruit le goût.

Qu'importe, dit-on communément *à quel spectacle on s'amuse? le meilleur est celui que l'on aime le plus.* On pourrait dire également : *Qu'importe de quelle liqueur on s'abreuve et de quels mets on se nourrisse?* Mais comme l'aliment le plus agréable n'est pas toujours le plus sain, le spectacle le plus attrayant n'est pas toujours le plus utile. De la pantomime rien ne reste que des impressions quelquefois dangereuses ; on sait qu'elle acheva de corrompre les mœurs de Rome; au lieu que de la bonne tragédie et de la saine comédie il reste d'utiles leçons. Au spectacle de la pantomime on n'est qu'ému; aux deux autres on est instruit. Dans l'un, la passion agit seule et ne parle qu'aux sens, rien ne la corrige et rien ne la modère. Dans les deux autres, la raison, la sagesse, la vertu, parlent à leur tour; et ce que la passion a de vicieux ou de criminel est exposé à leur censure ; le remède est toujoure à côté du poison. *

---

* La supériorité que la tragédie et la comédie ont, pour l'effet moral, sur les spectacles pantomimes, ne résulte pas seulement de cette leçon directe qu'elles renferment, et à laquelle Marmontel attache trop d'importance, comme nous avons eu plus d'une occasion de le remarquer (Voyez dans ce recueil, t. II, pag. 186, X, p. 424; XII, 190, 191, 200, 400, 401; XV,

Un gouvernement sage aura donc soin de préserver les peuples de ce goût dominant des Romains pour la pantomime, et de favoriser les spectacles où la raison s'éclaire et où le sentiment s'épure et s'ennoblit.

Par induction, à mesure que l'action théâtrale donne moins à l'éloquence et plus à la pantomime, et qu'elle néglige de parler à l'âme pour ne plus frapper que les yeux, le spectacle devient, pour la multitude, plus attrayant et moins utile. On ne forme point les esprits avec des tableaux et des coups de théâtre. Aristote n'admet les mœurs qu'à cause de l'action * : la règle contraire est la nôtre, et sur le théâtre moderne, l'action n'est destinée qu'à peindre et corriger les mœurs.

C'est une théorie que j'ai développée avec soin dans l'article DRAME, et sur laquelle j'insiste encore. La multitude veut des effets, c'est-à-dire des coups de théâtre et des tableaux qui la remuent, et sans cela plus de succès. Mais si, au lieu d'en faire les moyens de l'art, on en fait son objet unique, l'art est perdu, et à la place de la poésie et de l'élo-

---

41 ; XXVIII 94) mais de ce que la pantomime réduite nécessairement à la peinture de la passion, ne peut, comme la tragédie particulièrement, élever notre âme par le tableau des plus nobles facultés de notre nature, de la vertu, de l'héroïsme, ni exciter en elle ce sentiment vif et pur d'admiration que le beau moral peut seul faire naître. H. P.

* Le précepte d'Aristote, n'était pas très conforme à la pratique des poètes grecs, pour lesquels précisément l'action n'était qu'une occasion, et comme un prétexte de peindre les mœurs. C'est chez nous au contraire qu'elle a pris l'importance que voulait lui donner Aristote, qu'on peut regarder comme le précurseur de notre système dramatique (*Voyez* les articles TRAGÉDIE, EURIPIDE, SOPHOCLE, etc.) H. P.

quence on n'aura plus que la pantomime ; de temps en temps encore on fera crier la nature, mais on ne la fera plus parler. Or pour m'instruire et me corriger ce n'est pas assez qu'elle crie, j'ai besoin qu'elle parle, et qu'elle parle éloquemment. Combien les scènes de l'*Enfant prodigue* pouvaient être plus déchirantes, si, à l'expression des regrets et des peines de l'âme, Voltaire eût préféré celle des souffrances du corps! Pourquoi donc ne l'a-t-il pas fait? parce que le but du pathétique n'est pas de nous faire souffrir.

Quant au projet qu'on a proposé, d'associer la parole avec la danse pantomime, l'exécution n'en fût-elle pas impossible, ce projet de faire chanter le danseur, ou de le faire accompagner par une voix que l'on croirait la sienne, serait encore bien étrange, et l'exemple d'Andronicus, sur lequel on veut le fonder, ne l'autorise pas assez. On raconte, il est vrai, que, dans un temps où les Romains devaient être peu délicats sur l'imitation théâtrale, la voix ayant manqué à ce comédien, il fit réciter son rôle par un esclave qu'on ne voyait pas, tandis qu'il en faisait les gestes. Je ne crois pas que sur aucun théâtre sérieux un pareil exemple soit jamais suivi ; mais s'il pouvait être imité, ce serait dans la déclamation toute simple, et non pas dans une action aussi violente, aussi exagérée que doit l'être la pantomime. Andronicus ne dansait pas. *

---

* Voyez sur la séparation du geste et de la parole sur les théâtres anciens, ce qui a été dit dans ce recueil, t. VIII, p. 411.   H. P.

Dès que l'action est parlée, elle a deux signes, celui de la parole et celui du geste; le geste n'a donc plus alors aucune raison d'être exagéré. C'est l'hypothèse d'un acteur muet, ou trop éloigné pour se faire entendre, qui donne de la vraisemblance à l'exagération des mouvements pantomimes. Un acteur, qui, en parlant ou en chantant, gesticulerait comme un danseur pantomime, nous semblerait outré jusqu'à l'extravagance. D'ailleurs, qu'arriverait-il, si, tandis que le pantomime danse, une voix étrangère exprimait ce qu'il peint ? De son côté, le mérite de faire entendre aux yeux le sentiment et la pensée, et du nôtre, le plaisir de le deviner, de l'admirer, seraient détruits: la pantomime y perdrait tous ses charmes, et ne serait plus qu'une expression exagérée sans raison et hors de toute vraisemblance.

Il n'y a que deux circonstances où il soit possible de réunir ainsi fictivement la parole avec l'action de la danse : c'est dans les mouvements tumultueux d'une multitude agitée de quelque passion violente, comme dans un chœur de combattants; ou lorsque la danse n'est que l'expression vague d'un sentiment qui met l'âme en activité, et que la parole et le chant n'ont avec elle aucune identité, mais seulement de l'analogie, comme lorsqu'on voit des bergers, animés par la joie, chanter et danser à la fois. Dans l'un et l'autre cas, ce serait une illusion agréable que de croire entendre chanter les mêmes personnes qui dansent : et pour faire cette illusion, il est un moyen bien aisé ; c'est de cacher les chœurs dans les coulisses et de ne faire paraître que les ballets. * Mais dans la scène, dans le dialogue, le monologue, le duo, imaginer de faire danser les acteurs, tandis que des chanteurs invisibles parleraient, chanteraient pour eux, c'est une invention qui, je crois, ne sera jamais adoptée.

La seule voix qu'on peut donner à l'acteur pantomime est celle de la symphonie, parce qu'elle est vague et confuse ; qu'elle ne gêne point l'action ; qu'en nous aidant à deviner le sentiment et la pensée, elle nous laisse encore jouir de notre pénétration, ou plutôt du talent qui sait tout exprimer sans le secours de la parole.

Le projet de substituer sur la scène lyrique la danse pantomime aux ballets figurés me semble encore peu réfléchi. Le ballet pantomime est placé quelquefois, et nous en avons des exemples. Mais premièrement il n'y a aucune raison de vouloir que la danse soit toujours pantomime : chez tous les peuples, même les plus sauvages, le goût de la danse est inné, aussi bien que celui du chant; l'un et l'autre a été donné par la nature comme l'expression vague de la joie et du plaisir, ou plutôt

* Ce que propose ici Marmontel a été fort heureusement exécuté de nos jours. Lorsqu'on a remis au théâtre l'Opéra des *Danaïdes*, dans une scène où ces filles cruelles préludent par l'ivresse et le chant d'une horrible bacchanale, à leur sanglante résolution, scène d'une conception toute tragique, et encore animée par les accents terribles que lui a prêtés l'art de Spontini, le Chorégraphe avait jeté devant les chœurs chantants, dont l'ordinaire immobilité n'avait pu répondre à la vivacité de la situation, quelques acteurs pantomimes qui leur donnaient l'apparente vivacité du mouvement et de la passion. H. P.

comme un mouvement analogue à cette situation de l'âme. On ne danse pas pour exprimer son sentiment ou sa pensée, on danse pour danser, pour obéir à l'activité naturelle où nous met la jeunesse, la santé, le repos, la joie, et que le son d'un instrument invite à se développer : la danse alors est mesurée ; et pour la rendre plus agréable, on imagine d'en varier les formes, les figures et les tableaux ; mais elle n'est point pantomime. L'expression d'un sentiment vague, qui n'est le plus souvent que le désir de plaire, ou l'attrait du plaisir, en fait le caractère ; et le choix des attitudes, des pas, des mouvements qui lui sont les plus analogues, est tout ce qu'elle se prescrit. Voilà l'intention du ballet figuré : son modèle est dans la nature. Il est aussi dans les coutumes, dans les rites, dans les cérémonies des différents peuples du monde : alors le caractère du ballet, dans un triomphe, dans une fête, à des noces, à des funérailles, dans des expiations, des sacrifices, ou des enchantements, est relatif à ces usages. Les convenances en sont les règles ; mais l'expression en est vague, et ne peint point, comme la pantomime, tel ou tel mouvement de l'âme que la parole exprimerait.

Quant au plaisir que cette expression vague et confuse peut nous causer, il ressemble assez à celui d'une belle symphonie. Celle-ci, en même temps qu'elle charme l'oreille, cause à l'esprit de douces rêveries, et porte à l'âme des émotions confuses, dont l'âme se plaît à jouir : il en est de même de la danse. D'un côté, l'âme est émue d'un sentiment vague et confus comme l'expression qui le cause; d'un autre côté, les yeux jouissent de tous les développements de la beauté présentée sous mille attitudes, et sous les formes variées d'une infinité de tableaux ingénieusement groupés. La grace, la noblesse, la légèreté, l'élégance, la précision et le brillant des pas, la souplesse des mouvements, tout ce qui peut charmer les yeux s'y réunit et s'y varie; et c'en est bien assez, je crois, pour en justifier le goût.

La danse en général est une peinture vivante. Or un tableau, pour nous intéresser, n'a pas besoin de rendre expressément tel sentiment, telle pensée; et pourvu que, dans les attitudes, dans le caractère des têtes, dans l'ensemble de l'action, il y ait assez d'analogie avec telle espèce de sentiments et de pensées, pour induire l'âme et l'imagination du spectateur à chercher dans le vague de cette expression muette une intention décidée, ou plutôt à l'y supposer, la peinture a son intérêt; et si d'ailleurs elle réunit à tout le prestige de l'art tous les charmes de la nature, les yeux, l'esprit et l'âme en jouiront avec délices sans y désirer rien de plus. Il en est de même de la danse.

On a dit que dans l'opéra français presque tous les ballets étaient inutiles et déplacés, et qu'il n'y avait que celui des bergers de Roland qui fut lié avec l'action. Mais les Plaisirs, dans le palais d'Armide, et dans la prison de Dardanus; mais le ballet des armes d'Enée dans l'opéra de *Lavinie*, et dans le même le ballet des bacchantes, et celui de la rose dans les *Indes galantes*; et celui des lutteurs aux funérailles de Castor; et une infinité d'autres, qui sont également, et dans le système et dans la situation, et dans le caractère du poème, faut-il les bannir du théâtre? Un ballet peut être moins heureusement lié à l'action que la pastorale de *Roland*, chef-d'œuvre unique en ce genre, sans pour cela être déplacé. On a sans doute abusé de la danse; mais les excès ne prouvent rien, sinon qu'il faut les éviter.

MARMONTEL, *Éléments de Littérature.*

PARNY (EVARISTE-DÉSIRÉ-DESFORGES, CHEVALIER DE), membre de l'Institut, poète français, naquit à l'Ile Bourbon, en 1753. Sa famille le fit passer en France de très bonne heure : il étudia au collège de Rennes. On a remarqué qu'il n'avait pas gardé un souvenir très favorable de l'époque de ses études ; et cette observation est fondée sur des vers que l'on cite avec complaisance, comme si l'on approuvait les sentiments et les idées qu'ils renferment. Il appelle, en effet dans ces vers, les maîtres qui instruisirent son enfance, des *enfileurs de mots :* il leur reproche de lui avoir montré *comme on parle et jamais comme on pense ;* il se félicite qu'ils n'aient pu gâter en lui la nature. Je l'avouerai, j'aimerais mieux rencontrer, dans le recueil de M. de

Parny, quelque expression de reconnaissance envers ceux dont il reçut le bienfait de l'éducation, quels qu'ils aient été, que ces lieux communs de satire toujours insignifiants par eux-mêmes, que ces diatribes irréfléchies, que ces boutades *cavalières*, où l'indépendance de la pensée et la légèreté de l'esprit ne brillent qu'aux dépens de certaines qualités infiniment plus estimables et plus précieuses : on voudrait que tout fût d'accord dans l'ensemble des sentiments d'un poète qui doit les principaux titres de sa gloire aux inspirations de sa sensibilité, et que l'âme d'où se répandirent des vers si touchants et si beaux, n'eût jamais eu que de bons mouvements. Il est des jeux et des erreurs de l'opinion qui semblent ne devoir jamais prévaloir sur les élans naturels d'un cœur bien né.

Les temps où M. de Parny, libre enfin du joug des *enfileurs de mots*, fut jeté parmi la jeunesse française, et suivit la vocation de sa naissance, en se plaçant dans les rangs de l'armée, n'étaient ceux ni des bonnes mœurs, ni du bon goût, ni du bon esprit : un jeune militaire, plein de vivacité, ne pouvait guère se préserver de la contagion ; les doctrines alors en crédit et en honneur, durent le modifier d'une manière d'autant plus profonde, que son esprit ardent et impétueux n'était pas ramené par la méditation sur les impressions qu'il avait reçues. Ces traces des principes à la mode parurent s'approfondir en lui par le progrès des ans ; et, sans avoir jamais été, peut-être, pour M. de Parny, des règles bien arrêtées, elles devinrent d'insurmontables habitudes. Quand son cœur fut épuisé, il ne trouva plus qu'elles dans son esprit : elles furent une des dernières, et une des plus malheureuses ressources de son talent; on les reconnaît déjà au milieu des premiers traits de cette passion à laquelle il a su nous intéresser, et, pour ainsi dire, nous associer avec tant d'empire et de charme. Arraché à la société de ses compagnons d'armes et de plaisirs, et rappelé dans son pays, il y rapporta les maximes qu'il avait recueillies, ou plutôt le ton qu'il avait pris en France ; il les fit servir au succès de son amour naissant *; et le sentiment le plus vrai, comme le plus vif, emprunta le langage de la séduction, et, si l'on veut même, celui de la corruption philosophique et du libertinage raisonné: car tel est le caractère de la première partie des *Poésies érotiques* de M. de Parny; c'est en cela qu'elles appartiennent bien à leur époque, et qu'elles sont l'expression fidèle du temps qui les vit naître ; mais elles sont très éloignées de s'y rattacher par les rapports du style : l'auteur, environné de tant d'écueils qu'il ne put éviter, sauva du moins son goût du naufrage; et, parmi les plus pernicieuses influences, son talent et sa diction brillèrent de l'éclat le plus pur.

Jamais, dans ses écrits, l'élégance ne nuit au

* Pour Éléonore B***, , jeune créole qui partagea son amour, mais qui devint l'épouse d'un autre.

naturel; jamais il n'y cherche le bonheur de l'effet par le sacrifice de la vérité; jamais les subtiles combinaisons de l'esprit n'y viennent altérer la naïveté du sentiment; la délicatesse n'y dégénère point en manière et en afféterie; nulle part la décadence de l'art ne s'y fait sentir; et l'on sait à quel degré elle était insensiblement parvenue, quand M. de Parny parut sur la scène littéraire : l'affectation la plus vicieuse et le goût le plus faux dénaturaient, corrompaient tous les genres, et sur-tout celui que choisirent les besoins de son âme et l'instinct de ses passions. Ce fut sans doute un bien remarquable phénomène, et un contraste bien frappant, que le spectacle d'un poète, si pur, si vrai, à côté des Dorat et des Pezay. La langue de la nature venait remplacer celle des *Précieuses ridicules*, vers laquelle on retournait à pas rapides dans la poésie légère et galante, comme on redescendait précipitamment à celle de Ronsard, dans la poésie noble et élevée : le jargon et le ramage des amours coquets et musqués auraient dû se taire devant ces accents d'un cœur véritablement passionné, qui rappelait à sa destination primitive le langage des vers; ce langage dont se jouaient, et que profanaient les bisarres fantaisies des poètes du bel air et des rimeurs du jour. Quelquefois un grand talent suit le cours de son époque, et, ne se croyant pas la puissance de ramener son siècle en arrière, s'abandonne à des défauts accrédités qu'il accrédite encore, qu'il autorise et qu'il illustre par le mélange des plus hautes qualités : il *fait école* sans être *classique*. M. de Parny aima mieux être classique, au risque de ne point faire école ; son exemple, il est vrai, ne remédia pas aux vices dont une littérature malade était si profondément infectée ; mais cet exemple du moins protesta contre eux ; et le succès de ses ouvrages prouva qu'aucune corruption ne saurait prescrire contre les droits du bon goût, quand ils se présentent sous la protection du génie. Il faut l'avouer, le génie est rarement assez sûr de ses moyens, assez pénétré de la conscience de ses forces, pour ne pas craindre de les opposer au torrent qui, devant ses regards, entraîne et bouleverse tout : aussi cette lutte, quand il l'entreprend, rehausse-t-elle son triomphe. On le voit s'avancer en vainqueur à travers les illusions, les fantômes et les idoles du moment, auxquelles il dédaigne de sacrifier ; il ne doit rien à des conventions passagères. Un poète supérieur, M. de Fontanes, est presque le seul des contemporains et des rivaux de gloire de M. de Parny, qui se soit élevé comme lui au-dessus des égarements littéraires d'une époque si féconde en erreurs de toute espèce, et qui, dans des ouvrages moins nombreux, mais d'un genre tout différent, soit resté, ainsi que le chantre d'*Eléonore*, plus près, et même au niveau des modèles.

Les *Poésies élégiaques* de M. de Parny, celles où, séparé sans retour de l'objet de ses vœux, il peint les regrets et la mélancolie de l'amour, après en avoir célébré les plaisirs et le bonheur, sont particulièrement des chefs-d'œuvre de grace, de sentiment et de style ; elles suffiraient pour lui assurer une place dans les premiers rangs de notre littérature.

Le talent et le goût de cet écrivain ne l'abandonnèrent pas avec les inspirations de l'amour : plusieurs agréables compositions succédèrent aux poésies érotiques ; les teintes aimables et douces que les premiers sujets traités par l'auteur avaient laissées dans son imagination, viennent colorer encore *les Tableaux*, *les Fleurs*, *les Déguisements de Vénus*, et s'y réfléchissent avec agrément. On reconnaît dans ces jolies compositions la même touche et la même grace que dans celles qui les avaient précédées : en général, M. de Parny conserva toujours l'élégante pureté de son style, lors même que la direction de son talent parut absolument changée, et qu'après avoir été inspiré par les émotions de son âme, il ne le fut plus que par les idées de son siècle. Ces idées reprirent enfin le dessus dans un esprit que les jouissances ou les souvenirs d'une passion ardente avaient cessé d'occuper et de remplir : les lieux communs de plaisanterie que l'auteur avait pu goûter dans sa jeunesse, devinrent l'aliment de son âge mûr. Sa gloire en souffrit à tous égards : l'originalité disparut ; l'heureux rival de Tibulle ne fut plus qu'un faible copiste de Voltaire ; il préluda par le *Paradis perdu*, par *les Galanteries de la Bible*, et par quelques autres parodies du même genre à ce poème (*la Guerre des Dieux*), qui figura dans l'histoire de la révolution, encore plus qu'il ne marqua dans celle de la littérature. Quand on songe aux années pendant lesquelles il appliqua son talent et ses méditations à cet ouvrage ; quand on songe sur-tout à l'époque où M. de Parny le publia, on gémit d'être obligé d'avouer que le poëte a scandaleusement démenti cette sensibilité, qui ne fut sans doute le premier ressort de son génie, que parce qu'elle était le fond de son caractère : on se demande avec douleur, par quelle contradiction il serait donc possible que les intérêts et les malheurs de l'humanité ne rencontrassent qu'endurcissement et sécheresse dans un cœur capable des passions les plus intéressantes et des sentiments les plus tendres. Qui pourrait se représenter Tibulle, le sensible, le délicat Tibulle, se jouant au milieu des proscriptions, et insultant aux proscrits sur cette même lyre, encore toute frémissante des doux sons de l'amour, et du nom de Délie? Heureusement sa mémoire est parvenue sans tache à la postérité, et nul de ses ouvrages ne fut une mauvaise action.

M. de Parny mourut le 5 décembre 1814. L'orateur de l'académie, M. Etienne, par un rapprochement aussi juste qu'ingénieux et touchant, a rappelé sur sa tombe, que Virgile et Tibulle furent presque en même temps enlevés au monde. On compara sans doute leurs talents, en déplorant leur perte ; ils n'eurent point à lutter contre leur siècle, qui fut celui du bon goût: M. Delille accorda quelque chose aux caprices du sien ; M. de Parny leur refusa tout : que n'a-t-il respecté toutes les sortes de convenances, comme il a senti celles de la composition ! Pendant qu'il chantait *la Guerre des Dieux* devant les autels des furies, M. Delille embrassait l'autel de la miséricorde et et chantait la *Pitié*.

Dussault, Annales littéraires.

MORCEAUX CHOISIS

I. Le Printemps et les Fleurs.

Printemps chéri, doux matin de l'année,
Console-nous de l'ennui des hivers ;
Reviens, enfin, et Flore emprisonnée
Va de nouveau s'élever dans les airs.
Qu'avec plaisir je compte tes richesses !
Que ta présence a de charmes pour moi !
Puissent mes vers, aimables comme toi,
En les chantant, te payer tes largesses !
Déjà Zéphyre annonce ton retour.
De ce retour modeste avant-courrière,
Sur le gazon la tendre primevère
S'ouvre et jaunit dès le premier beau jour.
A ces côtés la blanche pâquerette
Fleurit sous l'herbe et craint de s'élever.
Vous vous cachez, timide violette,
Mais c'est en vain ; le doigt sait vous trouver :
Il vous arrache à l'obscure retraite
Qui recélait vos appas inconnus :
Et, destinée aux boudoirs de Cythère,

Vous renaissez sur un trône de verre,
Ou vous mourez sur le sein de Vénus.
L'Inde autrefois nous donna l'anémone,
De nos jardins ornement printanier.
Que tous les ans, au retour de l'automne,
Un sol nouveau remplace le premier,
Et tous les ans la fleur reconnaissante
Reparaitra plus belle et plus brillante.
Elle naquit des larmes que jadis
Sur un amant Vénus a répandues.
Larmes d'amour, vous n'êtes point perdues,
Dans cette fleur je revois Adonis.
Dans la jacinthe, un bel enfant respire ;
J'y reconnais le fils de Piérus.
Il cherche encor les regards de Phébus ;
Il craint encor le souffle de Zéphyre.
Des feux du jour évitant la chaleur,
Ici fleurit l'infortuné Narcisse ;
Il a toujours conservé la pâleur
Que sur ses traits répandit la douleur.
Il aime l'ombre, à ses ennuis propice ;
Mais il craint l'eau, qui causa son malheur.
N'oublions pas la charmante cortule.
Nommons aussi l'aimable renoncule,
Et la tulipe, honneur de nos jardins.
Si leurs parfums répondaient à leur charmes,
La rose alors, prévoyant nos dédains,
Pour son empire aurait quelques alarmes.
. . . . , ...
Voyez ici la jalouse Clytie,
Durant la nuit se pencher tristement,
Puis relever sa tête appesantie,
Pour regarder son infidèle amant.

Le lys, plus noble et plus brillant encore,
Lève sans crainte un front majestueux ;
Paisible Roi de l'empire de Flore,
D'un autre empire il est l'emblème heureux.
Mais quelques fleurs chérissent l'esclavage :
L'humble genêt, le jasmin plus aimé,
Le chèvre-feuille et le pois parfumé
Cherchent toujours à couvrir un treillage.
Le jonc pliant, sur ces appuis nouveaux,
Doit enchaîner leurs flexibles rameaux :
L'iris demande un abri solitaire ;
L'ombre entretient sa fraîcheur passagère.
Le tendre œillet est faible et délicat ;

. . . .

Veillez sur lui, que sa fleur élargie
Sur le carton soit en voûte arrondie ;
Coupez les jets autour de lui pressés :
N'en laissez qu'un, la tige en est plus belle,
Ces autres brins dans la terre enfoncés,
Vous donneront une tige nouvelle ;
Et quelque jour ces rejetons naissants
Remplaceront leurs pères vieillissants.
Aimable fruits des larmes de l'Aurore,
De votre nom j'embellirais mes vers.
Mais quels parfums s'exhalent dans les airs ?
Disparaissez, les roses vont éclore.

Les Fleurs.

II. La Rose.

Lorsque Vénus, sortant du sein des mers,
Sourit aux Dieux charmés de sa présence,
Un nouveau jour éclaira l'univers ;
Dans ce moment la rose prit naissance.
D'un jeune lys elle avait la blancheur ;

Mais aussitôt le père de la treille,
De ce nectar dont il fut l'inventeur
Laissa tomber une goutte vermeille,
Et pour toujours il changea sa couleur.
De Cythérée elle est la fleur chérie,
Et de Paphos elle orne les bosquets.
Sa douce odeur, aux célestes banquets,
Fait oublier celle de l'ambroisie.
Son vermillon doit parer la beauté ;
C'est le seul fard que met la volupté ;
A cette bouche où le sourire joue,
Son coloris prête un charme divin :
De la Pudeur elle couvre la joue,
Et de l'Aurore elle rougit la main.

Ibid.

III. La Chasse du Taureau sauvage.

Le cor lointain a retenti trois fois,
Et le taureau mugit au fond des bois.
De la forêt usurpateur sauvage,
Il vous attend, volez, adroits guerriers ;
Là, des combats vous trouverez l'image,
Les dangers même, et de nouveaux lauriers.
Sur le taureau mugissant et terrible,
Pleuvent les dards, les lances, les épieux.
Il cède, il fuit, revient plus furieux,
Plus menacé, mais toujours invincible :
Il fuit encor sous les traits renaissants.
Devant ses pas, au loin retentissants,
Des bois émus le peuple se disperse :
Son front écarte, ou brise les rameaux.
Dans le torrent il tombe, le traverse ;
Et son passage avec fracas renverse
Les troncs vieillis et les jeunes ormeaux.

Alkent prévoit ses détours, le devance,
Et près d'un chêne il se place en silence.
Le dard, lancé par sa robuste main,
Atteint le flanc du monstre qui, soudain
Se retournant, sur lui se précipite.
D'un saut léger l'adroit chasseur l'évite,
Et frappe encor le flanc déjà sanglant.
Le taureau tombe, et prompt il se relève.
Tremblez, Alkent, fuyez en reculant;
A ce front large il oppose son glaive,
Succès trompeur! dans la tête enfoncé,
Le fer se rompt : de ses mains frémissantes
Alkent saisit les cornes menaçantes,
Lutte, combat, repousse, est repoussé,
Du monstre évite et lasse la furie,
Ranime alors sa vigueur affaiblie,
Et le taureau sur l'herbe est renversé :
Pour les chasseurs sa chute est une fête.
L'heureux Alkent, immobile un instant,
Reprend haleine, et fier de sa conquête,
Pour l'achever, du monstre palpitant
Sa hache enfin coupe l'énorme tête.
Joyeux il part, et, suivi des chasseurs,
Environné de flottantes bannières,
Des chiens hurlants, et des trompes guerrières,
De la victoire il goûte les douceurs

 A ces douceurs l'espoir ajoute encore;
Vers le cortège il marche radieux,
Sur lui soudain se fixent tous les yeux ;
Et toujours fier il jette aux pieds d'Isaure
Le don sanglant, le don le plus flatteur,
Qu'à la beauté puisse offrir la valeur.

Ibid.

IV. La Providence

« Combien l'homme est infortuné !
Le sort maîtrise sa faiblesse,
Et, de l'enfance à la vieillesse,
D'écueils il marche environné ;
Le temps l'entraîne avec vitesse ;
Il est mécontent du passé ;
Le présent l'afflige et le presse.
Dans l'avenir toujours placé,
Son bonheur recule sans cesse...,
Il meurt en rêvant le repos.
Si quelque douceur passagère
Un moment console ses maux,
C'est une rose solitaire
Qui fleurit parmi des tombeaux.
Toi, dont la puissance ennemie
Sans choix nous condamne à la vie,
Et proscrit l'homme en le créant,
Jupiter, rends-moi le néant ! »
Aux bords lointains de la Tauride,
Et seul sur des rochers déserts
Qui repoussent les flots amers,
Ainsi parlait Ephimécide.
Absorbé dans ce noir penser,
Il contemple l'onde orageuse ;
Puis, d'une course impétueuse,
Dans l'abîme il veut s'élancer.
Tout à coup une voix divine
Lui dit : « Quel transport te domine ?
L'homme est le favori des Cieux,
Mais du bonheur la source est pure.
Va, par un injuste murmure,
Ingrat, n'offense plus les Dieux. »

Surpris et long-temps immobile,
Il baisse un œil respectueux.
Soumis enfin et plus tranquille,
A pas lents il quitte ces lieux.
Deux mois sont écoulés à peine,
Il retourne sur le rocher.
« Grands dieux ! votre voix souveraine
Au trépas daigna m'arracher ;
Bientôt votre main secourable
A mon cœur offrit un ami.
J'abjure un murmure coupable ;
Sur mon destin j'ai trop gémi.
Vous ouvrez un port dans l'orage ;
Souvent votre bras protecteur
S'étend sur l'homme, et le malheur
N'est pas son unique héritage. »
Il se tait. Par les vents ployé,
Faible, sur son frère appuyé,
Un jeune pin frappe sa vue :
Auprès il place une statue,
Et la consacre à l'Amitié.

Il revient après une année :
Le plaisir brille dans ses yeux ;
La guirlande de l'hyménée
Couronne son front radieux :
« J'osai dans ma sombre folie,
Blâmer les décrets éternels,
Dit-il ; mais j'ai vu Glycérie,
J'aime, et du bienfait de la vie
Je rends grace aux dieux immortels. »
Son âme doucement émue
Soupire ; et, dès le même jour,
Sa main non loin de la statue
Elève un autel à l'Amour.

Deux ans après la fraîche aurore
Sur le rocher le voit encore :
Ses regards sont doux et sereins ;
Vers le ciel il lève ses mains :
« Je t'adore, ô bonté suprême !
L'amitié, l'amour enchanteur
Avaient commencé mon bonheur,
Mais j'ai trouvé le bonheur même.
Périssent les mots odieux
Que prononça ma bouche impie !
Oui, l'homme, dans sa courte vie,
Peut encore égaler les Dieux. »
Il dit : sa piété s'empresse
De construire un temple en ces lieux ;
Il en bannit avec sagesse
L'or et le marbre ambitieux ;
Et les arts, enfants de la Grèce ;
Le bois, le chaume et le gazon
Remplacent leur vaine opulence ;
Et sur le modeste fronton
Il écrit : *A la Bienfaisance.*

Mélanges.

PARODIE. On appelle ainsi, parmi nous, une imitation ridicule d'un ouvrage sérieux; et le moyen le plus commun que le parodiste y emploie est de substituer une action triviale à une action héroïque. Les sots prennent une parodie pour une critique; mais la parodie peut être plaisante, et la critique très mauvaise. Souvent le sublime et le ridicule se touchent; plus souvent encore, pour faire rire, il suffit d'appliquer le langage sérieux et noble à un sujet ridicule et bas. La parodie de quelques scènes du *Cid* n'empêche pas que ces scènes ne soient très belles ; et les mêmes choses, dites sur la perruque de Chapelain et sur l'honneur de don Diègue, peuvent être risibles dans la bouche d'un vieux rimeur, quoique très nobles et très touchantes dans la bouche d'un guerrier vénérable et mortellement offensé *. *Rime ou crève*, à la place de *meurs ou tue*, est le sublime de la parodie ; et le mot de don Diègue n'en est pas moins terrible dans la situation du *Cid*. Dans *Agnès de Chaillot*, les enfants trouvés qu'on amène, et l'ample mouchoir d'Arlequin, nous font rire. Les scènes d'*Inès* parodiées n'en sont pas moins très pathétiques. Il n'y a rien de si élevé, de si touchant, de si tragique, que l'on ne puisse travestir et parodier plaisamment, sans qu'il y ait, dans le sérieux aucune apparence de ridicule.

Une excellente Parodie serait celle qui porterait avec elle une saine critique, comme l'éloquence de *Petit-Jean* et de l'*Intimé* dans les *Plaideurs* : alors on ne demanderait pas si la parodie est utile ou nuisible au goût d'une nation. Mais celle qui ne fait que travestir les beautés sérieuses d'un ouvrage, dispose et accoutume les esprits à plaisanter de tout, ce qui fait pis que de les rendre faux : elle

---

* C'est ce qu'a dit presque dans les mêmes termes et de tragédies plus sérieuses, un homme bien célèbre de notre époque. « Du sublime au ridicule il n'y a qu'un pas. » H. P.

altère aussi le plaisir du spectacle sérieux et noble ; car, au moment de la situation parodiée, on ne manque pas de se rappeler la parodie, et ce souvenir altère l'illusion et l'impression du pathétique. Celui qui la veille avait vu *Agnès de Chaillot*, devait être beaucoup moins ému le lendemain des scènes touchantes d'*Inès*. C'est d'ailleurs un talent bien trivial et bien méprisable que celui du *parodiste*, soit par l'extrême facilité de réussir sans esprit à travestir de belles choses, soit par le plaisir malin qu'on paraît prendre à les avilir.

Le mérite et le but de la parodie, lorsqu'elle est bonne, est de faire sentir entre les plus grandes choses et les plus petites un rapport qui, par sa justesse et par sa nouveauté, nous cause une vive surprise : contraste et ressemblance, voilà les sources de la bonne plaisanterie ; et c'est par là que la parodie est ingénieuse et piquante. Mais si dans le sujet comique ne se présentent pas naturellement les mêmes idées, les mêmes sentiments, les mêmes images, presque les mêmes caractères, les mêmes passions que dans le sujet sérieux, la parodie est forcée et froide. C'est la justesse des rapports, c'est l'à propos, le naturel, la vraisemblance, qui en font le sel, l'agrément, la finesse. (*Voyez* PLAISANT.)

Le même poëme nous fournira les deux exemples opposés. Dans *le Lutrin*, rien de plus juste et de plus naturellement placé que l'épisode de la Discorde : on sait qu'elle règne dans une église comme dans un camp, parmi des moines et des chanoines comme parmi des généraux d'armée, et lorsqu'on lui entend tenir dans *le Lutrin* le même langage à peu près qu'elle tiendrait dans l'*Iliade*, lorsqu'on la voit

> . . . . .Encor toute noire de crimes,
> Sortir des Cordeliers pour aller aux Minimes,

ce rapprochement des extrêmes, cette manière ingénieuse de nous faire sentir que les grandeurs sont relatives, et que les passions égalisent tous les intérêts; cette manière, dis-je, qui est le grand art de La Fontaine, rend l'intervention de la Discorde dans les démêlés d'un chapitre, aussi plaisante qu'elle est juste. On est agréablement surpris de retrouver dans la bouche de cette fière divinité les mêmes discours qu'elle a coutume de tenir dans les grands poèmes, et de l'entendre parler d'une querelle de chanoines comme Junon, dans l'*Énéide*, parle de la guerre de Troie et de la fondation de l'empire romain :

> Suis-je donc la Discorde, et parmi les mortels,
> Qui voudra désormais encenser mes autels;

Mais lorsque, dans le même poème, pour le seul plaisir de parodier Virgile, Boileau amène une querelle qui n'a aucun rapport à celle du chapitre; lorsque, pour s'élever au ton héroïque dans un sujet plaisant, il fait dire à un perruquier des choses qui n'ont jamais dû lui passer par la tête :

> Et le Rhin de ses flots ira grossir la Loire,
> Avant que tes bienfaits sortent de ma mémoire.

qu'il fait dire à la perruquière, pour imiter Didon :

> Ni ton épouse enfin toute prête à périr, etc.

et au perruquier, pour rappeler Énée :

> Je ne veux point nier les solides bienfaits
> Dont ton amour prodigue a comblé mes souhaits,

tout cela grimace, et n'a rien de vraisemblable ni de plaisant.

Boileau a tourmenté cet endroit de son poème. Il avait mis d'abord un horloger à la place du perruquier. Il trouva que ce personnage n'était pas assez comique; il changea, et ne fit pas mieux. C'est que la situation n'avait rien d'assez analogue à celle de Didon et d'Énée; qu'il n'était ni plus vraisemblable ni plus amusant de voir une perruquière, qu'une horlogère, se désoler de ce que son mari allait passer la nuit à monter un lutrin; et que leur querelle n'avait aucun trait à la vanité ridicule du chantre et du trésorier, les deux héros du poème.

MARMONTEL, *Éléments de Littérature.*

PARSEVAL DE GRANDMAISON (FRANÇOIS-AUGUSTE), membre de l'Académie française, et de la Légion-d'Honneur, est né à Paris le 7 mai 1759, d'une famille de la haute finance. Après avoir cultivé pendant quelque temps la peinture, il abandonna cet art pour se livrer tout entier à la poésie, sous l'influence de l'abbé Delille, et fit paraître, en 1804, un

poëme en six chants, intitulé : les *Amours épiques*, ouvrage plus remarquable par la facture des vers, que par l'invention, puisqu'il n'offre que l'imitation de six épisodes choisis dans les poëtes qui ont illustré l'épopée. « Ces sortes d'imi-
« tations, dit Chénier, ne présentent pas autant
« de difficultés que les traductions exactes ; elles
« exigent bien moins encore le génie nécessaire
« pour inventer et pour écrire les poëmes origi-
« naux : toutefois elles ne sont pas à négliger
« quand elles offrent quelques parties de talent.
« l'ouvrage dont nous parlons est de ce nombre ;
« mais les traductions de l'*Enéide* et du *Paradis*
« *perdu* ont été publiées depuis ; et dans les deux
« principaux chants de son poëme, M. Parseval
« s'est trouvé en concurrence avec M. Delille,
« désavantage qu'il n'avait point cherché. Ce-
« pendant la supériorité d'un maître ne doit pas
« fermer les yeux au mérite d'un élève exercé
« dans la versification et dans l'art de peindre en
« poésie. »

Depuis, M. Parseval de Grandmaison a mis le sceau à sa réputation par la publication de *Philippe-Auguste*, Poëme épique, in-8°. 1825.

MORCEAUX CHOISIS.

I. *Discours de Dieu à Job.* Voyez l'article Bible, tome IV page 336 du *Répertoire*.

II. Agnès Sorel prend le voile.

Le pontife a parlé : dépouillant sa parure,
Et dévoilant aux yeux sa blonde chevelure,

Agnès en livre au fer l'inutile trésor ;
Telle on voit sous la faux tomber la gerbe d'or :
Puis à ses vêtements dont le faste l'obsède,
Du lin religieux, l'humilité succède.
Elle s'incline alors devant l'autel sacré
Qui de la terre au Ciel est le premier degré ;
Bientôt un crêpe noir déroulant ses plis sombres
Sur elle a répandu de formidables ombres,
Et l'enferme vivante ainsi qu'en un tombeau ;
Vers les quatre côtés du terrible rideau
Brillent d'un jour affreux quatre torches funèbres ;
Tandis qu'elle est plongée en ces saintes ténèbres,
Le ministre sacré chante l'hymne des morts ;
De lamentables voix répètent ses accords,
Et des tombeaux poudreux aux voix qui se confondent
Par un lugubre écho les profondeurs répondent.
Ainsi la chrysalide, en sa cellule d'or,
Paraissant sommeiller, médite son essor ;
Et, lasse de ramper, secrètement dépouille
Ses noirs anneaux couverts du limon qui la souille ;
S'apprête à s'emparer de son état futur,
Revêt ses ailes d'or, et de pourpre et d'azur,
Part, vole, et, tout-à-coup à la terre ravie,
Rayonne de splendeur, de jeunesse, et de vie ;
La néophyte ainsi, sous son abri pieux,
S'épure et se prépare à s'envoler aux cieux.
Mais s'ouvrant, tout-à-coup le voile horrible tombe,
Et comme si quittant le séjour de la tombe,
Superbe, elle marchait vers l'empire immortel,
D'un pas ferme et rapide elle monte à l'autel.
Elle y monte au milieu des pompes magnifiques,
Des candélabres d'or, des hymnes séraphiques,
Des festons odorants, des ministres pieux,

Dont l'essaim l'environne et lui promet les cieux ;
Elle entend retentir le murmure qu'envoie
L'airain qui se balance et résonne avec joie.
Tandis que l'encens fume en ses vases flottants,
Et mêle ses parfums, aux parfums du printemps,
Déjà la néophyte à l'autel redoutable
Va prononcer le vœu terrible, irrévocable,
Quand des cris, tout-à-coup dans le temple entendus...
Dieu ! ses enfants chéris à son amour rendus,
S'élancent dans ses bras, guidés par Isembure ;
Pour conserver au monde une vertu si pure
Isembure elle-même a tenté les moyens
De rattacher Agnès à ces tendres liens,
Et croit pouvoir encor, par son doux artifice,
Opposer un obstacle à ce grand sacrifice.
Quel instant pour Agnès ! en vain le voile est prêt :
Le voile, le serment, le dieu, tout disparaît,
Ses enfants.... pour son cœur il n'est plus d'autre joie,
Et le monde par eux a ressaisi sa proie.
Mais quel nouveau spectacle a frappé ses esprits !
Voilà, voilà, du haut des célestes lambris,
Qu'apparaît à ses yeux l'auguste Geneviève ;
Affermissant son âme, elle s'écrie : achève ;
Ne permet point, Agnès, qu'un obstacle jaloux
S'élève entre ton cœur et l'immortel époux.
Que fais-tu ? qu'attends-tu ? la palme est déjà prête ;
Vois ces rameaux sacrés, qui flottent sur ta tête !
Dieu t'appelle : ô grandeur ! ineffable bonté !
Tout-à-coup un rayon de la divinité
Frappant les yeux d'Agnès, la remplit de sa flamme ;
Agnès, à l'éternel ouvrant toute son âme,
Aux objets les plus chers, fait un dernier adieu,
S'arrache à ses enfants, et se livre à son Dieu.

Mais son pénible effort pour vaincre la nature,
Qui dans son cœur ému se révolte et murmure,
Troublant tous ses esprits, a d'un trop faible corps
Par un cruel assaut fatigué les ressorts;
Et sa force bientôt se consume, pareille
A la lampe témoin de sa lugubre veille.
Philippe-Auguste, chant IX.

III. Montmorenci à la bataille de Bouvines.

C'est là, là qu'aux Germains n'accordant nulle trêve,
L'ardent Montmorenci les poursuit de son glaive;
Il perce Frédéric, il renverse Weimar;
Le riche et beau Summer est tombé de son char :
L'un expire, du cou la tête est séparée;
L'autre, pâle, tremblant, et la vue égarée,
Aux genoux du héros s'épuise en vains efforts,
Prie, et pour sa rançon lui promet des trésors;
Le glaive du baron, plongé dans sa visière,
Soudain fait dans sa bouche expirer sa prière,
Tandis qu'autour de lui la sanglante fureur,
Le désespoir affreux, la fuite, la terreur,
Se rassemblaient, hurlaient, couraient échevelées.
Le Volga, quand son onde engloutit les vallées,
Submerge moins de champs et de bois disparus.
Sous les flots orageux subitement accrus,
Moins terrible on verrait dans les Bataves plaines
L'Océan ressaisir ses antiques domaines,
Si la digue opposée à ses efforts puissants,
Ayant livré passage à ses flots mugissants,
Il s'élançait, roulant comme un vaste déluge,
Submergeait les cités, et jusqu'en leur refuge
Poursuivait à grand bruit de ses flots en fureur,
Tout un peuple saisi d'épouvante et d'horreur.
Du terrible baron partout le fer égorge
Les Germains dont le sang jusqu'à ses pieds regorge;

Le bruit des boucliers, des casques, des pavois
Les sanglots des mourants, le bruit confus des voix,
Forment un son lugubre, horrible, lamentable;
Tandis que les Teutons, renversés sur le sable,
Meurtris, défigurés n'offrent plus, au travers
Des corselets rompus, des heaumes entr'ouverts,
Que des membres hideux, des têtes écrasées,
Et des corps palpitants sous leurs armes brisées.
C'en était fait; mourant, ou fuyant, ou soumis,
Tout cédait au héros vainqueur des ennemis,
Si son bouillant courage et le feu qui l'emporte,
Ne l'avait séparé de sa vaillante escorte.
Poursuivant les Germains, de son vol hasardeux,
Il a précipité l'audace au milieu d'eux,
Et déjà sous leurs coups ses armes retentissent;
Tous les chefs alliés à la fois l'investissent
Il jette un cri terrible : à ce cri foudroyant,
La troupe des Germains tremble, et laisse en fuyant
Entre elle et le héros une large carrière;
Il court, il se rejoint à la troupe guerrière.
Voyant son bras languir, de treize coups blessé,
De quitter le combat par eux il est pressé,
Et leur dit : compagnons, qu'une hache m'enlève
Les restes de ce bras mutilé par le glaive;
Frappez, délivrez-moi de son poids importun :
Mais parmi les guerriers, comme il n'en voit aucun
Qui s'apprête à remplir ce sanglant ministère :
Quoi! dit-il d'une voix que la fureur altère,
Qu'attendez vous? frappez, je l'ordonne : à ces mots,
L'un des soldats, cédant aux ordres du héros,
Parait la hache en main, le baron sans alarmes,
Lui présente son bras dépouillé de ses armes,
Et qui, soudain coupé.... le sang a rejailli :

Tous les guerriers présents, d'horreur ont tressailli :
Bientôt des nœuds étroits, formés avec prudence,
Ont arrêté ce sang qui fuit en abondance :
L'intrépide guerrier surmonte ses douleurs,
Et dans les yeux des siens voyant couler des pleurs :
Cachez-moi de vos cœurs la faiblesse vulgaire,
Amis, si de mon bras qu'a déchiré la guerre
Par un acier tranchant l'état se voit privé,
Il m'en reste encore un tout prêt à le sauver.

Ibid, Chant XII.

PARTERRE. C'est dans nos salles de spectacle, l'aire ou l'espace qu'on laisse vide au milieu de l'enceinte des loges, entre l'orchestre et l'amphithéâtre, et où le spectateur est placé moins à son aise et à moins de frais.

Les anciens appelaient orchestre ce que nous appelons parterre. Cet orchestre était, chez les Grecs, la place des musiciens ; chez les Romains, celle des sénateurs et des vestales.

Ce n'est pas sans raison qu'on a mis en problème s'il serait avantageux ou non qu'à nos parterres, comme à ceux d'Italie, les spectateurs fussent assis. * On croit avoir remarqué qu'au parterre

---

* Cette révolution suivit d'assez près cet article, et Mercier, dans son *Tableau de Paris*, la condamne par les mêmes motifs que Marmontel. Que diraient-ils aujourd'hui qu'on réclame des sièges plus commodes, et qu'on vient même de les obtenir à un de nos principaux théâtres. Nous ne nous apercevons pas toutefois que cette aisance nouvelle ait rien ôté à la vivacité des impresssions dramatiques. Il semble même qu'elles doivent le produire plus librement dans un spectateur délivré de la préoccupation pénible de la fatigue et de la gêne

où l'on est debout, tout est saisi avec plus de chaleur; que l'inquiétude, la surprise, l'émotion du ridicule et du pathétique, tout est plus vif et plus rapidement senti : on croit, d'après ce vieux proverbe, *anima sedens fit sapientior*, que le spectateur plus à son aise serait plus froid, plus réfléchi, moins susceptible d'illusion, plus indulgent peut-être, mais aussi moins disposé à ces mouvements d'ivresse et de transport qui s'excitent dans un parterre où l'on est debout.

Ce que l'émotion commune d'une multitude assemblée et pressée ajoute à l'émotion particulière ne peut se calculer : qu'on se figure cinq cents miroirs se renvoyant l'un à l'autre la lumière qu'ils réfléchissent, ou cinq cents échos le même son; c'est l'image d'un public ému par le ridicule ou par le pathétique. C'est là sur-tout que l'exemple est contagieux et puissant. On rit d'abord de l'impression que fait l'objet risible, on reçoit de même l'impression directe que fait l'objet attendrissant; mais de plus, on rit de voir rire, on pleure aussi de voir pleurer; et l'effet de ces émotions répétées va bien souvent jusqu'à la convulsion du rire, jusqu'à l'étouffement de la douleur. Or c'est sur-tout dans le parterre, et dans le parterre debout, que cette espèce d'électricité est soudaine, forte et rapide; et la cause physique en est dans la situation plus pénible et moins indolente du spectateur, qu'une gêne continuelle et un flottement perpétuel doivent tenir en activité.

Mais une différence plus marquée entre un perterre où l'on est assis, et un parterre où lon est debout, est celle des spectateurs mêmes. Chez nous, le parterre (car on appelle aussi de ce nom la partie de l'assemblée qui occupe l'espace dont nous avons parlé) est composé communément des citoyens les moins riches, les moins maniérés, les moins raffinés dans leurs mœurs; de ceux dont le naturel est le moins poli, mais aussi le moins altéré; de ceux en qui l'opinion et le sentiment tiennent le moins aux fantaisies passagères de la mode, aux prétentions de la vanité, aux préjugés de l'éducation; de ceux qui communément ont le moins de lumières, mais peut-être aussi le plus de bons sens, et en qui la raison plus saine et la sensibilité plus naïve forment un goût moins délicat, mais plus sûr, que le goût léger et fantasque d'un monde où tous les sentiments sont factices ou empruntés.

Dans la nouveauté d'une pièce de théâtre, le parterre est un mauvais juge, parce qu'il est ameuté, corrompu et avili par les cabales; mais lorsque le succès d'une pièce est décidé, et que la faveur et l'envie ne divisent plus les esprits, le meilleur de tous les juges, c'est le parterre. On est surpris de voir avec quelle vivacité unanime et soudaine tous les traits de finesse, de délicatesse, de grandeur d'âme et d'héroïsme, toutes les beautés de Racine, de Corneille, de Molière, enfin de tout ce que le sentiment, l'esprit, le langage, le jeu des acteurs, ont de plus ingénieux et de plus exquis, est aperçu, saisi dans l'instant même par cinq cents hommes à la fois; et de même avec quelle sagacité les fautes les plus légères et les plus fugitives contre le goût, le naturel, la vérité, les bienséances, soit du langage, soit des mœurs, sont aperçues par une classe d'hommes dont chacun pris séparément aurait semblé ne rien savoir de tout cela. On ne conçoit pas comment, par exemple, les rôles de Viriate, d'Agrippine et du Méchant, sont si bien jugés par le peuple; mais il faut savoir que dans le parterre, tout n'est pas ce qu'on appelle peuple, et que parmi cette foule d'hommes sans culture, il y en a de très éclairés. Or c'est le jugement de ce petit nombre qui forme celui du parterre : la multitude les écoute et elle n'a pas la vanité d'être humiliée de leurs leçons; au lieu que dans les loges chacun se croit instruit, chacun prétend juger d'après soi-même.

Une différence qui, à certains égards, est à l'avantage des loges, mais qui ne laisse pas de décider en faveur du parterre, c'est que dans celui-ci, n'y ayant point de femmes, il n'y a point de séduction : le goût du parterre en est moins délicat; mais aussi moins capricieux et sur-tout plus mâle et plus ferme.

Au petit nombre d'hommes instruits qui sont répandus dans le parterre, se joint un nombre plus grand d'hommes habitués au spectacle, et dont c'est l'unique plaisir : dans ceux-ci un long usage a formé le goût, et ce goût de comparaison est bien souvent plus sûr qu'un jugement plus raisonné; c'est comme une espèce d'instinct qu'a perfectionné l'habitude. A cet égard, le parterre change lorsqu'un spectacle se déplace, et que les habitués ne le suivent pas. On croit avoir remarqué, par exemple, que, depuis que la comédie française est aux Tuileries *, on ne reconnaît plus, dans le parterre, cette vieille sagacité que lui donnaient ses chefs de meute, quand ce spectacle était au faubourg Saint-Germain; car il en est d'un parterre nouveau comme d'une meute de jeunes chiens; il s'étourdit et prend le change.

Par la même raison, le goût dominant du public, le même jour et dans la même ville, n'est pas le même d'un spectacle à un autre; et la différence n'est pas dans les loges, car le même monde y circule; elle est dans cette partie habituée du public que l'on appelle *les piliers du parterre* : c'est elle qui donne le ton, et c'est son indulgence ou sa sévérité, sa bonne ou sa mauvaise humeur, son naturel inculte ou sa délicatesse, son goût ou plus ou moins difficile, plus ou moins raffiné, qui, par contagion, se communique aux loges et fait comme l'esprit du lieu et du moment.

Le parterre est donc habituellement composé d'hommes sans culture et sans prétentions, dont la sensibilité ingénue vient se livrer aux impressions qu'elle recevra du spectacle, et qui de plus, suivant l'impulsion qu'on leur donne, semblent ne faire qu'un esprit et qu'une âme avec ceux qui, plus éclairés, les font penser et sentir avec eux.

* Elle y était alors.

De là vient cette sagacité singulière, cette promptitude admirable, avec laquelle tout un parterre saisit à la fois les beautés ou les défauts d'une pièce de théâtre; de là vient aussi que certaines beautés délicates ou transcendantes ne sont senties qu'avec le temps, parce que l'influence des bons esprits n'est pas toujours également rapide, quoique la partie du public où il y a le moins de vanité soit aussi celle qui se corrige et se rétracte le plus aisément. C'est le parterre qui a vengé la *Phèdre* de Racine de la préférence que les loges avaient donnée à celle de Pradon.

Telle est chez nous la composition et le mélange de cette partie du public, qui, pour être admise à peu de frais au spectacle, consent à s'y tenir debout et souvent très mal à son aise.

Mais que le parterre soit assis, ce sera tout un autre monde, soit parce que les places en seront plus chères, soit parce qu'on y sera plus commodément. Alors le public des loges et celui du parterre ne feront qu'un, et dans le sentiment du parterre il n'y aura plus ni la même liberté, ni la même ingénuité, osons-le dire, ni les mêmes lumières: car, dans le parterre, comme je l'ai dit, les ignorants ont la modestie d'être à l'école et d'écouter les gens instruits; au lieu que, dans les loges et par conséquent dans un parterre assis, l'ignorance est présomptueuse: tout y est caprice, vanité, fantaisie, ou prévention.

On trouvera que j'exagère; mais je suis persuadé que, si le parterre, tel qu'il est, ne captivait pas l'opinion publique et ne la réduisait pas à l'unité, en la ramenant à la sienne, il y aurait le plus souvent autant de jugements divers qu'il y a de loges au spectacle, et que, de long-temps, le succès d'une pièce ne serait unanimement ni absolument décidé.

Il est vrai du moins que cette espèce de république qui compose nos spectacles changerait de nature, et que la démocratie du parterre dégénérerait en aristocratie : moins de licence et de tumulte, mais aussi moins de liberté, d'ingénuité, de chaleur, de franchise et d'intégrité. C'est du parterre, et d'un parterre libre, que part l'applaudissement, et l'applaudissement est l'âme de l'émulation, l'explosion du sentiment, la sanction publique des jugements intimes, et comme le signal que se donnent toutes les âmes pour jouir à la fois, et pour redoubler l'intérêt de leur jouissance par cette communication mutuelle et rapide de leur commune émotion. Dans un spectacle où l'on n'applaudit pas, les âmes seront isolées et le goût toujours indécis.

Je ne dois pourtant pas dissimuler que le désir très naturel d'exciter l'applaudissement a pu nuire au goût des poètes et au jeu des acteurs, en leur faisant préférer ce qui était plus saillant à ce qui eût été plus vrai, plus naturel, plus réellement beau : de là ces vers sentencieux, qu'on a détachés ; de là ces tirades brillantes, dans lesquelles, aux dépens de la vérité du dialogue, on semble ramasser des forces pour ébranler le parterre et l'étonner par un coup d'éclat; de là aussi ce jeu violent, ces mouvements outrés, par lesquels l'acteur, à la fin d'une réplique ou d'un monologue, arrache l'applaudissement. Mais cette espèce de charlatanerie, dont le parterre plus éclairé s'apercevra un jour et qu'il fera cesser lui-même, paraîtrait peut-être encore plus nécessaire pour émouvoir un parterre assis, et d'autant moins sensible au plaisir du spectacle, qu'il en jouirait plus commodément; car il en est de ce plaisir comme de tous les autres : la peine qu'il en coûte y met un nouveau prix, et on les goûte faiblement lorsqu'on les prend trop à son aise. Peut-être qu'un parterre où l'on serait debout aurait plus d'inconvénients chez un peuple où régnerait plus de licence, et moins d'avantage chez un peuple dont la sensibilité, exaltée par le climat, serait plus facile à émouvoir. Mais je parle ici des Français, et j'ai pour moi l'avis des comédiens eux-mêmes, qui, quoique intéressé, mérite quelque attention.

Depuis que cet article a été imprimé, les comédiens français, dans leur nouvelle salle, ont pris le parti courageux d'avoir un parterre assis : il paraît moins tumultueux, mais plus difficile à émouvoir, et soit que le prix des places ne soit plus assez bas pour y attirer cette foule de jeunes gens dont l'âme et l'imagination n'avaient besoin, pour s'exalter, que d'entendre de belles choses, soit que le goût du public, généralement pris, soit refroidi pour les beautés simples, comme on l'observe à tous nos théâtres, il est certain qu'on n'obtient plus de grands succès par ce moyen ; et ce que disait Voltaire, d'après une longue expérience, que *pour être applaudi de la multitude, il valait mieux frapper fort que de frapper juste*, se trouve plus vrai que jamais, tant à l'égard des spectateurs assis, qu'à l'égard de ceux qui sont debout : ce qui rend encore indécis le problème des deux parterres.

MARMONTEL, *Éléments de Littérature.*

PASCAL (BLAISE), génie du premier ordre en littérature et dans les sciences, naquit le 19 juin 1623, à Clermont, où son père, Etienne Pascal, était premier président de la Cour des Aides. Le village de Cornon dispute à la capitale de l'Auvergne l'honneur d'avoir donné le jour à cet homme célèbre. Etienne Pascal était un magistrat fort habile même dans les sciences les plus étrangères à sa profession. Les mathématiques et les plus hautes spéculations de la philosophie lui étaient familières ; et, sans avoir laissé aucun monument de son érudition, il est cité parmi le petit nombre d'hommes qui surent apprécier en connaisseurs, et propager en amis de la vérité, les importantes découvertes de cette grande époque. Mais la véritable gloire de ce vertueux père de famille, est d'avoir dirigé par lui-même, et soutenu dans son premier essor la plus noble intelligence qui ait étonné le monde. Son fils n'avait que trois ans lorsque Etienne

Pascal, réduit par le malheur du veuvage à chercher toute sa consolation dans les soins qu'il prodiguait à sa jeune famille, commença à remarquer dans Blaise les premières lueurs d'un génie extraordinairement précoce. La raison fut la première faculté qu'il cultiva en lui, réservant pour un âge plus avancé les travaux de la mémoire. A dix ans, son élève n'avait pas encore commencé le latin ni le grec, mais il avait déjà réfléchi sur les règles générales du langage et sur les opérations de l'entendement ; il avait observé avec une avide curiosité les phénomènes de la nature physique qui étaient à sa portée, et accoutumé son esprit à chercher la raison des faits que le vulgaire tient toujours pour suffisamment expliqués. Il s'aperçut un jour, et c'était dans sa première enfance, qu'un vase de métal, frappé par un corps solide, cessait de retentir lorsqu'on y portait la main ; cette particularité absorba toute sa réflexion, jusqu'à ce qu'il eût trouvé de lui-même, et rédigé par écrit une explication satisfaisante. Le père, persuadé plus que jamais, qu'un si beau naturel méritait d'être cultivé au prix de tous les sacrifices, vendit sa charge, et vint, en 1631, s'établir à Paris, où quelques savants, dont il était connu, commençaient à débrouiller le cahos des vieilles doctrines, tant en physique qu'en philosophie. Dans cette société, premier noyau de l'académie des sciences, figuraient les mathématiciens Carcavi, Le Pailleur, Roberval, Fermat et le père Mersenne, religieux minime, auquel la géométrie doit la première idée de la courbe appelée cycloïde. Blaise prêtait à leurs doctes entretiens une attention qui fit craindre à son père un ralentissement dans l'étude des langues anciennes qu'il venait de commencer avec succès. On cessa de l'admettre aux réunions ordinaires, avec promesse de lui enseigner la géométrie, comme une récompense, dès qu'il saurait parfaitement le latin. Les notions éparses que l'enfant avait déjà recueillies sur cette science, lui firent soupçonner qu'elle avait pour objet de tracer des figures parfaitement régulières et de déterminer leurs rapports. Sur des données aussi restreintes, Blaise, alors dans sa douzième année, se mit à tracer, pendant ses heures d'amusement, des *barres* et des *ronds* (c'est ainsi qu'il appelait les lignes et les cercles), à examiner leurs propriétés, à démontrer leurs rapports, et, par un effort de raisonnement unique dans l'histoire de l'esprit humain, il vint à bout de coordonner un enchaînement de vérités géométriques, depuis la définition de la ligne droite jusqu'à la proposition qui *établit les trois angles du triangle égaux à deux angles droits*. Il était occupé à chercher la démonstration de ce théorème, lorsque son père le surprit, et courut, les larmes aux yeux, raconter à son ami Le Pailleur ce phénomène d'application et d'intelligence. Dès ce moment ses études ne furent plus assujéties à la marche lente et progressive des éducations ordinaires. On lui remit les *Eléments* d'Euclyde qu'il parcourut seul avec une étonnante rapidité. A 16 ans il composa un traité des *sections coniques* que Descartes s'obstina constamment à regarder comme l'ouvrage du père ou de quelqu'un des mathématiciens qui fréquentaient sa maison. En 1638, Etienne Pascal, signalé à Richelieu comme complice d'un ouvrage publié contre un projet financier du ministre, fut contraint, pour éviter la Bastille, de se réfugier en Auvergne, laissant à Paris sa jeune famille. Mais Jacqueline, sa fille cadette, ayant consenti à jouer un rôle dans l'*Amour tyrannique*, pièce de Scudery, que la duchesse d'Aiguillon fit représenter devant le cardinal, eut le bonheur d'attirer l'attention de Richelieu et d'obtenir le rappel de son père. Le ministre voulut voir Etienne Pascal, et le nomma à l'intendance de Rouen. Dans cet emploi qu'il exerça sept ans avec beaucoup de zèle et d'intégrité, il avait souvent recours à son fils pour les opérations de calcul. Blaise imagina alors une *machine arithmétique* d'une conception très ingénieuse, pour laquelle il obtint un privilège du Roi, accompagné des éloges les plus flatteurs. On attribua aux efforts d'attention que lui avait imposés ce travail, l'attaque de paralysie dont il fut frappé avant sa vingtième année, et qui ajouta encore à l'extrême faiblesse de sa constitution. Le *triangle arithmétique* destiné pareillement à faciliter les calculs, fut inventé quelques années après, lorsque Pascal, à la prière du chevalier de Méré, résolut quelques problèmes concernant les jeux de hasard. Ce travail dont on apprécie moins la difficulté, depuis que l'algèbre a centuplé les forces de l'esprit humain, le conduisit à des considérations neuves et très profondes sur le *calcul des probalités*, devenu par la suite une branche importante de l'analyse. Pascal était à Rouen auprès de son père, lorsque les nouveaux aperçus de Toricelli sur la pesanteur de l'air, furent communiqués par le P. Mersenne aux physiciens de Paris. Mais ce rayon de lumière, repoussé par la routine des écoles, n'aurait peut-être jamais dissipé les ténèbres de l'ancienne physique, si le génie de Pascal n'eut confirmé par de nombreux essais, et fortifié de toute la puissance de sa logique, la découverte du professeur florentin. Après avoir publié en 1647 ses *Expériences touchant le vide*, combattues par le P. Noël dans un ouvrage intitulé le *Plein du vide*, il écrivit à son beau-frère, M. Périer, de porter le baromètre sur le Puy-de-Dôme. L'expérience de Clermont, effectuée le 19 septembre 1648, ne laissait aux partisans du *plein* que la ressource de fermer les yeux à l'évidence. Ils en usèrent largement. Mais les armes de la vérité entre les mains de Pascal, devaient finir par faire brèche à l'édifice des vieilles erreurs. Soutenu par cette noble confiance, il publia son traité sur l'*Equilibre des liqueurs*, suivi presque immédiatement d'un autre ouvrage sur *la Pesanteur de la masse de l'air*, dans lequel il achevait d'anéantir cette *horreur du vide*, attribuée si gratuitement à la nature pour expliquer ce qu'on ne savait pas. Il est impossible d'assigner les bornes où se serait arrêté dans l'empire des sciences, un génie aussi éminemment créateur, si les afflictions attachées à sa frêle existence n'eussent paralysé ses travaux. En 1651, la mort de son père et la retraite de sa plus jeune sœur dans la maison religieuse de Port-Royal, livrèrent ce penseur profond à la plus triste solitude, et répandirent sur ses méditations ultérieures, cette sombre mélancolie que Voltaire appelait d'un *misantrope sublime*. Les savants de Port-Royal, auxquels il rendait de fréquentes visites, lui présentaient des distractions selon ses goûts ; mais le caractère grave et religieux de leur philosophie accablait une âme déjà fatiguée de ses propres pensées. On lui conseilla de se répandre dans le monde, où l'aménité de son caractère devait bientôt lui faire autant d'amis que l'éclat de sa réputation lui avait fait d'admirateurs. Il céda aux instances de l'amitié, et les agréments d'une société choisie commençaient à triompher de sa tristesse habituelle, lorsque l'accident qui lui arriva à l'entrée du pont de Neuilly où les chevaux de son carrosse tombèrent dans la Seine, frappa son imagination d'une terreur qui lui resta présente tant qu'il vécut. Après une si violente secousse imprimée à ses facultés morales, Pascal renonça aux études profanes, au commerce du monde et presque à la vie. Cette grande âme épouvantée du néant des choses humaines, ne trouva d'asyle que dans les livres saints devenus l'unique sujet de ses méditations, et pour briser plus vite les derniers liens qui la retenaient sur la terre, les privations les plus pénibles et d'incroyables austérités achevèrent la destruction d'un tempéramment ravagé par vingt ans de souffrances. Ce fut néanmoins pendant cette dernière et triste période d'une vie si courte que le génie de Pascal, absorbé par d'accablantes considérations sur les misères de l'homme, se réveilla un instant au bruit des querelles du Jansénisme, et produisit le premier chef-d'œuvre de la langue française, si connu sous le titre de *Lettres provinciales*. Ces Lettres, au nombre de dix-huit, furent publiées successivement entre le 23 janvier 1656 et le 24 mars de l'année suivante. Dans les premières, Pascal défend d'abord le docteur Arnauld, censuré par la Sorbonne pour n'avoir pas trouvé les cinq fameuses propositions dans le livre de Jansénius. Il expose ensuite les opinions des parties belligérantes sur la grace, et c'est alors que la malicieuse gaîté de l'auteur prodigue le sarcasme, le sel et l'ironie, à propos de questions ingrates et ténébreuses qui n'avaient jamais fait rire personne. Molière n'a pas plus de verve comique; Boileau ne lance pas des traits plus acérés. Dans les dernières Lettres *adressées aux RR. Pères Jésuites*, l'ami de Port-Royal passe de la plaisanterie à l'indignation ; il foudroie, à a manière de Bossuet, les théologiens qui ont outragé la morale et le bon sens, par le rafinement de leurs cas de conscience. Mais si le fond de ces brillantes satires était incontestable, on doit avouer que Pascal a eu le tort grave d'en outrer les conséquences, en attribuant à une société entière le dessein formel de bouleverser la morale. L'année qui suivit la publication des *Provinciales* replongea l'auteur dans de nouvelles souffrances, et ce fut pour en amortir les atteintes par une forte contention d'esprit, qu'il essaya de résoudre quelques problèmes relatifs à la *Roulette* ou *Cycloïde* courbe transcendante dont le P. Mersenne avait aperçu la génération sans pouvoir déterminer ses propriétés ; il termina en huit jours cette solution qui avait échappé aux longues recherches de plusieurs géomètres, et il la publia en 1659 dans son *Traité général de la Roulette*. Mais, dans le dépérissement précipité de sa douloureuse existence, il éprouvait sur-tout le regret d'emporter à la tombe les matériaux ébauchés d'un grand ouvrage qu'il avait long-temps médité sur les preuves de la religion. Jaloux de sauver au moins quelques débris d'un trésor qui lui était plus cher que la vie, il reprit la plume. Ainsi furent tracées à la hâte et pêle mêle les *Pensées* de Pascal ; et c'est dans quelques fragments épars, confiés à des feuilles volantes par une main déjà glacée, qu'il semble avoir atteint le plus haut degré de sublime accessible au génie de l'homme. Pascal mourut à Paris le 19 août 1662, à l'âge de 39 ans, et fut enterré dans l'église de Saint-Etienne-du-Mont. Sa vie, écrite par madame Périer, sa sœur, contient des détails fort intéressants, et fournit la preuve que les vertus de Pascal égalaient ses talents. La meilleure édition de ses œuvres complètes est celle qu'a publiée Bossut, en 5 vol. in-8°. Paris, 1779. Les *Pensées* dont les premiers recueils étaient incomplets, y sont reproduites intégralement et classées dans un meilleur ordre. Le savant éditeur a donné aussi, d'après les renseignements les plus authentiques, un aperçu de plusieurs ouvrages que Pascal avait composés, et dont son indifférence pour la célébrité a causé la perte. Cet homme extraordinaire dont le nom passera aux siècles à venir parmi les noms d'Archimède et de Galilée, de Molière et de Boileau, a été jugé sévèrement par les écrivains favorables aux Jésuites, et traité avec une irrévérence scandaleuse par un certain nombre de philosophes. Voltaire et Condorcet se sont engagés à commenter les *Pensées*, et le premier a dit du second : « Ce « philosophe véritable tient Pascal dans sa ba- « lance, et il est plus fort que celui qui pèse. » Vouloir juger de tels jugements serait peine perdue. Quand on a lu et compris Pascal, on ne va pas demander à ses détracteurs, ni même à ses panégyristes, ce qu'il faut en penser.

FAVIER.

JUGEMENTS.

I

Il y avait un homme qui, à douze ans, avec des *barres* et des *ronds*, avait créé les mathématiques ; qui à seize ans avait fait le plus savant traité des coniques qu'on eût vu depuis l'antiquité ; qui, à dix-neuf, réduisit en machine une science qui existe tout entière dans l'entendement; qui, à vingt-trois, démontra les phénomènes de la pesanteur de l'air, et détruisit une des grandes erreurs de l'ancienne physique ; qui à cet âge où les autres hommes commencent à peine de naître, ayant achevé de parcourir le cercle des sciences humaines, s'aperçut de leur néant, et tourna ses pensées vers la religion ; qui depuis ce moment jusqu'à sa mort arrivée dans sa trente-neuvième année, toujours infirme et souffrant, fixa la langue que parlèrent Bossuet et Racine, donna le modèle de la plus parfaite plaisanterie, comme du raisonnement le plus fort; enfin, qui, dans les courts intervalles de ses maux, résolut, par abstraction, un des plus hauts problèmes de géométrie, et jeta sur le papier des pensées qui tiennent autant du dieu que de l'homme : cet effrayant génie se nommait Blaise Pascal.

CHATEAUBRIAND, *Génie du Christianisme.*

II.

Un génie non moins élevé que Descartes dans la spéculation, et non moins vigoureux que Bossuet dans le style, Pascal employa l'une et l'autre force à combattre l'incrédulité qui était venue à la suite du calvinisme, et, quoique cachée et sans crédit, alarmait dès-lors les zélateurs du christianisme. Il attaqua d'abord ces malheureux casuistes, qui paraissent, il est vrai, avoir déraisonné de bonne foi, mais qui n'en avaient pas moins compromis l'honneur de la religion, en la rendant, autant qu'il était en eux, complice de cette ridicule scolastique qui avait rempli leurs livres des plus pernicieuses erreurs. On peut donc mettre sur le compte de la bonne philosophie ces fameuses *Provinciales* qui leur portèrent un coup mortel. Si ce n'eût été qu'un livre de controverse, il aurait eu le sort de tant d'autres, et aurait passé comme eux. S'il n'avait eu que le mérite d'être écrit avec une pureté unique à cette époque, on ne s'en souviendrait que comme d'un service rendu à notre langue. Mais le talent de la plaisanterie, réuni à celui de l'éloquence, et le choix ingénieux d'un cadre dramatique, où il fait jouer à des personnages sérieux un rôle si comique et si plaisant, et naître le rire de la gaîté au milieu des matières les plus sèches et les plus graves, n'ont pas permis que cet excellent écrit polémique passât avec les intérêts particuliers qui lui promettaient d'abord une si grande fortune.

Mais une conception bien plus haute, ce fut celle du grand ouvrage qu'il ne put que méditer et n'eut pas le temps de composer, ouvrage où il se proposait de prouver invinciblement la nécessité et la vérité de la révélation ; ce qui ne veut pas dire, pour ceux qui connaissent leur langue et leur religion, qu'il eût jamais pensé à expliquer les mystères par une théorie purement humaine,

ce qui serait détruire la foi pour élever la raison.
Pascal n'était pas capable de cette inconséquence
anti-chrétienne ; il voulait seulement démontrer
les motifs de crédibilité fondés sur la certitude
des faits et des conséquences, de manière à ce que
la raison n'ait rien à y opposer, et qu'elle soit
forcée d'avouer qu'il suffit de ce que Dieu nous
a voulu apprendre pour croire ce qu'il a voulu
nous cacher. Ce plan est très philosophique, très
exécutable ; et personne ne pouvait l'exécuter
mieux que Pascal, à en juger seulement par les
fragments qui nous restent, tout informes qu'ils
nous sont parvenus. La liaison des idées est nécessairement perdue : c'est une force principale
qui manque pour le but de l'ouvrage ; mais celle
de pensée et d'expression suffirait pour l'immortaliser. *Ex ungue leonem,* on voit l'ongle du lion ;
c'est ce qu'on peut dire à chaque page de ce singulier recueil qui ne parut qu'après sa mort, sous
le titre de *Pensées.* Voltaire en a combattu quelques-unes avec une très mauvaise logique et beaucoup de mauvaise foi. Le projet d'attaque n'était
pas même convenable en bonne justice. Comment
se permet-on d'argumenter contre un homme qui,
ne parlant encore qu'à lui-même, n'a souvent
jeté sur des papiers détachés que des aperçus incomplets qu'il ne voulait que retrouver, pour les
rattacher à la chaine de ses raisonnements ? Voltaire est allé se heurter contre des pierres d'at-

tente, combien il eût réussi encore moins contre l'édifice entier!

LA HARPE, *Cours de Littérature.*

III.

Cet homme extraordinaire, qui remplit une vie si courte de tant de prodiges ; sans parler de sa gloire dans les sciences, sans répéter l'éloge de ce chef-d'œuvre des *Provinciales* pour qui la frivolité du sujet n'a point affaibli l'admiration, n'a-t-il pas marqué toute sa force dans les pages détachées de l'ouvrage qu'il préparait, et dont Pope a su recueillir les grands traits épars.

Où se retrouve, où se retrouvera jamais le secret de ce style qui, rapide comme la pensée, nous la montre si naturelle et si vivante, qu'il semble former avec elle un tout indestructible et nécessaire ? L'expression de Pascal est à la fois audacieuse et simple, pleine et précise, sublime et naïve. Ne semble-t-il pas choisir à dessein les termes les plus familiers, bien sûr de les élever jusqu'à lui, et de leur imprimer toute la majesté de son génie ?

Quel est ce raisonnement vigoureux qui poursuit une idée jusque dans ses derniers résultats, et ne l'abandonne qu'après l'avoir forcée de donner tout ce qu'elle contient ? On conçoit l'éloquence de Bossuet, empruntant à la poésie de riches images, et ce ton de l'homme inspiré qui, placé entre le ciel et la terre, veut émouvoir un grand peuple. Quelques orateurs ont osé suivre de loin, imiter Bossuet : qui tentera d'imiter Pascal ? Son style ne ressemble à celui d'aucun écrivain ancien ou moderne ; et, chose étonnante, il est peut-être le seul génie original que le goût n'ait presque jamais le droit de reprendre ; non qu'il semble chercher la correction et la pûreté, mais ses idées lui obéissent si bien, qu'elles se manifestent nécessairement sous les formes qui leur conviennent le mieux.

DE FONTANES, *Traduction de l'Essai sur l'homme*, *Discours préliminaire*.

IV.

Pascal est un des génies les plus éminents, les plus extraordinaires du siècle de Louis XIV. Ouvrez *les Provinciales* * : tantôt c'est Démosthène et Bossuet, et tantôt c'est Molière ; quelle étonnante union de tout ce que les émotions de l'âme ont de plus énergique ou de plus élevé, de tout ce que la puissance de la raison a de plus fort et de plus victorieux, avec tout ce que la finesse de l'esprit a de plus souple, de plus piquant, de plus gai, de plus naïf, de plus inattendu ? Ouvrez ses *Pensées* : la tête tourne sur ses abîmes ; quelle profondeur, et d'idées et de pinceau ! quelles vues et quelles expressions ! et, au fond de ces effrayants

---

*Les Lettres Provinciales, et sur-tout les dernières, par rapport à l'objet qu'on se propose, de plaire en prouvant, peuvent se placer hardiment à côté de ces grands orateurs (Fléchier, Bossuet, Bourdaloue); et je ne sais quels sont ceux qui devront avoir le plus de peur du voisinage. *La quatorzième lettre* sur-tout est un chef-d'œuvre d'éloquence qui peut le disputer à tout ce que l'antiquité a le plus admiré, et je doute que les *Philippiques* de Démosthène et de Cicéron, offrent rien de plus fort et de plus parfait.

Voyez aussi les jugements D'AGUESSEAU, IV° *Instruction*, de madame de Sévigné, sur cet ouvrage, Lettres du 21 décembre 1689, et du 15 janvier 1690.

précipices où il se plonge, quel combat de la raison et de la folie! quelle lutte on entrevoit de l'intelligence la plus vigoureuse qui jamais ait été donnée à l'homme, et des doctrines les plus inconcevables auxquelles on lui ait jamais ordonné de se soumettre? Dès son enfance, il s'était joué de la science des nombres, et les secrets de la géométrie lui furent révélés par son génie, avant même qu'il lui fût permis de savoir qu'ils ne sont révélés aux autres que par l'étude.

DESSAULT, *Ann ales littéraires.*

MORCEAUX CHOISIS.

I. L'Homme au milieu de l'infini.

La première chose qui s'offre à l'homme quand il se regarde, c'est son corps, c'est-à-dire une certaine portion de matière qui lui est propre. Mais, pour comprendre ce qu'elle est, il faut qu'il la compare avec tout ce qui est au-dessus de lui, et tout ce qui est au-dessous, afin de connaître ses justes bornes. Qu'il ne s'arrête donc pas à regarder simplement les objets qui l'environnent; qu'il contemple la nature entière, dans sa haute et pleine majesté; qu'il considère cette éclatante lumière, mise comme une lampe éternelle pour éclairer l'univers; que la terre lui paraisse comme un point au prix du vaste tour que cet astre décrit, et qu'il s'étonne de ce que ce vaste tour n'est lui-même qu'un point très délicat à l'égard de celui que les astres qui roulent dans le firmament embrassent.

Tout ce que nous voyons du monde n'est qu'un trait imperceptible dans le vaste sein de la nature. Nulle idée n'approche de l'étendue de ses espaces. Nous avons beau enfler nos conceptions, nous n'enfantons que des atomes au prix de la réalité des choses : c'est une sphère infinie dont le centre est partout, la circonférence nulle part *. Enfin c'est un des plus grands caractères de la toute-puissance de Dieu, que notre imagination se perde dans cette pensée.

Que l'homme étant revenu à soi, considère ce qu'il est ; qu'il se regarde comme égaré dans ce canton détourné de la nature ; et que, de ce que lui paraîtra ce petit cachot où il se trouve logé, c'est-à-dire ce monde visible, il apprenne à estimer la terre, les royaumes, les villes et soi-même, son juste prix.

Qu'est-ce qu'un homme dans l'infini ? qui peut le comprendre ? Mais pour lui présenter un autre prodige aussi étonnant, qu'il cherche, dans ce qu'il connaît, les choses les plus délicates ; qu'un ciron, par exemple, lui offre, dans la petitesse

---

* « Cette belle expression, dit Voltaire, est de Timée de Locres : Pascal était digne de l'inventer ; mais il faut rendre à chacun son bien. » Voltaire s'est trompé, en attribuant cette pensée à Timée de Locres; on la trouve dans Hermès Trismégiste : « *Mercurius vocat Deum sphæram intellectualem, cujus centrum ubique est circumferentia verò nusquam.* » (HERM. TRISMEG. Lib. I, Comment. XVII, Quæst. I, c. 6.)

« Trismégiste appelle la déité, *cercle dont le centre est partout, la circonférence nulle part.* » (*Préface sur les Essais de Montaigne*, par sa fille d'alliance, mademoiselle, de Gournay.)   F.

de son corps, des parties incomparablement plus petites, des jambes avec des jointures, des veines dans ces jambes, du sang dans ces veines, des humeurs dans ce sang, des gouttes dans ces humeurs, des vapeurs dans ces gouttes; que, divisant encore ces dernières choses, il épuise ses forces et ses conceptions, et que le dernier objet où il peut arriver soit maintenant celui de notre discours; il pensera peut-être que c'est là l'extrême petitesse de la nature.

Mais je veux lui faire voir là dedans un abîme nouveau. Je veux lui peindre non seulement l'union visible, mais encore tout ce qu'il est capable de concevoir de l'immensité de la nature, dans l'enceinte de cet atome imperceptible; qu'il y voie une infinité de mondes, dont chacun a son firmament, ses planètes, sa terre, en la même proportion que le monde visible : dans cette terre des animaux, et enfin des cirons, dans lesquels il retrouvera tout ce que les premiers lui ont fait voir, trouvant encore dans ceux-ci les mêmes choses sans fin et sans terme. Qu'il se perde dans ces merveilles aussi étonnantes par leur petitesse que les autres par leur étendue.

Qui se considérera de la sorte, s'effrayera sans doute de se voir comme suspendu dans la masse que la nature lui a donnée, entre les deux abîmes de l'infini et du néant dont il est également éloigné. Il tremblera dans la vue de ces merveilles; et je crois que, sa curiosité se changeant en admiration, il sera plus disposé à les contempler en silence, qu'à les rechercher avec présomption.

Qu'est-ce que l'homme dans la nature? Un néant à l'égard de l'infini, un tout à l'égard du néant, un milieu entre rien et tout : il est infiniment éloigné des deux extrêmes, et son être n'est pas moins distant du néant d'où il est tiré, que de l'infini où il est englouti.

PASCAL, *Pensées*.

II. Faiblesse humaine.

Cet état qui tient le milieu entre les extrêmes, se trouve en toutes nos puissances. Nos sens n'aperçoivent rien d'extrême : trop de bruit nous assourdit, trop de lumière nous éblouit, trop de distance et trop de proximité empêchent la vue, trop de longueur et trop de brièveté obscurcissent un discours, trop de plaisir incommode, trop de consonnances déplaisent ; nous ne sentons ni l'extrême chaud, ni l'extrême froid; les qualités excessives nous sont ennemies, et non pas sensibles; nous ne les sentons plus, nous les souffrons Trop de jeunesse et trop de vieillesse empêchent l'esprit, trop et trop peu de nourriture troublent ses actions, trop et trop peu d'instruction l'abêtissent. Les choses extrêmes sont pour nous comme si elles n'étaient pas, et nous ne sommes point à leur égard : elles nous échappent, ou nous à elles.

La faiblesse de la raison de l'homme paraît bien davantage en ceux qui ne la connaissent pas, qu'en ceux qui la connaissent. Si on est trop jeune, on ne juge pas bien ; si on est trop vieux, de même ; si on n'y songe pas assez, si on y songe trop, on s'entête, et l'on ne peut trouver la vérité. Si l'on considère son ouvrage incontinent après l'avoir fait, on en est encore tout prévenu ; si trop long-temps après, on n'y entre plus. Il n'y a qu'un point indivisible qui soit le véritable lieu de voir les tableaux ; les autres sont trop près, trop loin, trop haut, trop bas. La perspective l'assigne dans l'art de la peinture ; mais, dans la vérité et dans la morale, qui l'assignera.....

Cette maîtresse d'erreur, qu'on appelle fantaisie et opinion, est d'autant plus fourbe, qu'elle ne l'est pas toujours ; car elle serait règle infaillible de vérité, si elle l'était infaillible du mensonge. Mais, étant le plus souvent fausse, elle ne donne aucune marque de sa qualité, marquant de même caractère le vrai et le faux. Cette superbe puissance, ennemie de la raison qui se plaît à la contrôler et à la dominer, pour montrer combien elle peut en toutes choses, a établi dans l'homme une seconde nature : elle a ses heureux et ses malheureux, ses sains, ses malades, ses riches, ses pauvres, ses fous et ses sages ; et rien ne nous dépite davantage, que de voir qu'elle remplit ses hôtes d'une satisfaction beaucoup plus pleine et entière que la raison.

Les habiles par imagination se plaisent tout autrement en eux-mêmes que les prudents ne peuvent raisonnablement se plaire ; ils regardent les gens avec empire, ils disputent avec hardiesse et confiance ; les autres avec crainte et défiance, et cette gaieté de visage leur donne souvent l'avantage dans l'opinion des écoutants, tant les sages imaginaires ont de faveur auprès de leurs juges de même nature ! Elle ne peut rendre sages les fous ; mais elle les rend contents, à l'envi de la raison, qui ne peut rendre ses amis que misérables : l'une les comble de gloire, l'autre les couvre de honte. Qui dispense la réputation ; qui donne le respect et la vénération aux personnes, aux ouvrages, aux grands, sinon l'opinion ! Combien toutes les richesses de la terre sont-elles insuffisantes sans son consentement ? L'opinion dispose de tout : elle fait la beauté, la justice et le bonheur, qui est le tout du monde.

Ibid.

PASSERAT (JEAN), poète français, célèbre professeur d'éloquence, naquit à Troyes en Champagne, le 18 octobre 1534. Ce fut au collège de cette ville qu'il commença ses études; mais les mauvais traitements de son régent l'obligèrent à s'enfuir, et il mena pendant quelques mois une vie vagabonde : heureusement cet écart de jeunesse ne nuisit point à ses progrès; il reprit ses études avec goût, et vint les achever à Paris, au collège de Reims.

Lescot, savant professeur de rhétorique au collège du Plessis, fit donner à Passerat la chaire d'humanités dans le même collège, et alors notre poète, pour compléter son instruction dans la langue latine, se rendit à Valence où il suivit les leçons de Cujas, et étudia à fond la langue des jurisconsultes, comme il l'avait déjà fait pour celle des orateurs et des poètes. Après trois ans passés dans ces occupations, il revint à Paris, et Henri de Mesme, maître des requêtes et protecteur des hommes de lettres, l'accueillit dans sa maison, où Passerat demeura pendant vingt-neuf ans. En 1572 il fut appelé à remplir la place de professeur d'éloquence au collège de France, que la mort de Ramus avait laissée vacante, et l'élite de la capitale courut à ses savantes leçons. C'était le temps des excès de la ligue : fidèle à son roi légitime, notre poète interrompit ses leçons, donna son temps à un travail sur Plaute, et se joignit même aux auteurs de la *Satire Ménippée*.

Le triomphe de Henri IV le rendit à ses fonctions de professeur, et il continua de compter ce qu'il y avait de mieux dans Paris parmi ses auditeurs. Jaloux de mériter de plus en plus les suffrages, Passerat s'adonnait à un travail trop peu proportionné à ses forces, et il fut réduit vers 1597, à un état de paralysie presque complète. Un accident l'avait depuis long-temps privé d'un œil, en jouant à la paume, ses études trop prolongées lui firent perdre l'autre : sa gaieté ne s'altéra point ; mais on s'apercevait que ses facultés baissaient de jour en jour, et il mourut le 12 septembre 1602. Jean-Jacques de Mesme lui fit ériger un mausolée dans l'église des Dominicains de la rue Saint-Jacques. Passerat avait lui-même composé son épitaphe :

> S'il faut que maintenant en la fosse je tombe,
> Qui ai toujours aimé la paix et le repos,
> Afin que rien ne pèse à ma cendre et mes os,
> Amis, de mauvais vers ne chargez point ma tombe.

Cet auteur avait beaucoup d'imagination ; son style a de la facilité et de la délicatesse. Ses poésies ne sont pas, comme celles de la plupart de ses contemporains, hérissées d'une foule de mots tirés du grec ou du latin : on y trouve moins de ces inversions forcées et de ces constructions rudes, qui rendent souvent difficile la lecture des ouvrages de ce temps. Tel est le jugement que l'on peut porter sur les poésies de Passerat : quelques personnes préfèrent à ses vers français ceux qu'il fit en latin ; les premiers sont néanmoins son plus beau titre, et on y trouve des morceaux qui mériteront toujours, quoique le style en ait vieilli, l'attention des poètes et des littérateurs. Ses pièces fugitives sont pleines d'élégance et de facilité, et, parmi ses ouvrages de plus longue haleine, on remarque un poème du *Chien courant*, en vers de dix syllabes, composé pour Charles IX ; le *Cerf d'amour*, dédié à Madame, sœur unique du Roi ; la ***Divinité des Procès***, et la ***Métamorphose*** *d'un homme en coucou*. « Ce conte, dit La Harpe, « est digne de La Fontaine. Passerat a eu dans « cette seule pièce le naturel charmant et les « graces de notre *fablier*. Le sujet, quoique sans « aucune indécence, n'est pourtant pas de nature « à pouvoir s'en permettre une lecture publique. « (*Cours de Littérature.*) »

Notre poëte fut honoré de l'estime de Charles IX et Henri III ; il reçut même des gratifications de ce dernier. On a encore le quatrain par lequel il demandait une rescription au trésorier de l'épargne (M. de Soucy).

>Mes vers, Monsieur, c'est peu de chose,
>Et Dieu merci ! je le sais bien,
>Mais vous ferez beaucoup de rien,
>Si les changez à votre prose.

et un autre où il se plaignait au monarque du retard que mettait le trésorier à lui répondre :

>Sire, vous avez maintenant
>Un vrai trésorier de l'épargne ;
>Je n'en vis onc un si tenant,
>Car le papier même il m'épargne.

Il faut bien se garder néanmoins de le compter parmi les flatteurs de ce prince. On sait que Henri III, pour réparer une éducation négligée, avait établi dans son cabinet des conférences grammaticales, ce qui faisait dire à Martillac, *Declinare cupit, vere declinat :* Passerat chargé par le monarque de traduire les vers de Virgile : *Excudant alii spirantia*, etc., ajouta, dans un style plus facile à faire entendre au Roi qu'une amère épigramme :

> J'ai pris ces vers d'un grand et grand poëte,
> Dont je ne suis qu'un petit interprète ;
> Par un esprit, ce propos fut tenu.
> Au sang d'Hector dont vous êtes venu.
> Sans chercher donc la vertu endormie
> Aux vains propos de quelque académie,
> Lisez ces vers, et vous pourrez savoir
> Quel est d'un roi la charge et le devoir.

Ce fut en 1606 que Jean Rouge-Valet, proche parent de Passerat, fit imprimer ses *Œuvres poétiques*. Passerat était encore célèbre comme grammairien ; mais ses ouvrages dans ce genre sont aujourd'hui entièrement oubliés. L'éditeur des *Poëtes français depuis le XIIe siècle jusqu'à Malherbe* a inséré dans cette collection quelques-unes des poésies de Passerat avec une notice sur ce poète dont nous avons quelquefois profité pour celle-ci.

PASTICHE. Ce mot s'emploie par translation, pour exprimer en littérature une imitation affectée de la manière et du style d'un écrivain, comme on l'emploie au propre pour désigner un tableau peint dans la manière d'un grand artiste, et que l'on fait passer pour être de sa main.

Plus un écrivain a de manière, c'est-à-dire de singularité dans le tour et dans l'expression, plus il est aisé de le contrefaire. Mais si son originalité tient au caractère de son esprit et de son âme ; si la manière qui le distingue est celle de penser, de sentir, de concevoir, d'imaginer, de voir la nature et de la peindre, le pastiche qu'on en fera ne sera jamais ressemblant. Il aura des imitateurs dans des hommes d'un caractère et d'un génie analogue au sien ; mais il n'aura point de copiste.

Rousseau, avec le talent de l'épigramme, a pris le tour, le style de Marot; La Fontaine en a imité, en a surpassé la naïveté. Mais qui contrefera jamais, qui même imitera de loin l'heureux et riche naturel de La Fontaine ?

Voltaire racontait que, dans sa jeunesse, il s'était moqué des connaisseurs du Temple, en leur faisant croire qu'une fable de La Motte était de La Fontaine. Ces connaisseurs l'étaient bien peu !

Ce qui est plus étonnant encore, c'est que, dans la nouveauté de la tragédie des *Macchabées*, tout Paris crut d'abord, sur la foi des comédiens, que cette pièce était un ouvrage posthume de Racine Il fallait pour cela que le fard de la déclamation théâtrale fît une grande illusion.

La Bruyère s'est amusé à écrire une page dans le style de Montaigne, et il l'a très bien imité.

« Je n'aime pas, dit-il, un homme que je ne puis aborder le premier ni saluer avant qu'il me salue, sans m'avilir à ses yeux et sans tremper dans la bonne opinion qu'il a de lui-même. Montaigne dirait : *Je veux avoir mes coudées franches et être courtois et affable à mon point, sans remords ne conséquence. Je ne puis du tout estriver contre mon penchant et aller au rebours de mon naturel, qui m'emmène vers celui que je trouve à ma rencontre. Quand il m'est égal et qu'il ne m'est point ennemi, j'anticipe sur son bon accueil, je le questionne sur sa bonne disposition et santé, je lui offre de mes bons offices, sans tant marchander sur le plus ou sur le moins, ne être, comme disent aucuns, sur le qui vive. Celui-là me déplaît, qui, par la connaissance que j'ai de ses coutumes et façons d'agir, me tire de cette liberté et franchise : comment me ressouvenir, tout à propos et du plus loin que je vois cet homme, d'emprunter une contenance grave et imposante, et qui l'avertisse que je crois le valoir et bien au delà ? pour cela, de me ramentevoir de mes bonnes qualités et conditions, et des siennes mauvaises, puis en faire la comparaison ? C'est trop de travail, et ne suis du tout capable de si roide et si subite attention ; et quand bien même elle m'aurait succédé une première fois, je ne laisserais pas de fléchir et me démentir à une seconde tâche, je ne puis me forcer et contraindre pour quelconque à être fier.* »

Voilà certainement bien le langage de Montaigne, mais diffus, et tournant sans cesse autour de la même pensée. Ce qui en est difficile à imiter, c'est la plénitude, la vivacité, l'énergie, le tour pressé, vigoureux et rapide, la métaphore imprévue et juste, et plus que tout cela, le suc et la substance. Montaigne cause quelquefois nonchalamment et longuement : c'est ce que La Bruyère en a copié, le défaut.

Un talent rare et fort au-dessus du petit mérite de cette singerie, qu'on appelle pastiche, c'est de savoir réellement s'assimiler un grand écrivain ; c'est de se pénétrer de son âme et de son génie, soit pour le caractériser en le louant, soit pour écrire dans son genre. C'est ainsi que, dans un des meilleurs livres de notre siècle et des moins connus du vulgaire ; dans l'*Introduction à la Connaissance de l'esprit humain*, le sensible, le vertueux, l'éloquent Vauvernargues semble avoir pris la plume de Bossuet et de Fénelon, lorsqu'il les a loués, ou qu'il a essayé d'écrire à leur manière : c'est ainsi que dans les éloges de ces deux grands hommes, on a plus récemment encore pris la couleur, le ton le caractère de leurs écrits. (*Voyez* IMITATION).

MARMONTEL, *Eléments de Littérature.*

PATHÉTIQUE. *Eloquence, poésie, art oratoire.* Une distinction qu'on n'a pas assez faite, et qui peut avoir son utilité, est celle des deux pathétiques, l'un direct et l'autre réfléchi.

PATHÉTIQUE.

J'appelle *direct* le pathétique dont l'émotion se communique sans changer de nature, lorsqu'on fait passer dans les âmes le même sentiment d'amour, de haine, de vengeance, d'admiration, de pitié, de crainte, de douleur dont on est soi-même rempli.

J'appelle *réfléchi* le pathétique dont l'impression diffère de sa cause, comme lorsqu'au moment du crime ou du danger qui le menace, la tranquille sécurité de l'innocent nous fait frémir.

Quand on a défini l'éloquence, l'art de communiquer les affections et les mouvements de son âme, on n'a considéré que l'un de ses moyens, et ce n'est ni le plus puissant ni le plus infaillible. C'en est un sans doute pour l'orateur qui veut nous émouvoir, que d'être passionné lui-même ; mais il est rare qu'il puisse le paraître sans courir le risque ou d'être suspect, ou d'être ridicule, et à moins que la cause pour laquelle il se passionne ne soit bien évidemment digne des grands mouvements qu'il déploie et de la chaleur qu'il exhale, sa violence porte à faux, et c'est ce qu'on appelle un *déclamateur*. D'un autre côté, l'on a de la peine à supposer que l'homme passionné soit bien sincère et juste : si on se livre à lui par sentiment, on s'en défie par réflexion. L'éloquence passionnée veut donc et suppose des esprits déjà persuadés et disposés à recevoir une dernière impulsion.

Le pathétique indirect, sans annoncer autant de force, en a bien davantage. Il s'insinue, il pénètre, il s'empare insensiblement des esprits et les maîtrise sans qu'ils s'en aperçoivent, d'autant plus sûr de ses effets qu'il paraît agir sans effort. L'orateur parle en simple témoin, et lorsque la chose est par elle-même ou terrible ou touchante, ou digne d'exciter l'indignation et la révolte, il se garde bien de mêler au récit qu'il en fait les mouvements qu'il veut produire. Il met sous les yeux le tableau de la force et de la faiblesse, de l'injure et de l'innocence; il dit comment le fort a écrasé le faible, et comment le faible, en gémissant, a succombé : c'en est assez. Plus il expose simplement, plus il émeut. Voyez dans la péroraison de Cicéron pour Milon, son ami; voyez, dans la harangue d'Antoine au peuple romain, sur la mort de César, l'artifice victorieux de ce genre de pathétique. Cicéron ne fait que répéter le langage magnanime et touchant que lui a tenu Milon; et Milon, courageux, tranquille, est plus intéressant, dans sa noble constance, que ne l'est Cicéron en suppliant pour lui. Antoine ne fait que lire le testament de César, et cet exposé simple de ses dernières volontés en faveur du peuple romain, remplit ce peuple d'indignation et de fureur contre les meurtriers; au lieu que les mouvements passionnés d'Antoine, sa douleur, son ressentiment, n'auraient peut-être ému personne; peut-être même auraient-ils soulevé tous les esprits d'un peuple libre contre l'esclave d'un tyran.

En employant le pathétique indirect, l'orateur

ne compromet jamais ni son ministère, ni sa cause : le récit, l'exposé, la peinture qu'il fait, peut causer une émotion plus ou moins vive sans conséquence; mais lorsqu'en se passionnant lui-même il s'efforce en vain de nous émouvoir, et que, par malheur, tout ce qui l'environne est froid, tandis que lui seul il s'agite ; ce contraste risible fait perdre à son sujet tout ce qu'il a de sérieux, à son éloquence toute sa dignité, à ses moyens toute leur force.

Le pathétique direct, pour frapper à coup sûr, doit donc se faire précéder par le pathétique indirect. C'est à celui-ci à mettre en mouvement les passions de l'auditeur ; et lorsqu'il l'aura ébranlé, que le murmure de l'indignation se fera entendre, ou que les larmes de la compassion commenceront à couler, c'est à l'orateur à se jeter comme dans la foule, et à paraître alors le plus ému de ceux qu'il vient d'irriter ou d'attendrir. Alors ce n'est plus lui qui paraît vouloir donner l'impulsion, c'est lui qui la reçoit ; ce n'est plus à sa passion qu'il s'abandonne, mais à celle du peuple ; et en se mêlant avec lui, il achève de l'entraîner.

Le point critique et délicat du pathétique direct, c'est de tenir essentiellement à l'opinion personnelle, et d'avoir besoin d'être soutenu par le caractère de celui qui l'emploie. Une seule idée incidente, qui, dans l'esprit des auditeurs, vient le contrarier, le détruit.

Supposons, par exemple, que Périclès eût reproché aux Athéniens le luxe et le goût des plaisirs, avec la véhémence dont les Catons s'élevaient contre les vices de Rome; la seule idée d'Aspasie aurait fait rire les Athéniens de l'éloquence de Périclès. Supposons que, dans notre barreau, un avocat, peu sévère lui-même dans sa conduite et dans ses mœurs, voulût parler comme d'Aguesseau, de décence et de dignité, et qu'on fût instruit du souper qu'il aurait fait la veille, ou de la nuit qu'il aurait passée; supposons qu'un homme voluptueusement oisif vînt se passionner en public contre la mollesse et la volupté, et que, tandis qu'il recommanderait le travail, l'humilité, la tempérance, on sût qu'un char pompeux l'attend, qu'un dîner somptueux est préparé pour lui, que deviendrait son éloquence? C'est là surtout qu'il faut se souvenir de ce précepte d'Aristote : *sit accusator melior reo*. Le contraire fut le moyen dont Cicéron accabla Tubero en plaidant pour Ligarius.

En poésie, et spécialement dans la poésie dramatique, même distinction: ainsi, le précepte d'Horace,

Si vis me flere, dolendum est
Primùm ipsi tibi,

n'est rien moins qu'une maxime générale.

Le sentiment qu'inspire un personnage est quelquefois analogue à celui qu'il éprouve, quelquefois différent et quelquefois contraire: analogue, lorsque l'acteur nous pénètre de son effroi, de sa douleur, comme Hécube, Philoctète, Mérope, Sémiramis, Andromaque, Didon, etc.; différent, lorsque de sa situation naissent des sentiments de crainte et de pitié qu'il ne ressent pas lui-même, comme Œdipe, Polyxène, Britannicus; contraire, lorsque la violence de ses transports nous cause des sentiments de frayeur et de compassion pour un autre et contre lui-même, comme Atrée, Cléopâtre, ou Néron. C'est alors, comme je l'ai dit, que le silence morne, la dissimulation profonde, le calme apparent d'une âme atroce, et la tranquille sécurité d'une âme innocente et crédule, nous font frémir de voir l'un exposé aux fureurs que l'autre renferme. Tout paraît tranquille sur la scène, et les grands mouvements du pathétique se passent dans l'âme des spectateurs.

Jetez les yeux sur la statue du gladiateur mourant : il expire sans convulsions; et la noble langueur exprimée par son attitude et répandue sur son visage vous pénètre et vous attendrit : ainsi, lorsqu'Iphigénie veut consoler son père qui l'envoie à la mort, elle nous arrache des larmes ; ainsi, lorsque les enfants de Médée caressent leur mère qui médite de les égorger, on frémit. Voyez un berger et une bergère jouant sur l'herbe, et prêts à fouler un serpent qu'ils n'aperçoivent pas ; voyez une famille tranquillement endormie dans une maison que la flamme enveloppe ; voilà l'image de ce pathétique indirect.

Rien de plus déchirant sur le théâtre que les

transports de joie de l'époux d'Inès, quand son père lui a pardonné.

Mais l'éloquence des passions agit tantôt directement sur les acteurs qui sont en scène, et par réflexion sur les spectateurs ; tantôt directement sur les spectateurs, sans avoir d'objet sur la scène. Un conjuré, comme Cinna, Cassius, Manlius, veut inspirer à ses complices ses sentiments de haine et de vengeance contre César ou le sénat : il emploie l'éloquence de ses passions ; et il en résulte deux effets, l'un sur l'âme des personnages, qui conçoivent la même haine et le même ressentiment, l'autre sur l'âme des spectateurs, qui, s'intéressant au salut de César ou de Rome, frémissent des fureurs et du complot des conjurés. De même, lorsqu'une amante passionnée, comme Arianne ou Didon, déploie toute l'éloquence de l'amour pour toucher un ingrat, pour ramener un infidèle, le pathétique en est dirigé vers l'objet qu'elle veut toucher ; et ce n'est qu'en se réfléchissant sur l'âme des spectateurs, qu'il les pénètre de pitié pour la malheureuse victime d'un sentiment si tendre et si cruellement trahi. Mais si la passion ne s'exhale que pour s'exhaler, comme lorsque cette même Didon, cette Arianne abandonnée laisse éclater son désespoir ; lorsque Philoctète, Mérope, Hécube, Clytemnestre fait retentir le théâtre de ses plaintes et de ses cris, le pathétique alors se dirige uniquement sur les spectateurs ; et si, comme il arrive dans de vaines déclamations, il manque de frapper les âmes de compassion et de terreur, c'est de l'éloquence perdue : *verberat auras*.

De l'étude bien méditée de ces rapports, résulterait peut-être une connaissance plus juste qu'on ne paraît l'avoir communément des moyens propres à l'éloquence des passions, et de l'usage plus modéré, mais plus sûr, qu'il serait possible d'en faire.

Quant à l'effet moral du pathétique, on sent que l'éloquence passionnée doit tenir de la nature du feu, et, comme lui, être à la fois d'un extrême danger et d'une extrême utilité.

En poésie, il est assez rare que l'effet en soit dangereux. S'il attendrit, c'est en faveur d'un objet intéressant, aimable et moralement bon : car la faiblesse n'exclut pas la bonté ; et ce n'est pas un mal que de nous disposer à une indulgence éclairée. S'il excite l'effroi, la haine, l'indignation, c'est pour un objet odieux ou funeste ; et si l'étonnement et la frayeur que nous cause le crime sont mêlés d'admiration, le danger, le malheur, le trouble, les tourments que le poète a soin d'attacher au crime, et sur-tout le tendre intérêt que nous inspire l'innocence, nous font communément haïr les forfaits, lors même que nous admirons la force d'âme et le courage qui les ennoblit à nos yeux. Il n'y a que l'égarement des passions compatibles avec un bon naturel qui nous cause une pitié tendre : et alors c'est à la bonté malheureuse que nous donnons des larmes, c'est la perte de la vertu, de l'innocence, que nous pleurons ; jamais le vice n'intéresse.

Il faut avouer cependant que la bonté morale du pathétique est relative à l'objet pour lequel le poète nous émeut : et si la sensibilité qu'il exerce peut devenir nuisible ou vicieuse, comme dans les peintures de l'amour illicite, cet exercice n'est pas aussi salutaire à de jeunes âmes, que lorsqu'elle a pour objet l'amour conjugal, l'amitié, l'humanité, la piété filiale, ou la tendresse paternelle. Une chose incompréhensible, c'est le peu d'usage que nos poètes avaient fait, avant Voltaire, de ces moyens vertueux et puissants d'intéresser et d'émouvoir. Lorsqu'il s'est ouvert cette source sacrée, il l'a trouvée pleine, et si abondante, qu'en soixante ans il n'a pu la tarir. C'est là qu'il reste à puiser après lui : car, à vrai dire, le pathétique qu'on pouvait tirer de l'amour ne laisse plus, après Racine et Voltaire lui-même, que de petits ruisseaux échappés de la source qu'ils semblent avoir épuisée.

Quoi qu'il en soit, comme en poésie l'impression du pathétique est vague, fugitive et sans objet déterminé ; ou plutôt, comme son objet actuel, sa fin prochaine est le plaisir ; que le poète n'a d'ailleurs aucun intérêt de rendre vicieux le plaisir qu'il nous cause ; que sa gloire même la plus pure est attachée à la bonté morale de ses moyens ; qu'à l'ambition d'être aimable et intéressant se joint, s'il n'est pas dépravé, celle de se montrer honnête, on est presqu'assuré qu'en lui le talent d'émouvoir n'aura rien de pernicieux.

Il n'en est pas de même en éloquence. Un factieux, un fourbe, un fanatique, un furieux, un homme vénal et pervers, animé par ses passions ou par celles de ses clients, peut les communiquer à son auditoire, à ses juges; et de l'impression soudaine et rapide qu'il aura faite, peut dépendre l'état, l'honneur, la vie d'un citoyen, le sort d'une famille, la destinée d'un empire. L'homme vertueux au contraire peut, avec le même flambeau, rallumer toutes les vertus. Sans la bataille de Chéronée, Démosthène eût sauvé la Grèce; si les deux Gracques n'avaient pas été massacrés, Rome n'avait plus de tyrans; si, dans le parti de Catilina ou dans celui de Charles Ier, il se fût trouvé deux hommes plus éloquents que Cicéron et que Cromwel, Rome était perdue, Charles était sauvé; si Marc-Antoine, le triumvir, n'eût pas connu les grands moyens de l'éloquence pathétique, César n'eût pas été vengé. Et dans le barreau ancien et moderne, combien de fois et le juste et l'injuste, indifféremment soutenus d'une éloquence pathétique, n'ont-ils pas triomphé ou succombé par elle?

L'entendement est une faculté froide et passive : il obéit, dans le silence des passions, à la vérité, à l'évidence; et alors sans doute il suffit de convaincre pour entraîner. De même, une sensibilité, une vivacité modérée, dans des âmes paisibles et dans des esprits calmes, les dispose à la persuasion, et avec eux on est en état de bien servir la vérité, lorsqu'au talent de la faire connaître on joint le don de la faire aimer. C'est dans la première de ces deux hypothèses que Bourdaloue a écrit ses sermons; c'est dans la seconde que Fénelon a composé le *Télémaque*, et Massillon le *Petit Carême;* et contre de faibles obstacles, il serait inutile, il serait ridicule d'employer de plus grands efforts : car en éloquence, non plus qu'en mécanique, il ne doit jamais y avoir de mouvement perdu ; puissance, levier, résistance, tout doit être proportionné.

Mais lorsqu'en même temps on a des vérités pressantes, d'importantes résolutions à faire passer dans les âmes, et dans son auditoire une extrême inertie à vaincre, ou de grands mouvements à contraindre et à réprimer, ou une longue obstination, une forte inclination à combattre et à renverser, enfin une masse d'obstacles à ébranler et à détruire, ou une violente impulsion à repousser, à surmonter ; alors l'éloquence a besoin du bélier et de la baliste.

Le reproche, l'objurgation, la honte, la vue de l'opprobre ou d'un plus grand péril, l'enthousiasme de la gloire, l'enivrement que peut causer l'espérance d'un meilleur sort, sont nécessaires pour réchauffer des âmes que la crainte a glacées, pour relever des âmes que les revers ont abattues, pour exciter des âmes que l'indolence et la sécurité ont engourdies dans le repos.

Il en est de même des mouvements d'indignation, de commisération, d'effroi, d'horreur, de haine, de vengeance, utilement et dignement employés, soit pour ramener, soit pour entraîner l'auditoire, le pousser ou le retenir.

Si donc l'orateur est lui-même intimement persuadé de l'utilité de ses conseils, de l'importance de son objet, ou de la bonté de sa cause ; et qu'il trouve ou son auditoire ou ses juges aliénés ou inclinés vers l'avis contraire, prévenus d'affections injustes ou de séductions funestes, émus de passions qui peuvent égarer ou dépraver leur jugement, il est de son devoir d'effacer ces impressions par des impressions plus profondes, d'opposer à ces mouvements des mouvements plus forts, de mettre enfin, dans la balance de l'intérêt ou de l'opinion, des contrepoids qui rétablissent l'équilibre de l'équité. Un arbre courbé par le vent est redressé par un vent contraire, ou par la contention d'un effort opposé.

Si l'orateur voit d'un côté des vérités de sentiment favorables à l'innocence, ou à la faiblesse excusable, ou à l'imprudence crédule, ou à l'erreur inévitable ; et de l'autre côté des principes de forme, des règles de droit, des maximes de politique ou de jurisprudence, qui portent le juge à s'endurcir, pour user de cette rigueur dont l'excès rend injuste la justice même ; alors encore faut-il bien recourir aux sentiments de la nature pour amollir la dureté des lois.

De là, dans l'éloquence, l'usage légitime de la force des passions, même des passions vicieuses, comme l'envie et la colère, et à plus forte raison des passions honnêtes, comme l'amour de la louange, la crainte de l'opprobre, la commisération, l'indignation contre l'orgueil, l'horreur de l'oppression, de la violence et de l'injure : de là le droit de présenter, d'exagérer aux yeux de l'auditoire tout ce qui peut l'intéresser et l'émouvoir en faveur du faible, de l'innocent, du malheureux.

Jusque-là rien sans doute n'est plus digne des fonctions de l'orateur que l'éloquence pathétique.

Mais ce qui la rend dangereuse et redoutable, c'est qu'avant même de la juger il faut l'entendre, et par conséquent s'y exposer avant que de savoir si c'est la bonne ou la mauvaise cause qu'elle arme de tous ses moyens.

Le barreau, la tribune sont une arène où la première loi du combat, entre les contendants, est que les armes soient égales. Le pathétique est donc permis de droit à tous les deux, ou il doit être également interdit à l'un et à l'autre.

Dans la chaire, on a moins à craindre les abus de cette éloquence; et quoique le fanatisme et le faux zèle l'aient fait servir plus d'une fois d'instrument à la calomnie, à la discorde, à la fureur des factions, et que l'erreur, les passions, le crime aient pu s'en prévaloir dans des temps malheureux, un orateur chrétien se rendrait aujourd'hui si odieux, si méprisable en abusant de son ministère, que, pour le plus indigne même de l'exercer, le respect public est un frein.

Mais au barreau, il est presqu'impossible que

dans l'une et dans l'autre cause, si ce n'est dans toutes les deux, l'éloquence passionnée ne soit pas contraire à l'esprit de droiture, d'impartialité, d'équité, qui doit seul animer les juges ; et c'est là que le pathétique est comme un fer à deux tranchants.

Lorsque les mœurs d'Athènes n'étaient pas corrompues encore, l'Aréopage avait écarté de son tribunal l'éloquence des passions. Mais bientôt elle y pénétra. L'orateur qui plaidait pour Phryné osa lui arracher le voile ; et Phryné, qui, pour ce seul acte de séduction devait être blâmée (je dis elle ou son défenseur), obtint son absolution : tant ces vieillards, qui adoraient la beauté dans le marbre de Praxitelle, étaient incapables de résister aux charmes de la beauté vivante qu'animaient deux beaux yeux en pleurs! Le voile de Phryné, en tombant, découvrit la honte des juges.

Socrate dédaigna une apologie oratoire ; il dit à Lysias, qui lui en proposait une d'un caractère indigne de lui : « Tu m'apportes là une chaussure de femme. » Il parla lui-même à ses juges en sage, en homme simple et vertueux, et il fut condamné.

Dans la suite, l'art d'émouvoir fut porté aussi loin dans la tribune qu'au théâtre. Ce qui nous reste de Démosthène est d'un style grave et sévère : la raison y agit plus que les passions ; le reproche, l'indignation, l'imprécation, l'invective sont presque les seuls mouvements pathétiques qu'il se permette. Mais dans celles de ses harangues que le temps nous a dérobées, il fallait bien qu'il eût plus d'une fois fait usage du don des larmes ; puisque Eschine ne doutait pas qu'il n'y eût recours dans sa défense, et qu'il croyait devoir avertir ses juges de ne pas s'y laisser tromper. *A quoi bon ces larmes ? leur dit-il d'avance, à quoi bon ces cris et cette contention de voix ?* Et plus haut : *Quant au torrent de larmes qui coulera de ses yeux, quant à ses accents lamentables, répondez-lui*, etc. Démosthène avait donc coutume d'en user ainsi pour émouvoir son auditoire : sans cela, Eschine aurait prédit en insensé ce qu'allait faire Démosthène, et le peuple l'eût bafoué.

Chez les Romains, le pathétique était le sublime de l'éloquence. *Quis enim nescit maximam vim existere oratoris in hominum mentibus vel ad iram aut ad odium, aut ad dolorem incitandis, vel ab hisce iisdem permotionibus ad lenitatem misericordiamque revocari.* (De Orat.)

Et en effet, dans un pays et dans un temps où les factions, les partis, les brigues, les vexations dans les provinces, le péculat, les crimes de lèse-majesté publique, les discordes civiles, les haines personnelles peuplaient les tribunaux d'accusateurs et d'accusés ; où la violence, l'usurpation, le meurtre, l'empoisonnement, le sacrilège, étaient des actions journalières ; où le caractère national, l'esprit de domination et d'autorité arbitraire présidaient dans les tribunaux,

Parcere subjectis et debellare superbos;

où tous les juges, le sénat, le peuple, les préteurs, jusqu'aux chevaliers, se regardaient comme des souverains, arbitres de la loi, et libres d'exercer ou la rigueur ou la clémence ; l'art d'émouvoir, d'irriter, de fléchir, de rendre l'accusé intéressant ou odieux, devait être plus nécessaire et plus recommandable que l'art d'instruire et de convaincre.

Aussi voit-on que les lumières du philosophe et du jurisconsulte, que la sagesse et l'habileté même de l'homme d'état, sans l'éloquence des passions, étaient comptées pour peu de chose dans les talents de l'orateur. Dire ce qu'il fallait, et le dire à propos, était l'affaire de la prudence ; mais le dire comme il fallait pour remuer, pour irriter, pour appaiser son auditoire, pour le remplir d'indignation, de douleur, de compassion, c'était l'affaire du génie et le triomphe de l'éloquence.

A des lois on trouvait sans peine à opposer des lois, à des indices des indices, à des raisons et à des vraisemblances des moyens non moins spécieux ; mais lorsqu'une fois le pathétique s'était saisi des esprits et des âmes, l'extrême difficulté de l'art était de les lui arracher.

Ecoutez Cicéron parlant de ce genre d'éloquence : *Quo perturbantur animi et concitantur ; in quo uno regnat oratio.* Il le peint comme il l'employait, entraînant et irrésistible. *Hoc vehemens, incensum, incitatum; quo causæ eripiuntur; quod cùm rapidè fertur, sustineri nullo pacto potest;* et il en cite pour exemple l'ascendant qu'il lui avait donné. « Dans ce genre, dit-il, malgré la médiocrité et la faiblesse de mes talents, je ne laissai pas d'exercer encore un assez grand empire, et de mettre souvent mes adversaires hors de défense. Hortensius, tout grand orateur qu'il était, chargé de plaider pour Verrès son ami, n'eut pas la force de me répondre. Catilina, que j'accusais devant le sénat, fut réduit au silence. Dans une cause particulière, mais importante et grave, Curion le père, ayant commencé de parler, succomba tout à coup, et prétexta que, par un poison qu'il avait pris, on lui avait ôté la mémoire. »

Comme l'éloquence pathétique tient encore plus de la nature que de l'art, elle avait pris naissance dans Rome avant que l'art y fût formé. Mais l'art, en se perfectionnant, ne fit que raffiner et renchérir encore sur les moyens donnés par la nature, d'intéresser et d'émouvoir.

Dans ce dialogue, que je voudrais répandre tout entier dans mes articles sur l'éloquence, dans ce dialogue où Cicéron a mis en scène Marc-Antoine et Crassus raisonnant sur leur art, il faut les entendre se rappeler l'un à l'autre les effets étonnants que leur pathétique a produits. C'est là qu'on voit ce que j'ai dit dans l'article *Orateur*; que le juste et l'injuste, le vrai, le faux, le crime, l'innocence, tout leur était indifférent ; qu'une bonne cause était pour eux celle qui prêtait à leur éloquence des moyens de troubler l'entendement des juges, de leur faire oublier les lois et de les remuer au point que la passion, dominant leur raison et leur volonté même, dictât seule leur jugement. *Nihil est enim in dicendo majus* (disait Antoine à l'un de ses disciples) *quàm ut faveat oratori is qui audiet, utque ipse sic moveatur, ut impetu quodam animi et perturbatione, magis quàm judicio aut concilio, regatur.*

Le même Antoine avoue à Sulpicius qu'il a gagné contre lui la plus mauvaise cause ; il dit comment il s'y est pris, comment il a fait succéder la douceur à la véhémence : *Tunc admiscere huic generi orationis vehementi atque atroci genus illud alterum.... lenitatis et mansuetudinis cœpi :* comment il a triomphé de l'accusation, plus par l'émotion des âmes que par la conviction des esprits : *Ita magis affectis animis judicum quàm doctis, tua, Sulpici, est à nobis tum accusatio victa.*

Mais la grande leçon qu'il donne aux jeunes orateurs, c'est de se pénétrer eux-mêmes des sentiments passionnés qu'ils veulent communiquer aux juges. *Ut enim nulla materies tam facilis ad exardescendum est, quæ, nisi admoto igni, ignem concipere possit ; sic nulla mens est tam ad comprehendendam vim oratoris parata, quæ possit incendi, nisi inflammatus ipse ad eam et ardens accesserit.* Et c'est là qu'il fait cet éloge si beau de l'éloquence de Crassus : *Quæ, me Hercule, ego, Crasse, cùm a te tractentur in causis, horrere soleo : tanta vis animi, tantus impetus, tantus dolor, oculis, vultu, gestu, digito denique isto tuo significari solet; tantum est flumen gravissimorum optimorumque verborum tam integræ sententiæ, tam veræ, tam novæ, tam sine pigmentis, fucoque puerili; ut mihi non solùm tu incendere judicem, sed ipse ardere videaris.* Il est impossible, dit-il encore, que l'auditeur soit ému si l'orateur ne l'est pas. *Neque fieri potest ut doleat is qui audit, ut oderit, ut invideat, ut pertimescat aliquid, ut ad fletum misericordiamque deducatur, nisi omnes ii motus quos orator adhibere volet, judici, in ipso oratore impressi esse, atque inusti videantur.* Pour moi, ajoute-t-il, je n'ai jamais su inspirer que ce que j'ai profondément senti. *Non, me Hercule, unquam apud judices aut dolorem, aut misericordiam, aut invidiam, aut odium excitare dicendo volui, quin ipse, in commovendis judicibus, iis ipsis sensibus ad quos illos adducere vellem, permovere.* Il se représente déchirant la robe d'Aquilius, et montrant aux juges les cicatrices dont sa poitrine était couverte. Ce ne fut pas, dit-il, sans une grande émotion et sans un accès de douleur que je risquai cette action hardie. *Quem enim ego consulem fuisse, imperatorem ornatum a senatu, ovantem in Capitolium ascendisse meminissem, hunc cùm af-*

flictum, debilitatum, mœrentem, in summum discrimen adductum viderem, non priùs sum conatus misericordiam aliis commovere, quàm misericordiâ sum ipse captus. Sensi quidem tum magnopere moveri judices, cùm excitavi mœstum ac sorditatum senem, et cùm ista feci... non arte... sed motu magno animi ac dolore, ut discinderem tunicam, ut cicatrices ostenderem.... non fuit hæc sine meis lacrymis, non sine dolore magno miseratio, omniumque deorum et hominum, et civium et sociorum imploratio : quibus omnibus verbis, quæ a me tum sunt habita, si dolor abfuisset meus, non modò non miserabilis, sed etiam irridenda fuisset oratio mea. (De Orat.)

Il se complaît à rappeler les scènes pathétiques qu'il a jouées dans ses péroraisons. *Quâ nos ita dolenter uti solemus, ut puerum infantem in manibus perorantes tenuerimus ; ut, aliâ in causâ, excitato reo nobili, sublato etiam filio parvo, plangore et lamentatione compleremus forum.*

Mais il ne s'agit pas seulement de savoir inspirer la commisération, il faut, dit-il, savoir de même irriter, appaiser les juges. *Sed etiam est faciendum ut irascatur judex, mitigetur, invideat, faveat, contemnat, admiretur, oderit, diligat, cupiat, satietate afficiatur, speret, metuat, lætetur, doleat : quâ in varietate, duriorum, accusatio suppeditabit exempla ; mitiorum, defensiones meæ.* (Orat.)

Ainsi, l'orateur se regardait comme un homme tout dévoué à son client; et son devoir, sa foi, sa probité, son honneur, consistait à le bien défendre : *Quibus rebus adducti, etiam cùm alienissimos defendimus, tamen eos alienos, si ipsi viri boni volumus haberi, existimare non possumus.* (De Orat.)

Mais le sûr moyen de n'employer jamais le pathétique inutilement et à froid, c'est de le réserver aux causes qui en sont susceptibles, et de s'en abstenir dans celles où les esprits trop aliénés en repousseraient l'impression : *Primùm considerare soleo,* dit Antoine, *postuletne causa : nam neque parvis in rebus adhibendæ sunt hæ dicendi faces, neque ita animatis hominibus ut nihil, ad eorum mentes oratione flectandas, proficere possimus ; ne aut irrisione aut odio digni putemur, si aut tragœdias agamus in nugis, aut convellere adoriamur ea quæ non possunt commoveri.* (De Orat.)

C'est une étude intéressante pour l'orateur, et plus sérieuse encore pour les juges, que de voir, dans ces livres de réthorique, de combien de manières on peut s'y prendre pour les séduire, les étourdir, les égarer dans leurs jugements, et soulever en eux toutes les passions contre l'équité naturelle.

De toutes ces passions, il paraît que l'envie était celle dont les Romains étaient le plus facilement et le plus ardemment émus ; et à la manière dont Cicéron enseigne à l'exciter, on peut juger de ses recherches dans l'art de remuer les autres. *Invident homines maximè paribus, aut inferioribus, cùm se relictos sentiunt, illos autem dolent evolasse.*

Sed etiam superioribus invidetur sœpe vehementer et eo magis, si intolerantiùs se jactant, et æquabilitatem communis juris, præstantiâ dignitatis aut fortunæ suæ, transeunt : quæ si inflammanda sunt, maximè dicendum est non esse virtute parata, deinde etiam vitiis atque peccatis; tum si erunt honestiora atque graviora, tamen non esse tanti ulla merita, quanta insolentia hominis quantumque fastidium. (Ibid.)

Il est donc bien vrai que l'éloquence pathétique fut dans tous les tem psau barreau une éloquence *piperesse*, comme l'appelle Montaigne; et l'on ne saurait trop recommander aux juges d'en étudier les tours et d'adresse et de force, pour apprendre à s'en garantir. (*Voyez* BARREAU.)

Le pathétique de la chaire a, pour moyens, la crainte, l'espérance, la tendre piété, la commisération pour soi-même et pour ses semblables, le grand intérêt de l'avenir. On en voit peu d'exemples dans nos célèbres orateurs: ils semblent avoir une sorte de pudeur qui les modère et qui les refroidit. En se livrant aux grands mouvements de l'éloquence, ils croiraient prêcher en missionnaires, et c'est alors qu'ils seraient sublimes. Bossuet ne l'a jamais été plus que dans l'*Oraison funèbre d'Henriette :* Massillon est fort au-dessus de lui-même dans son sermon du *Pécheur mourant :* si Bourdaloue avait eu autant de chaleur dans ses mouvements et dans ses peintures, que de vigueur dans ses raisonnements, rien jamais, dans ce genre, ne l'aurait égalé.

C'est donc en effet dans les missionnaires qu'il faut chercher les grands mouvements de l'éloquence pathétique ; et il reste un moyen de porter le talent de la chaire plus loin qu'il n'a jamais été : c'est de composer comme Bourdaloue, d'écrire comme Massillon, et de se livrer aux mouvements d'une âme profondément émue, comme Bridaine.

PAUL JOVE était Italien et Milanais. Il eut la même patrie que Pline le jeune ; mais Pline fut l'ami de Trajan, consul de Rome et gouverneur de province, Paul Jove commença par être médecin, et finit par être évêque. Il aima passionnément les lettres, écrivit l'histoire de son siècle en latin, fut admiré pour le style, peu renommé pour la vérité, plut aux uns, déplut aux autres, et fut accusé tour à tour de flatterie et de satire ; sort presque inévitable de tous ceux qui ont l'ambition et le courage d'écrire, de leur vivant, ce qui ne peut être écrit avec sûreté que cent ans après. Nous avons de lui, outre son *Histoire*, sept livres d'*Éloges*, consacrés aux hommes les plus célèbres dans le gouvernement ou dans la guerre, et un autre livre très considérable sur les gens de lettres et les savants des quatorzième, quinzième et seizième siècles. Ceux-ci sont au nombre de centquatre-vingt, ce qui, joint aux premiers, forme une suite complète de près de trois cent vingt éloges. Qu'il me soit permis de raconter ici à quelle occasion ces éloges furent composés.

Paul Jove avait une très belle maison située dans une presqu'île et aux bords du lac de Côme. Il nous apprend qu'elle était bâtie sur les ruines même de la maison de campagne de Pline; de son temps, les fondements subsistaient encore, et quand l'eau était calme, on apercevait au fond du lac des marbres taillés, des tronçons de colonnes et des restes de pyramides qui avaient orné le séjour de l'ami de Trajan. L'évêque, son successeur, nous a laissé, à la tête de ses *Éloges*, une description charmante de ce lieu ; on y voit un homme, enthousiaste des lettres et du repos, un historien qui a l'imagination d'un poète, un évêque nourri des doux mensonges de la mythologie païenne ; car il nous peint avec transport ses jardins baignés par les flots du lac, l'ombre et la fraîcheur de ses bois, ses côteaux, ses eaux jaillissantes, le silence profond et le calme de sa solitude; une statue élevée dans ses jardins à la Nature ; au-dedans, un salon où présidait Apollon avec sa lyre, et les neuf Muses avec leurs attributs ; un autre où présidait Minerve ; sa bibliothèque, qui était sous la garde de Mercure ; ensuite l'appartement des trois Graces, orné de colonnes doriques et de peintures les plus riantes ; au-dehors, l'étendue pure et transparente du lac, ses détours tortueux, ses rivages ornés d'oliviers et de lauriers ; et, dans l'éloignement, des villes, des promontoires, des côteaux en amphithéâtre, chargés de vignes, et les hauteurs naissantes des Alpes couvertes de bois et de pâturages, où l'œil voyait de loin errer des troupeaux. Au centre de cette belle habitation, était un cabinet où Paul Jove avait rassemblé à grands frais les portraits de tous les hommes célèbres. On peut dire qu'il avait une collection de grands hommes, comme dans d'autres temps on a fait des collections d'histoire naturelle : il fut aidé dans cette recherche par des particuliers et des souverains. Le fameux Fernand Cortès lui envoya son portrait avant de mourir. On ne peut douter que d'autres qui n'avaient pas le même droit, n'aient voulu donner le même exemple ; mais il y a apparence que Paul Jove ne plaçait pas tous ceux qui s'envoyaient eux-mêmes ; dans le choix de ces grands hommes, il s'en rapportait un peu moins à eux qu'à la renommée.

C'est pour servir d'explication à ces portraits, qu'il composa ses *Eloges*. D'abord ils ont le mérite d'être très courts, ils renferment quelquefois en peu de lignes, et d'autres fois en peu de pages, l'idée du caractère, des actions, des ouvrages de celui qu'il loue, ou du moins dont il parle ; car quelquefois il fait le portrait d'hommes plus célèbres que vertueux ; mais il les représente tels qu'ils sont, loue les vertus, admire les talents et déteste les crimes. En second lieu, ces éloges sont la plupart historique, et des faits vrais valent beaucoup mieux que de la fausse éloquence. Enfin, ils ont le mérite de présenter une grande variété d'hommes, quelques-uns grands, et presque tous fameux, de tous les pays, de toutes les religions, de tous les rangs et de tous les siècles.

Thomas, *Essai sur les Eloges.*

―――――●―――――

PAVILLON (Etienne), poète français, petit-fils de Nicolas Pavillon, célèbre avocat au parlement de Paris, qui traduisit en vers français les *Sentences* de Théognis, naquit à Paris en 1632, d'une bonne et ancienne famille. L'évêque d'Aleth, son oncle (Nicolas Pavillon), se chargea de lui faire faire, au sortir de ses classes quelques études de théologie. Le jeune Etienne fut pourvu de bonne heure de la charge d'avocat-général au parlement de Metz, et il l'exerça pendant dix ans avec distinction. Sa famille ayant essuyé des pertes qui ne lui permettaient plus d'espérer de l'avancement, il se défit de sa charge, et revint à Paris, où il mena une vie indépendante et agréable. Les douleurs de la goutte lui ayant ôté d'assez bonne heure la liberté de marcher, sa conversation instructive, ingénieuse et polie, rassemblait autour de lui un cercle de personnes aimables; sur l'esprit desquelles il exerçait une douce autorité, et qui recevaient de lui avec déférence des décisions toujours exprimées avec aménité. Une taille avantageuse, une figure noble et

une belle prononciation, ajoutaient encore au poids de ses discours. Aux agréments extérieurs et à ceux de l'esprit, il réunissait toutes les qualités de l'honnête homme. Plusieurs personnes, entre autres, Bossuet, voulurent lui procurer la place de gouverneur du duc du Maine; il les pria de cesser leurs démarches, attendu que la difficulté qu'il éprouvait de se transporter d'un lieu dans un autre, l'empêcherait de vaquer assez assidûment à ses fonctions. Aussi modeste que désintéressé, il fut nommé en 1691 à l'Académie française, sans l'avoir espéré ni demandé. Celle des Inscriptions et belles-lettres lui donna la place vacante par la mort de Racine. Le roi voulant aussi lui témoigner son estime, lui accorda une pension de 2000 livres. Il mourut le 10 janvier 1705, âgé de soixante-treize ans. Son éloge fut prononcé à l'Académie française par Brûlart-Sillery, évêque de Soissons, qui le remplaça, et à l'Académie des Inscriptions par l'abbé Tallemant. Ses *OEuvres* qui consistent en lettres mêlées de vers, en stances et en madrigaux, ont été recueillies en deux vol. in-12, 1715, 1720, 1747. « Il y a dans
« ces petites poésies, dit Palissot, de la délicatesse
« et du naturel, et elles lui donnèrent une répu-
« tation assez bien acquise encore pour son
« temps; mais un poète qui n'aurait aujourd'hui
« que de pareils titres de célébrité, ne serait
« guère connu. Le règne des *Bouquets*, des *Ma-*
« *drigaux*, des *Epithalames* est passé, comme
« celui des *Triolets*, et des *Ballades*. » (*Mémoires*

sur la Littérature). Les opuscules de ce poète sont pour la plupart des ouvrages de société, dont l'intérêt s'est évanoui avec les circonstances qui les avaient fait naître. Le *doux, mais faible* Pavillon, comme l'appelle Voltaire dans le *Temple du goût*, semble avoir voulu imiter la manière de Voiture : il a moins d'affectation, mais aussi moins d'esprit que son modèle.

AUGER.

PELLEGRIN (SIMON JOSEPH), poète français naquit à Marseille en 1663. Son père, conseiller au siège de Marseille le fit entrer de bonne heure dans l'ordre des religieux servites : mais la vie uniforme que l'on y menait, dégouta bientôt le jeune Pellegrin, et quittant l'abbaye de Moutiers (Diocèse de Riez), où il avait passé plusieurs années, il s'embarqua sur un vaisseau comme aumônier, fit deux courses, et revint en 1703. L'année suivante, il envoya à l'Académie pour le concours du prix de poésie, une *Ode* et une *Epitre sur le glorieux succès des armes de sa Majesté*. Les deux pièces partagèrent les suffrages, et Pellegrin rival de lui-même fut couronné pour la seconde en 1704. Ce succès valut à notre poète un accueil gracieux de la part de madame de Maintenon qui avait désiré le voir, et qu'il pria de demander pour lui au

Pape une dispense et un bref de translation dans l'ordre de Cluni : il l'obtint et se fixa à Paris, sans aucune autre ressource que le profit de ses messes. C'était peu de chose, et l'abbé Pellegrin fut obligé pour subsister et faire vivre sa famille d'ouvrir un bureau de compliments, de chansons, d'épithalames qu'il vendait à proportion du nombre et la mesure des vers. Le théâtre fut encore pour lui une autre ressource, ce qui a fait dire de lui à Remi, poète peu connu :

> Le matin catholique et le soir idolâtre,
> Il dîna de l'autel et soupa du théâtre.

Deux occupations pareilles étaient incompatibles ; et le Cardinal de Noailles interdisit l'abbé Pellegrin qui devint encore plus pauvre qu'auparavant. Sans une pension qu'il obtint sur le *Mercure* où il travaillait pour la partie des spectacles, il eut été réduit à la dernière misère, et cependant personne n'était plus digne d'être riche : dans un aussi triste état, aucun sacrifice ne lui coûtait pour venir au secours de sa famille qui se trouvait fort gênée, et souvent pour remplir ce devoir il se priva du nécessaire ; sa candeur sa simplicité étaient admirables, et avec une plume féconde, il n'eut jamais recours à la satire ou à la médisance pour mériter la vogue de ses écrits.

On doit d'autant plus regretter que son indigence l'ait fait tomber dans une sorte de mépris, où sa réputation est encore de nos jours. « La pau-
« vreté, dit Palissot (*Mémoires sur la Littérature*),

« le rendit ridicule. Un comédien osa le jouer en
« plein théâtre, et railler uniquement sa misère,
« sans que le public se soit soulevé contre cette in-
« décence inhumaine. L'abbé Pellegrin, homme
« doux, simple, modeste et honnête, avait le mal-
» heur de travailler pour vivre, et pour faire sub-
« sister une famille nombreuse, à laquelle il sacri-
« fiait souvent son propre nécessaire. Ses vertus
« ne le sauvèrent pas du mépris, cependant on ne
« doit pas oublier qu'il a fait la tragédie de *Pélo-*
« *pée* (Paris, 1733, in-8°), ouvrage qui lui fait
« honneur; l'opéra de *Jephté* (1732, in-4°), supé-
« rieur à cette tragédie, et la comédie du *Nouveau-*
« *Monde* (1723, in-12). »

Ce sont les seuls titres littéraires de l'abbé Pellegrin, qui a composé beaucoup d'autres ouvrages; ils ne sont pas sans mérite et ne peuvent néanmoins justifier la petite vanité qu'on lui reproche. Le jour de la première représentation de *Mérope*, Pellegrin entendit un nommé Dumont s'écrier en entrant dans le café Procope : « En vérité Voltaire est le roi des poètes. »-« Eh qui suis-je donc, moi? demanda-t-il »-« Vous, vous en êtes le doyen. » C'était un orgueil fort déplacé de sa part que de vouloir disputer à Voltaire le sceptre de la poésie, et on aimera mieux la réponse dont il paya le valet trop obéissant, d'un grand élégant qui, arrêté par un embarras de voiture, envoya demander à notre poète à quelle bataille avait été troué son manteau. — « A la bataille de Cannes. » Et l'abbé accompagna cette réponse de quelques coups de bâtons qui la rendirent encore plus expressive.

Malgré le travail et les privations qu'il s'imposait, Pellegrin vécut jusqu'à l'âge de quatre-vingt-deux ans, et mourut le 5 septembre 1745, dans de profonds sentiments de piété. Outre les pièces citées par Palissot dans le jugement que nous avons rapporté, ce poète a donné au théâtre trois tragédies : *Polydore* (1706), *la Mort d'Ulysse* (1707) et *Catilina* (1742); quatre opéra : *Médée et Jason* (1713), *Télémaque* (1714), *Hippolyte et Aricie* (1733), *Renaud* ou la *suite d'Armide* (1722); quatre comédies : *le Divorce de l'Amour et de la Raison*, suite du *Nouveau-Monde* (1624), la *Fausse Inconstance*, *l'Ecole de l'hymen* et *l'Inconstant*. On doit encore à Pellegrin deux pièces jouées à l'Opéra-Comique, *Arlequin à la Guinguette* et *Arlequin rival de Bacchus*; cinq volumes de *Cantiques spirituels*, tirés de *l'Imitation de Jésus-Christ* et de l'*Ecriture-Sainte*, et une traduction d'Horace en vers français imprimée avec le texte en regard (Paris, 1715, 2 vol. in-12), ce qui a fait dire à La Monnoie.

> On devrait, soit dit entre nous,
> A deux divinités offrir ces deux Horaces ;
> Le latin à Vénus, la déesse des Graces,
> Et le français à son époux.

JUGEMENT.

Le seul opéra où l'on se soit passé de ces sornettes rimées est celui de *Jephté*, où elles ne pouvaient guère se trouver, il est vrai, sans former une très forte disparate avec le sujet; et pourtant il en faut savoir gré à l'auteur. Tel est l'ascendant de la mode, que, s'il eût voulu mettre la législation de Cythère à côté du Décalogue; je ne crois pas qu'on l'eût trouvé mauvais. Le bon abbé Pellegrin, qui fut sage cette fois, n'était pas d'ailleurs plus avare qu'un autre de cette galante doctrine, dans les nombreux opéra qu'il a laissés, et qui ne sont pas plus mauvais que la plupart de ceux que nous avons. Je présume aisément qu'*Hippolyte et Aricie*, qui fut le brillant début de Rameau, dut sa grande vogue au musicien; mais *Jephté* sera toujours nommé parmi les ouvrages estimables qui peuvent recommander la mémoire d'un auteur. C'est le seul à peu près qui fasse véritablement honneur à Pellegrin; mais il suffit pour le venger, aux yeux de tout homme raisonnable, de l'injuste mépris dont on s'est plu à couvrir son nom, à cause de sa bonhomie et de sa pauvreté (qui ne devaient pas être des objets de ridicule), et sur-tout d'après la mauvaise farce * où le comédien Legrand eut l'impertinence de le livrer à la risée publique, sous le nom de M. de La Rimaille, et sous un habit beaucoup trop reconnaissable. C'était une indécence scandaleuse et un attentat à l'existence morale des citoyens, que jamais la police n'aurait dû permettre. J'avoue qu'il y avait une autre espèce d'indécence à ce qu'un ecclésiastique travaillât pour l'Opéra, et peut-être l'un de ces deux scandales servit à

---

* La Nouveauté.

punir l'autre ; mais le farceur satirique n'en avait pas plus la pensée que le droit, et c'est la pauvreté de Pellegrin qu'il joua sur la scène ; quoique cette pauvreté même et l'usage qu'il faisait de ses gains au théâtre fussent précisément ce qui aurait pu lui fournir une excuse, s'il pouvait y en avoir à l'oubli d'un devoir essentiel. C'est au soulagement de ses parents, encore plus indigents que lui, qu'il consacrait le profit de ses pièces, qui réussirent souvent sur plus d'un théâtre, quoique aujourd'hui disparues comme tant d'autres. C'était un homme plein de candeur, de bonté et de probité ; et ces titres, en tous temps respectables, ne sauraient être trop rappelés dans le nôtre. Parmi toute cette foule si vaine et si étourdie de nos versificateurs du jour ; il est douteux qu'il y en ait un qui fût en état de faire *Jephté*. Le sujet n'était pas sans difficultés ; elles sont vaincues avec beaucoup d'art : le pièce est très sagement conduite, et l'une des plus touchantes qu'on ait applaudies à l'Opéra. Le succès en fut très-grand, et se soutint à toutes les reprises. Une pompe religieuse, nouvelle sur ce théâtre, dut contribuer à l'effet du drame : le style ne manque ni de vérité ni de sentiment ; il a même de temps en temps de la noblesse ; et parmi un assez grand nombre de vers faibles, il y a des beautés réelles. L'amour d'Iphise et d'Ammon est d'une invention dramatique, et forme un contraste très judicieux entre la passion forcenée d'un jeune Ammonite et la tendresse timide que le devoir combat dans le cœur d'une fille d'Israël. C'est ce caractère d'Iphise, si bien conçu, qui a fourni au poète un dénouement d'autant plus heureux, que l'incertitude où l'Écriture nous a laissés sur le sort de la famille de Jephté, permettait de chercher le vraisemblable, et d'écarter l'horreur d'une catastrophe sanglante qui ne pouvait pas ici être supportée. Ammon veut enlever Iphise du temple à force ouverte, et est secondé par une troupe d'Hébreux que la pitié pour Iphise a égarés et rendus rebelles. Jephté, comme juge d'Israël, se met en devoir de les repousser, quoique son cœur soit déchiré par la douleur paternelle. Mais le grand-prêtre Phinée lui dit :

. . . . L'Éternel offensé
A-t-il besoin qu'un mortel le seconde ?
D'un seul de ses regards tout sera terrassé,
Tout sera mis en cendre.
Le ciel s'ouvre, j'en vois descendre
Le ministre de sa fureur.
(*aux rebelles.*)
Malheureux ! frémissez d'horreur,
Esprit de feu, lance la foudre,
Venge ton Dieu, sers son courroux,
Réduis ses ennemis en poudre,
Mais sur des cœurs soumis ne porte point tes coups.

La foudre écrase Ammon et les siens, et la terre les engloutit. Iphise s'approche de l'autel.

Je meurs : mon sort est trop heureux.
Si j'ai trahi le Ciel par de coupables feux,

La gloire de ma mort en secret me console.
Grand Dieu, je descends au tombeau,
Mais j'y porte un cœur tout nouveau,
C'est à vous seul que je m'immole.

Au moment où Phinée présente le couteau sacré à Jephté, qui recule d'épouvante, le tonnerre gronde, et Phinée s'écrie :

Quel bruit!... tout frémit comme moi.
Le Dieu qui fait trembler et le ciel et la terre,
Tel qu'au mont Sinaï, par la voix du tonnerre,
Va-t-il faire entendre sa loi ?
Écoutons... Quel bonheur! il me parle, il m'inspire,
Je le vois qui suspend le trait prêt à partir...
C'en est fait sa colère expire...
(à Iphise.)
C'est le prix de ton repentir.

Ce n'est pas là un dénouement vulgaire; il est fondé sur les idées dominantes dans la pièce, et tiré du caractère du personnage ; il prouve certainement dans l'auteur la connaissance de son art et les ressources de l'esprit. Quant à la versification, je ne citerai que le monologue de Jephté qui ouvre le cinquième acte : c'est à peu près la mesure du degré où l'auteur peut s'élever ; et si ce n'est pas fort près du premier, c'est aussi fort loin du dernier :

Seigneur, un tendre père, à tes ordres soumis,
Fut prêt à t'immoler son fils.

Tu vois même tendresse et même obéissance.
Ah ! que ne puis-je me flater
D'obtenir la même clémence
Que pour lui tu fis éclater ?

J'ai fait dresser l'autel, et j'attends la victime,
Mon cœur frémit du sang que tu vas recevoir.
Mon sacrifice est un devoir ;
Mais, hélas ! mon serment n'en est pas moins un crime.
La Harpe, *Cours de Littérature.*

PELLISSON - FONTANIER (Paul) naquit à Beziers, en 1624. Sa mère, femme très respectable et fort attachée au protestantisme, l'éleva dans cette religion et lui donna elle-même les premières notions littéraires. La reconnaissance détermina Pellisson à joindre au nom de ses parents, si connus dans la robe, celui de sa tendre institutrice. Par un travail soutenu, il chercha à se rendre digne de ses bontés. Après avoir fait ses humanités à Castres, il suivit ses cours de philosophie à Montauban, et se rendit à Toulouse pour y étudier le droit. Le jeune légiste, déjà versé dans la connaissance des auteurs latins, grecs, français, espagnols et italiens, entreprit, quoiqu'à peine assis sur les bancs, une paraphrase latine du premier livre des *Institutes de Justinien*. L'on doit à la vérité de dire que cet essai ne se sent en rien de l'influence d'une étude qui, selon toutes les apparences, devait être superficielle. Quelque temps après, Pellisson vint à

Paris, où le célèbre Conrart, pour qui les habitants de Castres lui avaient donné des lettres de recommandation, se fit honneur de le présenter aux premiers académiciens dont sa maison était le rendez-vous. La bienveillance de plusieurs de ces illustres savants, l'attrait d'une ville où sont réunis tous les agréments et les douceurs de toutes espèces, tout le portait à oublier la province; il eut le courage d'y retourner et de suivre le barreau de Castres. Déjà il parcourait avec gloire sa nouvelle carrière, lorsqu'il fut tout-à-coup arrêté par une petite vérole, qui non-seulement lui déchiqueta les joues et lui déplaça presque les yeux, mais encore qui affaiblit et ruina pour toujours son tempérament. Au lieu de chercher d'inutiles secours dans l'art, malheureusement trop souvent incertain, de la médecine, il crut ne pouvoir se consoler qu'avec les muses, et pour leur sacrifier en toute liberté, il se retira à la campagne. Un Dauphinais, nommé Villebressieux, inquisiteur infatigable de la pierre philosophale, formait toute sa société : pour complaire à ce compagnon, il traduisit plusieurs chants de l'*Odyssée*. Il se décida enfin à revenir à Paris. L'académie française, dont il écrivit l'histoire, en qualité de surnuméraire, fut si satisfaite de son ouvrage qu'elle lui ouvrit ses portes. Il n'y avait pas alors de place vacante ; mais elle ordonna que la première qui vaquerait serait à lui, et que, cependant, il aurait le droit d'assister aux séances et d'y opiner comme membre, faveur insigne et unique dans les fastes de la docte compagnie. Non moins heureux dans le sein des sociétés, Pellisson se conciliait l'amitié générale : ses amis ne l'avaient pas reconnu à ses traits : ils le reconnaissaient à de traits plus durables, à une certaine éloquence de conversation qui, malgré sa laideur, charmait dès qu'il parlait. Parmi ses amis, figuraient en première ligne Sarrazin et mademoiselle de Scudery. Celle-ci, dépourvue des agréments de son sexe, ne pouvait pas plus éveiller des soupçons que l'objet de son amour platonique, car *Pellisson abusait*, comme le disait Guilleragues, *de la permission qu'ont les hommes d'être laids* : elle se contenta de leur faire jouer un rôle dans ses romans, et sous le nom d'Acante et d'Herminius, elle dota son ami du privilège d'endormir les lecteurs. Elle ne craignit pas de provoquer les calomnies, en publiant la préférence qu'elle accordait à Pellisson ; enfin, disait-elle,

>Enfin Acante il faut se rendre,
>Votre esprit a charmé le mien.
>Je vous fais citoyen de Tendre,
>Mais de grace n'en dites rien.

Le goût de Pellisson pour la société, et le ton badin qu'il y portait, ne l'empêchaient pas de songer à sa fortune : il acheta la place de secrétaire du roi, et montra dans cette charge, qu'il avait l'esprit des affaires comme celui des lettres. Tant de talents lui attirèrent l'estime de

Fouquet, surintendant des finances. Nommé en 1657 son premier commis, il devint bientôt son confident, et supporta seul le fardeau des finances; ses soins furent récompensés en 1660 par des lettres de conseiller d'état. Mais la fortune le comblait de ses faveurs au moment où elle allait l'accabler de ses disgraces. Impliqué dans le procès du surintendant, il est enfermé à la Bastille. Dépositaire des secrets de son bienfaiteur, on se flattait, en le retenant dans les fers, de les lui arracher: sa fidélité fut inébranlable. Malgré les surveillants qui l'entouraient, il parvint à composer pour son ancien protecteur, trois plaidoyers qui, par l'intérêt du sujet, par les ressources du génie, par une élocution abondante et soutenue, méritent d'être comparés aux plus belles harangues de Cicéron. « Si quelque chose
« approche de l'orateur romain, dit Voltaire,
« ce sont les trois mémoires que Pellisson com-
« posa pour Fouquet: ils sont dans le même
« genre que plusieurs oraisons de Cicéron, un
« mélange d'affaires judiciaires et d'affaires
« d'état, traité solidement, avec un art qui pa-
« raît peu, et orné d'une éloquence touchante. »
L'auteur ne s'était pas nommé; on le connut bientôt, et Louis XIV ne put lire sans émotion cette sublime défense. Pellisson s'était adressé au Roi, parce que le surintendant était affranchi de tout autre juridiction; en supposant que le monarque ne voulût pas prononcer lui-même sur le sort de son ancien ministre, il le conjurait, au

nom de sa gloire, de ne pas l'enlever à ses juges naturels.

L'infortuné Pellisson languit quatre années à la Bastille : réduit à la compagnie d'un Basque stupide, il en tira tout le parti possible. Ce lourd personnage jouait de la musette. L'illustre prisonnier chercha dans ce faible amusement un remède à l'ennui, et s'en servit pour apprivoiser une araignée qui venait jusque sur les genoux de son maître saisir sa proie quotidienne, et à qui Delille, dans le chant VI de *l'Imagination*, a consacré les vers suivants :

Au défaut des humains, souvent les animaux,
De l'homme abandonné, soulagèrent les maux;
Et l'oiseau qui fredonne, et le chien qui caresse,
Quelquefois ont suffi pour charmer sa tristesse.
L'infortune n'est pas difficile en amis ;
Pellisson l'éprouva. Dans ces lieux ennemis,
Un insecte aux longs bras, de qui les doigts agiles
Tapissaient ces vieux murs de leurs toiles fragiles,
Frappe ses yeux : soudain, que ne peut le malheur !
Voilà son compagnon et son consolateur!
Il l'aime, il suit de l'œil les réseaux qu'il déploie,
Lui-même il va chercher, va lui porter sa proie.
Il l'appelle, il accourt, et jusque dans sa main
L'animal familier vient chercher son festin.
Pour prix de ces secours il charme sa souffrance;
Il ne s'informe pas dans sa reconnaissance,
Si de ce malheureux caché dans sa prison
Le soin intéressé naît de son abandon :
Trop de raisonnement mène à l'ingratitude.

Son instinct fut plus juste ; et dans leur solitude,
défiant et barreaux, et grilles, et verroux,
Nos deux reclus entre eux rendaient leur sort plus doux ;
Lorsque, de la vengeance implacable ministra,
Un geolier, au cœur dur, au visage sinistre,
Indigné du plaisir que goûte un malheureux,
Foule aux pieds son amie, et l'écrase à ses yeux :
L'insecte était sensible, et l'homme fut barbare !
Ah ! tigre impitoyable et digne du Tartare,
Digne de présider au tourment des pervers,
Va, Mégère t'attend au cachot des enfers !
Et toi de qui Pallas punit la hardiesse,
Mais à qui ton bienfait a rendu ta noblesse,
Dont peut-être l'instinct dans ce mortel chéri
Devinait des beaux-arts l'illustre favori,
Arachné, si mes vers vivent dans la mémoire,
Ton nom de Pellisson partagera la gloire ;
On dira ton bienfait, ses vertus, ses malheurs ;
Et ton sort avec lui partagera nos pleurs.

Le défenseur de Fouquet avait de nombreux amis ; ils obtinrent enfin sa liberté. Louis XIV s'efforça de lui faire oublier sa détention, en l'accablant de pensions et de places. Il le chargea d'écrire son histoire, et l'emmena avec lui dans sa première conquête de la Franche-Comté. En racontant les détails de cette campagne, Pellisson, d'ailleurs si connu, fut, suivant l'expression de Chénier, moins historien que panégyriste.

Secrétaire du Roi, il fut d'abord chargé seul, d'écrire l'histoire du Monarque. Madame de Montespan, piquée de la perte d'un procès due en partie à l'incorruptible magistrat, s'en vengea en faisant confier le travail à Boileau et à Racine ; mais Pellisson reçut en secret l'ordre de continuer : il est même certain que Louis XIV lui faisait copier les mémoires que lui-même avait préparés, et lui fournissait les matériaux nécessaires pour composer son histoire.

Catholique dans l'âme, Fontanier avait toujours reculé son abjuration au protestantisme, dans la crainte d'être soupçonné de conversion intéressée. Son inquiétude cessa lorsque le Roi, touché de sa fermeté et de sa fidélité, se l'attacha et lui assura 2000 écus de pension. La fortune ne fut plus un obstacle ; il se déroba à la cour pour accomplir son vœu. Dès-lors deux objets furent devant ses yeux, l'avancement de la religion et la gloire du Roi. Le surnom de grand *Convertisseur*, que lui donnèrent les protestants, attestent ses efforts pour le catholicisme, et successivement son zèle lui mérita l'économat de Cluni, en 1674, de Saint-Germain-des-Prés, en 1675, et de Saint-Denis, en 1679. Le fameux panégyrique qu'il écrivit fut traduit en italien, en espagnol, en portugais, en anglais, et même en arabe. Toujours occupé de la monarchie et du soin de l'Eglise, il travaillait à son *Traité de l'Eucharistie*, voulant ainsi célébrer ensemble la croix et le trône, quand une maladie précipitée l'emporta en 1693. Sa mémoire vivra dans l'histoire des amis dévoués et des hommes vertueux, comme ses ouvrages obtiendront le suffrage de la postérité.

On a de lui : *Histoire de l'Académie française ;* s'il eut le secret, comme l'a dit Fénelon, d'y mettre dans les moindres détails de l'âme et de la grace, la franchise de ses critiques n'eut pas le bonheur de satisfaire tout le monde ; l'*Histoire de Louis XIV*, depuis la mort du cardinal Mazarin, en 1661, jusqu'à la paix de Nimègue, en 1678, 3 vol. 1749; un *Abrégé de la vie d'Anne d'Autriche* : elle tient du panégyrique ; l'*Histoire de la Conquête de la Franche-Comté ;* des *Lettres historiques*, 3 vol. in-12. 1749; des *Poésies chrétiennes et morales ;* et des *Réflexions sur les différents de la religion*, avec une réfutation des chimères de Jusieu et des idées de Leibnitz, sur la tolérance de la religion, 4 vol. in-12.

AD. LAUGIER.

JUGEMENT.

(Voyez à l'article Barreau, t. 11, p. 457-465, le jugement que porte La Harpe sur les *Mémoires* de Pellisson, et les fragments qu'il en cite.)

PÉRÉFIXE (HARDOUIN de BEAUMONT de), né en 1605, d'une famille originaire de Naples établie depuis un siècle dans le Mirebalais, était fils du maître d'hôtel du Cardinal de Richelieu. Ce ministre se déclara son protecteur et le fit venir de Poitiers où il avait commencé ses études, pour les achever à Paris, et lui donna une place dans sa maison. Péréfixe était reçu docteur en Sorbonne, quand ses talents lui méritèrent d'être choisi précepteur de Louis XIV. « Jamais, dit d'Olivet, la « France ne rappellera l'idée de ce grand roi qu'elle « ne bénisse la mémoire de ceux qui l'élevèrent « dans la vertu. » Ce fut pour cet élève qu'il composa ses deux ouvrages, l'un, *Institutio principis*, Paris, 1647, in-16, est un recueil de maximes propres à un roi enfant; l'autre, sa *Vie de Henri IV*, instruit un roi majeur, non plus par de simples préceptes, mais par des exemples, ceux du *Père du peuple*.

Vouloir comme l'ont avancé des critiques, qu'à l'égard de ce dernier livre, il n'ait fait qu'emprunter la plume de Mézeray, c'est ne pas faire attention à la différence des styles. Mézeray, dans tout ce qui est véritablement de lui, a toujours le même défaut: son style est dur et peu châtié. Donnerait-on à la même plume une histoire écrite avec pureté et élégance, avec dignité même. En outre, ne voyons-nous pas dans l'histoire de Henri IV, un goût pour la vertu, un certain air de sagesse qui semble l'apanage de Péréfixe, et dont il avait donné des preuves dans son premier ouvrage. En quittant ses fonctions, Hardouin fut élevé à l'évêché de Rhodez; il donnait tous ses soins à l'amélioration de son diocèse, lorsque, nommé confesseur du roi, il fut obligé d'y établir un conseil pour l'administrer pendant son absence : dès-lors on le voit accablé d'honneurs. En 1654, l'Académie l'appela au fauteuil où s'était assis Balzac. En 1662 promu à l'archevêché de Paris, il fut encore décoré des honorables dignités de proviseur de Sorbonne et de commandeur et de chevalier des ordres du roi.

Tout entier à son zèle religieux, il favorisa l'établissement des communautés, dans le sein de la capitale, renouvela les anciens statuts du diocèse, ordonna aux curés de tenir tous les mois des conférences ecclésiastiques et ne s'occupa lui-même qu'à défendre les droits de l'Église jusqu'au moment où la mort le frappa en 1670.

AD. LAUGIER.

PÉRIODE. *Art oratoire.* Cicéron, dans son livre du *Parfait orateur*, a donné une attention sérieuse au nombre, et singulièrement à la période. Il en recherche l'origine, la cause, la nature et l'usage. La période fut inventée par les rhéteurs qui, dans la Grèce, avaient précédé Isocrate ; mais ce fut lui qui la perfectionna, en donnant au nombre plus de naturel et d'aisance, et en corrigeant l'abus immodéré que les inventeurs en avaient fait dans un style trop compassé.

Ce qui donna lieu à cette invention, ce fut la prédilection de l'oreille pour certaines mesures et pour certaines cadences que le hasard avait fait prendre à l'élocution oratoire, et sa répugnance pour un amas informe de phrases tronquées et mutilées, ou immodérément diffuses. *Mutila sentit quædam et quasi decurtata; quibus, tanquam debito fraudetur, offenditur : productiora alia etquasi immoderatiùs excurrentia.*

Ainsi jusqu'au temps d'Hérodote, le style nombreux et périodique fut inconnu ; mais, comme le hasard en produisait les formes, et que la nature en indiquait l'usage, l'observation donna naissance à l'art. *Herodotus et eadem superior ætas numero caruit,.... nisi quando temerè ac fortuitó.... Notatio naturæ et animadversio peperit artem.* Mais l'esprit, autant que l'oreille, dut indiquer les formes de la période ; et le sentiment de l'harmonie ne fit que la perfectionner ; car la pensée porte avec elle ses parties, ses intervalles ; ses suspensions et ses repos ; et comme elle naît dans l'esprit à peu près revêtue des mots qui doivent l'énoncer, elle indique au moins vaguement la forme qui lui est analogue. *Ante enim circumscribitur mente sententia, confestimque verba concurrunt, quæ mens eadem, quæ nihil est celerius ; statim dimittit, ut suo quodque loco respondeat; quorum descriptus ordo alias aliâ terminatione concluditur ; atque omnia illa et prima et media verba spectare debent ad ultimum.*

Voilà donc la période, aussi bien que l'incise, indiquée par la nature et prescrite par la pensée : en sorte que, si la pensée n'est qu'une perception simple et isolée, la phrase le sera comme elle ; mais si la pensée est elle-même un composé de perceptions correspondantes et liées par leurs relations réciproques, il faut bien que les mots qui doivent l'exprimer, conservent les mêmes rapports, les mêmes liaisons entre eux.

Cependant, comme les rapports et les liaisons de nos idées peuvent être ou expressément indiqués; ou sous-entendus, et que l'esprit, pour apercevoir que deux idées se correspondent, ou que l'une émane ou dépend de l'autre, n'a souvent besoin que de les voir se succéder sans liaison expresse, alors celui qui les énonce est libre ou de les lier dans son style, ou de les détacher, et ici, l'art commence à exercer le droit de modifier la nature.

Mais l'art lui-même n'agit pas sans raison, et ses règles, pour corriger et pour embellir la nature, sont prises dans la nature même. Le style périodique et le style concis ne doivent donc pas s'employer indifféremment et sans choix.

1º Ni l'un ni l'autre ne doit être trop continu; le style coupé serait fatiguant pour l'esprit qui ne veut pas travailler sans cesse à découvrir, entre les idées, des rapports que les mots ne lui indiquent jamais; de plus il serait, pour l'oreille, rompu, raboteux, cahotant, et, ce qui n'est pas supportable, dur et monotone à la fois. Le style périodique, dans sa continuité, aurait aussi trop de monotonie: il serait lâche, diffus, traînant, et par le nombre d'incidents qu'il emploirait pour s'arrondir, et par le soin de marquer sans cesse les liaisons, même les plus faciles à suppléer par la pensée; il manquerait de naturel; et en décélant, dans sa construction, trop d'étude et trop d'artifice, il détruirait la confiance, qui seule nous dispose à la persuasion. Enfin, quoiqu'il ne soit pas vrai qu'une période soit *une élocution qui se prononce facilement tout d'une haleine*, cependant, comme les demi-repos qui séparent ses membres ne donnent lieu qu'à une respiration pressée et pénible à la longue, si l'orateur par intervalle, n'avait pas de repos absolus plus fréquents, il souffrirait et il ferait souffrir.

2ᵉ Soit l'incise, soit la période, il y a pour l'une et pour l'autre une juste longueur. L'incise est dans sa force, dit Cicéron, lorsqu'elle est composée de deux ou trois mots : elle en peut avoir davantage ; mais il ne veut pas la réduire à un seul. Et en effet, il faut qu'un mot soit bien frappant pour faire seul une impression vive. La période doit pouvoir être saisie ensemble et comme d'un coup d'œil : sa mesure est donc limitée par la faculté commune d'apercevoir et d'embrasser tout le cercle d'une pensée: Cicéron la réduit à l'étendue de quatre vers hexamètres, et dans les exemples qu'il en donne, elle ne s'étend guère au-delà. Dans notre langue, elle a fréquemment l'étendue de huit de nos vers héroïques, et ses membres, sans affecter une parfaite symétrie, ne laissent pas d'avoir entre eux une sorte d'égalité *.

* Une des périodes poétiques les plus longues et les mieux soutenues dont notre langue offre l'exemple, est celle qui se trouve scène IV, acte 2, du *Mithridate* de Racine, et que La Harpe cite dans son examen de cette tragédie. Elle ne comprend pas moins de douze vers, dont le premier est celui-ci :

Ah ! pour tenter encore de nouvelles conquêtes, etc.   H. P.

3° L'incise et la période doivent être nombreuses: l'incise, d'autant plus qu'elle est plus isolée et plus frapante; la période, pour captiver l'oreille et se concilier sa faveur.

De quelle importance nous dira-t-on, peut être le suffrage de l'oreille pour qui ne vient pas amuser un auditoire oisif avec une éloquence vaine, mais instruire, persuader, convaincre, émouvoir un auditoire sérieusement occupé ou de grands intérêts ou de vérités importantes? Que fait alors la mesure, le nombre, la forme de la phrase, à la force de la pensée, et à celle du sentiment?

Celui qui fait cette question ne sait donc pas combien l'âme, l'esprit, la raison même sont dominés par les sens? S'il croit les affections intimes, ou d'un auditoire ou d'un juge, indépendantes des impressions faites sur leurs oreilles, il doit les croire indépendantes des impressions que reçoivent leurs yeux: pour lui, l'action même de l'orateur, l'expression du geste, et du visage, et de la voix, est donc étrangère à l'éloquence, et ce que les deux hommes de l'antiquité, Démosthène et Cicéron, regardaient comme la partie la plus essentielle de leur art, lui est inutile et superflu. Malheur à l'innocence, à la justice et à la vérité, si elles ont pour adversaire un orateur qui parle aux sens, et pour défenseur un philosophe qui pense ne devoir parler qu'à l'esprit et à la raison!

Mais quel que soit le charme et le pouvoir d'un style harmonieux, est-il raisonable de le chercher dans les langues modernes, dans les langues sans prosodie et privées de l'inversion ?

Quant à la prosodie, il n'est aucune langue qui n'en est une plus ou moins décidée, et dont un habile écrivain ne puisse tirer avantage. Pour l'inversion, j'avoue que, du côté de l'harmonie, elle est d'un prix inestimable ; mais dans les langues où l'orateur n'a pas le choix de la place des mots, il a du moins le choix des mots eux-mêmes et des tours qui, dans la syntaxe, sont les plus dociles au nombre. C'est avec ces deux seuls moyens de façonner l'expression, que Racine et que Massillon ont su la rendre harmonieuse. Ceux donc qui regardent comme puéril ou infructueux le soin de se former l'oreille au choix du nombre, du mouvement, de la coupe de style indiquée par la nature, n'ont qu'à lire attentivement et les vers de Racine et la prose de Massillon, comme Massillon et Racine lisaient Cicéron et Virgile.

4º L'incise et la période seront placées par la nature même, c'est-à-dire en raison de leur analogie avec l'image ou le sentiment, avec l'impulsion donnée au style par les affections de l'âme, par la succession des idées et par le mouvement plus lent ou plus rapide, plus soutenu ou plus entrecoupé, qu'elles impriment au discours.

Dans des harangues, dont le genre est modéré, tranquille, sans contention, sans passion, le style périodique est naturellement placé, et lors même que l'artifice en est sensible, il ne nuit point à l'orateur. *Nam cùm is est auditor, qui non vereatur nè compositæ orationis insidiis sua fides attentetur, gratiam quoque habet oratori voluptati aurium servienti.*

Dans l'éloquence du barreau, le style périodique ne doit point dominer : *Si enim semper utare, cùm satietatem affert, tum quale sit etiam ab imperitis agnoscitur; detrahit præterea actionis dolorem, aufert humanum sensum actoris, tollit funditùs veritatem et fidem.* Mais il n'en doit pas être exclu. Dans la louange, où il s'agit d'amplifier avec magnificence, dans une narration qui demande plus de pompe et de dignité que de chaleur et de pathétique, dans l'amplification en général, la période est d'un usage plus convenable et plus fréquent : *Sæpe etiam in amplificandâ re, concessu omnium, funditur numerosè et volubiliter oratio. Id autem tunc valet, cùm is qui audit ab oratore jam obsessus est ac tenetur.* Mais nulle part il ne faut négliger de varier les mouvements du style, et lors même qu'il est le plus susceptible des développements de la période, comme dans les péroraisons, Cicéron recommande d'y mêler des incises.

Le style coupé, ou en incises, convient à l'énumération, à la gradation, aux descriptions animées, à l'accumulation, à l'argumentation pressante, aux mouvements passionnés : *Hæc enim (incisa) in veris causis maximam partem orationis obtinent.* Mais Cicéron demande aussi qu'après un certain nombre de ces phrases coupées, il en succède une qui ait plus de consistance, et qui leur serve de clôture et d'appui. *Deinde omnia, tanquam crepidine quadam, comprehensione longiore sustinentur.*

Quant à la facilité de passer de la période à l'incise, le moindre exercice la donne. Il suffit de retrancher le terme qui exprime le rapport et la liaison des parties de la période. Alors chacune d'elles sera un sens fini. *His igitur singulis versibus (hexametrorum instar) quasi nodi apparent continuationis, quos in ambitu conjungimus. Sin membratim volumus dicere insistimus: idque, cùm opus est, ab isto cursu invidioso facilè nos, et sæpe disjungimus.*

Mais dans quelque genre d'éloquence qu'on emploie le style périodique, il faut que la nature semble elle-même l'avoir placé et en avoir marqué le nombre. *Compositione ita structa verba sint, ut numerus non quæsitus, sed sequutus esse videatur.* Cicéron veut que le nombre soit lent dans les expositions, rapide dans les contentions : *Cursum contentiones magis requirunt; expositiones rerum, tarditatem;* et il indique les différents moyens de précipiter ou de ralentir la période.

Il est quelquefois nécessaire d'abréger la phrase ou de l'étendre, uniquement pour contenter l'oreille. *Sæpe accidit ut aut citiùs insistendum sit, aut longiùs procedendum, ne brevitas defraudasse aures videatur, aut longitudo obtudisse.* Il n'y a personne qui n'ait senti cette vérité en écrivant ; mais ce ne doit jamais être en employant des mots parasites et superflus. *Ne verba trajiciamus apertè, quò meliùs aut cadat aut volvatur oratio.*

Cicéron n'était point de l'avis de ceux qui tenaient que c'était assez que le nombre fût sensible à la chute des périodes ; et l'on voit que non seulement il s'appliquait à frapper l'oreille en débutant, et à la satisfaire en terminant sa phrase par une chute harmonieuse, mais qu'à tous les sens suspendus il plaçait un nombre marqué. *Plerique censent cadere tantùm numerosè oportere, terminarique sententiam. Est autem, ut id maximè deceat; non id solùm... Quare, cùm aures extremum semper expectent, in eoque acquiescant, id vacare numero non opportet; sed ad hunc exitum tamen a principio fieri debet verborum illa comprehensio, et tota a capite ita fluere, ut ad extremum veniens ipsa consistat.*

Il recommande singulièrement de varier les désinences : *In oratione prima pauci cernunt, postrema plerique : quæ quoniam apparent et intelliguntur, varianda sunt; ne aut animorum judiciis repudientur, ne aurium satietate.*

Tels sont, à l'égard du style périodique, les préceptes de l'un des plus harmonieux écrivains en éloquence, et dans toutes les langues, il est possible de profiter de ses leçons.

Si l'on veut avoir sous les yeux la formule de la période française, en voici des exemples :

Période à quatre membres.

« Pourquoi voudriez-vous être respecté dans vos malheurs ; pourquoi voudriez-vous que l'on fût sensible à vos peines, vous qui, dans vos prospérités avez montré tant d'insolence ; vous qui n'avez jamais accordé une larme, un regard aux infortunés ? »

Période à trois membres.

« Pourquoi voudriez-vous être plaint et respecté dans vos malheurs ; vous qui, etc. »

Période à deux membres.

« Pourquoi voudriez-vous être respecté dans vos malheurs ; vous qui, dans vos prospérités, avez montré tant d'insolence ? »

Rompez la liaison, et dites : « Vous n'avez montré que de l'orgueil dans vos prospérités. Vous n'avez pas droit de prétendre qu'on respecte votre infortune. » Alors vous aurez des incises.

Il y avait, du temps de Cicéron, des hommes, ou sévères ou envieux, qui trouvaient trop d'artifice dans le style périodique. *Nimis enim insidiarum*, disaient-ils, *ad capiendas aures, adhiberi videtur, si, etiam in dicendo, numeri ab oratore quæruntur.*

Il y en avait d'autres qui n'y voyaient que de l'art, et qui n'en sentaient point l'agrément et le charme. C'est de ces ennemis d'un style harmonieux, périodique, arrondi, *numerosæ et aptæ orationis* ; c'est de ces artisans d'un style informe et raboteux (*ipsi infracta et amputata loquuntur*) que Cicéron disait : *Quas aures habent, aut quid in his hominis simile sit nescio.* » Mais quelques oreilles qu'ils aient, les miennes se plaisent, ajoutait-il, au sentiment du nombre et à la forme régulière et complète de la période, et ne peuvent s'accoutumer ni à des phrases estropiées, ni à des phrases redondantes : *Meæ quidem et perfecto completoque verborum ambitu gaudent, et curta sentiunt, nec amant redundantia.*

« Ces détracteurs de la période, poursuivait Cicéron, trouvent plus beau un style dur, rompu et mutilé. Mais si la pensée et l'expression ne perdent rien de leur justesse à rouler ensemble jusqu'à leur repos, pourquoi vouloir que le style boîte ou s'interrompe à chaque pas ? *Sin probæ res, lecta verba, quid est cur claudicare aut insistere orationem malint, quam cum sententiâ pariter excurrere ?* Cette période, qui leur est *odieuse*, ne fait autre chose que d'embrasser la pensée dans un cercle de mots réguliers et complet. *Hic enim invidus numerus nihil affert aliud, nisi ut sit aptis verbis comprehensa sententia.* »

Par parenthèse, il est assez plaisant que cet *invidus numerus* ait fait dire à quelqu'un que *la période est fille de l'envie*. Mais continuons d'écouter Cicéron.

« Nos anciens s'occupèrent, dit-il, de la pensée et de l'expression, avant que de songer au nombre ; car ce qu'il y a de plus nécessaire et de plus facile en même temps, est ce qu'on invente d'abord. *Nam quod et facilius est et magis necessarium, id semper ante cognoscitur.* Mais dès qu'on eut trouvé la période, tous les grands orateurs l'adoptèrent : *quâ inventâ, omnes usos magnos oratores videmus.* Que si ses détracteurs ont des oreilles assez inhumaines, assez sauvages pour en méconnaître le charme, n'y a-t-il au moins rien qui les frappe dans l'exemple et l'autorité des plus savants maîtres de l'art ? *Quod si aures tam inhumanas tamque agrestes habent, ne doctissimorum quidem virorum eos movebit auctoritas ?* Ces censeurs blâment ceux qu'ils ne peuvent pas imiter et ce qu'ils n'ont point l'art de faire ; *eos vituperant qui apta et finita pronunciant :* et il ne leur suffit pas qu'on s'abstienne de mépriser leur impuissance, ils exigent qu'on l'applaudisse : *quod qui non possunt, non est eis satis non contemni, laudari etiam volunt.*

« Mais qu'ils essaient de composer quelques morceaux d'une prose nombreuse. S'ils excellent une fois dans ce genre d'écrire, on pourra croire qu'ils n'y ont pas renoncé par désespoir, mais qu'ils le blâment sincèrement et le négligent à dessein : *Atque ut planè genus hoc quod ego laudo contempsis videantur, scribant aliquid vel isocratico more, vel quo Eschines aut Demosthenes utitur ; tum illos existimabo, non desperatione formidavisse genus hoc sed judicio refugisse.* Et moi ; de mon côté, je trouverai, dit-il, quelqu'un qui fera de leur prose rompue et dispersée : *facilius est enim apta dissolvere, quam dissipata connectere.* »

Mettez la période musicale à la place de la période oratoire : tout ce que Cicéron a dit de l'une se trouvera convenir à l'autre ; et vous verrez alors si c'est aux amateurs d'un chant périodique et régulièrement dessiné, ou aux partisans d'un chant tronqué, mutilé, sans dessein, sans liaison, sans unité, qu'a dû s'appliquer le passage *quas aures habeant nescio*.

Du reste, le mot de période, en fait de musique, est aussi usité qu'en parlant d'éloquence : les bons écrivains et les hommes instruits n'appellent pas autrement le cercle que décrit un chant dont les parties se développent et se renferment dans un dessin régulier et fini. Voyez l'*Essai sur l'union de la poésie et de la musique*.

PÉRORAISON. Dans l'éloquence de la tribune, dans celle de la chaire, où il s'agit sur-tout d'intéresser et d'émouvoir, la péroraison est une partie essentielle du discours ; parce que c'est elle qui donne la dernière impulsion aux esprits, qui décide la volonté, l'inclination d'un auditoire libre.

Dans l'éloquence du barreau, elle n'a pas la même importance, parce que le juge n'est, ou ne doit être que la loi en personne, et que ce n'est pas sa volonté, mais son opinion, qu'il s'agit de déterminer. Cependant comme le juge est homme, il ne sera jamais inutile de l'intéresser en faveur de l'innocence et de la faiblesse, de la justice et de la vérité ; et une péroraison pathétique ne sera indigne de l'éloquence que lorsqu'on l'emploiera pour faire triompher l'iniquité, le mensonge ou le crime.

Dans un plaidoyer où le sentiment n'est pour rien, et dans lequel, par conséquent, il serait ridicule de faire usage de l'éloquence pathétique, la conclusion ne doit être que le résumé de la cause. C'est un épilogue qui réunit tous les moyens épars et développés dans le courant du discours, afin de les rendre présents à la mémoire au moment de la décision, et cet épilogue consiste ou à parcourir les sommités des choses, et à les rappeler article par article; ou à reprendre la division, et à exprimer la substance des raisonnements qu'on a faits sur chacun des points capitaux.

Il sera mieux encore, dit Cicéron, de récapituler en peu de mots les moyens de la partie adverse, et les raisons avec lesquelles on les aura réfutés et détruits. Par-là, non seulement la preuve, mais la réfutation sera présente à l'auditeur ; et on aura droit de lui demander s'il désire encore quelque chose, et s'il reste encore dans l'affaire quelque difficulté à résoudre, quelque nuage à dissiper.

La règle générale que prescrit Cicéron pour ce résumé de la cause, c'est de n'y rappeler que ces points importants, et de donner à chacun d'eux le plus de force, mais le moins d'étendue qu'il est possible: *Ut memoria, non oratio renovata videatur.*

Une énumération rapide, un dilemme pressé, un syllogisme qui ramasse toute la cause en un seul point de vue, suffit le plus souvent à la conclusion. Un beau modèle dans ce genre est la proposition que fait Ajax pour décider à qui, d'Ulysse ou de lui-même, appartiennent les armes d'Achille. « Qu'on jette au milieu des ennemis les armes de ce vaillant homme ; qu'on nous ordonne de les y aller chercher ; et qu'on en décore celui des deux qui les rapportera. »

Arma viri fortis medios mittantur in hostes :
Inde jubete peti, et referentem ornate relatis *.*

Ovid. *Métam*. XIII

Mais si la nature de la cause donne lieu à une éloquence véhémente, le résumé, que Cicéron appelle *énumération*, doit être suivi d'un mouvement oratoire, qui sera ou d'indignation ou de commisération.

L'indignation consiste à rendre odieuse ou la personne ou la cause de l'adversaire ; et elle doit naître des circonstances aggravantes que la cause peut présenter. Cicéron suppose qu'il s'agisse d'une offense dont l'orateur porte sa plainte. Le premier moyen, dit-il, d'en faire voir l'indignité, c'est de montrer combien une telle action a été de tous temps criminelle aux yeux du ciel et de la terre ; combien les cités policées, les nations, nos ancêtres, nos législateurs ; les hommes les plus sages l'ont jugée digne de châtiment. Le second moyen c'est de montrer quelles personnes le crime attaque : ou tous les hommes, ou le plus

---

* Jetons ce bouclier dans les rangs ennemis,
   Et qu'il soit du vainqueur la conquête et prix.
   Trad. de Saint-Ange.

grand nombre, et il en sera plus atroce; ou des supérieurs revêtus d'autorité, et il en sera plus insolent; ou des égaux, et il en sera plus inique, ou des inférieurs, et il en sera plus lâche, plus inhumain, plus odieux. Le troisième est de faire observer ce qui arriverait, si chacun en faisait de même, et d'avertir les juges que, si cet exemple était impuni, l'audace du coupable aurait bientôt des émules; que nombre d'hommes sont déjà prêts à l'imiter, et qu'ils n'attendent, pour savoir si la même chose leur est permise, que le jugement qui décidera si elle est punissable ou non. Le quatrième est de démontrer que l'action a été commise de dessein prémédité, et d'ajouter que, si quelquefois il est bon de pardonner à l'imprudence, il n'est jamais permis de pardonner au crime volontaire et délibéré. Le cinquième est de prouver que dans cette action, que nous voulons dépeindre comme noire, cruelle, atroce, tyrannique, on a employé la violence et les moyens les plus condamnés par les lois. Le sixième est de remarquer que ce n'est pas un de ces crimes dont on a vu mille exemples, et qu'il répugne même à la nature des hommes féroces, des nations barbares, et des plus cruels animaux : ceci convient aux crimes contre les parents du coupable, contre sa femme, ses enfants; contre les personnes du même sang, et par degré contre les suppliants, les amis, les hôtes, les bienfaiteurs de l'accusé; contre ceux avec qui il a passé sa vie, chez qui il a été élevé, par qui il a été instruit; contre les morts, contre des malheureux dignes de compassion, contre des hommes recommandables par leurs vertus ou respectables par leur faiblesse; contre ceux qui étaient hors d'état de nuire, d'attaquer, ni de se défendre, comme les enfants, les vieillards et les femmes. Le septième est de comparer ce crime à d'autres crimes connus, et de montrer combien il est plus lâche ou plus atroce. Le huitième est de ramasser toutes les circonstances odieuses qui ont précédé, suivi, accompagné le crime; et de l'exposer si vivement aux yeux de l'auditeur, qu'il en soit indigné comme s'il en était témoin. Le neuvième, de remarquer qu'il a été commis par celui des hommes qui devait en être le plus éloigné, et qui devait le plus s'y opposer si un autre eût voulu le commettre. Le dixième, de s'indigner soi-même d'être le premier qui éprouve une pareille injure. Le onzième, de faire voir l'insulte ajoutée à la cruauté, afin que l'orgueil et l'insolence rendent l'injure encore plus révoltante. Le douzième, de supplier les auditeurs de se mettre à notre place, et s'il s'agit de nos enfants, de nos femmes, de nos parents ou de quelque vieillard, de leur dire : Pensez vous-mêmes à vos parents, à vos enfants. Le treizième, de dire que des ennemis mêmes ne verraient pas sans indignation leurs ennemis souffrir ce que nous éprouvons.

« Tous ces moyens, ajoute Cicéron, sont très propres à exciter une indignation profonde. » Mais les causes auxquelles on peut les appliquer sont rares, et plus rarement encore elles paraissent au barreau.

La péroraison suppliante, celle que Cicéron appele *conquestio,* complainte, est destinée à exciter la commisération des auditeurs.

Il faut, dit-il, la commencer par adoucir les esprits et par les disposer à la miséricorde ; et les moyens qu'on doit y employer sont pris de la faiblesse commune à tous les hommes, et de l'empire de la fortune, dont nous sommes tous les jouets. Par ces réflexions, présentées d'un style grave et sententieux, nous dit ce maître en éloquence, l'esprit des hommes se laisse humilier, et amener à la compassion, en considérant leur infirmité propre dans la misère de leurs semblables.

Quant aux moyens d'inspirer la pitié, Cicéron semble avoir voulu les épuiser ; et nous allons essayer de le suivre.

Ces moyens seront 1° de montrer dans quel état de prospérité s est vu celui dont on plaide la cause, et dans quel état d'affliction et de misère il est tombé ; à quels malheurs il est ou il sera réduit ; la honte, les humiliations qu'il éprouve ou qu'il éprouvera, et combien elles sont indignes de son âge, de sa naissance, de sa première fortune, de ses anciens honneurs, des services qu'il a rendus ; une peinture vive et détaillée de son malheur, qui le rende sensible aux yeux et qui touche les auditeurs par les choses encore plus que par les paroles ; le contraste des biens qu'il avait lieu d'attendre, avec les maux imprévus et cruels qui renversent ses espérances ; 2° le retour que nous invitons nos auditeurs à faire sur eux-mêmes, lorsque nous les prions de vouloir bien se mettre dans la situation où nous sommes, et de se souvenir, en nous voyant, de leur père, de leur mère, de leur femme, de leurs enfants : c'est ce moyen que, dans Homère, emploie Priam aux pieds d'Achille ; c'est le moyen qu'emploie Andromaque aux pieds d'Hermione dans la tragédie de Racine : il n'y en a pas de plus iniversel, de plus vrai, ni de plus touchant ; 3° la privation de la seule consolation que l'on pouvait avoir : « Il est mort ; je ne l'ai pas vu ; je ne l'ai point embrassé ; ma main n'a pas fermé ses yeux ; je n'ai pas entendu ses dernières paroles ; je n'ai pas reçu ses adieux, ses derniers soupirs : » et ces circonstances qui rendent le malheur plus cruel encore : « Il est mort entre les mains des ennemis ; il est couché sans sépulture sur une terre étrangère, en proie aux animaux voraces ; il est privé des mêmes honneurs qu'on ne refuse à aucun homme après sa mort ; » 4° la parole adressée à des êtres muets, insensibles, comme aux vêtements, à la maison de celui qui n'est plus, à ce qui nous reste de lui, sûr et puissant moyen d'émouvoir ceux qui l'ont connu et qui l'ont aimé ; 5° une peinture de la détresse, des infirmités, ou de la solitude où est réduit celui qu'on défend : la recommandation qu'il a faite de quelque chose d'intéressant, comme de ses enfants, de sa femme, de ses parents, ou de sa propre sépulture : ces objets tristes et sacrés sont des sources de pathétique ; 6° le regret d'être séparé de ce qu'on a de plus cher, comme d'un père, d'un fils, d'un frère, d'un ami ; la plainte que nous arrache l'injustice ou la cruauté de ceux qui nous traitent indignement, et qui devraient le moins en user ainsi envers nous, comme nos proches, nos amis, ceux à qui nous avons fait du bien, et de qui nous aurions espéré du secours ; 7° d'humbles supplications, en demandant grace pour son client : ce qui ne saurait avoir lieu qu'en parlant à un maître qu'on veut fléchir ; et Cicéron en convient lui-même : « Pardonnez-lui ; c'est une erreur, une faiblesse, une imprudence ; il n'y retombera jamais. C'est ainsi qu'on parle à un père, mais on dit à des juges: « Il ne l'a point fait ; il n'en a point eu la pensée ; faux témoins, crime supposé : » Toutefois, en niant le crime, le même orateur ne laisse pas d'employer les moyens de commisération. (Voyez les *péroraisons* pour Muréna, pour Ligarius, pour Flaccus) ; 8° des plaintes qui auront pour objet le malheur de ceux qui nous touchent plus que notre propre malheur, l'oubli même de nos infortunes, pour donner toute notre sensibilité à celles des autres, en marquant une force et une grandeur d'âme à l'épreuve de tous les maux qu'on nous a fait souffrir, et au-dessus des maux qui nous menacent ; car souvent la vertu et la hauteur de caractère, accompagnée de gravité, sert mieux à exciter la commisération, que l'abaissement et que l'humble prière.

Mais du moment qu'on s'apercevra que tous les cœurs seront émus, il ne faut plus insister sur les plaintes, dit Cicéron ; car, selon la remarque du rhéteur Apollonius, « rien n'est si vite séché qu'une larme. »

Le modèle des péroraisons pathétiques est celle de la harangue pour la défense de Milon. C'est là qu'on voit l'orateur suppliant, sauver à l'accusé l'humiliation de la prière, et lui conserver toute la dignité qui convient au caractère d'un grand homme dans le malheur. Mais ce qui est encore très supérieur à cette supplication, c'est l'indignation qui la précède, et dans laquelle Cicéron démontre, avec une éloquence sans exemple, que, si Milon avait attenté à la vie de Claudius, la république lui en devrait des actions de graces, au lieu de châtiments.

En lisant cet article, on a dû observer que, dans l'éloquence moderne, il est rare que ces moyens d'exiter l'indignation et la compassion puissent être mis en usage. Mais si l'éloquence n'en fait pas son profit, la poésie en fera le sien ; et c'est sur-tout pour les poètes que j'ai cru devoir les transcrire.

Dans l'éloquence de la chaire, le pathétique de la péroraison a un objet qui ne convient qu'au genre délibératif ; c'est d'émouvoir l'auditoire de compassion pour lui-même, et d'horreur pour ses propres vices, ou de terreur pour ses propres dangers.

PÉRORAISON.

Il est rare, en effet, que l'orateur chrétien plaide la cause des absents, à moins qu'il ne parle en faveur des pauvres, des orphelins, comme Vincent de Paule, lorsqu'il disait aux femmes pieuses qui composaient son auditoire : « Or sus, mesdames, la compassion et la charité vous ont fait adopter ces petites créatures pour vos enfants, vous avez été leurs mères selon la grace, depuis que leurs mères selon la nature les ont abandonnés. Voyez maintenant si vous voulez aussi les abandonner. Cessez à présent d'être leurs mères pour devenir leurs juges. Leur vie et leur mort sont entre vos mains. Je m'en vais prendre les voix et les suffrages. Il est temps de prononcer leur arrêt, et de savoir si vous ne voulez plus avoir de miséricorde pour eux. Ils vivront si vous continuez d'en prendre un soin charitable, et ils mourront si vous les délaissez. »

Cette conclusion, le modèle des péroraisons pathétiques, eut le succès qu'elle méritait : le même jour, dans la même Eglise, au même instant, l'hôpital des Enfants trouvés, qui jusque-là périssaient dans les rues, fut fondé à Paris et doté de quarante mille livres de rente. (*Discours sur l'Eloquence de la Chaire*, par M. l'abbé Maury.)

Il est plus rare encore que l'orateur chrétien fasse des retours sur lui-même, et tire, des moyens qui lui sont personnels, le pathétique de sa péroraison ; quoiqu'il y en ait quelques exemples, comme celui de Bossuet dans l'oraison funèbre de Condé, et comme celui du missionnaire

Duplessis dans son sermon du jugement dernier. (*Voyez* CHAIRE.)

C'est donc à l'auditoire que l'éloquence évangélique, et en général l'éloquence qui a pour objet l'utilité commune, attache l'intérêt de la péroraison. L'orateur est alors le conciliateur de l'homme avec lui-même : il se fait son avocat ou plutôt son ami, son père. Il le voit en péril, et en s'effrayant il l'effraie ; il le voit esclave de ses passions, et en s'affligeant de son humiliation et de son malheur, il l'en afflige, il le conjure d'avoir pitié de lui-même, et les larmes de compassion qu'il lui donne lui en font répandre ; il se place entre lui et le Dieu vengeur qui l'attend, et en criant pour lui *miséricorde*, il le pénètre de frayeur, de componction et de remords. Mais rien de plus stérile que ces exclamations, ces prières, ces mouvements, lorsqu'ils sont composés et froidement étudiés. Ce n'est alors ni avec une voix doucereuse, ni avec une voix glapissante qu'on déchire l'âme des auditeurs ; c'est avec les sanglots, les larmes d'une douleur véritable et profonde. Si l'enthousiasme du zèle n'a pas dicté ces péroraisons, et s'il ne les prononce pas, l'effet en est perdu. C'est un Bridaine, un Duplessis, qui savaient les faire et les dire. Il n'appartient pas à tout homme, ni même à tout homme éloquent, de se montrer oppressé de douleur, et de parler des larmes qui l'inondent et des sanglots qui lui étouffent la voix : *Sed finis sit, neque enim, præ lacrymis, jam loqui possum.* (Cic. pro Milone.)

————◆————

PERRAULT (CHARLES), frère du médecin-architecte, Claude Perrault, qui a créé la colonnade du Louvre, naquit à Paris, le 12 janvier 1628. A peine sorti du collège de Beauvais, Perrault composa des vers dans ce genre burlesque dont Boileau n'avait pas encore signalé l'extravagance aisée. La parodie du sixième livre de *l'Enéide* et les *Murs de Troie, ou l'origine du burlesque* (composition dont il a recueilli toute la gloire, quoique deux de ses frères en eussent fourni quelques pages) lui firent un commencement de réputation parmi les beaux-esprits de l'époque. Il avait embrassé la profession d'avocat, et plaidé avec honneur deux causes importantes ; mais le succès de ses débuts poétiques le fit renoncer à des occupations qui le détournaient trop souvent de la culture des lettres. Il publia bientôt le *Portrait d'Iris*, le *Dialogue de l'Amour et de l'Amitié*, et deux odes d'une égale médiocrité sur la paix des Pyrénées et sur le mariage du roi. Nommé par Colbert, commis de la surintendance des bâtiments royaux, et ensuite contrôleur général dans cette même branche de l'administration, Charles Perrault y déploya une étendue de lumières et une justesse de discernement qu'on n'a jamais aperçues dans ses jugements littéraires. Il contribua sans doute à faire adopter les dessins de son frère, de préférence aux plans qu'avaient présentés d'autres architectes ; mais, en cette occasion, la faveur fut d'accord avec la justice. On ne pourrait peut-être pas en dire autant de sa nomination à l'Académie française, s'il eut fallu une grande capacité littéraire pour tenir son rang dans une compagnie qui s'honorait alors de posséder Chapelain, Cassagnes et Colletet. Perrault d'ailleurs écrivait assez purement, et le mauvais goût qui dépare ses ouvrages n'est pas comparable aux inepties académiques de la plupart de ses confrères. Cette société lui fut redevable de plusieurs améliorations importantes dans son organisation et dans ses coutumes, telles que la publicité des séances extraordinaires, l'élection des membres par la voie du scrutin, les jetons établis pour payer les droits de présence. Il eut même assez de crédit auprès de Colbert pour faire transférer l'académie dans une salle du Louvre. Des services aussi positifs, joints à une grande obligeance pour les gens de lettres, lui avaient fait beaucoup d'amis et même d'admirateurs, lorsqu'il s'avisa d'établir une doctrine qui devait l'exposer à une foule de contradictions pour le reste de sa vie. Dans son poème sur *le Siècle de Louis XIV*, publié en 1687, Perrault affectait de rabaisser l'antiquité pour exalter l'époque contemporaine. On crut d'abord que c'était un jeu d'esprit, une fiction dictée par le désir de flatter le prince, et Racine l'interpréta de cette manière dans les compliments qu'il en fit à l'au=

teur. Mais l'année suivante, le premier volume du *Parallèle des Anciens et des Modernes*, prouva que l'Académie avait pris au sérieux un paradoxe insoutenable, au moins dans la généralité. Les dialogues de ce *Parallèle*, dont l'auteur remplit ensuite quatre volumes, manquaient de cette originalité piquante si nécessaire au soutien d'une mauvaise cause, et l'ennemi des anciens, avait le malheur d'ennuyer les modernes. Cependant comme il avait placé le *Cyrus*, la *Clélie* et la *Pucelle*, infiniment au-dessus de l'*Iliade*, il trouva assez de lecteurs dans la coterie de Chapelain et de Scudery, pour produire une sorte de scandale parmi les hommes de lettres. Fontenelle lui-même donna au nouveau système le seul suffrage dont il soit difficile d'expliquer le motif; mais Despréaux, Racine, et même le pacifique La Fontaine, plaidèrent victorieusement la cause des anciens. Le premier sur-tout attaqua le *Parallèle* avec une énergie qui paraîtrait peut-être exagérée, si l'on ne considérait que cette question, oiseuse pour nous, ne l'était pas à l'époque où elle fut agitée, que le triomphe du satirique sur son adversaire pouvait seul consolider en France les principes du goût et de la raison, et que, sans une espèce de violence, on n'aurait jamais fait quitter la place à cette foule de romanciers qui fermaient le chemin aux fondateurs d'une littérature classique... « Vous vous êtes persuadé,
« écrivait Despréaux aux détracteurs des anciens,
« qu'avec l'esprit que vous avez, vous déconcer-

« terez aisément de faibles antagonistes ; et vous
« y avez si bien réussi que, si je ne me fusse mis
« de la partie, le champ de bataille vous restait. »
Ce fut principalement dans son *Discours sur
l'O 'e* et dans ses *Réflexions sur Longin*, qu'il
combattit Perrault avec le moins de ménagement.
Ce dernier, non content de défendre sa thèse,
attaqua Boileau sur son propre terrein, en composant une *Apologie des femmes* dans laquelle il
le traitait fort mal, au sujet de sa dixième satire.
La querelle devenait chaque jour plus animée,
lorsque le docteur Arnauld, qui n'avait jamais pu
faire de trêve avec ses propres contradicteurs,
vint à bout de ménager une réconciliation entre
ses deux amis. La paix fut scellée en 1699, par
l'échange que les deux auteurs firent de leurs
ouvrages, à l'imitation de « ces héros d'Homère
« qui se faisaient des présents après le combat. »
Ce rapprochement était de la part de Boileau une
allusion ironique aux armes de Diomède et de
Glaucus. Ce dernier, suivant Homère, échangea
des armes d'or qui valaient cent bœufs contre des
armes d'airain qui n'en valaient pas dix. Perrault
avait renoncé depuis quelque temps aux emplois
qu'il tenait de Colbert, partageant ses loisirs entre les lettres et l'éducation de ses enfants. C'est
apparemment pour l'un de ces derniers qu'il
composa les *Contes des Fées*, imprimés en 1697.
L'académicien les publia sous le nom de son
fils Perrault d'Armancour, tant il était loin de prévoir que son nom, à peine sauvé d'un oubli total

par de longs ouvrages, jouirait d'une popularité durable, grace au *Petit Poucet* et à d'autres fictions puériles. Ce recueil avait été précédé de contes en vers, plus étendus, tels que *Grisélidis*, *les Souhaits ridicules*, et *Peau d'Ane*.

Comme on touchait alors à la fin du dix-septième siècle, un parent de Colbert imagina de rassembler les portraits de tous les grands hommes qui avaient depuis cent ans illustré la France. Il pria notre académicien de composer une notice historique sur chaque personnage. Ce travail, exécuté avec assez d'impartialité, fut publié en 1701, sous le titre d'*Eloges des Hommes illustres du* XVIII* siècle*, 2 vol. in-fol. Les jésuites eurent assez de crédit pour faire rayer du manuscrit de Perrault les articles *Pascal* et *Arnauld* qui les importunaient ; mais l'artifice ayant été connu du public, manqua totalement son effet ; et dans la seconde édition, les deux flambeaux de Port-Royal furent substitués à Ducange et à Thomassin qui avaient furtivement usurpé leur place. Perrault mourut à Paris, le 16 mai 1703, laissant, outre les ouvrages déjà mentionnés, des poèmes sur la *Peinture*, sur le *Labyrinthe de Versailles*, sur la *Chasse*, sur la *Création du monde*; un *Poème héroique de Saint-Paulin*, une épître sur le *Génie*, adressée à Fontenelle, le *Cabinet des Beaux-Arts*, recueil d'Estampes, avec des explications en prose et en vers ; enfin, des *Mémoires* sur sa vie, imprimés seulement en 1759. Les

Éloges des Hommes illustres, ont été réimprimés en 1805.

Le libraire Brissot-Thivars est sur le point de publier les *Œuvres choisies de Perrault*, dans le format in-8°.
Favier.

JUGEMENT.

Perrault a fait pour les enfants de petits contes naturels, qui plaisent d'autant plus à cet âge, qu'ils ne sont ni philosophiques, ni moraux. Mais il ne devait pas mettre en vers ennuyeux celui de *Peau-d'Ane*, et partir de là sur-tout, pour écrire contre Homère et Virgile. Il n'entendait certainement pas le premier de ces poètes : aussi Boileau, dans la dispute qu'il eut avec Perrault sur Homère, n'eut besoin, pour triompher, que de relever les bévues continuelles de son adversaire. C'est dans un poème sur le siècle de Louis-le-Grand, publié en 1687, que l'auteur de *Peau-d'Ane* entreprit, pour la première fois, de rabaisser l'auteur de l'*Iliade*. Ce poème commençait ainsi :

> La docte antiquité fut toujours vénérable;
> Je ne la trouve pas cependant adorable.

L'homme qui écrivait de ce style n'était pas né pour sentir les beautés d'Homère.

Perrault a eu pour partisans les philosophes Fontenelle, Terrasson, La Motte et Boindin; mais son paradoxe eut pour ennemi le grand Condé, Boileau, Racine et tous les gens de goût.
Pallissot. *Mémoires sur la Littérature.*

PERSE.

PERSE (AULUS PERSIUS FLACCUS), poète satirique, sous l'empire de Néron, était natif de Volterre dans la Toscane. Il était chevalier romain, parent et allié de personnes du premier rang. Il étudia jusqu'à l'âge de douze ans à Volterre, puis il continua ses études à Rome sous le grammairien Palémon, sous le rhéteur Virginius, et sous un philosophe stoïcien, nommé Cornutus, qui conçut pour lui une amitié si particulière, qu'il y eut toujours entre eux une liaison très intime.

Ce poète était d'une nature fort douce, plein d'amitié et de respect pour ses proches, et fort réglé dans ses mœurs. Dans ses *Satires* il reprend souvent les défauts des orateurs et des poètes de son temps, sans épargner Néron même.

On croit qu'il avait voulu désigner ce prince par un vers injurieux qu'on lit dans la première de ses satyres. * On y lit aussi quatre autres vers que l'on croit être de Néron, et qu'il cite en exemple d'un style vicieux et ampoulé. **

Despréaux, *dans son Discours sur la satire*, se justifie par cet exemple : « Examinons Perse, dit-il, qui écrivait sous le règne de Néron. Il

---

* *Auriculas asini* a *qui non habet ?*

a On dit qu'il avait mis d'abord, *Auriculas asini Mida rex habet.*

** *Torva mimalloneis implerunt cornua bombis,*
Et raptum vitulo caput ablatura superbo
Bassaris, et Lyncem Mœnas flexura corymbis
Evion ingeminat · reparabilis adsonat Echo.

ne raille pas simplement les ouvrages des poètes de son temps, il attaque les vers de Néron. Car enfin tout le monde sait, et toute la cour de Néron le savait, que les quatre vers dont Perse fait une raillerie si amère dans sa première satire, étaient des vers de Néron. Cependant on ne remarque point que Néron, tout Néron qu'il était, ait fait punir Perse; et ce tyran, ennemi de la raison, et amoureux, comme on sait de ses ouvrages, fut assez galant homme pour entendre raillerie sur ses vers, et ne crut pas que l'empereur, en cette occasion, dût prendre les intérêts du poète.

L'ouvrage de Perse, où règne une morale pure, et un fond merveilleux de sens, quoique d'une étendue fort médiocre, lui a acquis beaucoup de gloire, et une gloire fort solide, dit Quintilien : *Multum, et veræ gloriæ, quamvis uno libro, meruit Persius*. Il faut pourtant avouer que l'obscurité qui règne dans ses satires, diminue beaucoup de son mérite. Elle a fait dire à quelqu'un, que puisque Perse ne voulait pas être entendu, il ne voulait pas l'entendre : *Si non vis intelligi, nec ego volo te intelligere*.

Il mourut âgé seulement de vingt-huit ans, l'an de Jesus-Christ 62, qui était la huitième de l'empire de Néron. Il laissa par reconnaissance à Cornutus, son maître et son ami, sa bibliothèque, composée de sept cents volumes, ce qui était alors fort considérable; et une grande somme d'argent. Cornutus accepta les livres, et laissa l'argent aux héritiers, c'est-à-dire, aux sœurs de Perse.

Rollin, *Histoire Ancienne.*

JUGEMENTS.

I.

Il est évident à tous ceux qui lisent Perse avec attention, qu'il est obscur, non par politique, mais par le goût qu'il s'était donné, et par le tour qu'il avait fait prendre à son esprit : car si la crainte de se faire des affaires à la cour l'eût engagé à couvrir sous des nuages épais ses conceptions, il n'aurait pris ce parti que dans les matières qui eussent eu quelque rapport à la vie du tyran. Mais on voit qu'il entortille ses paroles, qu'il recourt à des allusions et à des figures énigmatiques, lors même qu'il ne s'agit que d'insinuer une maxime de morale dont l'explication la plus claire n'eût su fournir à Néron le moindre prétexte de se fâcher.

Bayle.

II.

Perse a un caractère unique et qui ne sympathise avec personne. Il n'est pas assez aisé pour être mis avec Horace ; il est trop sage pour être comparé à Juvénal ; trop enveloppé et trop mystérieux pour être joint à Despréaux. Aussi poli que le premier, quelquefois aussi vif que le second, aussi vertueux que le troisième, il semble être plus philosophe qu'aucun des trois. Peu de gens ont le courage de le lire. Cependant la première lecture faite, on trouve de quoi se dédommager de sa peine dans une seconde. Il paraît alors ressembler à ces grands hommes dont le premier abord est froid, mais qui charment par leur entretien, quand ils ont tant fait que de se laisser connaître.

BATTEUX, *Principes de la Littérature.*

III.

Outre que le style de Perse est sec et affamé, ses figures ne sont pas toujours bien soutenues : elles portent en général beaucoup moins sur les choses que sur les mots....

Quoique vicieuse à tant d'égards, sa manière est frappante au premier coup-d'œil, par la recherche et la singularité des mots, par la promptitude de l'expression, par l'entassement des figures ; mais si l'on revient sur ses pas, cette froide magie disparaît et l'on est tout surpris de ne retrouver, à quelques beautés près, que des surfaces au lieu de profondeur.

DUSAULX, *Discours sur les Satiriques latins.*

Voyez La Harpe, *Cours de littérature*, tom. II, p. 130 et suiv.

IV.

La gravité du style, la sévérité de la morale, beaucoup de concision et beaucoup de sens, sont les attributs particuliers de Perse. Mais l'excès de ces bonnes qualités le fait tomber dans tous les défauts qui en sont voisins.

Qui n'est que juste, est dur, qui n'est que sage, est triste :

a si bien dit Voltaire; et cela est vrai des ouvrages,

comme des hommes. La gravité stoïque de Perse devient sécheresse ; sa sévérité, que rien ne tempère, vous attriste et vous effraie ; sa concision outrée le rend obscur, et ses pensées trop pressées vous échappent. * Aussi est-il arrivé que bien des gens, rebutés d'un auteur si pénible à étudier et si difficile à suivre, l'ont jugé avec humeur, et et en ont parlé avec un mépris injuste. D'autres, qui l'estimaient en proportion de ce qu'il leur avait coûté à entendre, l'ont exalté outre mesure, comme on exagère le prix d'un trésor qu'on a découvert et qu'on croit posséder seul. Un Père de l'Église le jeta par terre, en disant : *Puisque tu ne veux pas être compris, reste-là.* Un autre jeta ses *Satires* au feu, peut-être pour faire cette mauvaise pointe : *Brûlons-les pour les rendre claires.* Plusieurs savants, entre autres, Scaliger, Meursius, Hensius et Bayle, n'ont été frappés que de son obscurité. D'autres l'ont mis au-dessus d'Horace et de Juvénal. Cherchons la vérité entre ces extrêmes, et quand nous aurons assez travaillé sur cet auteur pour le bien comprendre, nous serons de l'avis de Quintilien, qui dit de Perse : « Il a mérité beaucoup de gloire, et de vraie gloire. » C'est qu'en effet sa morale est excellente, et son esprit très juste ; qu'il a des beautés réelles, et propres au genre satirique ; que son expression est quelquefois très heureuse ; que ses préceptes sont vraiment ceux d'un sage, et que plusieurs

---

* Perse en ses vers obscurs, mais serrés et pressants,
Affecta d'enfermer moins de mots que de sens.

BOILEAU, *Art poétique.*

de ses vers ont été retenus comme des proverbes de morale. C'en est assez peut-être pour dédommager de la peine qu'il donne au lecteur qui veut le connaître ; car c'en est une, et il faut d'abord avouer que c'est là un défaut véritable. L'obscurité est toujours blâmable, puisqu'elle est directement opposée au but de tout auteur, qui est de répandre la lumière. On a dit pour le justifier, que, voulant attaquer Néron indirectement et sans trop s'exposer, il s'enveloppait à dessein ; mais cette apologie est insuffisante. Elle ne pourrait regarder qu'un petit nombre de vers, où l'on croit, avec assez de vraisemblance, qu'il a voulu désigner le tyran ; et l'obscurité de Perse est partout à peu près égale. De plus, l'application plus ou moins incertaine de tel ou tel endroit ne rend pas la diction en elle-même plus difficile à expliquer. Il faut dire encore, à la louange de Perse, que ce n'est ni l'embarras de ses conceptions, ni la mauvaise logique, ni la recherche d'idées alambiquées qui jette des nuages sur son style, c'est la multiplicité des ellipses, la suppression des idées intermédiaires, l'usage fréquent des tropes les plus hardis, qui entassent dans un seul vers un trop grand nombre de rapports plus ou moins éloignés les uns des autres, et offrent à l'esprit trop d'objet à embrasser à la fois ; c'est enfin la contexture même des satires, composées le plus souvent d'un dialogue si brusque et si entrecoupé, qu'il faut une grande attention pour suivre les interlocuteurs, s'assurer quel est celui qui parle, suppléer les liaisons, et renouer un fil qui se rompt à tout moment. Mais quand ce travail est fait, on s'aperçoit que tout est juste et conséquent, et l'on se plaint seulement que l'auteur ait eu une tournure d'esprit si extraordinaire, qu'on dirait qu'il ait trouvé trop commun d'être entendu, et qu'il n'ait voulu être que deviné.

Mais, je le répète, il vaut la peine de l'être; et ceux qui ne savent pas sa langue, pourront, en lisant l'estimable traduction qu'en a faite M. Sélis,* et les notes et les dissertations également instructives qu'il y a jointes, s'assurer que Perse est un écrivain d'un vrai mérite, et digne de l'honneur que lui a fait Boileau de lui emprunter plusieurs traits, plusieurs morceaux qui ne sont pas les moins heureux de ses satires. Tel est ce vers si connu.

Le moment où je parle est déjà loin de moi.

qui, dans l'original ne tient que la moitié d'un vers. Telle est cette belle prosopopée de l'Avarice et de la Volupté, dont Boileau n'a imité que la moitié,

Le sommeil sur ses yeux commence à s'épancher.
Debout, dit l'Avarice: il est temps de marcher. —
Eh! laissez moi. — Debout! - Un moment — Tu repliques!
— A peine le soleil fait ouvrir les boutiques.
— N'importe., lève-toi. — Pourquoi faire, après tout?
— Pour courir l'Océan de l'un à l'autre bout,

* Nous en avons une traduction en vers, par M. Raoul, qui a également traduit en vers, avec quelque succès, les Satires de Juvénal.

H. P.

Chercher jusqu'au Japon la porcelaine et l'ambre,
Rapporter de Goa le poivre et le gingembre.
— Mais j'ai des biens en foule, et je puis m'en passer.
— On n'en peut trop avoir, et, pour en amasser,
Il ne faut épargner ni crime ni parjure ;
Il faut souffrir la faim et coucher sur la dure ;
Eût-on plus de trésors que n'en perdit Galet,
N'avoir en sa maison ni meuble ni valet ;
Parmi des tas de blé, vivre de seigle et d'orge ;
De peur de perdre un liard, souffrir qu'on vous égorge.
— Et pourquoi cette épargne enfin ? — L'ignores-tu ?
Afin qu'un héritier, bien nourri, bien vêtu,
Profitant d'un trésor en tes mains inutile,
De son train quelque jour embarrasse la ville.
— Que faire ? — Il faut partir ; les matelots sont prêts.

Mais dans Perse, pendant que l'Avarice éveille cet homme, de l'autre côté du lit, la Volupté l'exhorte à dormir sur l'une et l'autre oreille, en sorte que le malheureux ne sait à qui entendre. Le tableau est plus fort par ce contraste, et l'on ne sait pourquoi Despréaux ne la pas imité tout entier.

Une des singularités de Perse, c'est qu'il était admirateur passionné d'Horace. Il le caractérise fort bien dans un endroit de ses satires ; et dans une foule d'autres il se sert de ses idées, de manière à faire voir qu'il n'y avait point de lecture qui lui fût plus familière. C'est un exemple peut-être unique dans l'histoire littéraire, que cette espèce de commerce entre deux auteurs qui sont si loin de se ressembler.

Perse a de quoi intéresser ceux à qui les qualilités personnelles d'un auteur rendent encore ses ouvrages plus chers. Il avait de la naissance et de la fortune, deux moyens de séduction, sur-tout dans un siècle très corrompu, et pourtant il s'adonna de bonne heure à la philosophie stoïcienne, qu'il étudia sous le célèbre Cornutus. Son maître devint bientôt son ami, et cette amitié est peinte avec des traits nobles et touchants dans une satire qu'il lui adresse. Cornutus sentit en homme sage tout le danger que courait son disciple s'il publiait ses satires sous un règne tel que celui de Néron; il l'engagea à les renfermer dans son portefeuille. Cette réserve prudente et la pureté de ses mœurs ne le garantirent pas d'une mort prématurée. Il fut enlevé à vingt-huit ans, et par-là il échappa du moins au chagrin que lui aurait causé la fin cruelle de Lucain, avec qui il était très étroitement lié. Il légua une somme considérable et sa bibliothèque à Cornutus, qui n'accepta que les livres. Ce philosophe ne voulut pas se charger de mettre au jour les poésies de Perse, quoiqu'il en eût fait ôter le nom de Néron, qui avait été remplacé par celui de Midas. Il pensait avec raison que c'est une imprudence inutile d'irriter un méchant homme qu'on ne peut pas espérer de corriger. Césius Bassus, poète lyrique, à qui Perse adresse aussi une de ses satires, fut plus hardi et plus heureux. Il les fit paraître; et quoiqu'il y eût quatre vers de Néron tournés en ridicule, son courage resta impuni. Pour achever l'éloge de Perse, il ne faut pas oublier qu'il fut l'ami de Thraséas, celui dont Tacite a dit que Néron résolut sa perte quand il voulut attaquer la vertu même.

La Harpe, *Cours de Littérature.*

PETAU (Denys), en latin *Petavius*, né à Orléans, en 1583, mort à Clermont, en 1652, fit ses classes dans sa ville natale, et vint à Paris étudier la théologie. Il était à peine âgé de vingt ans lorsqu'il obtint, dans un concours, une chaire de philosophie à Bourges, et étant entré au noviciat des Jésuites à Nancy, en 1605, il régenta la rhétorique à Reims, à la Flèche, à Paris, jusqu'en 1621, puis la théologie dogmatique dans cette dernière ville pendant vingt-deux ans avec une très grande réputation.

Le P. Petau connaissait également bien les langues savantes, les sciences et les beaux-arts, mais ce fut sur-tout à la chronologie qu'il s'appliqua davantage, et il se fit en ce genre un nom qui éclipsa celui de presque tous les savants de l'Europe. Les graces de l'esprit rehaussaient encore en lui la supériorité du savoir, et l'on trouve dans ses écrits autant d'agréments que de profondeur : « On y sent l'homme d'esprit et l'homme « de goût, dit Feller ; critique juste, science « profonde, littérature choisie, et sur-tout le « talent d'écrire en latin. En prose, il a quel- « que chose du style de Cicéron ; en vers, il

« sait imiter Virgile. Il avait étudié l'antiquité,
« mais sous la direction du génie, et de la ma-
« nière dont les grands maîtres font leurs lectures.
« Aucun des bons auteurs parmi les anciens ne
« ne lui était inconnu. La nature l'avait doué
« d'une mémoire prodigieuse, et pour ne pas la
« charger trop, il déposait une partie de ses
« connaissances dans des recueils faits avec au-
« tant de méthode que de justesse. »

Ses principaux ouvrages sont : *De Doctrinâ temporum*, en 2 vol. in-fol. 1627, et avec son *Uranologia*, 1630, 3 vol. in-fol. ; *Rationarium temporum*, plusieurs fois réimprimé. Lenglet du Fresnoy en a donné une édition augmentée de tables chronologiques, de notes historiques et de dissertations, Paris, 1703, 3 vol. in-12 ; mais, selon M. Drouet, continuateur de la *Méthode d'étudier l'histoire* de Lenglet. Cette édition est la moins estimée ; on lui préfère celle que Jean-Conrad Rungius a donnée à Leyde, en 1710, 2 vol. in-8°. Cet ouvrage, qui a été traduit par Moreau de Mantour, l'abbé du Pin, et par Collin, était très estimé de Bossuet, et il en a fait un grand usage dans son *Discours sur l'Histoire universelle*. Le P. Petau a encore donné *Dogmata theologica*, en 5 vol. in-fol., Paris, Cramoisi, 1644 et 1650, réimprimés à Amsterdam, 6 t. en 3 vol. in-fol., avec des notes de Jean Le Clerc ; les *Psaumes*, traduits en vers grecs, 1637, in-12 ; *De Ecclesiaticâ hierarchiâ*, 1643, in-fol. ; de savantes éditions des œuvres de Synésius, de Thémistius ; de Nicéphore, de saint Epiphane, de l'empereur Julien, etc.; plusieurs *écrits* contre Saumaise, la Pèyre, etc., et contre les jansénistes. Le P. Oudin a fait imprimer l'éloge du P. Petau, dans le tome trente-septième des *Mémoires littéraires* du P. Niceron.

———⊛———

PÉTRARQUE (FRANÇOIS), célèbre poète italien, naquit à Arezzo, en 1304, d'une famille ancienne et considérée à Florence, non par ses titres ou ses richesses, mais par sa grande réputation d'honneur et de probité. Son père y exerçait les fonctions de notaire, et jouissait de toute la confiance publique, lorsque les troubles qui désolèrent l'Italie le forcèrent d'abandonner son état et de fuir avec sa famille. Réfugiés d'abord à Arezzo, ils allèrent ensuite à Pise, à Avignon, à Carpentras, et ce fut au milieu de ces agitations continuelles et de cette vie errante, que le jeune Pétrarque fit ses premières études. Il n'en obtint pas moins les plus grands succès ; son âme ardente et sensible s'étant passionnée pour les lettres, on vit bientôt éclore en lui le talent qui devait un jour illustrer son nom. Il fallut cependant qu'il renonçât à ses études favorites pour se livrer à celle du droit, qui ne lui offrait que du dégoût. Il fut envoyé à l'université de Montpellier, ensuite à celle de Bologne, mais ce fut en vain qu'il essaya de vaincre sa répugnance pour le genre d'occupation qui lui était prescrit, et la mort de son père l'ayant rendu libre de suivre ses penchants, il retourna à Avignon et s'y fit bientôt distinguer dans les sociétés les plus brillantes par sa figure, les graces de son esprit, et sur-tout par son talent pour la poésie.

Ce fut là qu'il vit, pour la première fois, celle qui devait à jamais fixer son cœur, et dont le portrait séduisant est épars dans les vers qu'elle lui a inspirés. Le temps et la mort même de son amante ne purent détruire la passion qu'il avait prise pour elle, quoique cette passion ne fût jamais encouragée par aucune espérance. Laure était mariée, et, aussi sage que belle, elle sut résister à l'amour dont elle n'avait pu se défendre en admirant les talents de Pétrarque, et demeurer fidèle à ses devoirs, en lui dérobant ses sentiments et en ne lui montrant que des rigueurs.

Ne pouvant rien gagner sur elle, ni par ses vers, ni par sa constance, le poète essaya de combattre des sentimens qui le rendaient si malheureux, et se retira dans une campagne, à Vaucluse, où il fit retentir les bords de la fontaine de ses plaintes amoureuses. Les vers qu'il composa à cette époque de sa vie ont une expression vraie et mélancolique qui ne peut venir que d'un cœur profondément touché. Il revit ensuite celle qu'il aimait, et s'en sépara de nouveau dans l'espoir de se distraire; mais en vain, il parcourut la France, l'Allemagne, l'Italie; en vain on l'accueillit partout avec la plus grande distinction, rien ne put l'arracher à ses souvenirs, et il revint plus épris que jamais à son ermitage de Vaucluse, pour y célébrer en liberté les charmes et les vertus de son enchanteresse.

Il s'occupa aussi, dans cette retraite, de travaux qui pouvaient assurer sa gloire littéraire. C'est là qu'il entreprit une Histoire romaine depuis la fondation de Rome jusqu'à Titus, et qu'il conçut le plan d'un poème épique en vers latins, dont la seconde guerre d'Afrique lui fournit le sujet et le titre. Il se mit à y travailler avec une si grande ardeur que le poème fut bientôt assez avancé pour qu'il pût le communiquer à ses amis. Un ouvrage de ce genre était alors une chose si nouvelle, qu'il excita la plus vive admiration, et que le bruit s'en répandit de toutes parts. L'auteur, dont les poésies latines étaient déjà connues, devint l'objet de l'attention générale et d'une espèce de fanatisme qui lui fit donner les noms de *Sublime* et de *Grand*. Mais ce qui acheva de mettre le sceau à sa gloire, c'est qu'il reçut le même jour, des lettres du sénat de Rome, du roi de Naples et du chancelier de l'université de Paris, où on l'invitait de la manière la plus flatteuse à venir recevoir la couronne de poète sur ces deux théâtres du monde. Il donna la préférence à Rome, et se rendit d'abord à Naples où il soutint, en présence du roi Robert, qui était le juge et le Mécène des savants, un examen qui dura trois jours, et dont il se tira avec beaucoup d'honneur.

Arrivé à Rome, il y fut couronné de lauriers le jour de Pâques de l'année 1341, et fut conduit en pompe à l'église de Saint-Pierre, à la voûte de laquelle il suspendit la couronne qu'il venait de recevoir. La qualité de poète lauréat lui fut ensuite confirmée par des lettres pleines d'éloges, et tous les princes et les grands hommes de son temps s'empressèrent de lui témoigner leur estime.

De tels succès l'avaient sans doute aidé à supporter l'éloignement et les rigueurs de Laure ; mais ils n'avaient pu l'aider à vaincre sa passion, qui sembla acquérir de nouvelles forces au moment où il perdit pour jamais l'objet de ses vœux. Il était archidiacre à Parme, lorsqu'il apprit que la mort venait de lui enlever cet objet si cher, et, n'écoutant que son désespoir, il abandonna aussitôt tous ses projets de gloire et de fortune pour retourner dans sa solitude de Vaucluse, où il pouvait se livrer en toute liberté à sa douleur.

Ces lieux qui lui retraçaient tant de souvenirs, lui devinrent bientôt insupportables; au bout de quelque temps il finit par s'en éloigner, et en 1352, il se rendit à Milan, où les Visconti lui confièrent diverses ambassades.

Rendu aux Muses, il séjourna successivement à Vérone, à Parme, à Venise et à Padou, où il avait un canonicat. Déjà il en avait eu un à Lombez et un autre à Parme. Un seigneur des environs de Padoue lui ayant donné une maison de campagne à Arqua, près de cette ville, il y vécut au sein de l'amitié et de ses travaux littéraires.

Pendant qu'il était dans cette retraite, les

Florentins lui députèrent Boccace, pour le prier de venir honorer sa patrie de sa présence, et y jouir de la restitution de son patrimoine dont il avait été dépouillé par la proscription de son père. Pétrarque avait autrefois sollicité cette restitution sans pouvoir l'obtenir; il fut sensible à cet hommage que l'admiration de son siècle rendait à son génie, mais il ne voulut point quitter sa retraite où il mourut quelques années après, en 1374, à l'âge de soixante-dix ans.

Tous les ouvrages de cette homme célèbre. furent réimprimés à Bâle en 1581. Il a eu presque autant de commentateurs et de traducteurs que les meilleurs poètes de l'antiquité. Plus de vingt-cinq auteurs ont écrit sa vie. La plus complète est celle que l'abbé de Sade, qui était de la famille de Laure, a donné sous le titre de *Mémoires pour la vie de Pétrarque*, Amsterdam 1764, 1767, 3 vol. in-4°. Tout ce qu'on a écrit depuis en français, sur le même sujet, en est tiré. Tiraboschi, en reconnaissant le mérite et l'utilité du travail de l'abbé de Sade a relevé quelques erreurs qui lui étaient échappées, et M. Baldelli a publié depuis à Florence, un fort bon ouvrage intitulé : *Del Petrarca e delle sue opere* 1797, in-4°, dans lequel il ajoute encore a tout ce que l'abbé de Sade et Tiraboschi avaient donné de plus satisfaisant et de meilleur. Ginguené à principalement tiré de ces trois auteurs, la notice très étendue qu'il a donnée, sur la vie de Pétrarque, dans son *Histoire littéraire d'Italie*, d'où nous avons extrait ces détails.

L'édition des *Poésies italiennes* de Pétrarque,

imprimée à Venise, en 1756, 2 vol. in-4°, est l'une des plus estimée. M. Lefèvre en a donné une nouvelle édition dans sa jolie Collection des *Classiques italiens*, in-32.

JUGEMENTS.

I.

Si l'on veut apprécier exactement les poésies de Pétrarque, il faut beaucoup s'écarter de l'opinion qu'il en avait lui-même. Il n'avait jamais cru qu'elles dussent contribuer à sa réputation qu'il fondait sur ses ouvrages philosophiques et sur ses poésies latines ; mais la postérité en a jugé différemment. Elle a regardé Pétrarque pour ses prétendues bagatelles, comme le créateur de la poésie lyrique chez les modernes; et en effet, quelques autres poètes lui avaient préparé les voies, et avaient fait entendre avant lui de ces grandes odes ou canzoni, qui diffèrent beaucoup de l'ode antique, et dont la première invention appartient aux Troubadours ; mais il y mit plus de perfection, et réunit lui seul toutes les qualités partagées entre ses prédécesseurs. Il joignit à la gravité du Dante la finesse de Guido Cavalcanti, et la noblesse de Cino da Pistoia. Le sonnet, déjà beaucoup amélioré par Guitonne d'Arezzo, devint entre ses mains si parfait, qu'on n'a pu y rien ajouter depuis. Et ses odes et ses sonnets sont remplis et surabondent, en quelque sorte, de pensées neuves et choisies, d'expressions fortes et délicates à la fois, tantôt nouvelles et tantôt renouvelées, soit par l'acception où elles sont prises, soit par le coloris dont elles brillent; de mots, de phrases et de tours propres à la langue italienne, ou cueillis, pour ainsi dire, à la racine commune de l'idiome vulgaire et de la langue latine. Les sentiments qu'il exprime paraissent, il est vrai, quelquefois ou trop raffinés en eux-mêmes, ou trop assaisonnés par l'esprit, pour partir véritablement du cœur; mais on ne peut y méconnaître une élévation, une noblesse et une pureté qui, s'il est vrai qu'elles aient cessé de régner dans l'amour, doivent exciter des regrets.

On croit qu'il profita beaucoup des poètes provençeaux, et l'on voit en effet dans ses vers quelques traces de ces imitations dont on ne peut lui faire un reproche, puisque partout où il imite il embellit. Il peut aussi avoir connu la poésie des Arabes, au moins dans des traductions; et l'un de ses premiers sonnets sur la mort de Laure paraît presque copié d'une pièce de vers sur la mort du fameux Salah-Eddin ou Saladin, qu'on trouve dans la bibliothèque orientale; mais il ne prit de personne l'abondance de ses sentiments et de ses pensées, la grace et la facilité de son élocution, ni toutes les qualités éminentes de son style. Après tous les poètes qui l'avaient précédé, après Dante lui-même, il restait encore à faire, quant au choix des expressions et à la fixation de la langue: après Pétrarque il ne resta plus rien. Il n'y a peut-être pas, selon M. l'abbé Denina, dans tout le *Canzonniere*, deux expressions, même parmi celles que lui arrachait la nécessité de la rime, qui aient vieilli, qui soient hors d'usage. Il joignit au choix des mots le soin de les placer de manière à en augmenter l'effet, l'art d'assortir la coupe des vers à la nature des sentiments et des pensées, d'entremêler les vers les plus gracieux et les plus doux de vers forts, énergiques, et qui ont quelquefois une sorte d'âpreté, et les vers simples et naturels, de vers travaillés avec le plus grand artifice. Dans tout ce qu'il a écrit, même lorsqu'il s'égare, on reconnaît à la fois le naturel et le travail du poète. La nature lui avait donné le génie poétique, sans lequel on se fatigue en vain, et il y ajouta cette étude constante des grands modèles, et ce travail obstiné, qui font seuls fructifier le génie. Enfin, dans ce choix de mots et d'expressions qui était alors si difficile, puisque la langue était pour ainsi dire encore à son enfance, et dans toutes ces autres parties si essentielles de l'art, il fut guidé par un goût délicat * que le génie n'a pas toujours, que l'étude développe, mais quelle ne donne pas.

GINGUENÉ, *Histoire littéraire d'Italie*.

* Je n'oserais pas ajouter à cette délicatesse de goût la sûreté, car c'est ce dont il manqua quelquefois, et ce que les restes de barbarie de son siècle et les abus qui s'étaient introduits avant lui ne lui permettaient pas d'avoir. Il ne put se refuser à ces jeux antithétiques du chaud et du froid, de la glace et de la flamme, de la paix et de la guerre qui viennent, quelquefois défigurer ses morceaux les plus agréables ou les plus intéressants. C'est encore son siècle qu'il faut accuser de ces idées froidement alambiquées, nées de l'espèce de fureur platonique qui régnait alors.

II.

Pétrarque mit dans la langue italienne plus de pureté que le Dante, avec toute la douceur dont elle était susceptible. On trouve dans ces deux poètes, et sur-tout dans Pétrarque, un grand nombre de ces traits semblables à ces beaux ouvrages des anciens, qui ont à la fois la force de l'antiquité et la fraîcheur du moderne. S'il y a de la témérité à l'imiter, vous la pardonnerez au désir de vous faire connaître, autant que je le puis, le genre dans lequel il écrivait. Voici à peu près le commencement de sa belle *Ode à la Fontaine de Vaucluse*, en vers croisés :

   Claire fontaine, onde aimable, onde pure,
   Où la beauté qui consume mon cœur,
   Seule beauté qui soit dans la nature,
   Des feux du jour évitait la chaleur ;
     Arbre heureux dont le feuillage,
     Agité par les zéphyrs,
     La couvrit de son ombrage,
     Qui rappelle mes soupirs
     En rappelant son image ;
Ornements de ces bords, et filles du matin,
Vous dont je suis jaloux, vous moins brillantes qu'elle,
Fleurs qu'elle embellissait quand vous touchiez son sein,
Rossignol dont la voix est moins douce et moins belle,
Air devenu plus pur, adorable séjour,
   Immortalisé par ses charmes,
Douce clarté des nuits, que je préfère au jour,
Lieux dangereux et chers, où de ses tendres armes
   L'Amour a blessé tous mes sens :

Ecoutez mes derniers accents,
Recevez mes dernières larmes.

Ces pièces, qu'on appelle *Canzoni*, sont regardées comme ses chefs-d'œuvre ; ses autres ouvrages lui firent moins d'honneur. Il immortalisa la fontaine de Vaucluse, Laure et lui-même.

VOLTAIRE, *Essai sur les Mœurs*.

MORCEAUX CHOISIS.

I. *A ma Patrie.*

Ode.

O ma chère Italie ! des paroles, je le sais, ne sont qu'un faible et vain soulagement aux maux que tu éprouves : puissent cependant les soupirs qu'ils m'arrachent, n'être point indignes du Tibre, de l'Arno, et du Pô, dont les rives peuvent attester ma douleur. Mes larmes t'en conjurent, ô roi puissant du ciel ; que l'amour qui t'amena autrefois sur la terre, tourne aujourd'hui tes regards vers la terre que tu chéris : considère, Dieu de paix et de bonté, quelle cause légère vient d'allumer une guerre si terrible ; que des cœurs, endurcis par la férocité des combats, s'attendrissent, s'ouvrent à la voix d'un père, et que ta sainte vérité que je leur annonce, s'y fraye une route facile.

Et vous à qui le sort a remis les rênes de ce puissant empire, dont les intérêts, l'amour, paraissent vous toucher si faiblement, que font ici ces lances étrangères, et pourquoi le sang barbare rougit-il la verdure de nos prairies ? Quel fol espoir vous abuse? votre vaine prudence vous trompe : quel amour, quelle fidélité pouvez vous attendre, vous flattez-vous d'obtenir de ces âmes mercenaires? Ah! rassembler de tels soutiens, c'est grossir seulement le nombre de ses ennemis. Quels déserts sauvages ont donc vomi ces hordes de brigands, pour inonder tout à coup nos belles contrées ? si c'est votre imprudence qui les y attire comment échapper jamais aux maux qu'ils nous préparent.

La nature avait si heureusement pourvu à notre défense, en plaçant, entre nous et la rage tudesque, le rempart formidable des Alpes! Mais le désir aveugle de s'agrandir; une fatale ambition, jalouse de notre bonheur, sont parvenus enfin à introduire la corruption, dans un corps autrefois si sain. Aujourd'hui, le même bercail rassemble le loup dévorant, et la douce brebis! funeste alliance, dont le parti le plus juste est toujours la victime. Et, pour comble de douleur, ces farouches ennemis ne sont ils pas les descendants de ces mêmes Teutons, dont Marius fit un carnage si terrible, que les fleuves lui offrirent autant de sang que d'eau, pour étancher sa soif.

Parlerai-je de César, qui teignit les campagnes de leur sang, partout où il porta ses armes victorieuses. Par quelle fatalité sommes nous devenus l'objet de la haine céleste ? ah ! n'en accusez que votre aveugle confiance, et l'éternelle opposition de vos volontés : voilà ce qui a perdu la plus belle contrée du monde. Quelle faute, quel jugement du ciel, quelle destinée enfin vous fait dédaigner un voisin malheureux ; poursuivre et vous partager les débris épars de son ancienne grandeur, et rechercher au loin de barbares alliés, qui vous vendent leur sang, pour verser le nôtre ? ce n'est ni la haine, ni le mépris, c'est la vérité seule qui me dicte ce langage.

Quelle preuve vous faut-il encore de la perfidie du Bavarois, qui se fait un jeu cruel de désigner à la mort des victimes parmi vous ?

Cependant votre sang coule à longs flots, trop dociles instruments de la fureur d'autrui. Pensez-y, pensez y donc sérieusement, et vous verrez le cas que peut faire des autres, celui qui a la bassesse de s'estimer si peu ! Sang généreux des braves Latins, rejette, rejette loin de toi le fardeau qu'on t'impose ; c'est trembler trop longtemps aux pieds d'une vaine idole. Oui, ce sont nos fautes, et non le cours ordinaire des choses, qui donnent aux barbares enfants du nord cette supériorité sur nous.

N'est ce plus là cette terre, où je formai mes premiers pas ? cette terre qui fût mon berceau, et qui prit de mes premiers ans un soin si généreux ? cette patrie enfin, en qui repose tout mon espoir; qui m'a prodigué la tendresse d'une bonne mère, et dont le sein a recueilli les auteurs de mes jours? Ah! que des motifs si puissants fléchissent enfin vos cœurs! voyez, d'un œil de pitié, couler les pleurs de ce peuple opprimé, qui n'attend, après Dieu, son salut que de vous. Montrez-vous seulement sensible à ses maux: la vertu s'armera contre la fureur étrangère, et l'issue du combat n'est pas douteuse : non, l'antique valeur n'est pas éteinte encore, dans le sein des braves Italiens.

Voyez avec qu'elle rapidité le temps vole: la vie fuit, et la mort est sur nos pas. Voyageurs d'un moment, songez à l'instant du départ : songez que l'âme arrivera seule et dépouillée de tout ce qui l'abuse ici bas, au terme douteux du voyage. Abjurez donc, pour franchir cette vallée de larmes, tout sentiment de haine et de fureur : ce sont des vents contraires, qui vous éloignent du port de la félicité. Consacrez à des exploits plus dignes de vous, à quelque ouvrage capable d'immortaliser votre génie dans la postérité, un tems si malheureusement employé à tourmenter vos semblables. C'est ainsi que l'on trouve ici bas le bonheur, et que l'on s'ouvre d'avance la route du ciel.

Je vous en préviens, ô mes vers! vous allez paraître chez un peuple, que d'antiques préjugés rendent naturellement ennemi de la vérité; adoucissez donc la sévérité du langage de la raison. Peut-être votre bonheur vous adressera-t-il à quelques âmes privilégiées, jalouses encore du bien de leur pays : ne craignez pas de leur dire : où est le motif de ma confiance ? dans ces cris mille fois répétés : la paix ! la paix ! la paix !

AMAR, *Traduction inédite de Pétrarque.*

II. *Le Piège.*

L'Amour a tendu, sous le gazon, un filet tissu de soie, enrichi de perles, et caché à tous les yeux par un rameau de l'arbre toujours vert que je chéris, quoique son ombre me soit plus funeste que propice.

Pour appât, sa main y répandit la semence fatale, dont il recueille des fruits, qui flattent ou repoussent mes desirs, par leur douceur ou leur amertume. Non ; depuis le jour où les yeux du premier humain s'ouvrirent à la lumière, jamais on n'entendit rien de plus séduisant, que la voix qui m'attira dans le piège.

Près de là, brillait un astre, dont l'éclat fait pâlir celui du soleil ; et une main plus polie que l'ivoire, plus blanche que la neige ; tenait le cordeau.

Voilà comme je fus pris : c'est ainsi que des gestes perfides, des paroles angéliques, le desir, et l'espérance, m'ont conduit dans les filets de l'amour.

Sonnet 251, traduction du même.

PÉTRONE (PETRONIUS Arbiter), était provençal, d'auprès de Marseille, selon Sidoine Apollinaire, et vivait selon la plus commune opinion, sous Claude et Néron.

Nous avons de cet auteur un reste de *Satire*, ou plutôt de plusieurs livres satiriques, qu'il avait composés tant en prose qu'en vers. C'est une espèce de roman, qu'il fit en forme de satire, du genre de celles que Varron, comme je l'ai déjà dit, avait inventées en mêlant agréablement la prose avec les vers, le sérieux avec l'enjoué, et que Varron avait nommées *Ménipées*, parce que Ménippe le cynique avait traité devant lui des matières graves d'un style plaisant et moqueur.

Ces fragments ne sont qu'un recueil indigeste tiré des cahiers de quelque particulier qui avait extrait de Pétrone ce qui lui avait plu davantage, sans y observer d'ordre. Les savants y trouvent une grande finesse et délicatesse de goût, et une merveilleuse fécondité à peindre les différents caractères de ceux qu'il fait parler. Ils observent pourtant que, bien que Pétrone paraisse avoir été grand critique, et d'un goût fort exquis, son style ne répond pas tout-à-fait à la délicatesse de son jugement : qu'on y remarque quelque affectation; qu'il est trop fleuri et trop étudié, et qu'il dégénère déjà de cette simplicité naturelle et majestueuse de l'heureux siècle d'Auguste : mais quand il serait beaucoup plus parfait pour le style, il en serait encore plus dangereux pour les mœurs par les obscénités dont il a rempli son ouvrage.

PÉTRONE.

On doute si notre Pétrone est le même que celui dont parle Tacite. Voici la peinture que fait cet historien de Pétronius Turpilianus, et qui convient assez à l'idée que la lecture de l'ouvrage dont je parle donne de son auteur. « C'était un voluptueux, qui donnait le jour au sommeil, et la nuit aux plaisirs ou aux affaires ; et au lieu que les autres se rendent célèbres par leur application au travail, celui-ci s'était mis en réputation par son oisiveté Il ne passait pourtant pas pour un débauché et un dissipateur comme ceux qui se ruinent par des débauches folles et sans goût, mais pour un homme d'un luxe délicat et réfléchi. Toutes ses actions plaisaient d'autant mieux, qu'elles portaient un certain air de négligence, qui paraissait la simple nature, et qui avait toutes les graces de la naïveté : néanmoins lorsqu'il fut proconsul de Bithynie, et depuis consul, il se montra capable des plus grands emplois ; puis redevenu voluptueux, ou par inclination, ou par politique, à cause que le prince aimait la débauche, il fut l'un de ses principaux confidents. C'était lui qui réglait tout dans les parties de plaisir de Néron; et Néron ne trouvait rien d'agréable ni de bon goût, que ce que Pétrone avait approuvé. De là naquit l'envie de Tigellin contre lui comme contre un dangereux rival, et qui le surpassait dans la science des voluptés. » Pétrone se donna la mort à lui-même, pour prévenir celle à laquelle l'empereur, sous une fausse accusation, l'aurait condamné.

ROLLIN, *Histoire ancienne.*

JUGEMENT.

Les fragments recueillis en différents temps sous le titre de *Satire de Pétrone*, *Petronii Satiricon*, rappellent et confirment ce que nous avons dit, qu'on appelait originairement de ce nom de satire une espèce d'ouvrage très irrégulier, mélangé de tous les tons et de tous les objets, et qui même ne pouvait pas être écrit en vers ; car la plus grande partie de ce qui reste de Pétrone est en prose, et les vers dont elle est entremêlée sont de différentes mesures. Quand le hasard fit retrouver ces lambeaux sans ordre et sans suite, un passage de Tacite mal entendu fit tomber les savants dans une étrange erreur, qui depuis a été reconnue et complètement réfutée, et n'en est pas moins répandue aujourd'hui, tant il est difficile de déraciner les vieux préjugés. Tacite parle d'un Pétrone qui fut consul sous Néron, et l'un des plus intimes favoris de cet empereur. C'était, dit l'historien, un homme d'une délicatesse exquise dans le choix des voluptés, un vrai professeur de mollesse ; c'est à ce titre qu'il était devenu si agréable à Néron, qui en avait fait l'intendant de ses plaisirs, et ne trouvait rien à son goût que ce qui était de celui de Pétrone. Cette faveur dura tant que Néron se contenta d'être voluptueux ; mais lorsqu'il tomba dans la débauche grossière et dans la crapule, il eut honte lui-même devant le maître dont il n'était plus le disciple : il fallut cacher à Pétrone des infamies qu'il méprisait, et Néron en était venu au point de rougir devant un voluptueux de bon goût, comme on rougit devant la vertu. Tigillin, le ministre et le flatteur de ses sales débauches, profita de cette disposition pour écarter un concurrent qu'il redoutait. et sut bientôt le rendre odieux et suspect au tyran, au point de le faire condamner à la mort. Cette mort est célèbre par le sang-froid et l'insouciance qui l'accompagna. Saint-Evremont la préfère à celle de Caton ; il oublie qu'il ne fallait pas les comparer. Pétrone, avant de mourir, traça par écrit le détail des nuits infâmes de Néron sous des noms supposés, et le lui envoya dans un paquet cacheté. C'est ce paquet, qui vraisemblablement n'a jamais été connu que de Néron seul, que des savants ont cru être cette satire mutilée qui nous est parvenue sous le nom de Pétrone. Quand Voltaire s'est moqué de cette ridicule supposition, on n'a paru voir dans ce paradoxe qu'un des traits ordinaires du pyrrhonisme qu'il a porté sur beaucoup d'objets. Mais ce qu'on ne sait pas communément, c'est que cette opinion sur Pétrone est fort antérieure à Voltaire ; que Juste Lipse avait déjà élevé sur cet article des doutes qui approchaient beaucoup de la probabilité, et que le savant Blaëu a démontré clairement qu'il était impossible que l'ouvrage de Pétrone fût la satire de Néron, ni que l'auteur eût été le Pétrone, d'abord favori, et ensuite victime du tyran *. La licence cynique et les fréquentes lacunes de cet écrit tronqué, qui n'a ni commencement ni fin, ne permettent pas d'en faire l'exposé ni d'en apercevoir le plan; mais il est certain que les aventures triviales d'une société de débauchés du dernier ordre ne peuvent ressembler aux nuits de Néron, quelque idée qu'on s'en fasse; qu'un jeune empereur qui avait de l'esprit ne peut pas être représenté dans le personnage de Trimalcion, vieillard chauve, difforme et imbécille; que les soupers de Néron ne pouvaient pas ressembler au repas ridicule de ce vieil idiot, et que sa femme Fortunata, aussi insipide que lui, n'a rien de commun avec l'impératrice Poppée, l'une des femmes les plus belles et les plus séduisantes de son temps. Il est très probable que cette rapsodie est de quelque élève de l'école des rhéteurs, d'un jeune homme qui n'était pas sans quelque talent, et qui a choisi la forme la plus commode pour joindre ensemble ses ébauches de littérature et de poésie, et le tableau de la mauvaise compagnie où il avait vécu. Il fait une critique fort sensée des déclamateurs de son temps, et son *Essai poétique* sur les guerres civiles, n'est pourtant qu'une déclamation où il y a quelques traits heureux. Plu-

---

* M. de Cure, qui a traduit avec succès le morceau célèbre de Pétrone sur *la Guerre civile*, avait joint à son ouvrage des *Recherches sceptiques*, tant sur la Satire de Pétrone que sur son auteur présumé. On ne lira pas sans instruction et sans intérêt cette ingénieuse dissertation, qui, sans ever tous les doutes sur une question fort controversée, conduit du moins là des probabilités raisonnables.   H. P.

sieurs de ses peintures ont de la vérité, mais dans un genre commun, facile et même bas. Quelques fragments de poésie et le conte de *la Matrone d'Ephèse*, que La Fontaine a imité d'une manière inimitable, sont ce qu'il y a de mieux dans Pétrone. Bussy Rabutin en a traduit presque littéralement l'histoire d'Eumolpe et de Circé, en y substituant des noms de la cour de Louis XIV; et il n'est pas étonnant que, dans un ouvrage tel que le sien, il ait choisi un pareil modèle. D'ailleurs, les louanges très exagérées de Saint-Évremont avaient mis Pétrone à la mode. Il n'en parle qu'avec enthousiasme, parce qu'il le croyait homme de cour, que ce mot alors en imposait beaucoup, et que Voiture et lui regardaient comme une preuve de bon goût, de ne reconnaître une certaine délicatesse que dans les écrivains qui avaient vécu à la cour. On opposait au pédantisme de l'érudition qui avait régné long-temps, une autre sorte d'abus, la recherche de l'esprit, l'affectation de la galanterie, et la prétention à l'urbanité et au ton de courtisan. Molière contribua beaucoup à faire tomber ce ridicule, accrédité par des personnes de mérite en plus d'un genre, et fait pour dominer sur l'opinion. Cette époque de notre littérature, considérée sous ce point de vue, ne sera pas un des objets les moins curieux de notre attention, lorsqu'il sera temps de le traiter.

La Harpe, *Cours de Littérature*.

MORCEAUX CHOISIS.

I. Corruption de Rome à l'époque de la guerre civile.

Rome au monde tremblant avait donné des fers ;
Mais les trésors des rois, mais les tributs des mers,
N'ont point assouvi Rome, et de nouveau les ondes
Ont gémi sous le poids de ses nefs vagabondes.
Tout sol, où germe l'or, éveille sa fureur :
Le butin, non la gloire, est le prix du vainqueur.
Plus d'attraits pour l'orgueil dans un éclat vulgaire :
Le soldat resplendit d'une pourpre étrangère ;
Sa tente est un palais, où luit au sein des camps,
Près du glaive étonné, le feu des diamants ;
Où dort sur le duvet la valeur assoupie ;
Où, pour embaumer l'air, s'épuisa l'Arabie.
La paix, comme la guerre, accuse nos excès.
Dans les forêts du Maure, achetés à grands frais.
Ses tigres en grondant accourent à nos fêtes,
Et dans des cages d'or, affrontant les tempêtes,
Vont boire, aux cris d'un peuple atroce en ses plaisirs,
Le sang humain coulant pour charmer nos loisirs.
O crime, avant-coureur de la chute de Rome !
Dans l'homme en son printemps, le fer, détruisant l'homme,
Veut fixer, mais en vain, de fugitifs appas :
La nature s'y cherche et ne s'y trouve pas.
Brillant efféminé, compose ton sourire ;
Livre tes longs cheveux et ta robe au zéphyre :
Adonis et Vénus, d'un impudique amour,
A tes douteux autels vont brûler tour-à-tour.

Hôte odorant des bois dont l'Atlas se couronne,
Le citronnier pour nous en table se façonne;
Et sur ses veines d'or, appelant l'œil surpris,
Du métal qu'il imite, il usurpe le prix.
Comus, en ses festins, ne connaît plus d'entraves :
Le front paré du fleurs, environné d'esclaves,
Il parle, et, moissonné dans ses climats divers,
Pour la pompe d'un jour s'appauvrit l'univers :
Le scare, aux larges flancs, du fond des mers arrive;
L'huître, enfant de Lucrin, abandonne sa rive;
Tes bords muets, ô Phase, ont perdu leurs oiseaux,
Et le vent seul murmure à travers tes roseaux.

Entrons aux champs de Mars : l'or préside aux comices;
L'or prête aux candidats des vertus ou des vices;
D'un suffrage vénal, l'or dispose en tyran;
Le peuple et le sénat se vendent à l'encan.
Aux lieux même où du monde on voit siéger la reine,
Rampe aux pieds de Plutus la majesté romaine!
Là, Caton outragé brigue en vain les faisceaux :
Les faisceaux et l'opprobre attendent ses rivaux.
Qu'ils subissent en paix l'affront de la victoire :
Caton vaincu s'éloigne entouré de sa gloire,
Et, chassés avec lui, la liberté, l'honneur,
Laissent les lois sans force et l'Etat sans vengeur.

Plus loin, riche d'emprunts, l'opulence factice,
Dans l'antre de l'usure, implore l'avarice :
Trop heureux, si bientôt l'insolvable Crésus
N'est vendu pour sa dette, et ne meurt comme Irus!
Tel qu'un venin perfide, errant de veine en veine,
Le luxe dans ton sein couve ta mort prochaine,
O Rome ! enfin la guerre est ton unique espoir...
Quand on a tout perdu, la guerre est un devoir :

Sors du lâche sommeil où ta fierté s'oublie ;
Mars accourt dans ton sang retremper ton génie.

La Guerre civile, *traduction libre*
de de Guerle.

II. *La Discorde.*

La trompette a sonné. Soudain, impatiente,
Les cheveux hérissés et la bouche écumante,
La Discorde rugit. A son souffle empesté,
L'éclat des cieux pâlit, l'air en est infecté.
Son œil louche et meurtri cherche et fuit la lumière.
La rage est dans son cœur. L'implacable vipère
D'un triple dard de feu presse, en sifflant, son sein ;
Sur des trônes brisés pèsent ses pieds d'airain ;
Sa robe flotte aux vents, sanglante, déchirée ;
Elle arme d'un poignard sa main désespérée.

Sur le froid Apennin, le monstre s'est assis.
Déjà, dans sa pensée, entouré de débris,
Il compte les Etats qui vont être sa proie ;
Il les compte, et sourit. Dans sa barbare joie :
« Aux armes ! a-t-il dit ; aux armes ! levez-vous,
« Peuples, enfants, vieillards, femmes, accourez tous !
« Qui se cache est vaincu. Que le fer, que la flamme
« Dévorent les cités que ma fureur réclame !
« Vole, fier Marcellus, défends la liberté !
« Soulève, ô Curion, le peuple révolté !
« Lentulus, aux combats anime tes cohortes !
« Que tardes-tu, César ? ose enfoncer ces portes !
« Pour s'écrouler, ces murs attendent tes regards :
« L'or de Rome t'appelle. Et toi, rival de Mars,
« Invincible Pompée, où donc est ton courage ?
« Viens, Bellone, à Pharsale appelle le carnage.

« Là, du sang des humains doit s'abreuver un Dieu. »
La Discorde a parlé. L'univers est en feu.

Ibid., *Traduction du même.*

PHÈDRE, natif de Trace et affranchi d'Auguste, écrivait sous Tibère. Nous avons de cet auteur cinq livres de fables en vers iambes à qui il a donné lui-même le nom de *fables d'Esope* parce qu'il s'est proposé pour modèle ce premier inventeur, et qu'il en a même souvent emprunté le sujet de ses fables. Il déclare, dès le commencement de son ouvrage, que ce petit livre a deux avantages, qui sont d'amuser et d'égayer le lecteur, et de plus de lui fournir de sages conseils pour la conduite de la vie.

En effet, outre que les matières de cet ouvrage où l'on fait parler les bêtes et même les arbres, et où on leur donne de l'esprit, sont par elles-mêmes réjouissantes; la manière dont elles sont traitées a tout l'agrément et toute l'élégance possibles, en sorte que l'on peut dire que Phèdre a employé dans ses fables le langage de la nature même, tant le style en est simple et naïf, et cependant plein d'esprit et de délicatesse.

Elles ne sont pas moins estimables par rapport aux avis sensés et à la solide morale qu'elles renferment. J'ai remarqué ailleurs, en parlant d'Esope, combien cette manière d'instruire était en honneur et en usage chez les anciens, et le cas que les plus savants hommes en faisaient. Quand nous ne considérions ces fables que par l'utilité dont elles peuvent être pour l'éducation des enfants, à qui, sous l'écorce d'un récit divertissant, elles commencent déjà à proposer des principes de probité et de sagesse, elles devraient nous paraître d'un grand mérite : mais Phèdre a porté ses vues plus loin : il n'y a aucun âge, aucune condition qui n'y puisse trouver d'excellentes maximes pour la conduite de la vie. Comme les vertus y sont partout mises en honneur et comblées de louanges; les crimes aussi, comme l'injustice, la calomnie, la violence, y sont représentés sous de vives, mais d'affreuses couleurs, qui leur attirent le mépris, la haine et la détestation publique : et c'est sans doute ce qui anima contre lui Séjan, et l'exposa à un extrême danger sous ce ministre ennemi de tout mérite et de toute vertu. Phèdre n'en marque ni la cause, ni aucune circonstance particulière, ni l'issue : il se plaint seulement que toute les formalités de justice sont violées à son égard, ayant pour accusateur, pour témoin, pour juge, Séjan lui-même qui était son ennemi déclaré. Il y a beaucoup d'apparence que cet indigne favori qui abusait insolemment de la confiance de son maître, se trouva choqué de quelques portraits désavantageux tracés dans ces fables qui pouvaient le regarder : mais, comme ils étaient sans nom, s'en faire l'application soi-même, c'était se reconnaître, ou du moins se sentir coupable, Phèdre ayant pu n'avoir en vue que de décrire en général les vices des hommes, ainsi qu'il le déclare expressément.

On ne sait ni le temps, ni le lieu, ni aucune particularité de sa mort. On croit qu'il a survécu à Séjan, qui mourut la dix-huitième année de l'empire de Tibère.

Phèdre se rend un témoignage bien honorable, en déclarant qu'il avait arraché de son cœur toute envie d'amasser. Il ne paraît pas aussi indifférent, ni aussi désintéressé par rapport aux louanges : et il parle assez volontiers de son propre mérite ; il était grand en effet, et nous n'avons rien, dans toute l'antiquité, de plus accompli que ces fables, j'entends dans le genre simple et naturel.

Il est surprenant qu'avec tout ce mérite, Phèdre ait été si peu connu et si peu célébré par les anciens auteurs. Il n'y en a que deux qui en aient parlé, Martial (*Epigr.* 20 *l.* III.) et Aviénus; encore doute-t-on que le vers où le premier nomme Phèdre, regarde le nôtre. Casaubon, qui était si docte, n'apprit qu'il y avait un Phèdre au monde, que par l'édition qu'en donna, à Troyes, Pierre Pitou, en 1596. Celui-ci en envoya un exemplaire au P. Sirmon, qui était alors à Rome. Ce Jésuite le montra aux savants de Rome, et ils jugèrent d'abord que c'était un livre supposé. Mais, l'ayant examiné de plus près ; ils changèrent de sentiment, et crurent y rencontrer les caractères du siècle d'Auguste.

La Fontaine, qui a porté, dans notre langue, ce genre d'écrire à sa souveraine perfection, en marchant sur les traces de Phèdre, a pourtant suivi une route toute différente. Soit qu'il n'ait pas cru la langue française susceptible de cette heureuse simplicité qui, dans l'auteur latin, charme et enlève tous les esprits de bon goût; soit qu'il ne se soit pas lui-même trouvé propre à ce genre d'écrire; il s'est fait un style tout particulier, dont la langue latine n'est peut-être point non plus capable, et, qui, sans être moins naïf et moins naturel, est plus égayé, plus orné, plus libre, plus rempli de graces, mais de graces qui n'ont rien de fastueux ni d'affecté, qui ne font que rendre le fond des choses plus gai et plus amusant.

JUGEMENT.

Phèdre est un des auteurs les plus admirables du siècle d'Auguste, si fécond en beaux génies : il occupe une place honorable à coté des Horace et des Virgile, comme notre La Fontaine brille sur le même rang que les Boileau, les Racine et les Molière. Nous ignorons absolument quels hommages lui furent rendus par l'admiration de ses contemporains; mais les savants modernes n'ont pas cru pouvoir donner assez d'éloges à l'élégante pureté de son style. C'est par cette qualité qu'il se recommande sur-tout : il est plein de graces, mais de ces graces qui, semblables à celles de Ménandre et de Térence, ne sont bien senties que par le goût le plus délicat et le plus exercé. Si ses apologues servent à initier la jeunesse dans la connaissance de la langue latine, si son livre est le manuel des commençants, il n'appartient qu'aux plus habiles latinistes d'apprécier tout le mérite de sa diction. Phèdre est du nombre des auteurs *attiques*, c'est-à-dire de ceux qui ont plus particulièrement recherché la pureté du langage, la propriété de l'expression, la précision du trait, et une sorte de brièveté lumineuse, qui n'ajoute et n'ôte rien à la naïveté primitive de la pensée; il est simple, et La Fontaine ne l'est pas toujours, quoiqu'il soit toujours, éminemment naturel. Le fabuliste français regrette quelque part cette simplicité, dont il sentait tout le prix, et dont il a si heureusement remplacé les graces par des ornements d'un autre goût et d'un autre genre; il donne à entendre que notre langue n'en est pas susceptible, et je le crois. La simplicité de Phèdre ne serait en français que sécheresse et nudité; La Fontaine est en totalité très supérieur à Phèdre : il paraît avoir reçu de la nature un génie plus facile et plus riche; mais il ne faut pas croire que toutes ses fables soient supérieures à celles de l'auteur latin, qui sont composées sur les mêmes sujets *.

Dussault, *Annales littéraires*.

* La meilleure traduction en vers français des *Fables* de Phèdre est celle de M. Joly; la meilleure en prose est celle qui vient d'être publiée sous le titre suivant. *Traduction et Examen critique des Fables de Phèdre comparées avec celles de La Fontaine*, par M. Beuzelin père, ancien chef d'institution à Paris : ouvrage revu et continué par M. l'abbé Beuzelin, proviseur du collège de Limoges, Paris 1826, un volume in-8°.

PHILOSOPHIE (*Voyez* ce mot dans le *Supplément* au Répertoire *de la littérature*.

PICARD (Louis-Benoît), membre de l'Académie française et de la légion d'honneur, est né à Paris, en 1769. Fils d'un avocat, et neveu du médecin Gastelier, son éducation fut surveillée avec soin; mais il ne prit aucun goût ni pour le barreau, ni pour la médecine; se sentant au contraire un penchant irrésistible pour le théâtre, il embrassa cette carrière à la fin de ses études, et les succès qu'il y obtint justifièrent bientôt son choix.

Sa première pièce fut la comédie du *Badinage dangereux*, que son ami, M. Andrieux, se chargea de présenter au Théâtre de Monsieur, alors nouvellement établi. Elle reçut un accueil favorable, et peu de temps après la même troupe française, transportée à Feydeau, y représenta sa seconde comédie intitulée: *Encore des Menechmes*. Il donna ensuite l'opéra comique des *Visitandines* et quelques pièces de circonstances qui furent jouées avec plus ou moins de succès pendant les premières années de la révolution.

Le goût de M. Picard pour l'art dramatique étant devenu une véritable passion, il voulut remplir lui-même les principaux rôles dans ses pièces; et après s'être essayé sur des théâtres de société, il débuta à celui de Louvois, où chaque jour ses succès se multiplièrent comme auteur et comme acteur.

Devenu, en 1801, directeur du théâtre de l'Odéon, son zèle et son activité suffirent pendant plusieurs années à ces triples fonctions; mais il finit cependant par renoncer à la profession de comédien, afin de se livrer plus exclusivement à la composition. Ce fut en 1807, peu de temps après qu'il eut fait ce sacrifice, que l'académie l'appela dans son sein. Il obtint ensuite l'administration du Grand Opéra, et la multiplicité de ses occupations priva long-temps la scène de ses productions. Il ne reprit ses travaux littéraires qu'en 1816, époque à laquelle il quitta l'Opéra pour reprendre la direction de l'Odéon. Ce théâtre ayant été détruit pour la seconde fois par un incendie, le 20 mars 1818, M. Picard transporta son théâtre à la salle Favart, où il obtint la permission de faire jouer la tragédie et tout l'ancien répertoire du théâtre français. Il céda ensuite l'administration de ce théâtre, à la prospérité duquel ses productions n'ont pas moins contribué que son zèle.

Le nombre des compositions dramatiques de M. Picard s'élève à environ soixante-dix, dont il a donné un recueil intitulé : *Théâtre de L.-B. Picard*, 1812, 6 vol in-8°. Outre ce grand nombre de pièces et des poésies légères qui ont paru dans les recueils périodiques, il a encore publié cinq romans qui sont : Les *Aventures d'Eugène de Senneville et de Guillaume Delorme*, 1813,

4 vol. in-8°; *Jacques Fauvel*, 1823, 4 vol. in-12; *Gabriel Desaudry* ou l'*Exalté*, 1814, 4 vol. in-12; le *Gilblas de la révolution*, et l'*Honnête Homme ou le Niais*, 4 vol. in-12.

JUGEMENTS.

I.

Vingt-cinq comédies que M. Picard a fait représenter avant l'âge de quarante ans, prouvent son extrême facilité. Toutes ne sont pas d'une égale force, et l'habitude de composer rapidement peut même avoir influé sur l'exécution du plus grand nombre. Beaucoup ont réussi cependant, et leur succès n'est point usurpé; car elles présentent toujours des idées originales, des peintures vraies, des ridicules bien saisis. A la tête de ses comédies en vers, nous croyons devoir placer *Médiocre et Rampant*, e *Mari ambitieux*, et sur-tout *les Amis de Collège*, pièce moins importante que les deux autres, du moins quant au fond du sujet, mais plus remarquable par le mérite d'une versification soignée. Ses meilleures comédies en prose nous paraissent être *le Contrat d'union*, *la Petite Ville*, et *les Marionnettes*, ouvrage frivole en apparence, mais en effet très philosophique. Il faut ajouter à cette liste, déjà considérable, deux petites pièces fort jolies, *les Ricochets* et *M. Musard*. Nous l'avons assez fait entendre, en général les vers de l'auteur sont peu travaillés. Dans sa prose même, d'ailleurs si naturelle et si rapide, on voudrait trouver moins rarement de ces mots forts qui dessinent une scène, ou qui peignent un caractère, et dont Turcaret offre le modèle. On pourrait aussi lui reprocher d'aimer trop à faire justice des ridicules subalternes, et d'épargner les classes élevées, chez qui pourtant les ridicules ne sont pas plus rares que les vices. Ce n'était pas la pratique de Molière ; il est vrai que son génie n'était resserré par aucune entrave. Au reste, la gaieté, l'invention, l'art d'observer, l'intention prononcée de corriger les mœurs, et le talent difficile de bien développer le but moral sans refroidir la comédie ; telles sont les qualités essentielles d'un auteur comique, et M. Picard les réunit. Aujourd'hui donc qu'il voit sa réputation établie et ses talents récompensés, s'il parvient à moins produire en travaillant davantage, on peut lui garantir, sans trop de hardiesse, des succès encore supérieurs à ceux qu'il a justement obtenus.

II.

Peindre à la fois l'homme et la société, saisir les traits essentiels et inaltérables de la nature humaine, tout en retraçant le tableau mobile des mœurs, telle semble être la double vocation de la muse comique ; tel est le double mérite qui assure aux ouvrages du poète un succès populaire et une gloire durable. En même temps que les caractères profonds empruntés à une nature indestructible, reconnus de tous les hommes, plaisent également dans tous les âges, la peinture des ridicules passagers, des modes changeantes, des scandales du jour, après avoir amusé la malignité contemporaine, lègue à la postérité un témoignage des temps passés et une empreinte vivante de chaque époque. Par-là, le génie de l'auteur comique semble unir les fonctions de l'historien à l'esprit observateur du philosophe. En effet, si les secrets du cœur humain, dévoilés par son coup-d'œil pénétrant, sont dignes de figurer à côté des méditations du moraliste ; d'un autre côté, quand il a bien saisi les travers d'une génération, et qu'il en a vivement reproduit les mœurs et les ridicules, ses ouvrages sont alors un supplément aux annales publiques, une sorte de mémoires sur l'histoire morale de notre espèce, qui retracent, pour ainsi dire, la vie privée des nations.

Les caractères et les mœurs, voilà donc le domaine de la comédie. Toutefois, il ne faut pas perdre de vue que les caractères primitifs, si rares dans le monde, doivent être bientôt épuisés: ces traits principaux, qui appartiennent à tous les pays, à tous les temps, sont les plus difficiles à saisir, à mettre en scène, à individualiser. Aussi la peinture des mœurs est-elle la source féconde et toujours nouvelle où doivent puiser ceux qui prétendent à s'illustrer sur la scène comique.

Nous ne prendrons donc pas, comme une critique bien sérieuse, le reproche qu'on a fait à M. Picard, de tracer des tableaux de mœurs, plutôt que des caractères. M. Picard est le plus fécond des auteurs comiques de notre siècle ; et, ce qui donne du prix à cette fécondité, c'est le naturel, chose si rare en France, et la gaieté franche, qui ne l'abandonne presque jamais : il a beaucoup copié d'après nature, et s'il n'a pas toujours le trait profond, du moins est-il difficile de trouver un talent plus heureux pour esquisser des ensembles ; enfin, ce qui résulte même des qualités qui lui sont propres, et du genre qu'il a particulièrement adopté, il a plus que tout autre ce mérite historique dont nous parlions, cette empreinte des temps où il a vécu ; ce qui fait de ses œuvres une sorte de galerie où l'on peut retrouver les faces diverses de la société, et toutes ses physionomies variées à travers les vicissitudes des régimes qui se sont succédés en France, dans le court espace de trente années. Tel est le point de vue particulier sous lequel nous nous proposons d'envisager, dans cet article, le théâtre de M. Picard.

On sait qu'en tête de chacune de ses pièces, l'auteur a mis des préfaces très spirituelles, où il en fait un examen plein de candeur et de bonne foi, où il rend compte des occasions qui lui ont fourni un sujet. Ce sont d'ordinaire les commentaires les plus instrutifs et les plus piquants de ses ouvrages.

Médiocre et Rampant, qui fut joué en 1797 est la première comédie où M. Picard ait peint les mœurs de la société française, telle qu'elle sortait des bouleversements de la révolution.

Ce tableau d'une époque peu éloignée de nous, si l'on compte le nombre des années, et pourtant si peu semblable à la nôtre, lorsque l'on compare la diversité des usages, des idées, du langage même, me paraît offrir un des spectacles les plus curieux, et nous étonne, comme les mœurs d'une peuplade inconnue, tant le contraste est frappant !

Peu à peu la société se modifie et tend à se recomposer ; mais en attendant que de nouvelles institutions, plus stables, aient formé des classifications et des habitudes nouvelles, les salons de Paris offrent un singulier mélange de parvenus insolents et de *ci-devant* ruinés, de luxes et de grossièreté, et sur-tout une avidité effrénée de jouissances, qui semble vouloir réparer le temps perdu, et mettre à profit le présent prêt à lui échapper. L'*Entrée dans le Monde*, représentée en 1799, reproduit quelques traits de cet état de choses.

La fureur de l'agiotage, les fortunes prodigieuses et soudaines, qu'il enfante et engloutit avec la même rapidité, les banqueroutes qui dès lors devinrent si fort à la mode, caractérisent cette époque. Alors les *fournisseurs*, les *faiseurs d'affaires* donnaient le ton ; ils composaient la tête de la société et y tenaient le premier rang. Sous le directoire, qu'ils contribuèrent à déconsidérer, ils avaient pénétré jusqu'au cœur de l'Etat et en gênaient les ressorts par leurs intrigues, et par celles de leurs agents et de leur nombreuse clientelle. Ils tentèrent de se perpétuer sous le consulat; mais Napoléon, qui les appelait le fléau, la lèpre d'une nation, leur déclara la guerre, et ce fut du moins un service qu'il rendit à la France, d'avoir mis, dans cette partie, un terme à la corruption universelle qui s'affichait ouvertement, et d'avoir chassé les dilapidateurs qui s'étaient insinués dans toutes les branches de l'administration. L'agiotage et les banqueroutes appelaient donc le châtiment exemplaire d'une satire sanglante. M. Picard se chargea de l'infliger dans son *Duhautcours*, ou le *Contrat d'union*, qu'il fit en société avec Chéron.

Jusqu'ici, dans cet aperçu rapide, nous avons esquissé les caractères principaux des mœurs publiques, c'est-à dire de celles qui participent, en quelque manière, à la nature du gouvernement et à l'état politique du pays. Mais bientôt, soit que la stabilité du gouvernement rendit plus d'empire à la vie des familles, soit que déjà un gouvernement ombrageux vit avec inquiétude tout regard qui s'élevait au delà des relations privées, peu à peu la comédie se renferme dans la peinture des mœurs domestiques et des caractères individuels. On sait, en effet, avec quelle sévère inquisition la censure impériale rechercha plus tard et proscrivit tout ce qui touchait de près ou de loin le nouvel ordre de choses, tout ce qui pouvait faire allusion aux usages nouveaux. L'auteur comique croyait qu'on devait lui savoir gré de mettre en scène les nouvelles institutions ; et pourtant on vit de jeunes auditeurs se formaliser de ce qu'il avait introduit, dans *un Lendemain de Fortune*, deux jeunes gens qui aspirent à être auditeurs. On comprend quelle était sous ce régime la haute vocation des lettres, lorsqu'à propos d'un discours académique, on entend une voix partie du trône, s'écrier : « Et depuis quand l'Institut se permet-il de devenir une assemblée politique ? Qu'il fasse des vers, qu'il censure les fautes de langue. mais qu'il ne sorte pas du domaine des Muses, ou je saurai bien l'y faire rentrer. »

On n'a pas oublié non plus la terrible colère qu'excita *l'Intrigante*, qui s'avisait de donner des brevets de colonel, de traiter avec les ministres, et de faire courir des chambellans ; et peut-être après tout, n'y avait-il dans cette colère, qu'une vue nette de la situation, et un instinct de défense personnelle. Car enfin, si l'on eût pu rire tout haut des chambellans de la cour impériale, qui peut dire où l'on se serait arrêté ? Ce n'est donc point aux auteurs eux-mêmes qu'il faut imputer cette lacune dans la galerie historique des mœurs nationales.

Quoi qu'il en soit, la féconde imagination de M. Picard trouva encore dans les mœurs privées une mine assez riche à exploiter ; et pendant de longues années, il produisit une suite d'ouvrages parmi lesquels ne sont pas ses moindres titres de gloire.

Déjà il s'était annoncé, dans ce genre, par un tableau vivant de réalité, égayé partout des traits d'une satire ingénieuse, *la Petite Ville*. Là, sont représentés au naturel ces prétentions et ces ridicules si communs partout, et sur-tout en province ; cepenchant habituel à juger tout, même de notre bonheur, non d'après notre propre impression, mais d'après l'opinion du voisin ; ce respect superstitieux pour toutes les prétendues convenances, toutes les formes reçues, qu'on appelle le *bon ton*, et qui sont comme l'enseigne du beau monde. Rifflard, le bel esprit de l'endroit; la coquette madame Senneville, qui donne le ton ; le processif Vernon, sont d'excellents originaux, dont chaque ville de province peut offrir la copie. L'intrigue de la sensible mademoiselle Nina Vernon a peut-être quelque chose d'un peu chargé; mais y a-t il rien d'un meilleur comique que madame Guibert, l'accueil qu'elle fait aux deux étrangers, la sollicitude avec laquelle elle fait valoir la *voix céleste* et tous les avantages de sa fille ; puis, son désapointement et son brusque changement d'humeur, lorsqu'elle croit que le beau jeune homme est marié. Enfin, à travers ce décorum guindé de la prétention, comme le naturel perce et reprend ses droits, dans les petites jalousies, les médisances et les commérages de ces bonnes gens ! Ce qui prouve la fidélité du tableau, c'est qu'on fit à la pièce l'honneur de la proscrire dans plus d'une petite ville ; et plus d'une belle dame accusait l'auteur d'être sans principes, sans mœurs et sans charité.

Le succès de *la Petite Ville* devait naturellement engager à tenter le panorama de la grande ville, et nous a valu *les Provinciaux à Paris;* mais un sujet si vaste était bien plus difficile à ramener à l'unité et aux formes précises exigées dans nos compositions dramatiques ; on y trouve de l'esprit d'observation ; mais le tableau est loin d'être complet, malgré les nombreux épisodes qui viennent suppléer à l'insuffisance de l'action, et qui la ralentissent par fois.

Monsieur Musard obtint, lorsqu'il parut, un succès de vogue, dû sans doute à un caractère bien pris sur le fait, qui s'annonce, se développe et se soutient d'une manière satisfaisante depuis le premier mot jusqu'au dernier. C'est le propre des talents supérieurs, de créer, de mettre, pour ainsi dire, de nouveaux personnages dans le monde. C'est par cet art que Walter Scott a su répandre sur ses compositions un intérêt si attachant ; il fait mouvoir et agir des êtres qui sont entièrement réalisés pour notre imagination ; ils deviennent pour nous comme d'anciennes connaissances. M. Musard est un de ces personnages que tout le monde a rencontrés : pour peu qu'on ait vécu, il est impossible de n'avoir pas eu affaire à un de ces hommes qui ne sont jamais pressés, toujours prêts à s'amuser de tout, et qui font le tourment des esprits actifs et impatients.

Une cause encore du succès de *Monsieur Musard*, c'est qu'à la différence de presque tous les autres défauts mis en scène, chacun avoue franchement qu'il est attaqué de celui-ci. Personne ne veut être avare, glorieux; tout le monde consent à être musard. Que dis-je? on s'en fait gloire, ou du moins on s'en fait une excuse. C'est un caractère qui n'exclut ni l'esprit, ni l'honneur, ni la bonté. Quel homme de génie j'aurais été, dit en confidence tel honnête homme à sa femme, si je n'avais été un vrai musard ! Quelle fortune j'aurais faite, dit tel autre, si j'avais donné mon temps à mes affaires : Je suis tout feu pour obliger mes amis, dit un autre ; mais le temps passe si vîte ! « Aussi, ajoute M. Picard, combien de gens ont prétendu que j'avais pensé à eux ! Que de femmes m'ont répété : c'est mon mari que vous avez voulu peindre. »

Ce qui caractérise d'ordinaire un écrivain, et sur-tout un poëte moraliste, c'est le point de vue particulier sous lequel il envisage la vie et l'espèce humaine. Pour M. Picard, l'objet le plus habituel de son observation, le trait que son talent se plaît le mieux à reproduire, c'est tout ce qu'il y a de faible et de changeant dans l'homme, « ce subject ondoyant et divers, » comme l'appelle Montaigne. Il excelle à peindre ces fluctuations qui tourmentent la plupart des hommes, et qui changent leurs opinions et leurs résolutions au gré des intérêts et des circonstances ; cette mobilité qui en fait autant de girouettes promptes à tourner au vent de la fortune. On a souvent assimilé la vie humaine à un théâtre où chacun de nous paraît à son tour, pour y jouer bien ou mal le rôle que lui assigne sa destinée. On ne diffère guère que sur le genre de la pièce que nous représentons sur la scène du monde. Les uns n'y voient qu'une tragédie assez triste ; d'autres, une plaisante comédie ; les plus moroses, une farce ridicule. Attentif à cette mobilité de caractère qui nous fait si souvent obéir à une impulsion étrangère, M. Picard fut frappé d'un vers d'Horace, qui montre l'homme dirigé par le fil d'une main cachée :

Duceris, ut nervis alieni mobile lignum,

et il fit *les Marionnettes.*]

Dans cette comédie, l'un des meilleurs ouvrages de l'auteur, et qui même, au jugement de plusieurs critiques, passe pour son chef-d'œuvre, il n'attaque point un ridicule particulier ; il n'a pas voulu mettre en saillie un caractère principal, et l'entourer de caractères accessoires ou opposés, propres à le faire ressortir : il attaque une faiblesse qui lui paraît générale ; il a donc montré tous ses personnages atteints de cette faiblesse, tout en variant leurs physionomies. M. Dervilé et sa sœur, bien fiers, bien impertinents quand ils sont riches, bien humbles, bien flatteurs quand ils sont pauvres ; M. Valberg, l'ami du château, et sa sœur, la spirituelle, qui ferme sa boutique et renvoie son cousin pour venir courtiser le nouveau riche ; tous ces personnages quittant bien vite Marcelin pour faire la cour à Georgette, quand ils croient que la fortune lui appartient ; le valet qui s'attache à son nouveau maître, et qui méprise l'ancien ; le notaire, si joyeux quand il trouve un acte à rédiger ; le jardinier qui fait le grand seigneur quand il se croit légataire ; et enfin Gaspard, le directeur des marionnettes, qui s'oublie un instant, et pense à faire épouser sa petite-fille à son riche ami ; sont tous heureusement choisis pour faire ressortir l'intention comique.

Je ne puis m'empêcher de transcrire les dernières lignes de la préface, où l'auteur a fait l'examen de sa pièce : « Eh ! mon Dieu ! voilà une préface bien remplie d'éloges. Je ne m'y accuse de rien. Je vante beaucoup de choses, et je cherche à répondre à toutes les critiques. Que le lecteur me le pardonne ; je fus enivré du succès de cette pièce, comme mon maître d'école est enivré de sa fortune. Je crois n'avoir été ni fier, ni insolent. Cependant, en relisant mes notes, je trouve, à la date des premières représentations, ces mots bien écrits de ma main : « Ne suis-je pas une vraie marionnette ? » — Je n'en rougis pas, je n'ai pas prétendu m'excepter. »

Les Ricochets nous offrent encore des *marionnettes*, et ce n'est pas un reproche que nous prétendons faire. L'idée de cette petite comédie est ingénieuse et vraie. C'est un tableau en miniature de toute la société, envisagée sous un point de vue assez piquant. Dans *les Ricochets*, comme dans *les Marionnettes*, tous les personnages changent subitement de volonté, suivant les évènements, suivant la situation où ils se trouvent. De plus, la pièce offre un tableau par échelons de toutes les classes de la société : tel qui se trouve inférieur de celui-ci est supérieur de celui-là ; il reçoit avec soumission les ordres du premier, il donne ses ordres avec importance au second, qui les reçoit à son tour, et va donner les siens à d'autres. Plus un homme est souple devant son supérieur, plus il est arrogant envers son inférieur. (L'insolence est une médaille dont le revers est la bassesse.) La perte d'un petit chien détruit les espérances de tous les personnages, le cadeau d'un serin les fait renaître, les réalise, opère des mariages, fait obtenir des places : on voit par là comment de petites causes peuvent amener de grands effets.

La vieille Tante, ou *les Collatéraux*, présente ce qui n'est pas très commun dans le théâtre de M. Picard, le développement d'un même caractère, auquel tout est subordonné ; il est parfaitement soutenu d'un bout à l'autre. La vieille tante règne au sein de sa famille ; elle fait mouvoir à son gré ses avides collatéraux, qu'elle gouverne par leurs intérêts ; elle leur impose ses volontés tout en riant à leurs dépens. Les complaisances forcées de ces parents attentifs à capter un testament, leurs jalousies entre eux, leurs querelles, leurs plans pour se supplanter et pour écarter le parent favorisé qui les offusque, et jusqu'aux mouvements d'humeur de la bonne tante, tout cela fait de cet intérieur de famille un tableau plein de comique et en même temps de vérité. Nulle part on n'a mieux représenté au naturel ces tracasseries domestiques, et cette pièce me paraît faire un digne pendant du *Vieux Célibataire*.

L'auteur, habitué à donner chaque année plusieurs ouvrages au public, était resté cinq ans sans rien produire ; un succès brillant signala son retour. Qui n'a vu *les deux Philibert*? le caractère du mauvais sujet est une de ces créations dont tout le monde a reconnu la vérité, puisque enfin, dans les arts, créer, c'est le plus souvent reproduire fidèlement la nature. Il n'est guère de famille qui n'ait son mauvais sujet assez ressemblant à Philibert cadet. On le gronde, on l'aime ; on le repousse, on l'accueille ; on se plaint de ses fredaines, et on en rit ; on jure qu'on ne fera plus rien pour lui, et l'on finit toujours par venir à son aide. Un pareil personnage réussit d'ordinaire au théâtre : on s'intéresse à lui, parce qu'au milieu de son libertinage, il est ce qu'on est convenu d'appeler un bon enfant, mauvaise tête et bon cœur.

J'ai omis beaucoup d'autres pièces inférieures à celles que j'ai citées ; la critique eût pu y trouver ample matière à s'exercer ; mais d'ailleurs M. Picard, dans l'examen de ses ouvrages, se juge lui-même avec assez de sévérité. Il en est un, toutefois, que j'aurais voulu venger du froid accueil qu'il reçut à son apparition; c'est *Vanglas*: aujourd'hui encore, il me paraît mériter mieux que le succès d'estime qu'il a obtenu.

Avant de terminer cet article, jetons un coup-d'œil rapide sur la condition actuelle de la comédie en France. La comédie politique, telle qu'Aristophane l'a créée, avec toute sa licence, ses allusions directes et ses attaques personnelles, aurait sans doute de graves inconvénients chez nous, dans l'état actuel de nos mœurs: mais n'a-t-on pas lieu de regetter aussi qu'on ne laisse pas un peu plus de latitude à ses tableaux, et qu'on ne lui permette pas d'attaquer certains travers généraux, quelquefois même certains scandales publics, contre lesquels le ridicule est l'arme la plus sûre et la seule vengeance permise? la comédie ne serait pas alors condamnée à se traîner sur les combinaisons usées d'une intrigue banale, et à représenter des mœurs factices et de convention, des caractères qui n'appartiennent à aucune société réelle, et jusqu'à des costumes qui ne sont ceux d'aucune époque.

Réduite à ces étroites proportions, la peinture des mœurs nationales abandonne la comédie et se réfugie dans les romans. Telle est aussi la nouvelle carrière dans laquelle M. Picard a porté son talent d'observation.

Artaud.

PILPAY.

PILPAY, ou mieux BIDPAY, bramine indien, fut, à ce qu'on croit, gouverneur d'une partie de l'Indostan, et conseiller de Dabschelim, qui était, dit-on, un puissant roi indien. Il enseigna à ce prince les principes de la morale et l'art de gouverner, par des fables ingénieuses qui ont immortalisé son nom. Ces *Fables*, écrites en Indien, ont été traduites dans presque toutes les langues connues. On ne sait rien de bien assuré sur la vie de cet auteur, ni sur ses ouvrages, ni sur le temps où il a vécu. Antoine Galland a traduit ses *Fables* en français, avec celles de Lockman, Paris, 1698, in-12, et 1714, 2 vol. in-12. M. Sylvestre de Sacy a publié le texte arabe des *Fables* de Pilpay, avec une traduction française, Paris, 1816, in-4°, et cette édition a été accueillie avec plaisir par les savants.

(*Voyez* Esope *et* Lokmann.)

PINDARE de Thèbes, florissait au temps de l'expédition de Xercès, et vécut environ soixante et cinq ans.* Il prit des leçons de poésie et de musique sous différents maîtres, et en particulier sous Myrtis, femme distinguée par ses talents, plus célèbre encore pour avoir compté parmi ses disciples Pindare et la belle Corinne. Ces deux élèves furent liés, du moins par l'amour des arts.

* D'après M. Bœckh, Pindare naquit l'an 522, et mourut l'an 442 avant Jésus-Christ.

Pindare, plus jeune que Corinne, se faisait un devoir de la consulter. Ayant appris d'elle que la poésie doit s'enrichir des fictions de la fable, il commença ainsi une de ses pièces : « Dois-je « chanter le fleuve Isménus, la nymphe Mélie, « Cadmus, Hercule, Bacchus, etc. ? » Tous ces noms étaient accompagnés d'épithètes. Corinne lui dit en souriant : « Vous avez pris un sac de « grains pour ensemencer une pièce de terre ; « et, au lieu de semer avec la main, vous avez, « dès les premiers pas, renversé le sac. »

Je vais donner quelques notions sur sa vie et sur son caractère J'en ai puisé les principales dans ses écrits, où les Thébains assurent qu'il s'est peint lui-même. « Il fut un temps où un vil « intérêt ne souillait point le langage de la poésie. « Que d'autres aujourd'hui soient éblouis de l'éclat « de l'or ; qu'ils étendent au loin leurs posses- « sions : je n'attache de prix aux richesses que « lorsque, tempérées et embellies par les vertus, « elles nous mettent en état de nous couvrir d'une « gloire immortelle. Mes paroles ne sont jamais « éloignées de ma pensée. J'aime mes amis ; je « hais mon ennemi, mais je ne l'attaque point « avec les armes de la calomnie et de la satire. « L'envie n'obtient de moi qu'un mépris qui « l'humilie : pour toute vengeance, je l'aban- » donne à l'ulcère qui lui ronge le cœur. Jamais « les cris impuissants de l'oiseau timide et jaloux « n'arrêteront l'aigle audacieux qui plane dans « les airs.

« Au milieu du flux et reflux de joies et les
« douleurs qui roulent sur la tête des mortels,
« qui peut se flatter de jouir d'une félicité cons-
« tante ? J'ai jeté les yeux autour de moi, et voyant
« qu'on est plus heureux dans la médiocrité que
« dans les autres états, j'ai plaint la destinée des
« hommes puissants, et j'ai prié les dieux de ne
« pas m'accabler sous le poids d'une telle pros-
« périté : je marche par des voies simples, con-
« tent de mon état, et chéri de mes concitoyens;
« toute mon ambition est de leur plaire, sans
« renoncer au privilège de m'expliquer librement
« sur les choses honnêtes et sur celles qui ne le
« sont pas. C'est dans ces dispositions que j'ap-
« proche tranquillement de la vieillesse : heureux
« si, parvenu aux noirs confins de la vie, je laisse
« à mes enfants le plus précieux des héritages,
« celui d'une bonne renommée !

Les vœux de Pindare furent remplis; il vécut dans le sein du repos et de la gloire. Il est vrai que les Thébains le condamnèrent à une amende pour avoir loué les Athéniens leurs ennemis, et que dans les combats de poésie, les pièces de Corinne eurent cinq fois la préférence sur les siennes; mais à ces orages passagers succédaient bientôt des jours sereins. Les Athéniens et toutes les nations de la Grèce le comblèrent d'honneurs; Corinne elle-même rendit justice à la supériorité de son génie. A Delphe, pendant les jeux pythiques, forcé de céder à l'empressement d'un nombre infini de spectateurs, il se plaçait, couronné de lauriers, sur un siège élevé; et, prenant sa lyre, il faisait entendre ces sons ravissants qui excitaient de toutes parts des cris d'admiration, et faisaient le plus bel ornement des fêtes. Dès que les sacrifices était achevés, le prêtre d'Apollon l'invitait solennellement au banquet sacré. En effet, par une distinction éclatante et nouvelle, l'oracle avait ordonné de lui réserver une portion des prémices que l'on offrait au temple.

BARTHELEMY, *Voyage d'Anacharsis.*

JUGEMENTS.

Quintilien met Pindare à la tête des neuf poètes lyriques de la Grèce. Ce qui fait son mérite personnel et son caractère dominant, c'est cette noblesse, cette grandeur, cette sublimité qui l'élèvent souvent au-dessus des règles ordinaires auxquelles il ne faut pas exiger que les productions des grands génies soient servilement assujetties. On voit dans ses Odes un effet sensible de cet enthousiasme dont j'ai parlé d'abord. Il pourrait même y paraître un peu trop de hardiesse, si un mélange de traits plus agréables n'y servait d'adoucissement. Le poète l'a bien senti, et c'est ce qui lui a fait de temps en temps répandre des fleurs à pleines mains, en quoi sa rivale la célèbre Corinne, lui a même reproché l'excès.

Véritablement Horace ne le loue que par le caractère de sublimité. Selon lui, c'est un cygne qu'un effort impétueux et le secours des vents élève jusque dans les nues, c'est un torrent qui' grossi par l'abondance des eaux, renverse tout ce qui s'oppose à l'impétuosité de son cours ; mais à le regarder par d'autres endroits, c'est un ruisseau paisible, dont l'eau claire et pure coule sur un sable d'or entre des rives fleuries. C'est une abeille, qui, pour composer son nectar, ramasse sur les fleurs ce qu'elles ont de plus précieux.

Son style est toujours proportionné à sa manière de penser : serré, concis et sans trop de liaison dans les mets: l'esprit en découvre assez dans la suite des choses qu'il traite, et les vers en ont plus de force. Le soin d'ajouter des transitions ne ferait que ralentir le feu du poète, en donnant à l'enthousiasme le temps de se refroidir.

En parlant, comme j'ai fait, de Pindare, je ne prétends pas le donner comme un auteur sans défaut: il en a qu'il est difficile d'excuser; mais le nombre et la grandeur des beautés qui les accompagnent doivent les couvrir, et les faire presque disparaître. Il fallait qu'Horace, bon juge en toute matière, mais sur-tout en celle-ci, eût conçu une haute idée de son mérite, puisqu'il ne craint point de dire qu'on ne peut, sans une témérité visible, prétendre l'égaler : *Pindarum quiquis studet œmulari*, etc.

Rollin, *Histoire ancienne*.

II.

Pindare s'exerça dans tous les genres de poésie*, et dut principalement sa réputation aux hymnes qu'on lui demandait, soit pour honorer les fêtes des dieux, soit pour relever le triomphe des vainqueurs aux jeux de la Grèce.

Rien peut-être de si pénible qu'une pareille tâche. Le tribut d'éloges qu'on exige du poète doit être prêt au jour indiqué ; il a toujours les mêmes tableaux à peindre, et sans cesse il risque d'être trop au-dessus ou trop au-dessous de son sujet : mais Pindare s'était pénétré d'un sentiment qui ne connaissait aucun de ces petits obstacles, et qui portait sa vue au delà des limites où la nôtre se renferme.

Son génie vigoureux et indépendant ne s'annonce que par des mouvements irréguliers, fiers et impétueux. Les dieux sont-ils l'objet de ses chants ; il s'élève, comme un aigle, jusqu'au pied de leurs trônes : si ce sont les hommes, il se précipite dans la lice comme un coursier fougueux : dans les cieux, sur la terre, il roule, pour ainsi dire, un torrent d'images sublimes, de métaphores hardies, de pensées fortes, et de maximes étincelantes de lumière.

---

* Il ne nous reste des nombreux ouvrages de Pindare que des fragments et quarante-cinq odes ou chants de victoire. On les a divisées en quatre sections, savoir : quatorze *Chants Olympiques*, douze *Victoires Pythiques*, onze *Victoires Néméennes* et huit *Victoires Isthmiques*.

La plus savante et la plus complète des éditions de Pindare est celle que l'on doit aux soins de M. Aug. Bœckh, Leipzig 1811—1821, 2 vol. in-4°. M. Boissonade en a donné une très-bonne édition dans la *Collection* in-32 *des Poètes grecs*, publiée par le libraire Lefevre. F.

Pourquoi voit-on quelquefois ce torrent franchir ses bornes, rentrer dans son lit, en sortir avec plus de fureur, y revenir pour achever paisiblement sa carrière ? C'est qu'alors, semblable à un lion qui s'élance à plusieurs reprises en des sentiers détournés, et ne se repose qu'après avoir saisi sa proie, Pindare poursuit avec acharnement un objet qui paraît et disparaît à ses regards. Il court, il vole sur les traces de la gloire ; il est tourmenté du besoin de la montrer à sa nation. Quand elle n'éclate pas assez dans les vainqueurs qu'il célèbre, il va la chercher dans leurs aïeux, dans leur patrie, dans les instituteurs des jeux, partout où il en reluit des rayons qu'il a le secret de joindre à ceux dont il couronne ses héros : à leur aspect, il tombe dans un délire que rien ne peut arrêter; il assimile leur éclat à celui de l'astre du jour ; il place l'homme qui les a recueillis au faîte du bonheur : si cet homme joint les richesses à la beauté, il le place sur le trône même de Jupiter, et, pour le prémunir contre l'orgueil, il se hâte de lui rappeler que, revêtu d'un corps mortel, la terre sera bientôt son dernier vêtement.

Un langage si extraordinaire était conforme à l'esprit du siècle. Les victoires que les Grecs venaient de remporter sur les Perses les avaient convaincus de nouveau que rien n'exalte plus les âmes que les témoignages éclatants de l'estime publique. Pindare, profitant de la circonstance, accumulant les expressions les plus énergiques, les figures les plus brillantes, semblait emprunter la voix du tonnerre pour dire aux états de la Grèce : Ne laissez point éteindre le feu divin qui embrase nos cœurs ; excitez toutes les espèces d'émulation ; honorez tous les genres de mérite ; n'attendez que des actes de courage et de grandeur de celui qui ne vit que pour la gloire. Aux Grecs assemblés dans les jeux d'Olympie, il disait : Les voilà ces athlètes qui, pour obtenir en votre présence quelques feuilles d'olivier, se sont soumis à de si rudes travaux. Que ne ferez-vous donc pas quand il s'agira de venger votre patrie !

Aujourd'hui encore, ceux qui assistent aux brillantes solennités de la Grèce, qui voient un athlète au moment de son triomphe, qui le suivent lorsqu'il rentre dans la ville où il reçut le jour ; qui entendent retentir autour de lui ces clameurs, ces transports d'admiration et de joie, au milieu desquels sont mêlés les noms de leurs ancêtres qui méritèrent les mêmes distinctions ; les noms des dieux tutélaires qui ont ménagé une telle victoire à leur patrie ; tous ceux-là, dis-je, au lieu d'être surpris des écarts et de l'enthousiasme de Pindare, trouveront sans doute que sa poésie, toute sublime qu'elle est, ne saurait rendre l'impression qu'ils ont reçue eux-mêmes.

Pindare, souvent frappé d'un spectacle aussi touchant que magnifique, partagea l'ivresse générale, et, l'ayant fait passer dans ses tableaux, il se constitua le panégyriste et le dispensateur de la gloire : par-là tous ses sujets furent ennoblis et

reçurent un caractère de majesté. Il eut à célébrer des rois illustres et des citoyens obscurs : dans les uns et dans les autres, ce n'est pas l'homme qu'il envisage, c'est le vainqueur. Sous prétexte que l'on se dégoûte aisément des éloges dont on n'est pas l'objet, il ne s'appesantit pas sur les qualités personnelles ; mais, comme les vertus des rois sont des titres de gloire, il les loue du bien qu'ils ont fait, et leur montre celui qu'ils peuvent faire. « Soyez justes, ajoute-t-il, dans toutes vos ac-
« tions, vrais dans toutes vos paroles ; songez
« que des milliers de témoins ayant les yeux fixés
« sur vous, la moindre faute de votre part serait
« un mal funeste. » C'est ainsi que louait Pindare : il ne prodiguait point l'encens, et n'accordait pas à tout le monde le droit d'en offrir. « Les
« louanges, disait-il, sont le prix des belles ac-
« tions : à leur douce rosée, les vertus croissent,
» comme les plantes à la rosée du ciel ; mais il
« n'appartient qu'à l'homme de bien de louer les
« gens de bien. »

Malgré la profondeur de ses pensées et le désordre apparent de son style, ses vers, dans toutes les occasions, enlèvent les suffrages. La multitude les admire sans les entendre, parce qu'il lui suffit que des images vives passent rapidement devant ses yeux comme des éclairs, et que des mots pompeux et bruyants frappent à coups redoublés ses oreilles étonnées ; mais les juges éclairés placeront toujours l'auteur au premier rang des poètes lyriques, et déjà les philosophes citent ses maximes, et respectent son autorité.

Au lieu de détailler les beautés qu'il a semées dans ses ouvrages, je me suis borné à remonter au noble sentiment qui les anime. Il me sera donc permis de dire comme lui : « J'avais beaucoup de « traits à lancer; j'ai choisi celui qui pouvait « laisser dans le but une empreinte honorable. »

BARTHELEMY, *Voyage d'Anacharsis.*

PIRON (ALEXIS), né à Dijon, le 9 juillet 1689, était fils d'un pharmacien de cette ville, qui avait quelque talent pour la poésie, et jouissait d'une si bonne réputation parmi ses concitoyens, qu'il fut élevé à la place d'échevin.

Destiné d'abord à l'état ecclésiastique, le jeune Piron fit d'excellentes études, et sentit de bonne heure un goût très vif pour la culture des lettres; mais forcé par sa famille de choisir une autre carrière, il se décida, après quelques temps d'hésitation, pour celle du barreau, prit ses degrés à Besançon, et allait être reçu avocat, lorsqu'un dérangement subit, survenu dans la fortune de ses parents, le força de renoncer à cet état et le replongea dans sa première indécision.

Malgré le désavantage de sa position, il n'en composa pas moins dès lors quelques unes de ces pièces fugitives dont on a grossi la première édition de ses *OEuvres*. Ce fut aussi à cette même époque de sa jeunesse qu'il fit cette fameuse Ode, dont il ne tarda pas à rougir, et qui eut une influence si fâcheuse sur le reste de sa vie. Saisi d'une folle émulation à la vue d'une pièce licencieuse que lui envoya un de ses amis, il voulut lui prouver sa supériorité en ce genre, sans prévoir alors tous les regrets qu'il se préparait. Il sentit cependant la nécessité de ne point publier une telle production, et ne l'abandonna à son ami qu'après lui avoir recommandé le secret; mais ce secret fut bientôt violé, et Piron ne tarda pas à reconnaître toute l'importance de sa faute, par le scandale qu'elle produisit parmi ses concitoyens, et les réprimandes sévères qu'elle lui attira de la part du ministère public.

Obligé de s'éloigner de sa ville natale, pour échapper aux reproches qu'il y essuyait de toutes parts, il végéta successivement dans un emploi subalterne chez un financier; puis en qualité de copiste, à Paris, chez le chevalier de Belle-Isle, et fut long-temps astreint à ces occupations fastidieuses sans pouvoir se livrer à son goût pour la littérature. En 1722, l'on n'avait encore de lui que quelques poésies fugitives, des couplets et des saillies; mais ayant ensuite composé pour l'Opéra-Comique quelques pièces où l'on trouve des détails singuliers, originaux et d'une invention piquante, ces petites productions eurent assez de succès pour lui procurer un peu plus d'aisance, et elles lui gagnèrent en même temps des amis et des protecteurs, qui l'engagèrent à travailler pour un théâtre plus digne de lui. Ce fut en 1728 qu'il fit paraître, au Théâtre Français, sa comédie des *Fils ingrats*, dont il changea ensuite le titre en celui de *l'Ecole des Pères*. Cette pièce fut très bien accueillie; mais la tragédie de *Calisthène* qu'il donna deux ans après n'eut que dix représentations.

Outre ses liaisons avec plusieurs hommes de lettres, tels que Crébillon père et fils, Bernard, Gresset, Collé, La Noue et beaucoup d'autres, qui, chaque semaine, se réunissaient pour souper à frais communs dans un lieu appelé le *Caveau*, et où chaque auteur communiquait ses ouvrages à la société et recevait ses conseils, Piron eut encore l'avantage de faire la connaissance du comte de Livry, dont l'utile et constante amitié le mit à même de se livrer entièrement à son goût pour la carrière dramatique, et loin de se laisser décourager par le peu de succès de sa tragédie de *Callisthène*, il sentit au contraire redoubler son ardeur pour la composition, et donna bientôt au public la tragédie de *Gustave*, qui réussit complètement et qui est restée au théâtre. L'*Amant Mystérieux*, qui parut quelques années après, n'avait été fait que pour la société du comte de Livry : cette pièce, qu'on avait vue avec plaisir sur un théâtre particulier, tomba sur la scène française, tandis qu'une petite pastorale en vers, intitulé les *Courses de Tempé*, que Piron donna le même jour, y fut parfaitement accueillie, ce qui lui fit dire que « le public l'avait baisé sur une joue et lui avait donné un soufflet sur l'autre. »

Quelque fut, le mérite de ces ouvrages, aucun d'eu xcependant n'annonçait encore en lui un auteur capable de briller sur la scène comique, lorsqu'en 1738 parut sa *Métromanie*. On aura de la peine à croire que cette pièce, qui porte l'empreinte du génie, et dont les beautés sont si faciles à saisir sans le prestige de la représentation, fut d'abord refusée par les comédiens ; qu'il fallut un ordre supérieur pour la faire jouer, et que même, malgré l'admiration qu'elle excita, elle ne fut point inscrite alors au répertoire du Théâtre Français. Des cabales, excitées par des auteurs jaloux la firent abandonner pendant dix ans ; et ce fut l'acteur Granval, qui, lors de sa rentrée en proposa la reprise à ses camarades. Mais tandis que cette pièce était négligée à Paris, elle réunissait tous les suffrages des grandes villes de province, et procurait les meilleures recettes aux directeurs qui en avaient enrichi leur répertoire.

Les succès que Piron venait d'obtenir, malgré tous les efforts de l'envie, semblaient devoir redoubler son ardeur pour le théâtre, mais à dater de cette époque divers chagrins domestiques vinrent l'assaillir ; et lui ôter la liberté d'esprit dont il avait besoin pour se livrer à la composition ; et la tragédie de *Fernand-Cortès*, qu'il fit jouer en 1744, fut son dernier ouvrage dramatique

Vers 1750, la mort de l'abbé Terrasson ayant laissé une place vacante à l'académie française, les amis et les protecteurs de Piron le pressèrent de s'y présenter ; il y consentit ; mais il n'obtint point les suffrages qu'on lui avait fait espérer, et on a toujours cru que La Chaussée, dont il avait ridiculisé les comédies, lui avait nui dans cette occasion. Une nouvelle place s'étant présentée trois ans après, Piron, auquel on assurait que toutes les difficultés étaient applanies, se remit sur les rangs quoique avec une extrême répugnance, et fut élu cette fois à une grande majorité ; cependant ses ennemis triomphèrent de nouveau ; l'ode scandaleuse ayant été mise sous les yeux de Louis XV, ce monarque ne crut pas devoir approuver le choix de l'académie, mais il dédommagea Piron de cette rigueur en lui accordant une pension sur sa cassette ; ce fut au zèle et à l'amitié de Montesquieu que le poète dut ce bienfait. Quelques années après le roi y joignit une pension sur le *Mercure*.

Piron s'était marié, et vivait dans une intelligence parfaite avec la compagne qu'il s'était choisie, lorsque la mort vint la lui enlever en 1751. Dès ce moment sa gaieté, qui avait déjà reçu plus d'une atteinte par le mauvais état de sa fortune et par la vue des souffrances continuelles de son épouse, disparut presque entièrement, et il ne fit plus que végéter. Pour surcroit de maux, sa vue, qui depuis son enfance avait été très mauvaise, s'affaiblit de plus en plus avec l'âge : il finit par la perdre tout-à-fait, et ce fut alors qu'on eut lieu d'admirer son courage et la sérénité de son âme. Les soins assidus que lui rendit une nièce qui avait pour lui la plus tendre affection ne contribuèrent pas peu à lui faire supporter sa situation affligeante, et tout portait à croire que sa carrière se prolongerait encore de quelques années lorsqu'au mois de décembre 1772 il fit une chûte dont il mourut le 21 janvier 1773 à l'âge de quatre-vingt-trois ans et demi.

Piron avec un caractère plein de franchise, de bonhomie et d'honnêteté, fut un des hommes les plus fertiles en bon mots, en réparties fines et originales. Nous allons rapporter ici quelques unes de ses saillies les plus piquantes.

Son goût pour les épigrammes lui ayant attiré dans sa jeunesse une querelle très vive avec les Beaunais, on le vit un jour dans les environs de Beaune, coupant, arrachant tous les chardons qui s'offaient à sa vue. Interrogé sur la singularité de cette occupation, il répondit : « Eh! parbleu, je suis en guerre avec les Beaunais ; je leur coupe les vivres. * »

Peu après se trouvant dans cette même ville, où il avait tout à craindre des habitants qu'il avait offensés, il répondit à ceux qui le pressaient de fuir:

Allez, je ne crains point leur impuissant courroux,
Et, quand je serais seul, je les *bâterais* tous.

A l'ocasion d'une fête publique, les Beaunais avaient engagé une troupe de comédiens ambulants, et fait dresser un théâtre dans une grange. Piron voulut voir ce spectacle, et, étant arrivé à la porte, il demanda à l'un de ceux qui faisaient foule, quelle était la pièce qu'on allait jouer. *Les Fureurs de Scapin*, répondit gravement le Beaunais. — «Mille remerciements, monsieur répliqua

---

* Les ânes sont très communs à Beaune, et sont renommés pour leur beauté. Du reste, on ne saurait approuver une allusion qui attaque tous les habitants d'une ville qui d'ailleurs, a fourni plusieurs hommes célèbres.

Piron; je croyais que c'était *les Fourberies d'Oreste.* » En même temps il entre dans la salle, où bientôt on lui lance de toutes parts des regards menaçants. Cependant la toile étant levée l'attention se tourne du côté des acteurs; mais au troisième acte un jeune homme qui voulait sans doute se faire remarquer, s'étant écrié du parterre, au moment où tous les spectateurs était fort tranquilles; « Paix là! on n'entend pas. » — « Ce n'est pas faute d'oreilles » répartit Piron, et ce mot, échappé à sa gaîté, lui eut coûté la vie s'il n'eut eu le bon esprit de s'esquiver à l'instant même. Poursuivi, cependant, il eut à soutenir dans la rue une lutte fort inégale dont heureusement le maire de la ville vint le délivrer.

Piron avait naturellement beaucoup d'élévation dans le caractère, et dans la suite de sa vie, lorsqu'il eut embrassé la profession d'homme de lettres, il ne souffrit jamais qu'on osât la rabaisser devant lui. Se trouvant un jour près d'entrer dans l'appartement d'un grand seigneur qui reconduisait une personne qualifiée : « Passez, mon-
« sieur, dit le maître du logis, à cette personne
« qui s'arrêtait par politesse, passez, c'est un poète.
« — Puisque les qualités sont connues dit Piron
« en passant le premier, je prends mon rang. »

Un jeune homme qui avait composé une tragédie, l'ayant prié d'en entendre la lecture, Piron, à chaque vers imité ou pillé, ôtait gravement son bonnet. Surpri de ce geste tant de fois répété, le jeune auteur lui en demande la raison : « C'est, répondit-il, que j'ai pour habi-

« tude de saluer les gens de ma connaissance. »

Quelqu'un lui demandant son sentiment sur nos deux grands tragiques, il répondit : « je « voudrais être Racine et avoir été Corneille. »

Voltaire, dont il ne s'était point fait un ami, parce qu'il ne le flattait pas comme tant d'autres, l'ayant rencontré le lendemain de la représentation de *Zulime*, lui demanda ce qu'il pensait de cette tragédie : « Je pense, monsieur, lui ré- « pondit Piron, que vous voudriez que je l'eusse « faite. » On assure que Voltaire répliqua : « Je « vous aime assez pour cela. »

On sait le trait que Piron lança contre l'académie en montrant à un de ses amis le lieu des séances : « Tenez, voyez-vous, ils sont là quarante « qui ont de l'esprit comme quatre. »

Malgré l'infirmité dont il fut accablé dans sa vieillesse, il savait répandre encore tant d'agrément dans sa conversation qu'on l'écoutait toujours avec le même plaisir.

Une dame ayant une extrême envie de l'entendre, fut conduite chez lui par un ami commun; et, connaissant la haute estime qu'il avait pour Montesquieu, elle n'eut rien de plus pressé que d'entamer l'éloge et l'analyse de l'*Esprit des Lois*; mais après avoir soutenu ce sujet pendant quelques minutes elle finit par s'embrouiller et Piron lui dit : « croyez-moi, madame, sauvez-vous par « le *Temple de Gnide*.

On a attribué à ce poète un grand nombre de pièces licencieuses qui ne sont pas de lui ; et, l'on doit dire à salouange que, malgré les libertés qu'il

s'est permises dans les productions de sa jeunesse, il ne lui est jamais rien échappé dans ses écrits contre la religion. Il a donné d'ailleurs une preuve non équivoque de son repentir dans la lettre suivante, qu'il adressa en 1765 à l'auteur du *Mercure* en lui envoyant ses stances sur le *De Profundis* : « Si cette pièce de vers, la dernière
« qui, je crois, sortira de ma plume, a le bon-
« heur de mériter votre attache, vous m'obli-
« gerez, monsieur, de l'honorer d'une place
« dans votre journal ; et pour qu'on se donne
« la peine de la lire, on ferait bien de l'annoncer
« dans la table sous mon nom. Ce n'est pas qu'il
« fasse grand chose au fond de l'affaire, mais
« c'est qu'on aime les contrastes, et prévenu
« qu'on est sur le caractère de mon âme, d'après
« le malheureux égarement de mon esprit, dont
« je me rendis coupable il y a plus de cinquante
« ans, je m'imagine que les vrais dévots, les faux,
« et ceux qui ne sont ni l'un ni l'autre, seront
« un peu curieux de voir où cette âme en est
« dans ses derniers sentiments, et comment ce
« même esprit s'y prend pour les exprimer.
« Savons-nous si cette lecture ne produira pas
« quelque bon effet ? ce serait toujours avoir
« édifié trop tard, pour qui eut le malheur de
« scandaliser sitôt. Du reste, comme on croit
« bien, l'orgueil poétique n'est ici pour quoique
« ce soit au monde. Loin de courir à l'encens,
» je vais au-devant des humiliations, et je m'at-
« tends bien à la mauvaise pitié, et aux plaisan-
« teries de nos mondains, qui, comme vous

« savez, parmi vos lecteurs, sont cent contre une
« bonne âme qui m'approuvera, sans avoir même
« envie ni lieu d'applaudir à mes vers. Qu'il en
« soit ce qu'il plaira à Dieu, du moins je me serai
« satisfait, et j'aurai purifié ma conscience du
« mieux que j'aurai pu, en attendant la rémis-
« sion d'en haut. »

Le président Rigoley de Juvigny a publié en 1776 les *Œuvres de Piron* en 7 vol. in-8° et 9 vol. in-12. Il a paru en 1823 une jolie édition en 2 vol. in-8° des *Œuvres choisies de Piron*, ornée du portrait de l'auteur et du *fac simile* d'une lettre inédite fort intéressante.

JUGEMENTS.

I.

La Métromanie, quelques épigrammes excellentes, et un petit nombre de pièces fugitives dans lesquelles il a montré un esprit original et un vrai talent, sont ses titres de gloire, et ce qui portera son nom à la postérité. Tout cela formerait à peine un volume; et des éditeurs indiscrets ont publié les œuvres de ce poète en sept gros tomes qui sont restés chez les libraires.

Ce n'est pas qu'à la rigueur on ne pût admettre encore dans ce recueil la tragédie de *Gustave*, qui s'est maintenue au théâtre, non par le style, mais par la force des situations, et celle de *Cortez*[*], en faveur d'une

---

[*] Dans cette tragédie de *Cortez*, Piron eut la maladresse de vouloir faire

très belle scène, défigurée cependant quelquefois par des vers bisarres. Que l'on y eût joint encore, si on le voulait, la comédie des *Fils ingrats*, que nous avons vu remettre sans aucun succès, le tout n'eût formé que deux petits volumes, d'un mérite très inégal ; mais c'en était bien assez pour les éditeurs jaloux de sa gloire.

Nous sommes sévères à regret, mais on nous pardonnera cette sévérité si l'on pense que pendant la vie de Piron, on l'opposa souvent à Voltaire, comme un rival qui le surpassait en génie, et que Piron lui-même eut la maladresse de laisser entrevoir qu'il le croyait.

Cet écrivain était véritablement un homme d'un talent original et de beaucoup d'esprit. Nous-mêmes nous avons cru caractériser assez heureusement sa *Métromanie* par ce vers :

Chef-d'œuvre où l'art s'approcha du génie.

porter sur les conquérants espagnols l'intérêt de sa pièce, en avilissant les malheureux Mexicains. Voltaire s'était bien gardé de faire une pareille faute en traitant le sujet d'*Alzire*. Piron, d'ailleurs, en dégradant le caractère de Montézume, jusqu'au point de le rendre méprisable, n'a pas, à beaucoup près, relevé celui de Cortez : il en fait une espèce de chevalier errant, qui n'a cherché un nouveau monde, et ne s'est signalé par des exploits inouis, que pour plaire à une froide Elvire à laquelle on ne prend aucun intérêt. L'auteur n'a pas senti que cet amour ne pouvait que dégrader Cortez lui-même. Son héroïsme n'est plus que le délire d'une passion extravagante, et l'on ne voit plus en lui qu'un brigand d'Europe, excité par un sentiment romanesque à la destruction de tout un peuple.

PALISSOT.

Nous croyons qu'il n'a fait que s'en approcher, parce qu'en effet presque tous les caractères de cette comédie si piquante, et si vivement dialoguée, ne sont pas dans la nature. Où trouverait-on, excepté dans *les Visionnaires de Desmarets*, un fou de l'espèce de Francaleu? un homme qui a la manie de faire des vers, et qui convient lui-même que la rime et la raison n'y sont pas trop exactes? un homme qui s'accroche aux passants pour trouver, dit-il, un auditeur bénévole ou non, dût-il, ronfler debout? Où trouverait-on une servante qui s'exprimât aussi poétiquement et avec autant de verve que Lisette? un valet, non moins poète, et familiarisé avec le style figuré au point de dire, en parlant de son maître:

Je réponds de sa barque en dépit de Neptune?

Nous nous rappelons avoir principalement admiré *la Métromanie* dans notre jeunesse par l'indigence apparente de son sujet. Alors nous n'avions pas assez médité l'art de Molière, et nous n'avions pas assez présent le sujet beaucoup plus ingrat des *Femmes savantes*, dont tout autre que ce grand homme n'eût jamais fait une comédie en cinq actes; mais Molière ne trouve ses ressources que dans son génie. Quelque stérile que paraisse son sujet, il s'y renferme uniquement, il en tire toutes ses situations et tous les traits comiques dont il sait l'enrichir. L'abondance de Piron n'est au contraire qu'un effort d'esprit; la plupart des situations de la *Métromanie* pourraient s'appliquera à tout autre pièce ; à quelques égards enfin cette charmante comédie n'est qu'un prestige. Cependant elle est si riche en détails heureux, elle étincelle de traits si piquants, on y trouve tant de scènes ingénieusement amenées, que, malgré ses fautes, elle passera toujours pour un des plus brillants ouvrages de ce siècle, et qui suffirait seul à la gloire de Piron*.

PALISSOT, *Mémoires sur la Littérature.*

II.

Un auteur, que le zèle maladroit d'un éditeur posthume aurait enseveli sous les ruines d'une collection bien malheureusement volumineuse, s'il n'avait pas fait *la Métromanie*, qui vivra toujours, Piron s'essaya aussi dans le genre tragique. *Callisthène* et *Fernand Cortez* n'existent que dans son recueil, où peut de gens iront les chercher : *Gustave* est resté au théâtre.

Il y a peu de sujets plus mal choisis et plus mal conçus que *Callisthène*. Il est bien étrange que, pour mettre sur la scène un homme tel qu'Alexandre, on ait imaginé de s'arrêter à l'une des actions qui ont terni sa gloire, et qu'on le rende même dans la pièce beaucoup plus coupable et plus

* Piron et Gresset furent les seuls qui rivalisèrent une fois en style naturel et en pureté de langage, avec la plume du père de la comédie. A ne considérer la scène entre Damis et Baliveau, dans *la Métromanie*, que sous le rapport de l'éloquence comique, elle égale ce que le théâtre a de plus beau.

LEMERCIER, *Cours analytique de Littérature.*

odieux que l'histoire ne le représente. Les historiens les plus favorables à Callisthène conviennent du moins qu'il fut accusé d'avoir trempé dans une conspiration contre Alexandre. La vérité de l'accusation est restée incertaine. Selon les uns, les conjurés déposèrent contre lui. Selon les autres, i's ne le chargèrent pas. On ne s'accorde pas même sur sa fin et sur le genre de son supplice. Ce qui résulte de plus probable des différents récits parvenus jusqu'à nous, c'est que la vengeance du roi fut cruelle, et qu'il ne fut point prouvé qu'elle fût juste. Elle a fait d'autant plus de tort à sa mémoire, que Callisthène l'avait suivi en Asie pour continuer auprès de lui les fonctions de son premier maître Aristote, et tempérer par les leçons de la philosophie la violence de son caractère et les séductions de sa fortune. Mais aussi, suivant le témoignage unanime de tous les écrivains du temps, personne n'était moins propre que Callisthène à faire aimer la vérité. Sa sagesse tenait trop d'une humeur chagrine, dure et intraitable, qui allait souvent jusqu'à l'orgueil et l'arrogance. S ce caractère le faisait haïr même de ses égaux, combien devait-il être plus insupportable pour un prince, et sur-tout pour Alexandre!

Dans la pièce de Piron, ce prince n'a aucune excuse; Callisthène est condamné à périr dans les tourments, parce qu'il n'a pas voulu approuver dans le roi de Macédoine la prétention de se faire passer pour fils de Jupiter, et de se faire rendre les honneurs divins comme on les rendait aux rois de Perse. Alexandre exige du philosophe grec l'exemple de cette adoration, et celui-ci s'obstine à s'y refuser. C'est là tout le nœud de ce drame. Il n'y en a pas de moins tragique; et l'on ne pouvait pas faire jouer un rôle plus atroce à celui dont la vie offrait de si beaux traits de grandeur d'âme.

L'épisode d'amour joint à cette querelle ne vaut guère mieux. On s'intéresse fort peu à cette Léonide, sœur de Callisthène, recherchée par le flatteur Anaxarque, et qui lui préfère Lysimaque, ami et défenseur de son frère. Le caractère de cette Léonide est bien soutenu : c'est celui des femmes de Lacédémone; elle ne tremble ni pour son frère ni pour son amant; mais cette manière d'aimer à la spartiate est fort peu théâtrale; et quand on veut mettre sur la scène de ces sortes de personnages, ce n'est pas sur eux qu'il faut porter l'intérêt : il faut savoir en faire ce que Racine à fait d'Acomat.

Fernand Cortez, dont le sujet fournissait bien davantage, ne fut pas mieux reçu que *Callisthène*. Il était aussi dangereux pour *Cortez* de venir après *Alzire* que pour l'*Œdipe* de La Motte de venir après celui de Voltaire. A la manière dont Piron s'exprime dans sa préface, on voit qu'il était aussi peu frappé de ce danger que du mérite d'*Alzire*. Mais le public pensait différemment, et le temps à confirmé cette opinion. Au reste, quand ce chef-d'œuvre n'existerait pas, *Cortez* n'en serait pas meilleur. Le premier objet qu'il présente; c'est

Montézume, détrôné et mis aux fers par les Espagnols, faisant l'apologie et l'éloge de ses oppresseurs : la lâcheté de ce roi éloigne tout intérêt pour lui. On n'en saurait prendre beaucoup davantage au héros de la pièce, qui n'est jamais en danger ; et rien n'est plus fade que de l'entendre dire à une Elvire qu'il a aimée en Espagne, et qu'un naufrage a jetée au Mexique avec son père, que c'est pour elle qu'il a entrepris la conquête d'un nouveau monde. Racine; jeune encore, et entraîné par la mode, avait commis la même faute dans son *Alexandre*, mais il n'y est pas retombé. Cette Elvire est la fille de don Pèdre, seigneur espagnol, qui a pour *Cortez* une haine héréditaire entre les deux familles Il est de plus excessivement jaloux de la gloire que s'est acquise le conquérant du Mexique ; et quand celui-ci, en demandant Elvire, offre à son père le commandement, don Pèdre lui répond :

T'égaler, *t'obscurcir* était mon seul objet.
J'avais *mis là* ma gloire, et ma honte *en résulte*,
Jouis-en ; mais plus loin ne pousse pas l'insulte,
A ma fierté confuse *offrant en ce pays*
Un rang *qui n'y convient qu'à ceux qui l'ont conquis.*

Les vers de Piron coûtent autant à prononcer qu'à entendre. La réplique de Cortez est fort singulière :

A vous l'offrir aussi c'est *ce qui me convie.*
Et si ce que j'ai fait *mérite quelque envie*,

Que Charle, et non don Pèdre, en daigne être jaloux.
Quel est ce conquérant, *ici, si ce n'est vous ?*

Don Pèdre, qui ne s'y attendait pas, s'écrie avec beaucoup de raison :

Moi !

CORTEZ.

Vous, en qui le droit de disposer d'Elvire
Rassemble, *et par-delà*, tous les droits de l'empire.
Vous dont je ne pouvais, par de moindres exploits,
Chercher à mériter et l'estime et le choix.
De ces exploits, *moins dus à mon bras qu'à ma flamme,*
Elvire étant l'objet, vous seul en étiez l'âme.

Ce compliment si sophistique, si subtilement et si galamment alambiqué, est au-dessus de tous ceux du *Cyrus* et de la *Clélie* : dans ces romans du moins, les chevaliers qui font tout pour leur *dame* ne remontent pas jusqu'à son père. Remarquez que ce fond de galanterie héroïque, si l'expression en était restreinte dans les bornes du vrai, et animée par le sentiment, n'aurait rien de déplacé dans les mœurs de la chevalerie. Tancrède dit fort bien :

Conservez ma devise : elle est chère à mon cœur ;
Elle a dans les combats soutenu ma vaillance ;
Elle a conduit mes pas et fait mon espérance :
Les mots en sont sacrés c'est *l'amour et l'honneur.*

Mais il ne dit nulle part qu'il a conquis l'Illyrie

pour Aménaïde, encore moins que c'est en effet le père d'Aménaïde qui l'a conquise. Toute l'intrigue, qui roule sur cet amour de Cortez et d'Elvire est froide, obscure et invraisemblable. Il y a là un Aguilar, parent de don Pèdre, et pourtant le confident de Cortez dont il est l'ennemi secret : sa conduite est inexplicable. Il veut d'abord ramener Cortez en Europe, afin qu'il dégage la foi qu'il a donnée à Elvire, il déclare même qu'il ne verrait pas tranquillement l'affront que l'on ferait à sa parente : ensuite, quand il sait qu'elle est au Mexique, lorque Cortez et lui viennent de la tirer d'un temple où elle allait être sacrifiée aux idoles du pays, il fait tout ce qu'il peut pour la dérober aux yeux de l'amant qui doit être son époux. D'un autre côté, Montézume, qui devrait penser à tout autre chose, aperçoit à peine Elvire, qu'il en devient amoureux, et la demande aussitôt en mariage. Cortez, sans autre information, la lui promet. Dès qu'il l'a reconnue, il s'embarrasse fort peu de sa promesse : et Montézume, tué par ses sujets d'un coup de flèche empoisonnée, met tout le monde d'accord.

Cependant il y a dans cette pièce une scène qui a des beautés, elle est imitée d'un endroit de l'histoire d'Alexandre où il harangue ses soldats rebutés de leurs longues fatigues, et qui sollicitent la fin de la guerre et de leurs travaux. La harangue de Cortez offre quelques mouvements qui ont de la noblesse et de la vivacité, et quelques beaux vers. Dans une autre scène on en trouve un qui mérite d'être remarqué par une espèce de force qui pourrait ailleurs tenir de l'hyperbole, et qui n'est ici que l'exacte verité. Cortez dit à don Pèdre, après l'avoir délivré sans le connaître encore.

Un Espagnol de plus nous vaut une victoire.

Voilà de ces vers heureux qui appartiennent au sujet : ce que dit Cortez est littéralement vrai, puisqu'avec six cents hommes contre un empire il regardait la perte d'un soldat comme on regarderait ailleurs la perte d'un bataillon. Les Mexicains, au nombre de plus de deux cent mille, se précipitaient presque nus sur les lances et les épées espagnoles, sans aucune espérance, si ce n'est que leurs ennemis se lasseraient, et que leurs armes se fausseraient à force de tuer ; et ils avaient calculé que si chaque Espagnol succombait après avoir tué deux cents Mexicains, ils seraient délivrés de leurs tyrans. C'est bien le plus courageux et le plus effrayant calcul que jamais ait pu faire la faiblesse réduite au désespoir ; mais l'artillerie rendait encore ce désespoir inutile, et les foudres de l'Europe écrasaient des milliers de Mexicains avant qu'ils pussent seulement approcher des Espagnols.

Si Piron fut plus heureux dans *Gustave*, ce n'est pas que la pièce prouvât, plus que les deux autres, un vrai talent pour la tragédie. Il n'y a aucune espèce d'invention ; c'est l'intrigue d'*Amasis* sous d'autres noms; mais ici le héros, plus moderne, était aussi plus intéressant et plus connu des spectateurs depuis l'ouvrage de l'abbé de Vertot sur les révolutions de Suède. Vous avez vu que le nœud de la pièce de La Grange était le déguisement de Sésostris, qui passe aux yeux du tyran pour le meurtrier de Sésostris : de même, dans Piron, c'est aussi Gustave qui se présente comme le meurtrier de Gustave à Christierne qui l'a proscrit. Les incidents sont un peu moins multipliés que dans *Amasis*, et les situations un peu plus développées; il y en a deux qui produisent de l'effet : celle où Gustave paraît devant Adélaïde, la fille de Sténon, et lui fait reconnaître son amant à l'instant même où elle croit voir dans un billet de Gustave la preuve qu'elle l'a perdu ; l'autre est celle du cinquième acte, qui décida le succès de la pièce, lorsque Christierne vaincu, mais demeuré maître de la personne de Léonor, mère de Gustave, lui fait dire qu'elle mourra, s'il ne lui renvoie pas Adélaïde sous une heure. Cette situation était fournie par l'histoire, et l'auteur ne pouvait pas mieux faire que de s'en servir. Ces deux scènes mêlent quelques impressions momentanées de crainte et de pitié à l'intérêt de curiosité qui est en général celui de la pièce. Mais s'il est plus vif que dans *Amasis*, c'est aux dépens de toute vraisemblance : il y a peu de pièce où elle soit plus entièrement mise en oubli, et presque à chaque scène. D'abord le projet qui amène Gustave devant Christierne est l'opposé du bon sens. Il a rassemblé des troupes qu'il a cachées dans des rochers voisins de Stockholm; il a un parti dans la ville, qui doit lui en ouvrir les portes, et il hasarde de si belles espérances, de si grands intérêts, la vie du dernier vengeur qui reste à son pays; il vient dans le palais de Christierne, et jusque sous les yeux du tyran qui a mis sa tête à prix, il s'expose à tout moment à être reconnu et arrêté; pourquoi? parce qu'il veut, dit-il, enlever la princesse du palais de Christierne. Mais en supposant que le meilleur moyen d'en venir à bout soit de tenter tout seul une entreprise si périlleuse, encore faut-il qu'il ait le temps de prendre les mesures nécessaires, et pour cela il faut qu'il puisse se flatter avec quelque apparence d'abuser Christierne, au moins jusqu'à la fin du jour; et sur quoi peut-il l'espérer? C'est ici que la démarche de Gustave paraît incompréhensible. Il fait dire au roi qu'il apporte la tête de Gustave; et certes il doit s'attendre que la première chose que fera celui qui a mis à prix cette tête si redoutée, sera de demander à la voir. C'est une chose si simple, si naturelle, si importante, qui intéresse tellement toutes les passions de Christierne, qu'il n'est pas possible de supposer qu'il ne fasse pas ce que tout autre ferait à sa place. Il y a plus: l'auteur l'a si bien senti lui-même, qu'il fait dire au tyran dès le commencement de la scène :

Pourquoi vous présenter sans ce gage à la main ?

A ne consulter que le bon sens le plus ordinaire, on croirait que la pièce va rester là; car Gustave ne peut rien répondre, à moins de dire : C'est moi. Mais la ressource que l'auteur emploie est peut-être ce qu'il y eut jamais de plus extraordinaire.

GUSTAVE.

Je ne paraîtrais pas avec tant d'assurance,
Si ce gage fatal n'était en ma puissance.

Et il est vrai qu'il ne serait pas là s'il n'avait pas la tête sur les épaules : c'est à coup sûr la première fois qu'on a fondé une tragédie sur un quolibet si burlesque. Il ajoute :

C'est un spectacle affreux dont vous pouvez jouir,
Et c'est à vous, seigneur, à vous faire obéir.

C'est dire clairement que cette tête est entre les mains de quelqu'un des gardes, et Gustave doit être bien certain que le roi va sur-le-champ se la faire apporter. Il n'y a pas un moment à perdre et tout autre conduite n'est pas présumable dans un homme qui a un si grand intérêt à s'assurer de la mort de son plus terrible ennemi. Point du tout : Christierne, comme s'il était de concert avec Gustave, parle d'autre chose, et il n'est plus question de cette tête jusqu'au quatrième acte, où le tyran s'avise enfin de s'en souvenir. Il faut l'avouer : depuis que le grand Corneille a tiré le théâtre du chaos, on n'y a point vu de plus forte absurdité. On sait bien qu'au théâtre, les tyrans doivent toujours être un peu dupes, comme dans les contes de fées, les mauvais génies sont toujours un peu bêtes ; mais en vérité Christierne abuse de la permission. On demandera comment cela put passer ; je crois que c'est précisément ce que cette situation a par elle-même d'extrêmement hasardeux qui l'a sauvée. On voulait voir quelle serait l'issue de l'étrange témérité de Gustave ; elle excitait une grande curiosité ; et le spectateur, attaché par la suite de l'ouvrage, oublia cette tête, comme Christierne, en faveur de ce qui en était résulté ; et la pièce ayant réussi le premier jour, ceux qui vinrent la voir ensuite, comptant sur le plaisir qu'on leur avait promis, ne jugèrent pas non plus les fautes dont il devait être le produit.

Ces fautes sont en grand nombre, et je n'ai indiqué que les plus capitales. Rien n'est suffisamment expliqué dans la conduite des personnages ; on n'entend pas pourquoi Christierne, qui dès la première scène se déclare amoureux d'Adélaïde et projette de l'épouser, laisse pendant quatre actes Frédéric, prince de Danemarck, poursuivre ses prétentions auprès d'elle. Et puis qu'est-ce que l'amour dans un monstre rassasié de sang, tel que Christierne ; appelé dès son vivant le Néron du Nord ? Il pouvait avoir des vues politiques en épousant la fille de Sténon, comme Polyphonte veut épouser Mérope ; mais on ne peut l'entendre débiter des fadeurs ; et dans quel style encore !

Ah ! Rodolphe, peins-toi
Tout ce qu'a la beauté de séduisant en soi,

Tout ce qu'ont d'engeant la jeunesse et des grâces,
Où la tendre langueur fait remarquer ses traices.
Jamais de deux beaux yeux le charme, en un moment,
N'a, sans vouloir agir, agi si puissamment, etc.

Si l'amour de Chrstierne est dégoûtant, celui de Frédéric, qui soupire deux ans pour Adélaïde, dont il sait que Gustave est aimé, est d'une langueur insipide. Et quel rôle que ce Frédéric, qui n'a pas voulu être roi de Danemarck, quoique sa naissance l'appelât au trône, et qui a laissé un Christierne y monter! On en peut juger par les motifs que l'auteur lui donne, lorsqu'on lui dit :

Faut-il que la vertu modeste et magnanime
Néglige ainsi ses droits pour *en armer* le crime ?

FRÉDÉRIC.

Donne à *mon indolence*, ami, des noms moins beaux,
Je n'eus d'autre vertu que *l'amour du repos.*
Je ne méprisai point les droits de ma naissance ;
J'évitai le fardeau de la toute-puissance.
Je cédai sans effort des honneurs dangereux,
Et le pénible soin de rendre un peuple heureux.
Des forfaits du tyran *ma mollesse* est coupable.

Cela n'est-il pas bien héroïque et bien dramatique? Ce rôle d'ailleurs est inutile à la pièce : on voit trop que l'auteur ne l'y a mis que pour la remplir, et pour avoir un moyen de tirer Gustave d'embarras au cinquième acte ; mais il fallait trouver un autre moyen pour le dénouement, ou rendre ce Frédéric plus nécessaire à l'action, où pendant cinq actes il ne fait rien.

On n'entend pas davantage pourquoi Léonor se fait connaître à un confident de Christierne pour la mère de Gustave, et s'expose sans aucune raison aux cruautés du tyran. Il y a long-temps que tout le monde s'est récrié sur la résurrection d'Adélaïde, qui vient raconter le combat livré sur la glace :

La glace en cent endroits menace de se fendre,
Se fend, s'ouvre, se brise, et s'épanche en glaçons
Qui nagent sur un gouffre *où nous disparaissons.*

Sa confidente a bien raison de lui dire :

D'un tel péril *avoir été* sauvée,
Au bonheur le plus grand c'est être réservée.

Il est sûr qu'elle est revenue de loin. Être englouție sous des monceaux de glace qui portaient des milliers de combattants, avoir *disparu* sous les glaces de la mer du Nord, et reparaître tout de suite, comme si de rien n'était, pour conter ce petit accident, c'est une merveille qui eût été fort bien placée dans les contes arabes, où quelque génie de la mer n'aurait pas manqué de se présenter à propos pour porter la princesse dans un palais de cristal. Mais si ce miracle peut se trouver dans une tragédie ce ne peut être que dans celle dont le héros dit a un tyran : Vous pouvez, quand vous voudrez, demander la tête que je n'ai pas apportée.

La versification de cette pièce est la même que celle des deux autres dont je viens de parler : c'est de la mauvaise prose, richement rimée et durement contournée. Piron a moins de chevilles, moins de phrases barbares et obscures que Crébillon : ce qui le caractérise particulièrement, c'est la dureté la plus rebuttante dans les vers et dans les constructions. Aucun auteur, depuis Chapelain, n'a eu, dans la poésie noble, un style plus péniblement martelé ; aucun n'a été plus entièrement privé d'oreille et de goût. Nous le verrons tout différent dans la *Métromanie*, et c'est alors qu'il sera temps d'en chercher la raison.

Avant de parler du chef-d'œuvre de Piron, ou plutôt du seul bon ouvrage qui nous reste de lui, il faut dire un mot de ses autres compositions dans le même genre.

Ce n'est pas qu'elles en vaillent la peine ; mais comme il ne manque pas de gens qui louent dans tel auteur tout ce qu'il y a de plus mauvais, par la même raison qu'ils décrient dans tel autre ce qu'il y a de meilleur, il ne faut pas garder un silence qu'ils auraient soin d'interpréter à leur façon. *L'Amant mystérieux* fut joué avec *les Courses de Tempé* : l'un tomba ; l'autre eut quelque succès, apparemment parce que l'on fut plus indulgent pour la pastorale que pour la comédie. Le temps leur a fait une égale justice : toutes deux sont entièrement oubliées. L'auteur a le courage d'avouer, dans une préface, que *l'Amant mystérieux* méritait son sort; ce qui eût été encore plus louable, c'était de ne pas l'imprimer; mais enfin, puisqu'il l'a condamné lui-même, c'est une raison pour n'en rien d're. Quant aux *Courses de Tempé*, rien au monde n'était plus opposé au talent de Piron que ce genre de drame, qui demande de la grâce et de la douceur, et forme un contraste achevé avec la dure sécheresse de son style. Le peu d'intrigue qu'il y a dans la pièce est aussi entortillé que le dialogue. Il s'agit de gagner une femme à la course, et il se trouve que celui qui est vainqueur n'a voulu l'être que pour céder sa conquête à un autre, le tout sans aucune nécessité, et pour mettre gratuitement en peine, jusqu'au moment de la victoire, son ami et la maîtresse de son ami, qui avaient cent autres moyens d'être heureux. La pièce est très mal imaginée et très mal écrite. Quant à la manière dont Piron fait parler ses bergers, il suffit d'écouter ces vers :

On sait de votre sœur l'inquiétude extrême.
Elle fait du reproche un usage *fréquent*.
   Mais d'une bouche qu'on aime.
   Le reproche est-il *choquant* ?
   De l'amitié véritable
   C'est le signe *convaincant* ;
   C'est le langage *éloquent*
   D'un sentiment respectable.
   Plus il est, par *conséquent*,
   Continuel et *piquant*.
   Plus l'amant est redevable.

Cette gravité si déplacée d'expressions morales, ce choix bisarres de rimes si pesamment redoublées, ces aigres consonnances et ces tournures laborieuses, voilà ce que Piron sait tirer de la flûte pastorale.

On ne connait guère, de ses *Fils ingrats*, que le titre : ils n'ont jamais été repris, quoiqu'ils aient eu, comme tant d'autres pièces qui ne valent pas mieux, l'honneur d'une réussite éphémère. Le sujet est aussi mal choisi que celui de *l'Ingrat* de Destouches ; il roule de même sur un fond trop odieux ; mais il est bien plus mal conduit. L'intrigue des cinq actes consiste à retirer des mains de trois fils avides les biens dont leur père s'était dépouillé en leur faveur* ; et toute cette intrigue, qui ne tend qu'à leur faire croire qu'il a encore d'autres biens à partager, est menée par un paysan. Chacun d'eux, dans l'espérance d'avoir la plus grande part au nouveau partage, s'empresse d'offrir au père une partie de ce qu'il leur avait abandonné, et il recouvre ainsi la moitié de sa fortune. L'auteur n'a pas même fait usage du contraste heureux qui se présentait de lui-même, et qui pouvait jeter quelque intérêt dans la pièce ; il n'a pas songé à opposer la reconnaissance de l'un des trois fils à l'ingratitude des deux autres ; tous trois sont grossièrement vils et sottement crédules. La diction est encore

---

*M. Etienne a développé de notre temps, avec beaucoup de succès, une intrigue à peu près semblable pour le fond, dans sa belle comédie *des Deux Gendres* ; mais ce titre seul fait comprendre que le sujet qu'il a choisi ne présente pas l'odieux caractère que La Harpe reproche justement à l'ouvrage de Piron. H. P.

plus martelée que celles des *Courses de Tempé*; et quand elle cesse d'être froide et veut devenir comique, elle est du plus mauvais goût; on en peut juger par ce morceau du rôle d'un valet :

En passant comme un Basque auprès de la maison,
De cent ragoûts exquis la douce *exhalaison*
M'est par un soupirail *venu** rompre en visière.
Mon âme en a passé dans mon nez tout entière,
Et piquant l'appétit dont le Ciel m'a doué,
Sur la place à l'instant l'odorat m'a *cloué*.
Excusez un moment ma friandise émue,
Des charmes d'une odeur chez vous si peu connue, etc.

C'est réunir le burlesque et le baroque. Il y a pourtant quatre vers bien faits dans le rôle du père :

Devais-je, à votre avis, thésaurisant sans cesse,
Imiter ces vieillards, tyrans de la jeunesse,
Qui, la faisant languir, sans être plus heureux,
La privent des plaisirs qui sont perdus pour eux ?

Mais c'est tout ce qu'il y a de bon dans la pièce.

C'est pourtant cet homme qui a fait *la Métromane*. On demande tous les jours comment s'est opérée cette espèce de transformation : serait-ce que Piron, étant lui-même un vrai métromane, un homme entièrement absorbé dans le métier de versificateur, est enfin devenu poète quand il a eu pour sujet sa passion favorite? Il est sûr que dans toute la pièce il n'est pas question d'autre chose. Damis est un jeune métromane avec du talent; Francaleu un vieux métromane avec des ridicules;

---

* Faute de langue : il faut *vene*.

Baliveau n'est occcupé qu'à fronder la passion de la poésie, et Damis et Francaleu la défendent. Dorante n'a plu à sa maîtresse qu'à l'aide des vers que lui a fournis Damis; la première représentation d'une pièce nouvelle, et des vers envoyés *au Mercure* font les principaux ressorts de l'intrigue. Il s'ensuit que l'auteur, occupé ici des idées qui lui étaient les plus familières, a pu avoir plus d'esprit dans ce sujet que dans tout autre ; mais cela même n'explique pas comment, tous ses autres ouvrages étant si mal écrits, celui-là seul l'est supérieurement. Ainsi, sans chercher ni comment ni pourquoi, contentons-nous de reconnaître que *la Métromanie* est un chef-d'œuvre d'intrigue, de style, de verve comique et de gaieté. Hors les deux rôles d'amants, qui sont peu de chose, tous les autres sont parfaitemunt traités. L'enthousiasme du métromané pour son art, et son insouciance sur tout le reste; la folie de rimer, si amusante dans Francaleu, et mêlée de tant de bonhomie, la mauvaise humeur du vieux capitoul, si naturelle, si plaisante, et même soutenue d'un grand fond de raison; la malice de la soubrette et les boutades du valet de Damis, qui enrage des folies de son maître, mais qui lui est attaché, tout cela est excellent : et les situations ! comme elles naissent les unes des autres! commes elles sont originales ! quelle progression et quelle variété d'effets! comme tous les incidents sont choisis et ménagés ! comme toutes les surprises sont théâtrales et bien préparées ! combien d'idées heureuses ! combien d'art dans la conduite ! Cet oncle qui sollicite un ordre pour faire enfermer son neveu, et qui se trouve répétant un rôle avec lui ; ce Francaleu qui s'adresse au métromane pour obtenir la lettre de cachet que l'on demande contre lui ; et, ce qui est au-dessus de tout le reste, un dialogue qui met en valeur tout ce que l'art a combiné ; une verve intarissable, une poésie qui prend tous les tons et qui les prend à propos ; une gaieté comique qui étincelle en saillies continuelles ; une foule de traits charmants qu'on est dispensé de rappeler, parce que tout le monde les a retenus; une foule de vers où chaque mot à son prix ! Je ne connais point d'ouvrage où il y ait plus de cet esprit qui est celui du sujet, où il soit plus saillant sans être jamais cherché, où il soit plus prodigué sans luxe et sans profusion.

Quelle objection peut-on faire contre tant de mérites réunis ? Il y en a d'abord une qui ne les affaiblit pas en eux-mêmes, puisqu'ils sont au plus haut degré où ils puissent être, mais qui restreint l'admiration qu'on leur doit, et laisse place à la concurrence. C'est la nature du sujet renfermé tout entier, soit pour les caractères, soit pour les situations, soit pour les détails, dans un travers d'esprit qui est particulier à une classe peu nombreuse, et qui influe peu sur la société : ce travers c'est la manie de versifier. La comédie étant un tableau moral, plus elle généralise ses modèles de manière à procurer l'instruction du plus grand nombre, plus elle a le mérite de s'approcher de son principal objet, et celui-là manque à *la Métro-*

manie. C'est une aventure plaisante, très ingénieusement dialoguée, mais qui ne peut guère que faire rire, car elle ne tend pas même à corriger le travers qu'elle représente ; au contraire, elle est bien plus propre à faire des métromanes qu'à en diminuer le nombre. Otez à Damis l'excès d'enthousiasme qui tient à la jeunesse, et qui doit passer avec elle, c'est d'ailleurs un personnage dont quiconque a le goût de la poésie sera flatté d'être la copie, et se croira même autorisé à suivre l'exemple. Il a une supériorité évidente sur tout ce qui l'entoure ; il s'exprime avec grace, pense avec noblesse, agit avec courage et générosité ; au dénouement, l'admiration et la reconnaissance mettent tout le monde à ses pieds. Qui ne voudrait pas lui ressembler ? Il est brouillé avec son oncle ; mais on voit que son talent et son caractère lui feront partout des amis ; il refuse un mariage avantageux, mais il n'était pas amoureux et ne désire pas la fortune ; et de là naît un autre inconvénient, qui se fait sentir sur-tout au théâtre, le défaut d'intérêt. Dans quelque genre de drame que ce soit, il en faut à un certain degré : le cœur ne demande pas à être vivement ému dans une comédie, mais pourtant il veut y être pour quelque chose, s'attacher à quelque objet, et remporter quelque satisfaction ; en un mot, dès que vous rassemblez les hommes au théâtre, le cœur ne doit pas y être entièrement oisif. Or, le caractère, tout à la fois comique et brillant que Piron a donné à son métromane lui a prescrit un plan qui exclut tout intérêt. Il est très plaisant de l'avoir fait amoureux de mademoiselle Mariadec, qui n'est autre que le rimeur Francaleu : il est très noble de l'avoir peint absolument désintéressé, et capable de procurer à son ami une héritière de cent mille écus qu'il pouvait prendre pour lui. Mais qu'arrive-t-il ? C'est que cet intérêt dont je viens de parler, et qui est nécessaire à toute espèce de drame, ne pouvant pas se porter sur lui, ne peut plus se placer que sur Dorante ; et malheureusement celui-ci est tellement inférieur à Damis de tout point, il mérite si peu de tenir son bonheur de la main d'un ami qui a tant de droit de se plaindre de lui, que tous les spectateurs désirent au fond de l'âme que le métromane l'eût emporté sur lui, et ne fût pas obligé de dire en finissant la pièce :

Muses, tenez-moi lieu de fortune et d'amour.

La dernière impression est très essentielle au théâtre, et celle-là n'est pas avantageuse à l'ouvrage, et fait trop sentir le vide d'intérêt que jusqu'à ce moment la gaieté comique a supléé. Voilà, ce me semble, les raisons qui font que *la Métromanie* ne produit pas un effet dramatique proportionné à l'idée qu'elle laisse de son mérite et au plaisir qu'elle fait à la lecture. Elle amuse, elle plaît à l'esprit : l'oreille en retient les vers ; mais elle ne rappelle pas au théâtre autant que *le Glorieux*. Il y a dans l'ouvrage de Destouches, moins de verve, moins de saillies, moins de gaieté que dans celui de Piron ; mais pourtant il y a de tout cela dans un degré suffisant, et il s'y joint un comique plus moral, plus profond, plus étendu, et sur-tout un bien plus grand intérêt.

La Harpe, *Cours de Littérature.*

MORCEAUX CHOISIS.

I. *Le Métromanie.*

Ce mélange de gloire et de gain m'importune ;
On doit tout à l'honneur, et rien à la fortune.
Le nourrisson du Pinde, ainsi que le guerrier,
A tout l'or du Pérou préfère un beau laurier.
L'avocat se peut-il égaler au poète ?
De ce dernier la gloire est durable et complète.
Il vit long-temps après que l'autre a disparu :
Scaron même l'emporte aujourd'hui sur Patru.
Vous parlez du barreau de la Grèce et de Rome ;
Lieux propres autrefois à produire un grand homme !
L'encre de la chicane et sa barbare voix,
N'y défigurait pas l'éloquence et les lois.
Que des traces du monstre on purge la tribune,
J'y monte ; et mes talents, voués à la fortune,
Jusqu'à la prose encor voudront bien déroger ;
Mais l'abus ne pouvant sitôt se corriger,
Qu'on me laisse à mon gré, n'aspirant qu'à la gloire,
Des titres du Parnasse ennoblir ma mémoire,
Et primer dans un art plus au-dessus du droit,
Plus grave, plus sensé, plus noble qu'on ne croit.
La fraude impunément, dans le siècle où nous sommes,
Foule aux pieds l'équité, si précieuse aux hommes :
Est-il, pour un esprit solide et généreux,
Une cause plus belle à plaider devant eux ?
Que la fortune donc me soit mère ou marâtre,

C'en est fait, pour barreau, je choisis le théâtre,
Pour client la vertu, pour loi la vérité,
Et pour juges, mon siècle et la postérité.
  Infortuné ! je touche à mon cinquième lustre !
Sans avoir publié rien qui me rende illustre !
On m'ignore ; et je rampe encore à l'âge heureux
Où Corneille et Racine étaient déjà fameux !
Ils ont dit, il est vrai, presque tout ce qu'on pense ;
Leurs écrits sont des vols qu'ils nous ont fait d'avance.
Mais le remède est simple ; il faut faire comme eux.
Ils nous ont dérobé, dérobons nos neveux ;
Et, tarissant la source où puise un beau délire,
A tous nos successeurs ne laissons rien à dire.
Un démon triomphant m'élève à cet emploi :
Malheur aux écrivains qui viendront après moi !

        PIRON, *la Métromanie*, acte III, sc. 7.

II.

L'Auteur dramatique pendant la première représentation de sa Pièce.

  Je ne me connais plus aux transports qui m'agitent ;
En tous lieux, sans dessein, mes pas se précipitent.
Le noir pressentiment, le repentir, l'effroi,
Les présages fâcheux volent autour de moi.
Je ne suis plus le même enfin depuis deux heures.
Ma pièce auparavant me semblait des meilleures :
Maintenant je n'y vois que d'horribles défauts,
Du faible, du clinquant, de l'obscur et du faux.
De là, plus d'une image annonçant l'infamie,
La critique éveillée, une loge endormie,
Le reste, de fatigue et d'ennui harassé,
Le souffleur étourdi, l'acteur embarrassé.

Le théâtre distrait, le parterre en balance,
Tantôt bruyant, tantôt dans un profond silence ;
Mille autres visions, qui toutes dans mon cœur
Font naître également le trouble et la terreur.

(*Regardant à sa montre.*)

Voici l'heure fatale où l'arrêt se prononce !
Je sèche, je me meurs. Quel métier ! j'y renonce.
Quelque flatteur que soit l'honneur que je poursuis,
Est-ce un équivalent à l'angoisse où je suis ?
Il n'est force, courage, ardeur qui n'y succombe.
Car enfin, c'en est fait, je péris si je tombe.
Où me cacher, où fuir, et par où désarmer
L'honnête oncle qui vient pour me faire enfermer ?
Quelle égide opposer aux traits de la satire ?
Comment paraître aux yeux de celle à qui j'aspire ?
De quel front, à quel titre oserais-je m'offrir,
Moi, misérable auteur qu'on viendrait de flétrir ?
Mais mon incertitude est mon plus grand supplice.
Je supporterai tout pourvu qu'elle finisse.
Chaque instant qui s'écoule, empoisonnant son cours,
Abrège, au moins d'un an, le nombre de mes jours *.

Le même, *ibid.*, acte V, sc. 1.

PLAGIAT. C'est une sorte de crime littéraire, lequel pour les pédants, les envieux et les sots ne manquent pas de faire le procès aux écrivains célèbres. *Plagiat* est le nom qu'ils donnent à un larcin de pensée, et ils crient contre ce larcin comme si on les volait eux-mêmes, ou comme s'il était

---

* M. Casimir Delavigne a imité cette scène dans *les Comédiens*.

F.

bien essentiel à l'ordre et au repos public que les propriétés de l'esprit fussent inviolables.

Il est vrai qu'ils ont mis quelque distinction entre voler la pensée d'un ancien ou d'un moderne, d'un étranger ou d'un compatriote, d'un mort ou d'un vivant.

Voler un ancien ou un étranger, c'est s'enrichir des dépouilles de l'ennemi, c'est user du droit de conquête; et pourvu qu'on déclare le butin qu'on a fait, ou qu'il soit manifeste, ils le laissent passer. * Mais lorsque c'est aux écrits d'un Français qu'un Français dérobe une idée, ils ne le pardonnent pas même, à l'égard des morts, à plus forte raison à l'égard des vivants.

Il y a quelque justice dans ces distinctions; mais il serait juste aussi de distinguer, entre les larcins littéraires, ceux dont le prix est dans la matière et ceux dont la valeur dépend de l'usage que l'on en fait.

Dans les découvertes importantes, le vol est sérieusement malhonnête, parce que la découverte est un fonds précieux indépendamment de la forme, qu'elle rapporte de la gloire quelquefois de l'utilité, et que l'une et l'autre est un bien : tel est, par exemple, le mérite d'avoir appliqué la géométrie à l'astronomie, et l'algèbre à la

---

* Cette jurisprudence est généralement admise en littérature. Elle a été fort ingénieusement exposée par M. Villemain, dans un discours latin prononcé en 1812, à la distribution des prix du concour général des collèges de Paris ; discours dont nous avons cité et traduit un beau passage, tome V., 335 de cerecueil.   H. P.

géométrie ; encore, dans cette partie, celui qui profite des conjectures pour arriver à la certitude a-t-il la gloire de la découverte ; et Fontenelle a très bien dit qu'*une vérité n'appartient pas à celui qui la trouve, mais à celui qui la nomme.*

A plus forte raison dans les ouvrages d'esprit, si celui qui a eu quelque pensée heureuse et nouvelle n'a pas su la rendre, ou la laissée ensevelie dans un ouvrage obscur et méprisé, c'est un bien perdu, enfoui ; c'est la perle dans le fumier, et qui attend un lapidaire : celui qui sait l'en tirer et la mettre en œuvre ne fait tort à personne ; l'inventeur maladroit n'était pas digne de l'avoir trouvée, elle appartient, comme on l'a dit, à qui sait le mieux l'employer. *Je prends mon bien où je le trouve*, disait Molière, et il l'appelait *son bien* tout ce qui appartenait à la bonne comédie. Qui de nous en effet irait chercher, dans leurs obscures sources, les idées qu'on lui reproche d'avoir volées çà et là ?

Quiconque met dans son vrai jour, soit par l'expression, soit par l'à propos, une pensée qui n'est pas à lui, mais qui sans lui serait perdue, se la rend propre en lui donnant un nouvel être ; car l'oubli ressemble au néant. *

---

* Buffon ne consacre-t-il pas également cette prise de possession du génie, qui semble créer ce qu'il emprunte, dans ce passage si célèbre de son discours de réception à l'Académie française ?

» La quantité des connaissances, la singularité des faits, la nouveauté même des découvertes, ne sont pas de sûrs garants de l'immortalité. Les con-

C'est cependant lorsque, dans un ouvrage inconnu, oublié, on découvre une idée qu'un homme célèbre a mise au jour, c'est alors que l'on crie vengeance, comme s'il y avait réellement plus de cruauté, en fait d'esprit, à voler les pauvres que les riches. Mais il en est des génies comme des tourbillons, les grands dévorent les petits, et c'est peut-être la seule application légitime de la loi du plus fort; car en toutes choses c'est à l'utilité publique à décider du juste et de l'injuste, et l'utilité publique exigerait que les bons livres fussent enrichis de tout ce qu'il y a de bien, noyé dans les mauvais. Un homme de goût, qui dans ses lectures recueille tout l'esprit perdu, ressemble à ces toisons qui, promenées sur le sable, en enlèvent les pailles d'or. On ne peut pas tout lire; ce serait donc un bien que tout ce qui mérite d'être lu fut rassemblé dans les bons livres.

Dans le droit public, la propriété d'un terrain a pour condition la culture : si le possesseur le laissait en friche, la société aurait droit d'exiger de lui qu'il le cédât ou qu'il le ît valoir. Il en est de même en littérature : celui qui s'est emparé d'une idée heureuse et féconde, et qui ne la fait pas valoir, la laisse, comme un bien commun, au premier occupant qui saura mieux que lui en développer la richesse.

naissances, les faits et les découvertes s'enlèvent aisément, se transportent et *gagnent même à être mis en œuvre par des mains plus habiles. Ces choses sont hors de l'homme, le style est l'homme même.»*   H. P.

Du Ryer avait dit, avant Voltaire, que les secrets des destinées n'étaient pas renfermés dans les entrailles des victimes; Théophile, dans son *Pyrame*, pour exprimer la jalousie, avait employé le même tour et les mêmes images que le grand Corneille dans le ballet de *Psyché;* mais est-ce dans le vague de ces idées qu'en est le prix? n'était-ce pas l'objet du goût plutôt que du génie? et si les poètes qui les ont d'abord employées les ont avilies par la bassesse, la grossièreté, l'enflure de l'expression; ou si, par un mélange impur, ils en ont détruit tout le charme, sera-t-il interdit à jamais de les rendre dans leur pureté et dans leur beauté naturelle? De bonne foi, peut-on faire au génie un reproche d'avoir changé le cuivre en or? Pour en juger on n'a qu'à lire :

(*Du Ryer dans* SCÉVOLE.)

Donc vous vous figurez qu'une bête assommée
Tienne votre fortune en son ventre enfermée,
Et que des animaux les sales intestins
Soient un temple adorable où parlent les destins?
Ces superstitions et tout ce grand mystère
Sont propres seulement à tromper le vulgaire.

(*Voltaire dans* OEDIPE.)

Cet organe des dieux est-il donc infaillible?
Un ministère saint les attache aux autels,
Ils approchent des dieux; mais ils sont des mortels.
Pensez-vous qu'en effet, au gré de leur demande,
Du vol de leurs oiseaux la vérité dépende?

Que sous un fer sacré des taureaux gémissants
Dévoilent l'avenir à leurs regards perçants ?
Et que de leurs festons ces victimes ornées
Des humains dans leur flanc portent les destinées ?
Non, non, chercher ainsi l'obscure vérité,
C'est usurper les droits de la Divinité.
Nos prêtres ne sont pas ce qu'un vain peuple pense,
Notre crédulité fait toute leur science *.

(*Théophile.*)

PYRAME A THISBÉ.

Mais je me sens jaloux de tout ce qui te touche,
De l'air qui si souvent entre et sort par ta bouche :
Je crois qu'à ton sujet le soleil fait le jour
Avecque des flambeaux et d'envie et d'amour ;
Les fleurs que sous tes pas tous les chemins produisent,
Dans l'honneur qu'elles ont de te plaire, me nuisent ;
Si je pouvais complaire à mon jaloux dessein,
J'empêcherais tes yeux de regarder ton sein ;
Ton ombre suit ton corps de trop près, ce me semble,
Car nous deux seulement devons aller ensemble :
Bref, un si rare objet m'est si doux et si cher,
Que ma main seulement me nuit de te toucher.

(*Corneille.*)

PSYCHÉ A L'AMOUR.

Des tendresses du sang peut-on être jaloux ?

*Voyez tome XXIX, pages 29 et 30 de notre *Répertoire*, le rapprochement que fait La Harpe entre ces deux passages de Du Ryer et de Voltaire.   H. P.

PLAGIAT.

L'AMOUR.

Je le suis, ma Psyché, de toute la nature.
Les rayons du soleil vous baisent trop souvent,
Vos cheveux souffrent trop les caresses du vent :
    Dès qu'il les flatte, j'en murmure.
    L'air même que vous respirez,
Avec trop de plaisir passe par votre bouche ;
    Votre habit de trop près vous touche.

Ce droit de refondre les idées d'autrui lorsquelles sont informes,

Et malè tornatos incudi reddere versus,

n'a pas seulement son utilité, j'y vois encore de la justice. Le champ de l'invention a ses limites, et depuis le temps qu'on écrit, presque toutes les idées premières ont été saisies et bien ou mal exprimées. Or, que la moisson ait été faite par des hommes de génie et de goût, l'on s'en console en glanant après eux et en jouissant de leurs richesses ; mais ce qui est insupportable, c'est de voir que, dans des champs fertiles, d'autres, moins dignes d'y avoir passé, ont flétri et foulé aux pieds ce qu'ils n'ont pas su recueillir. Combien de beaux sujets manqués ! combien de tableaux intéressants faiblement ou grossièrement peints ! combien de pensées, de sentiments, que la nature présente d'elle-même et qui préviennemt la réflexion, ont été gâtés par les premiers qui ont voulu les rendre ! Faut-il donc ne plus oser voir, imaginer, ou sentir comme on l'aurait fait avant eux? Faut-il ne plus exprimer ce qu'on pense, parce que d'autres l'ont pensé?

> Que ne venait-elle après moi,
> Et je l'aurais dit avant elle,

a dit plaisamment un poëte, * en parlant de l'antiquité

Le mot du Métromane,

> Ils nous ont dérobés, dérobons nos neveux,

est plein de chaleur et de verve. Mais sérieusement la condition des modernes serait trop malheureuse, si tout ce que leurs prédécesseurs ont touché leur était interdit.

Mais les vivants? Les vivants eux-mêmes doivent subir la peine de leur maladresse et de leur incapacité, quand ils n'ont pas su tirer avantage de la rencontre heureuse d'un beau sujet ou d'une belle pensée. Ce sont eux qui l'ont dérobée à celui qui aurait dû l'avoir, puisque c'est lui qui sait la rendre; et je suis bien sûr que le public, qui n'aime qu'à jouir, pensera comme moi.

Pourquoi donc les pédants, les demi-beauxesprits et les malins critiques sont-ils plus scrupuleux et plus sévères? Le voici. Les pédants ont la vanité de faire montre d'érudition, en découvrant un larcin littéraire; les petits esprits, en reprochant ce larcin, ont le plaisir de croire humilier les grands; et les critiques dont je parle suivent

---

* Le chevalier d'Accilly.

le malheureux instinct que leur a donné la nature, celui de verser leur venin. *

Un certain nombre d'hommes moins malveillants, mais avares de leurs éloges et de leur estime, voudraient au moins savoir au juste ce qu'ils en doivent à l'écrivain, et lorsqu'il n'a pas la gloire de l'invention, ils souhaiteraient qu'il les en avertît. Ils veulent bien que l'on emprunte, mais non pas que l'on vole; et pardonnent le plagiat pourvu qu'il ne soit pas furtif. Cela paraît fort raisonnable. Mais bien souvent l'auteur ne sait lui-même où il a vu ce qu'il imite : l'esprit ne vit que de souvenirs, et rien de plus naturel que de prendre de bonne foi sa mémoire pour son imagination;

* On rencontre sur cette manie, si bien caractérisée par Marmontel, des réflexions fort judicieuses et très ingénieusement exprimées dans la charmante notice que Walter-Scott a consacré à la gloire de notre Le Sage.

« Le titre d'auteur original, dit-il, a été sottement, je dirais presque avec ingratitude, contesté à Le Sage par ces demi-critiques, qui s'imaginent découvrir un plagiat dès qu'ils peuvent apercevoir une espèce de ressemblance entre le plan général d'un bon ouvrage et celui d'un autre de même nature, qui a été traité plus anciennement par un écrivain inférieur. Un des passe-temps favori de la sottise laborieuse consiste à découvrir de pareilles coïncidences, car elles semblent rabaisser le génie supérieur à l'échelle ordinaire de l'humanité, et par conséquent mettre l'auteur de niveau avec ses critiques. Ce n'est point le simple cadre d'une histoire, ni même l'adoption de détails mis en œuvre par un auteur antérieur, qui constituent le crime littéraire de plagiat. Le propriétaire du terrain où Chantrey tire son argile pourrait aussi bien prétendre à la propriété des figures qu'il pétrit sous ses doigts créateurs; et c'est la même question dans les deux cas. Peu importe d'où vient la matière première et sans forme ; mais à qui doit-elle ce qui fait son mérite et son excellence ? »

H. P.

rien de plus difficile que de bien démêler ce qu'on a tiré des livres ou des hommes, de la nature ou de soi-même. Comment l'auteur de *Britanicus* et d'*Athalie* aurait-il pu vous dire ce qu'il devait à la lecture de Tacite et des livres saints? Vous ne demandez pas l'impossible, je vous entends : mais où finit la dispense, et où commence l'obligation d'avouer ses emprunts? Celui qui emprunte comme Térence, comme La Fontaine, comme Boileau, s'en accuse ou s'en vante; mais celui qui imite de plus loin, comme Racine, ou Corneille, ou Molière; celui qui ne prend que le sujet et qui lui donne une nouvelle forme; celui qui ne prend que des détails et qui les embellit ou qui les place mieux, ira-t-il s'avouer copiste quand il ne croit pas l'être? Il y aurait plus de modestie à céder du sien qu'à retenir du bien d'autrui, je l'avoue; mais est-il donc si essentiel à un poète d'être modeste? et n'avez-vous pas vous-même, en le jugeant, votre vanité comme lui? Supposez, pour vous en convaincre, que votre amour-propre et le sien n'aient jamais rien à démêler ensemble; qu'il soit à cinq cents lieues de vous, ou qu'il soit mort, ce qui est plus sûr et plus commode; alors, pourvu que ses fictions, ses peintures vous intéressent, que ses sentiments vous touchent, que ses pensées vous éclairent, vous vous souciez fort peu de savoir ce qui est de lui ou d'un autre. Ce n'est donc que son voisinage qui vous rend difficile sur le tribut d'estime que vous aurez à lui payer. Voyez, lorsque Corneille, en donnant le *Cid*, étonna tout son siècle et consterna tous ses rivaux, quelle importance l'on attacha aux menus larcins qu'il avait faits au poète espagnol; et aujourd'hui qui s'en soucie? Le public, naïvement sensible et amoureux des belles choses, ne demande que de belles choses; c'est à l'ouvrage qu'il s'attache et non pas à l'auteur : que tout soit de celui-ci ou d'un autre, d'un moderne ou d'un ancien, d'un vivant ou d'un mort; tout lui est bon, pourvu que tout lui plaise. Le vrai plagiat, le seul qu'il désavoue, est celui qui ne lui apporte aucune utilité, aucun plaisir nouveau. De là vient qu'il bafoue un obscur écrivain, qui va comme un filou voler un écrivain célèbre, et déchirer une riche étoffe pour la coudre avec ses haillons.

Plutarque compare celui qui se borne à ce que les autres ont pensé, à un homme qui, allant chercher du feu chez son voisin, en trouverait un bon et s'y arrêterait, sans se donner la peine d'en apporter chez lui pour allumer le sien. Mais à celui qui d'une bluette a fait un brasier, reprocherez-vous votre bluette?

MARMONTEL, *Élément de Littérature*.

PLAISANT. « LES Espagnols, dit le P. Rapin ont le génie de voir le ridicule des hommes bien mieux que nous; les Italiens l'expriment mieux. » Cela peut-être vrai du plaisant, mais non pas du comique. Tout ce qui est risible n'est pas ridicule, tout ce qui est plaisant n'est pas comique, tout ce qui est comique n'est pas plaisant. Une maladresse est risible, une prétention manquée est ridicule, une situation qui expose le vice au mépris est comique; un bon mot est plaisant. Boileau, qui ne reconnaissait de vrai comique que Molière, disait de Regnard qu'*il n'était pas médiocrement plaisant*, et traitait de bouffonnerie toutes les pièces qui ressemblaient à celle de Scarron : c'est la plus juste application de ces trois mots, *comique*, *plaisant* et *bouffon*.

Le comique est le ridicule qui résulte de la faiblesse, et de l'erreur, des travers de l'esprit ou des vices du caractère.

Le plaisant est l'effet de la surprise réjouissante que nous cause un contraste frappant, singulier et nouveau, aperçu entre deux objets, ou entre un objet et l'idée hétéroclite qu'il fait naître. C'est une rencontre imprévue qui, par des rapports inexplicables, excite en nous la douce convulsion du rire.

La bouffonnerie est une exagération du comique et du plaisant.

L'Avare et le Tartufe sont deux personnages comiques; Crispin, dans *le Légataire*, est un personnage plaisant; Jodelet, un personnage bouffon.

Il arrive naturellement que le bon comique est plaisant. Ce vers,

Oui, mon frère, je suis un méchant, un coupable.

a l'un et l'autre caractère dans la bouche de Tartufe : il est plaisant, par l'opposition de la vérité que dit Tartufe avec l'effet qu'elle produit, et par la singularité piquante de ce contraste ; il est comique, parce qu'il exprime le plus vivement qu'il est possible l'adresse du fourbe qui trompe, et qu'il va faire sortir de même la crédule prévention de l'homme simple qui est trompé.

Mais le plaisant n'est pas toujours comique ; parce que le contraste qu'il présente peut n'être qu'une singularité de rapports entre deux idées qu'on ne croyait pas faites pour se lier ensemble : comme si, par exemple, un valet imagine de prendre la place de son maître au lit de la mort, de dicter son testament, d'oser ensuite lui soutenir qu'il l'a fait lui-même, et que sa léthargie le lui a fait oublier. Il n'y a rien là de ridicule dans les mœurs ni dans les caractères ; mais il y a une contrariété d'idées si imprévue, et il en résulte une surprise si naturelle et si amusante, que le vrai comique ne l'est pas davantage. Cependant si dans cet exemple on ne voit pas le comique de caractère, on croit y voir du moins le comique de situation, dans l'embarras où s'est mis le fourbe : mais comme il se dégage de ses propres filets, et que ce n'est pas à ses dépens que l'on rit, comme l'on rit aux dépens du Tartufe lorsqu'il se voit pris sur le fait, il est facile de reconnaître que la situation de Crispin n'est que plaisante, et que celle de Tartufe est comique.

L'ivresse n'est point un ridicule ; et quelquefois rien de plus plaisant, parce qu'un ivrogne a singulièrement la prétention de raisonner juste, comme il a celle de marcher droit, et que sa déraison veut toujours être conséquente. Regnard a excellé dans les rôles d'ivrogne. Un valet dans *la Sérénade*, prie un passant de lui aider à retrouver sa maison « Où est-elle, ta maison ? lui dit celui-ci : Parbleu, répond l'ivrogne, si je le savais, je ne vous le demanderais pas. » Le même, ayant perdu un billet qu'il était chargé de remettre à celui qu'il a rencontré, et voyant qu'il s'impatiente de ce qu'il cherche inutilement, lui dit pour excuse : « Comment voulez-vous que je retrouve un billet? je ne puis pas retrouver ma maison. »

Il y a des exemples encore plus sensibles du plaisant qui n'est que plaisant.

On aperçoit ce caractère dans la réponse faite à Louis XIV par un homme auquel il disait, en lui faisant admirer Versailles : « Savez-vous qu'il n'y avait ici qu'un moulin à vent? Sire, lui dit cet homme, le moulin n'y est plus, mais le vent y est toujours. » Cette façon imprévue de rabattre l'orgueil d'un souverain qui s'applaudit d'avoir surmonté la nature, fait, avec cet orgueil même et les éloges qu'il attendait, le contraste dont nous parlons.

Il se retrouve encore dans ces mots de Montaigne : Sur le plus beau trône du monde on n'est jamais assis que sur son cul » ; et dans ces mots de Diogène à Alexandre, qui lui demandait ce qu'il pouvait faire pour lui : « T'ôter de devant mon soleil » ; et dans ce reproche d'un Spartiate à son ami, qu'il surprenait avec sa femme, laquelle n'était ni jeune ni jolie : « Vous n'y étiez point obligé ; » et dans le flegme d'un ancien roi qui, étant tombé dans les embûches de son ennemi, avait passé pour mort, si bien que le prince son frère avait pris sa couronne et épousé sa femme. Il revient, et dans le moment que son frère se croit perdu, il l'embrasse et lui dit : « Mon frère, une autre fois, ne vous pressez pas tant d'épouser ma femme. » Cet exemple de sang-froid et de bonté rappelle le mot de M. de Turenne : « Et quand c'eût été Georges, eût-il fallu frapper si fort ? » Trait charmant, qu'on ne peut entendre sans rire et sans être attendri.

L'air d'ingénuité ajoute infiniment au sel de la plaisanterie. Le roi de.... disait à l'ambassadeur de.... « On dit que vous faites l'amour dans ce pays-ci. — Non, sire, je l'achète tout fait. »

On sait que Pope était mal fait, et qu'il était assez malin. Un jour, pour embarrasser le jeune lord Hyde, il lui demanda ce que c'était qu'un point interrogant? « C'est, répondit le jeune lord, *une petite figure crochue toujours prête à questionner.*

A Naples, un commandeur de Malte, homme riche et avare, laissait user sa livrée au point qu'un savetier du voisinage, voyant les habits de ses gens tous troués, s'en moquait. Ils s'en plaignirent à leur maître, qui fit venir le savetier, et le tança sur son insolence. « Non, monseigneur, dit humblement le savetier, je sais trop le respect que je dois à votre excellence pour me moquer de sa livrée. — Mes gens assurent cependant que tu ne peux t'empêcher de rire en voyant leurs habits troués. — Il est vrai, monseigneur ; mais je ris des trous où il n'y a point de livrée. »

Une mère et son fils passaient un acte chez un notaire, et dans cet acte il fallait que leur âge fût énoncé. Le fils avait accusé le sien, et avait dit « vingt-quatre ans ». Vint la mère à son tour, qui, n'ayant pas entendu son fils, et ne voulant se donner que l'âge qu'elle se donnait dans le monde, dit aussi « vingt-quatre ans ». « Ma mère, lui dit tout bas son fils, dites vingt-cinq, pour raison. Pour quelle raison ? reprit-elle avec impatience. C'est, lui dit-il, à cause que j'en ai vingt-quatre, et, comme vous êtes ma mère, il faut absolument que vous soyez née avant moi. »

On voit qu'ici la plaisanterie est bonne s'il y a de la malice ; mais que le mot est plus plaisant encore si c'est de la naïveté : car au ridicule de la mère se joint la bêtise du fils ; et la bêtise dans ses saillies produit des contrastes d'idées qui sont presque toujours plaisants.

Je dis la bêtise, et non pas la sottise : car la sottise est un ridicule choquant, qui n'excite que le mépris. On s'en amuse avec malignité, et on se plaît à le voir humilié, parce qu'il offense. La bêtise au contraire est un défaut innocent et naïf, dont on s'amuse sans le haïr. On passerait sa vie avec celui dont la bêtise est le caractère : la vanité s'en accommode, ou, pour mieux dire, elle s'y complaît. Mais la sottise est pour l'amour-propre un ennemi d'autant plus importun qu'il n'est pas digne de sa colère : aussi dans la société n'y a-t-il rien de plus fatiguant. La sottise est la gaucherie de l'esprit qui se pique d'adresse ; l'ineptie de l'esprit qui se pique d'habileté ; la maussaderie de l'esprit qui prétend se donner des graces ; la fausse finesse de l'esprit qui veut être malin ; la lourdeur de celui qui croit être léger ; sur-tout la suffisance de celui qui fait le capable. C'est une assurance hardie ; qui va de bévue en bévue avec une pleine sécurité ; une vanité dédaigneuse, qui se croit supérieure en toutes choses et dont les prétentions toujours manquées et toujours intrépides sont le contraste perpétuel d'un orgueil excessif et d'une excessive médiocrité.

La bêtise est tout simplement une intelligence émoussée, une longue enfance de l'esprit, un dénûment presque absolu d'idées, ou une extrême inhabileté à les combiner et à les mettre en œuvre ; et, soit habituelle ou soit accidentelle, comme elle nous donne sur elle un avantage qui flatte notre vanité, elle nous amuse, sans nous causer ce plaisir malin que nous goûtons à voir châtier la sottise. Ainsi la sottise est comique et n'est point plaisante ; la bêtise au contraire est plaisante et n'est point comique. La bêtise est rare parmi les hommes, mais les bêtises sont fréquentes ; et ce qu'elles ont de plus plaisant c'est une application sérieuse à bien penser et à raisonner juste.

On en voit une image assez fidèle dans le jeu du Colin-Maillard, où celui qui a les yeux bandés passe à côté de celui qui l'agace, l'effleure de la main, croit l'attraper, le manque, et donne dans le pot au noir.

Il y a des bêtises d'ineptie et qui déclarent évidemment une privation d'idées, ou un étourdissement habituel qui empêche de les lier entre elles ou de les assortir aux mots. La bêtise de cette espèce consiste à oublier ou à ne pas apercevoir ce qui fait le plus à la chose. Celui qui entendait parler d'un homme de cent ans comme d'un phénomène, et qui disait : « Belle merveille ! si mon grand-père n'était pas mort, il aurait plus de cent dix ans; » celui-là oubliait que n'être pas mort était le point de la difficulté. Celui à qui l'on demandait quel âge avait son frère dont il était l'aîné, et qui répondait : « Dans deux ans mon frère et moi nous serons du même âge », oubliait que lui-même il vieillirait de ces deux ans. Le marchand qui vendait cinq sous ce qu'il achetait six, et qui *se sauvait*, disait-il, *sur la quantité*, oubliait que la quantité qui multiplie les gains, quand il y en a, multipliait aussi les pertes. Ce pauvre enfant à qui l'on reprochait d'être bête, et qui disait : « Ce n'est pas ma faute si je n'ai point d'esprit, on m'a changé en nourrice », ne voyait pas que cette excuse de la vanité de ses parents ne valait rien pour lui : il la répétait sans l'entendre. Une bêtise de ce genre qui fait sentir le vice de toutes les autres, est celle de ce matelot qui entendait jurer son camarade contre le cable qu'il roulait : «Je crois, disait l'un que ce damné de cable n'a point de bout. Non, lui répondit l'autre, le bout n'en valait rien, on l'a coupé. » Il ne pensait qu'au bout coupé, sans faire attention qu'il en restait un autre.

Il est aisé de voir, dans la bêtise, à quelle apparence de raison s'est mépris celui qui l'a dite. Celle du bout du cable, par exemple, porte sur ce principe, que ce qu'on a ôté d'une chose n'y est plus.

La méprise est communément causée par une fausse lueur de rapport dans les termes, comme lorsqu'un benêt demandait à épouser sa sœur, et disait à son père pour sa raison : *Vous avez bien épousé ma mère.*

Mais une source intarissable de bêtise, c'est la fausse application des façons de parler habituelles et communes. Celui à qui Louis XIV demandait : *Quand accouchera votre femme ?* et qui lui répondit : *Quand il plaira à votre majesté*, ne songeait qu'à parler respectueusement, et plaçait au hasard un propos d'habitude.

Est-il peureux ? demandait-on à un homme en parlant de son nouveau cheval. *Oh! point du tout ; voilà trois nuits qu'il couche seul dans mon écurie.* Une femme disait de sa petite fille qui avait la fièvre : *La pauvre enfant a déraisonné toute la nuit comme une grande personne.* On demandait à un bourgeois comment se portait son enfant : *Vous lui faites bien de l'honneur*, répondit le bonhomme, *Il est mort hier au soir*. Un jeune libertin disait : « Il m'est mort pour cent mille écus d'oncles, et je n'ai pas hérité d'un sou » : ceci est pire qu'une bêtise. Un homme en voyant passer son médecin se détourna : on lui en demanda la raison. « Je suis honteux, dit-il, de paraître devant lui; il y a si long-temps que je n'ai été malade! » Deux hommes se battaient l'épée à la main; l'un des deux avertit son adversaire qu'il n'était pas en garde : « Que vous importe, répondit celui-ci, pourvu que je vous tue? » Que m'importe que je m'ennuie, disait un autre pourvu que je m'amuse ? »

Ces derniers mots, dits par des gens d'esprit, seraient de bonnes plaisanteries ; et bien des mots plaisants, à force d'être fins, auraient pu passer pour des bêtises, si on n'eût pas connu l'homme qui les disait. On parlait d'un anatomiste qui avait disséqué le corps d'une de ses cousines. « Ah! le vilain homme! » s'écria une jeune femme. » Mais, madame lui dit Mairand, elle était morte. » On disait d'une femme qui venait de mourir, qu'un homme, avec qui elle vivait, l'avait rendue malheureuse. « Oh! pour cela oui, s'écria le philosophe Nicole, sur-tout depuis trente ans! » L'homme et le ton lèvent l'équivoque, et avertissent d'y penser. Mais au faux semblant de la bêtise, on ne fait que sourire; et pour en rire de bon cœur on y veut la réalité.

La feue reine demandait s'il fallait dire *navals* ou *navaux*. Un homme de sa cour se penche, et lui dit mystérieusement : « Madame, je crois que l'on dit des navets. » Le roi Stanislas, se faisant lire *Marie Alacoque* par un valet de chambre, *Dieu lui apparut en singe*, dit le lecteur, *en songe*, dit le roi : *En songe ou en singe*, reprit le lecteur, *Dieu était bien le maître*.

L'ignorance fait dire plus de bêtises que la bêtise même, mais les traits d'ignorance ne sont plaisants que lorsqu'ils portent sur des choses que tout le monde doit savoir, et qu'avec une légère attention à ce qu'on entend dire, on doit avoir apprises. Celui qui, en voyant un bateau si chargé que les bords étaient à fleur d'eau, disait : « Si la rivière devient un peu plus grosse, ce bateau va couler à fond. » Celui-là ignorait ce que savent les gens du peuple. La femme qui, allant voir une éclipse à l'Observatoire, disait à sa compagnie, qui craignait d'arriver trop tard : « M. de Cassini est de mes amis, il voudra bien recommencer pour moi », n'était pas une femme instruite. Mais l'homme qui, dans le même cas, disait : « Je ne crois pas que l'on s'avise de commencer l'éclipse avant que le roi soit arrivé », dut être jugé à la rigueur. On devait bien plus d'indulgence à la nouvelle épousée qui, revenant de l'autel, disait à son mari qui la menait un peu trop vite : « De grâce, allons plus doucement, je pourrais faire une fausse couche. »

Une absence d'esprit ressemble quelquefois à une privation absolue ; et de là vient que les gens distraits disent fort souvent des bêtises. Le caractère du distrait n'est pas comique, parce que la distraction n'est pas un ridicule; mais ce caractère est l'un des plus plaisants, parce qu'il donne lieu à une infinité de disparates imprévues. Voilà, dit le Distrait de La Bruyère, la seule pantoufle que j'ai sur moi », en tirant de sa poche celle qu'il avait prise, comme s'il eût parlé de son mouchoir : rien de plus imprévu, et aussi rien de plus plaisant. « De qui êtes-vous en deuil, demandait un distrait à l'un de ses amis. — De mon père. — Il est mort! — Ah! que j'en suis fâché! n'aviez-vous que celui-là?

Nous avons connu un homme célèbre dans ce genre, et pourtant reconnu pour un homme d'esprit, et d'un esprit si éclairé que bien des gens ne pouvaient croire que ses absences lui fussent naturelles. C'est lui qui, dans une promenade qu'il faisait avec ses amis, dans les environs de Florence, se trouvant sur le soir à quatre milles de la ville, soutenait qu'ils y arriveraient avant la nuit : « Car, *disait-il*, au bout du compte, nous sommes quatre, ce n'est qu'un mille pour chacun. » C'est lui qui, dans un hiver où le froid était à Paris d'une âpreté extraordinaire, disait à l'ambassadeur de Russie : « Monsieur l'ambassadeur, avez-vous des nouvelles de Pétersbourg? qu'y dit-on de ce froid? » C'est dans une absence d'esprit de cette espèce qu'un homme disait. « J'ai juré de ne jamais entrer dans l'eau, que n'aie-je appris à nager. « C'est aussi la seule manière de trouver naturelle cette réflexion d'un courtisan de

Louis XIV, sur ce que Racine s'était fait enterrer à Port-Royal : *Il n'aurait jamais fait cela de son vivant.* Ainsi, pour un moment, la distraction, dans un homme d'esprit, est l'équivalent de la bêtise. La vanité en tient lieu aussi, mais d'une autre manière en attachant une importance, ou excessive ou exclusive à ce qui l'intéresse. » C'est une terrible chose que la peste, disait un homme préoccupé de sa noblesse ! la vie d'un gentilhomme n'est pas en sûreté. » Le chirurgien Morand venait de saigner une femme de qualité qui s'en était évanouie : « Madame, lui dit-il, une saignée affaiblit beaucoup, lorsqu'elle est faite par un habile homme. » Le médecin Chirac, en entendant parler du Lazare ressuscité, disait d'un air sournois — « S'il était mort de ma façon !....... » Cette réticence n'est pas d'une bête, mais elle n'en est pas moins plaisante.

Plus la bêtise est à la fois réfléchie et grossière, plus elle nous amuse aux dépens de celui à qui elle échappe. Qui ne rirait de la réflexion de ce bon Suisse qui, en voyant sur la poussière son camarade qui venait d'avoir la tête emportée par un boulet de canon, disait tristement : « Le pauvre diable sera bien surpris demain de se trouver sans tête ! » Mais ce qui n'est pas concevable, et ce que toute la gravité d'un historien sage peut à peine persuader, c'est que la même bêtise ait été dite dans une harangue méditée. Ce fut un chevalier Plager, qui, félicitant la ville de Londres sur les précautions qu'elle avait prises contre la fameuse conspiration des poudres, dit sérieusement que, sans cette vigilance des magistrats, « les citoyens auraient couru risque de se trouver tous égorgés le lendemain, à leur réveil. » Passe encore pour le soldat suisse, mais l'orateur du peuple anglais!..... Il faut que Hume nous l'assure, et encore est-on tenté de croire que c'est un conte fait à plaisir *.

MARMONTEL, *Éléments de Littérature*.

PLAN. CE terme, emprunté de l'architecture, et appliqué aux ouvrages d'esprit, signifie les premiers linéaments qui tracent le dessin d'un ouvrage, son étendue circonscrite, son commencement, son milieu, sa fin, la distribution et l'ordonnance de ses parties principales, leur rapport, leur enchaînement.

Ce doit être le premier travail de l'orateur, du poète, du philosophe, de l'historien, de tout homme qui se propose de faire un tout qui ait de l'ensemble et de la régularité.

Un homme qui n'écrit que de caprice et par pensées détachées, comme Montaigne dans ses *Essais*, peut n'avoir qu'une intention générale; il est dispensé de se tracer un plan. Mais dans un

---

* On peut rapprocher de quelques passages de cet article un excellent morceau où Ducis, à l'occasion des comédies de Voltaire, marque, comme Marmontel, les différences qui séparent le plaisant et le comique. Voyez tome XXX, pages 289 et 503 de notre *Répertoire*.   H. P.

ouvrage où tout doit se lier, se combiner comme dans une montre, pour produire un effet commun, est-il prudent de se livrer à son génie, sans avoir son plan sous les yeux? C'est cependant ce qui arrive assez souvent aux jeunes écrivains, et sur-tout dans le genre où ce premier travail, bien médité serait le plus indispensable. *

Pénétrons dans le cabinet d'un poète habile et sage, et voyons-le occupé du choix et de la disposition d'un sujet.

Parmi cette foule d'idées que la lecture et la réflexion lui présentent, il lui vient celle d'un usurpateur qui, de deux enfants nourris ensemble, ne sait plus lequel est son fils, ou le fils du roi légitime dont il veut éteindre la race.

Le poète, dans cette masse d'idées voit d'abord un sujet tragique; il la pénètre, la développe; et voici à peu près comment.

Ces deux enfants peuvent avoir été confondus

---

* Le vieux Ducis, qui en cela fut toujours un peu jeune homme, crie cependant à ces étourdis, avec une véhémence naïve, dans une de ses charmantes épîtres :

Le plan ! toujours le plan ! l'inflexible unité !

Il semble que l'écrivain devrait pouvoir s'appliquer ce vers de Mithridate :

Je sais tous les chemins par où je dois passer.

Buffon, dans son admirable discours de réception à l'Académie française, où il trace les règles de l'art d'écrire, recommande surtout de marquer d'avance la route que l'on doit suivre, il revient sans cesse à ce précepte qui fait comme le fond de la poétique du style. (*Voyez* l'article STYLE.) H. P.

par leur nourrice; mais si la nourrice n'est plus, on est sûr que le secret de l'échange est enseveli avec elle : le nœud n'a plus de dénouement. Si cette femme est vivante et susceptible de crainte, l'action ne peut plus être suspendue : l'aspect du supplice fera tout avouer à ce témoin faible et timide. Le poète établit donc le caractère de la nourrice comme la clef de la voûte. Elle adore le sang de ses maîtres, déteste celui du tyran, brave la mort, et s'obstine au secret. Ce n'est pas tout : si le tyran n'est qu'ambitieux et cruel, sa situation n'est pas assez pénible. Il peut même être barbare au point d'immoler son fils, plutôt que de risquer que son ennemi lui échappe, et trancher le nœud de l'intrigue. Que fait le poète ? Au puissant motif de faire périr l'héritier du trône, il oppose l'amour paternel, ce grand ressort de la nature ; et voyez comme son sujet devient pathétique et fécond. Le tyran va, sur les lueurs de sentiments, sur des soupçons et des conjectures, balancer entre ses deux victimes et les menacer tour à tour. Mais si l'un des deux princes était beaucoup plus intéressant que l'autre par son caractère, il n'y aurait plus cette alternative de crainte qui met l'âme des spectateurs à l'étroit, et qui rend cette espèce de situation plus vive et plus pressante : le poète, qui veut qu'on frémisse pour tous les deux tour à tour, les fait donc vertueux l'un et l'autre ; et dès lors non seulement le tyran ne sait plus lequel préférer pour son fils, mais lorsqu'il veut se déterminer, aucun des deux ne consent à l'être.

De cette combinaison de caractère naissent, comme d'elles-mêmes, les belles situations qu'on admire dans *Héraclius*.

Devine si tu peux, et choisis si tu l'oses.....
O malheureux Phocas ! ô trop heureux Maurice !
Tu retrouves deux fils pour mourir après toi ;
Et je n'en puis trouver pour régner après moi.

Comment s'est fait le double échange qui a trompé deux fois le tyran ? Sur quels indices chacun des deux princes peut-il se croire Héraclius ? par quel moyen Phocas les va-t-il réduire à la nécessité de décider son choix ? quel incident, au fort du péril, tranchera le nœud de l'intrigue et produira la révolution ? Tout cela doit s'arranger dans la pensée du poète, comme l'eût disposé la nature elle même, si elle eût combiné ce beau plan. C'est ainsi que travaillait Corneille. Il ne faut donc pas s'étonner si l'invention du sujet lui coûtait plus que l'exécution.

Quand la fable n'a pas été conçue avec cette méditation profonde, on s'en aperçoit au défaut d'harmonie et d'ensemble, à la marche incertaine et laborieuse de l'action, à l'embarras des développements, au mauvais tissu de l'intrigue, et à une certaine répugnance que nous avons à suivre le fil des évènements.

La marche d'un poème, quel qu'il soit, doit être celle de la nature, c'est-à-dire telle qu'il nous soit facile de croire que les choses se sont passées comme nous les voyons. Or dans la nature les idées, les sentiments, les mouvements de l'âme ont une génération qui ne peut être renversée. Les évènements ont de même une suite, une liaison que le poète doit observer, s'il veut que l'illusion se soutienne. Des incidents détachés l'un de l'autre, ou maladroitement liés, n'ont plus aucune vraisemblance. Il en est du moral comme du physique, et du merveilleux comme du familier : pour que la contexture de la fable soit parfaite, il faut qu'elle ne tienne au dehors que par un seul bout. Tous les incidents de l'intrigue doivent naître successivement l'un de l'autre, et c'est la continuité de la chaîne qui produit l'ordre et l'unité. Les jeunes gens, dans la fougue d'une imagination pleine de feu, négligent trop cette règle importante : pourvu qu'ils excitent du tumulte sur la scène, et qu'ils forment des tableaux frappants, ils s'inquiètent peu des liaisons, des gradations et des passages. C'est par là cependant qu'un poète est le rival de la nature, et que la fiction est l'image de la vérité.

Le plan d'une bonne comédie me semble au moins aussi difficile à former que celui d'une tragédie, et j'avoue que dans aucun genre il n'est aucun plan qui m'étonne autant que celui du *Tartufe*.

Le plan du poème épique est plus vaste, mais moins gêné : le génie du poète, affranchi de la règle des unités, s'y trouve infiniment plus libre. Mais cette aisance elle-même est la cause des écarts où il s'abandonne et du froid que des épisodes trop inutiles et trop fréquents répandent dans son action. Enchaîner les évènements, les faire naître les uns des autres, les faire tous servir à nouer l'action et à graduer l'intérêt ; voilà les lois que l'inventeur doit s'imposer lorsqu'il conçoit et médite son plan, et à cet égard nous avons des romans mieux conçus que les plus beaux poèmes.

En éloquence, la méthode est la même pour la génération des idées, pour la gradation du pathétique, pour l'ordre, le rapport et l'enchaînement des parties, enfin pour la tendance des moyens à un but commun. Mon respect pour Cicéron, que je consulte comme un oracle toutes les fois qu'il s'agit de son art, ne m'empêche pas de différer ici de son opinion sur l'ordonnance du discours. Il veut que l'orateur, en distribuant ses moyens en choisisse de fermes pour le commencement, garde les plus forts pour la fin, et qu'au milieu, comme dans la foule, il fasse passer les plus faibles. Il me semble au contraire que toute succession du fort au faible est vicieuse, et que l'attention se ralentit, comme l'intérêt diminue, si l'on ne se sent pas mené graduellement du plus faible au plus fort.

Il est sans doute important de donner, dès l'entrée, une haute idée de son sujet, une opinion favorable et imposante de sa cause, mais on le peut en annonçant cette progression de moyens et en prévenant l'auditoire sur l'accumulation des preuves et sur l'accroissement des forces qu'on s'engage à développer. J'appliquerai donc à l'ordonnance du discours, et à l'économie de la preuve elle-même, ce que dit Cicéron en parlant de l'exorde : *Nihil est in naturâ rerum quod se universum profundat et quod totum repente evolet. Sic omnia quæ fiunt quæque aguntur acerrimè, inferioribus principiis natura ipsa pertexuit.*

Dans la nature, tous les commencements sont faibles : on doit s'attendre que l'art procédera comme elle, et ménagera ses moyens. Mais des moyens faibles ne sont pas des moyens faux. Ceux-ci jamais, Cicéron en convient, ne doivent entrer dans la cause. Il ne s'agit que du plus ou moins de vraisemblance, ou du plus ou moins d'impulsion. Or, soit qu'on agisse sur l'entendement ou sur la volonté, sur l'esprit ou sur l'âme, je crois que, dans un plan, il faut distribuer ses forces de manière que la persuasion, l'émotion, la lumière, la chaleur, aillent en croissant du commencement à la fin.

La seule exception que j'y trouve est le cas où, dans la république, on aurait à vaincre dans les esprits une forte prévention, une persuasion profonde que l'adversaire y aurait laissée : alors c'est comme un poste, dans un champ de bataille qu'il s'agit d'abord d'emporter et à l'attaque duquel on est obligé d'employer ce qu'on a de plus vigoureux. Mais lorsqu'une circonstance pareille n'oblige pas de renverser la progression naturelle des idées, des sentiments, des procédés, enfin de l'éloquence ; je penserais qu'on devrait toujours aller du faible au fort, et graduer ainsi sans cesse l'attention, la persuasion, l'émotion de l'auditeur.

Du reste, il n'en est pas du plan d'un plaidoyer comme de celui d'un sermon ou d'une harangue. Dans celui-ci (qu'on me permette la comparaison), l'orateur, comme le danseur, est le maître de se donner l'attitude, les mouvements, les développements qui lui sont favorables, et il passe de l'un à l'autre avec une pleine liberté. Dans le plaidoyer, au contraire, l'orateur ressemble au lutteur, son action est souvent commandée et contrainte par celle de son adversaire, et, par une comparaison plus noble, Quintilien nous fait voir que ses dispositions, son ordre de bataille doivent s'accommoder au poste, aux mouvements et aux forces de l'ennemi. (*Voyez* RHÉTORIQUE.)

MARMONTEL, *Eléments de Littérature*.

PLANUDE (MAXIME), auteur grec, né à Nicomédie, était moine à Constantinople, au quatorzième siècle. La plupart des circonstances de sa vie sont ignorées; on sait seulement qu'il se montra d'abord partisan de l'église latine, et qu'ayant été emprisonné, il fut obligé, pour recouvrer sa liberté, de réfuter la doctrine qu'il professait. L'empereur Andronic-le-Vieux l'envoya à Venise, en 1327, à la suite d'un ambassadeur. On a de lui une lettre adressée à l'empereur Jean Paléologue, qui ne monta sur le trône qu'en 1341, ce qui prouve que Planude vécut au moins jusqu'à cette époque. Dorville place la mort de cet auteur en 1353, mais sans prouver cette date par aucun monument, ni par aucun témoignage. Au surplus, quoiqu'on ne puisse préciser ni la date de la naissance de Planude, ni celle de sa mort, on est autorisé, par le très grand nombre de ses ouvrages, à lui attribuer une assez longue carrière.

C'est sur-tout par son travail sur Ésope, et par son *Anthologie grecque* qu'il est principalement connu. « De tous les recueils des *Fables* « *d'Ésope*, dit M. Clavier, le plus mauvais, « quoiqu'il ait été souvent réimprimé, est celui « qu'a fait Planude, qui y a joint une *Vie* rem- « plie de contes. » Cette Vie est, quant au fond, celle que La Fontaine a placée à la tête de ses propres Apologues, en avouant que « la plupart « des savants la tiennent pour fabuleuse. »

Les ouvrages dont Planude est l'auteur original peuvent se diviser en trois classes, selon qu'ils appartiennent à la théologie, aux sciences, ou aux belles-lettres ; car il a cultivé presque tous les genres de connaissances, mais dans la longue liste de ses productions, « il n'y a pas, » dit M. Daunou, « un seul bon ouvrage. Planude ne « perfectionne rien ; toujours pressé de finir, il « n'apporte nulle part d'exactitude. S'il rencontre « des difficultés, il les élude par des omissions. « Peu d'auteurs, même au moyen âge, ont mon- « tré moins de discernement et de critique ; il « n'a ni goût, ni véritable talent, pas même au- « tant qu'il en faut aux compilateurs, et néan-

« moins, deux de ses Recueils, son *Anthologie*
« et ses *Fables d'Esope* ont acquis, au renou-
« vellement des lettres, une vogue qu'ils n'ont
« pas encore perdu. »

On connaissait, depuis 1495, la traduction en vers grecs que Planude a donnée des *Distiques moraux* de Caton, souvent réimprimée jusqu'en 1754 et 1759 ; mais les *Métamorphoses* d'Ovide, qu'il a traduites en prose grecque, ont été publiées pour la première fois, en 1822, enrichies d'une préface et de notes savantes par M. Boissonade, en un volume in-8°, qui fait partie de la collection des *Classiques latins* de M. Le Maire. M. Boissonade ne dissimule point les défauts de cette version, Planude, n'ayant qu'une mauvaise copie du texte latin, ne l'a pas toujours bien entendu. Un fragment de Cicéron sur la mémoire, traduit par lui en grec, a été imprimé en 1810 ; mais on a jusqu'ici laissé manuscrites les versions qu'il a aussi faites des *Héroïdes* d'Ovide, du *Songe de Scipion*, de la *Guerre des Gaules* de Jules-César, de la *Consolation de Boèce*, de la *Grammaire* de Donat, de la *Cité de Dieu* de saint Augustin et des quinze livres du même docteur *sur la Trinité*.

PLATON. Ce grand philosophe, que les anciens ont surnommé le *divin* Platon, et que les modernes ont diversement jugé, a été aussi l'objet d'une foule de discussions chronologiques et historiques, qu'il serait trop long de rappeler. La vie de Platon par Diogène-Laërce, dont nous allons donner un extrait, n'est pas toujous écrite avec discernement, et on la trouvera quelquefois un peu singulière ; mais elle a du moins l'avantage de rassembler d'une manière simple et rapide les principales traditions de l'antiquité.

Platon naquit à Athènes d'Aariston et de Périctione. La famille de sa mère remontait jusqu'à Solon : Dropide, frère du législateur, eut pour fils Critias, père de Calleschrus ; Calleschrus eut deux fils, Critias, un des trente tyrans, et Glaucon ; de celui-ci naquirent Charmide et Périctione, mère de Platon, qui descendait de Solon au sixième degré. Or Solon tirait son origine de Nélée, fils de Neptune. On ajoute qu'Ariston rapportait la sienne au même dieu par Codrus, fils de Mélanthe, à qui Thrasyle donne ce dieu pour ancêtre.

Speusippe dans le *Souper de Platon*, Cléarque dans son *Éloge*, et Anaxilide au second livre des *Philosophes*, nous transmettent un bruit qui courait à Athènes. Périctione, disent-ils, dont la beauté enflammait son nouvel époux, lui refusa obstinément le prix de son amour ; mais il vit en songe Apollon, qui, jusqu'au jour de l'accouchement, lui ordonnait de respecter ses refus. Et cependant Platon naquit, suivant les *Chroniques* d'Apollodore, dans la quatre-vingt-huitième Olympiade, le 7 du mois Thargélion, le jour même où les Déliens placent la naissance d'Apollon. Il mourut, dit Hermippe, la première année de la cent-huitième Olympiade, assistant à un repas de noces, à l'âge de quatre-vingt-un an ; Néanthe dit quatre-vingt-quatre.

Il est donc de six ans moins ancien qu'Isocrate : car Isocrate est né sous l'archontat de Lysimaque, et Platon, sous celui d'Aminias, l'année de la mort de Périclès.

Il était du bourg de Collyte, s'il faut s'en tenir à la *Chronologie* d'Antiléon ; d'autres, comme Favorinus, *Mélanges historiques*, le font naître à Égine, dans la maison de Phidiadas, fils de Thalès. Ils prétendent que son père, envoyé dans cette île avec d'autres Athéniens pour y former une colonie, ne revint à Athènes qu'au moment où ils furent chassés par les Lacédémoniens, protecteurs des Eginètes. Mais Platon fut Chorège à Athènes, et Dion fit les frais, au rapport d'Athénodore, huitième livre des *Promenades*.

Platon eut deux frères, Adimante et Glaucon, et une sœur nommée Potone, mère de Speusippe.

On lui donna pour maîtres, dans ses études littéraires, le grammairien Denys, qu'il cite au dialogue des *Rivaux*, et dans la gymnastique, Ariton d'Argos, qui le nomma *Platon* à cause de ses *larges* épaules : car on l'avait appelé jusque-là du nom de son aïeul, Aristoclès. Telle est du moins l'opinion d'Alexandre *Successions des philosophes* ; d'autres voient l'origine de ce nom dans la *largeur* de son style, d'autres dans celles de son front, et c'est l'avis de Néanthe. Quelques-uns disent même, comme Dicéarque, premier livre des *Vies*, qu'il disputa le prix de la lutte aux jeux Isthmiques. Il s'occupa de peinture ; il fit aussi quelques poèmes ; d'abord des dithyrambes, ensuite des odes et des tragédies. Sa voix était grêle, disent les *Vies* de Timothée l'Athénien.

On raconte un songe de Socrate : il croyait tenir sur ses genoux un jeune cygne ; tout-à-coup les ailes lui naissent, il vole, et fait entendre les plus doux accents. Le lendemain, on amène le jeune Platon au philosophe. Voilà, dit Socrate, le cygne de cette nuit.

Il avait suivi ses premières leçons philosophiques dans l'Académie, puis dans un jardin près de Colone. (Alexandre, histoire des *Successeurs* d'Héraclite.) Il n'en voulait pas moins se présenter au concours de la tragédie sur le théâtre de Bacchus. Mais à peine eut-il entendu Socrate, qu'il brûla ses vers en s'écriant :

Viens, dieu du feu ! Platon réclame ton secours.

Il avait vingt ans, et il ne quitta plus Socrate. Privé de son maître, il écouta ensuite Cratyle, disciple d'Héraclite, et Hermogène, sectateur de Parménide.

A trente-deux ans, dit Hermodore, il vint à Mégare entendre Euclide avec plusieurs disciples de Socrate; de là il se rendit à Cyrène, où il vit le mathématicien Théodore ; de Cyrène il alla trouver en Italie les Pythagoriciens, Philolaüs et Euryte ; il les quitta pour l'Egypte, où il interrogea les prêtres. Il y fut, dit-on, accompagné par Euripide, et comme ce poète y tomba malade, les prêtres le guérirent avec des bains de mer ; d'où ce vers d'*Iphigénie en Tauride :*

Neptune peut laver tous les maux des mortels.

Il disait encore, d'après l'*Odyssée*, qu'en Egypte tous les hommes sont médecins. Platon, sur le point de visiter aussi les Mages, en fut détourné par les guerres d'Asie. De retour à Athènes, il se fixa dans l'Académie, gymnase orné d'arbres, non loin de la ville, ancien séjour du héros Académus. Eupolis, comédie des *Amis de la paix :*

Sous l'ombrage sacré des bosquets d'Académe ;

Et Timon, dans ses vers contre Platon :

A leur tête marchait le plus *large* de tous,
Orateur doucereux, dont l'éloquence égale
Des bois d'Hécadémus la jalouse cigale.

Car c'est ainsi que ce mot s'écrivait autrefois. Là, Platon recevait Isocrate son ami; et Praxiphane a transcrit une conversation sur les poètes, qui se tint à la campagne de Platon entre Isocrate et le philosophe.

Platon, suivant Aristoxène, porta trois fois les armes, dans l'expédition de Tanagre, dans celle de Corinthe, et à Délium, où il se distingua par son courage.

Ses leçons offraient un mélange des opinions d'Héraclite, de Pythagore et de Socrate ; il suivait le premier pour la théorie des choses sensibles, le second pour celle des idées, et Socrate pour la politique et la morale. Des auteurs rapportent,

Satyrus par exemple, qu'il écrivit en Sicile à Dion de lui acheter de Philolaüs trois livres pythagoriques pour cent mines. Mais il pouvait faire cette dépense, s'il est vrai qu'il reçut de Denys au-delà de quatre-vingts talents, comme l'assure Onétor dans son traité, *Le sage doit-il être riche ?*

Épicharme l'auteur comique, si nous en croyons Alcime dans ses quatre livres *à Amyntas*, fournissait encore beaucoup de pensées à Platon..... Il n'ignorait pas lui-même quel profit on pourrait tirer de ses œuvres, à en juger par ces vers prophétiques :

> Non, je ne mourrai point ; déjà même je voi
> Les premiers écrivains s'abaisser jusqu'à moi,
> Et de mes vers moraux, détruisant la mesure,
> D'un style ingénieux leur prêter la parure.

Enfin, les mimes de Sophron, que Platon apporta le premier à Athènes où ils étaient inconnus, lui servirent à peindre les caractères ; et on les trouva sous son chevet après sa mort.

Platon fit trois fois le voyage de Sicile. La première, il allait visiter l'île et son volcan. C'est alors que Denys le tyran, fils d'Hermocrate, voulut l'entretenir. Le discours tomba sur la tyrannie, et Platon soutint que l'homme ne peut trouver le bonheur dans son intérêt propre, s'il n'y joint pas la vertu. Le prince irrité lui dit : Vous parlez comme un radoteur. Et vous, comme un tyran ;

répondit le philosophe. Indigné de tant d'audace, le tyran voulait d'abord le faire mourir, mais fléchi par Dion et Aristomène, il lui laissa la vie, et le livra seulement à Pollis, envoyé de Sparte à sa cour, pour le vendre le prix d'un esclave. On le conduisit à Égine, où il fut vendu. Là, Charmander, fils de Charmandride, l'accusa de crime capital aux termes d'une loi du pays, qui condamnait à mort sans jugement le premier Athénien qui débarquerait dans cette île : Favorinus, *Mélanges historiques*, prétend que c'était une loi de Charmander lui-même. Le coupable est philosophe, dit un plaisant ; et l'esclave fut absous. D'autres racontent que le tribunal, le voyant silencieux et prêt à subir courageusement son sort, changea la peine, et le fit vendre comme prisonnier de guerre. Aussitôt Annicéris de Cyrène, qui se trouvait là par hasard, l'achète vingt ou trente mines, et lui fait rejoindre ses amis d'Athènes. Ceux-ci voulurent lui rendre l'argent ; mais il refusa de le recevoir, en disant qu'ils n'étaient pas les seuls dignes d'honorer Platon. On rapporte aussi que Dion envoya la somme, qu'on n'essaya plus de la faire accepter, et que Platon en acheta son petit jardin de l'Académie. Pollis, vaincu par Chabrias, fut englouti dans la mer près d'Hélice ; et la divinité, selon Favorinus, premier livre des *Mémoires*, vengea ainsi le philosophe. Denys ne fut pas tranquille ; informé de tout, il écrivit à Platon de l'épargner dans ses discours. Il ne reçut de lui que cette réponse : « Je n'ai pas assez de loisir pour me souvenir de Denys. »

Dans son second voyage en Sicile, il venait demander à Denys le jeune, des terres et des hommes, pour réaliser son plan de république. On lui avait fait des promesses qu'on ne tint pas. Il courut même, dit-on, de grands dangers, sous prétexte d'avoir persuadé à Dion et à Théotas d'affranchir la Sicile. Mais Architas le Pythagoricien, dans une lettre au tyran, défendit Platon, et lui ménagea son retour dans sa patrie. Voici la lettre :

ARCHYTAS A DENYS, *salut*.

« Tous les amis de Platon vous envoient Lamiscus et Photidas pour le ramener, comme vos traités avec lui nous en donnent l'espérance. Ah! que l'équité vous rappelle votre ancienne admiration, ces temps où vous nous recommandiez avec tant de zèle de vaincre ses refus, de hâter son départ, et ces promesses généreuses qui ne devaient lui laisser aucune inquiétude sur sa liberté. Rappelez-vous de quels honneurs son arrivée fut suivie, quelle fut alors votre amitié pour l'homme que vous avez le plus aimé. S'il est survenu quelque mécontentement, il faut de la clémence dans le cœur de l'homme, rendez-nous Platon sans vous être vengé. En vous conduisant ainsi, vous aurez fait le bien ; nous serons consolés. »

Platon entreprit son troisième voyage pour

réconcilier Denys avec Dion ; il revint après des efforts inutiles.

Ses ouvrages prouvent qu'il aurait pu alors se mêler aux affaires de sa patrie; mais il ne voulait pas gouverner un peuple accoutumé à d'autres lois. Il est vrai qu'au rapport de Pamphila, vingt-cinquième livre de ses *Mémoires*, les Arcadiens et les Thébains, ayant bâti Mégalopolis, l'invitèrent à en être le législateur. Il refusa, quand il sut qu'on n'adopterait pas l'égalité des biens.

Vers le même temps, il prit la défense de Chabrias, accusé de crime capital, lorsqu'aucun citoyen n'osait le faire ; et comme il montait à la citadelle avec lui, le délateur Crobyle lui dit en face : O toi qui viens parler pour un autre, ignores-tu que la coupe de Socrate est là qui t'attend? Quand j'ai combattu pour ma patrie, répliqua-t-il, je n'ai pas craint les dangers ; quand c'est à un ami que je me dois, je ne les craindrai pas.

Le premier, dit Favorinus, livre VIII des *Mélanges*, il introduisit le genre du dialogue ; le premier, il enseigna la méthode analytique à Laodamas de Thasos ; le premier, il fit connaître à la philosophie les mots, *antipodes*, *élément*, *dialectique*, *qualité*, *étendue dans le nombre*, *surface plane*, *providence divine*; le premier, il réfuta les raisonnements de Lysias, fils de Céphale, qu'il cite mot pour mot dans son *Phèdre* : le premier enfin il vit et prouva l'utilité de la Grammaire : mais on demande comment un auteur qui a critiqué presque tous ses devanciers, n'a jamais nommé Démocrite.

Lorsqu'il parut aux Jeux Olympiques, dit Néanthe le Cyzicénien, les yeux de la Grèce entière se tournèrent sur lui. Il y rencontra Dion, qui se disposait à faire la guerre au tyran.

Mithridate, si l'on en croit le premier livre des *Mémoires* de Favorinus, fit élever à Platon une statue dans l'Académie, avec cette inscription : *Mithridate, Perse, fils de Rhodobate élève à Platon cette statue, ouvrage de Silanion, et la consacre aux Muses.*

Dans sa jeunesse, dit Héraclite, il était si modeste et si retenu, qu'on ne le surprit jamais riant aux éclats. Malgré ses qualités et son génie, les comiques ne l'épargnèrent pas plus que les autres philosophes.

Il est étrange, disait Molon, non de voir Denys à Corinthe, mais d'avoir vu Platon en Sicile. Nous pouvons croire que Xénophon ne l'aimait pas non plus ; et cette rivalité leur a fait composer à tous deux un *Banquet*, une *Apologie de Socrate*; des *Mémoires* de morale ; à l'un *la République*, à l'autre *la Cyropédie*. Platon, dans ses *Lois*, traite ce dernier ouvrage de fiction, et n'y reconnaît point Cyrus. Enfin, quoiqu'ils s'occupent l'un et l'autre de Socrate, ils ne se citent nulle part, excepté Xénophon qui nomme une fois son rival au troisième livre de ses *Mémoires*.

Antisthène, qui devait lire un ouvrage, invite Platon à cette lecture. Quel en est le sujet, demande-t-il ? — Je prouve qu'il n'y a point de contradiction. — Pourquoi donc le prouvez-vous? — Antisthène vit bien qu'on pouvait contredire, et il écrivit contre Platon un dialogue, intitulé *Sathon :* depuis ce jour, ils ne cessèrent point d'être ennemis.

Lorsque Platon lut à Socrate son *Lysis.* Bons dieux, s'écria Socrate, que de choses ce jeune homme me fait dire ! On n'ignore pas, en effet, qu'il prête à son maître bien des discours qu'il n'a jamais tenus.

Il n'aimait pas Aristippe, et il semble lui reprocher dans son traité de *l'Ame* de ne s'être pas trouvé à la mort de Socrate, quoiqu'il fût à Égine, si proche d'Athènes. Il conservait aussi quelque jalousie contre Eschine, qui avait obtenu, dit-on, la faveur de Denys : lorsque la pauvreté le força de se rendre en Sicile, il fut mal vu de Platon, et protégé d'Aristippe. Suivant Idoménée, les conseils de Criton, qui offre à Socrate dans sa prison les moyens de s'échapper, lui furent donnés par Eschine ; mais Platon en fait honneur à un autre, et son inimitié le rend injuste. Il ne rappelle même le souvenir d'Eschine que dans le *Phédon* et dans l'*Apologie.*

Le style de Platon, dit Aristote, tient le milieu entre la prose et la poésie. Aristote, au rapport de Favorinus, le jour où Platon lut son dialogue sur *l'Ame*, resta seul à l'écouter, quand tous les autres étaient déjà partis.

On dit que Philippe l'Opontien transcrivit le

livre des *Lois*, qui n'était encore que sur la cire ; c'est à lui qu'on attribue l'*Epinomis*.

Euphorion et Panétius rapportent que l'exorde de la *République* a été plusieurs fois changé ; et Aristoxène, qu'on retrouve l'ouvrage presque entier dans *le Pour et le Contre* de Protagoras.

On croit que Platon a commencé par le *Phèdre*; le sujet même est d'un jeune homme, et Dicéarque trouve de la prétention dans le style.

Platon faisait des reproches à un joueur de dés. Comme celui-ci disait que c'était pour peu de chose : Est-ce donc, reprit-il, peu de chose que l'habitude ? — Croyez-vous, lui demandait-on, que votre nom doive être immortel comme ceux de vos prédécesseurs ? Il faut d'abord avoir un nom, répondit-il, et nous verrons le reste. — Il dit une fois à Xénocrate, qui venait le voir : Je vous prie de fustiger cet esclave ; je ne le puis, car je suis en colère. Et une autre fois, à un esclave : Va, sans ma colère, je t'aurais déjà châtié. — Il descendit un jour de cheval en s'écriant : J'ai vraiment peur d'être trop fier. — Il conseillait aux gens ivres de se regarder dans un miroir, pour se guérir de cette hideuse faiblesse ; et il ne tolérait l'ivresse que dans les fêtes où l'on célèbre le dieu du vin. — Il n'approuvait pas le long sommeil ; aussi dit-il dans ses *Lois* : Un dormeur n'est bon à rien. — La vérité, répétait-il souvent, est pour moi ce qu'il y a de plus agréable à entendre, ou bien aussi, de plus agréable à dire, et dans ses *Lois* : la vérité, ô mon ami, est une beauté qui ne se flétrit jamais : comment ne peut-on la faire aimer ?

Il eut toujours le desir de vivre après sa mort, ou dans ses écrits, ou dans le cœur des hommes; et l'on prétend qu'il voyagea beaucoup pour être plus connu.

Nous avons parlé de sa mort : elle arriva ; dit Favorinus, livre III de ses *Mémoires*, la treizième année du règne de Philippe, qui, suivant Théopompe, lui avait déjà fait des menaces. Myronianus, livre des *Semblables*, cite un proverbe de Philon, qui donnerait à croire que Platon mourut de la maladie pédiculaire. Il fut enseveli dans l'Académie, où depuis long-temps, ses disciples venaient l'entendre, et d'où sa secte prit le nom d'Académique. Tous les Athéniens suivirent ses funérailles.

Testament de Platon.

Platon laisse et lègue ce qui suit : La métairie des Héphestiades, bornée au nord par le chemin qui vient du temple et de la bourgade du Céphise, au midi par le temple d'Hercule des Héphestiades, à l'orient par les terres d'Archestrate de Phréar, à l'occident par celle de Philippe de Chollides ; je défends de la vendre ou de l'aliéner, mais je la donne en toute propriété au fils de mon frère Adimante, ainsi que la métairie des Erœades, que j'ai achetée de Callimaque, et qui a pour voisins, au nord, Eurymédon de Myrrhinonte, au midi, Démostrate de Xypété, à l'orient, le même Eurymédon, et à l'occident, le Céphise ;

trois mines en argent, un vase d'argent qui pèse cent soixante-cinq drachmes, une coupe qui en pèse quarante-cinq, une bague d'or, et des pendants d'oreille d'or, pesant ensemble quatre drachmes et trois oboles. Euclide, le tailleur de pierres, me doit trois mines. J'affranchis Diane ; je laisse quatre esclaves, Tychon, Bictas, Apolloniade, Denys; enfin, le mobilier dont l'inventaire est entre les mains de Démétrius. Je ne dois rien à personne. Curateurs, Sosthène, Speusippe, Démétrius, Hégias, Eurymédon, Callimaque, Thrasippe.

Tel fut son testament. Je finis par des vers inscrits sur sa tombe.

> Dans cette urne repose un mortel inspiré,
> Dont la vertu brûlante échauffa le génie ;
> C'est le fils d'Ariston, qui du monde admiré
>   Devant sa gloire a fait taire l'envie.

Ou bien,

> Ici dorment en paix les restes de Platon,
> Son âme est dans l'Olympe; aux plus lointains rivages,
> Tous les cœurs vertueux ont honoré son nom :
>   Le Dieu sourit à leurs hommages.

L'épitaphe suivante est plus moderne :

> Aigle, qui viens couvrir cette urne de ton aile,
> Où vas-tu diriger ton vol audacieux ? —
> Etranger, de Platon je suis l'âme immortelle ;
> Son corps est dans la tombe, et moi, je vole aux cieux.

J'ai voulu aussi célébrer ce grand homme :

> L'art de guérir le corps, don sacré d'Apollon,
> Laissait notre âme en proie aux souffrances du vice ;

Le père d'Esculape a fait naître Platon,
    Il est pour l'âme un Dieu propice.

Ou en rappelant sa mort :

Le médecin du cœur, le guide de la vie,
Le rival d'Esculape est monté vers les cieux ;
Et dans la cité sainte, œuvre de son génie,
    Il assiste au banquet des Dieux.

On nomme parmi ses disciples Speusippe d'Athènes, Xénocrate de Calcédoine, Aristote de Satagire, Philippe d'Oponte, Hestiée de Périnthe, Dion de Syracuse, Amyclus d'Héraclée, Eraste et Corisque de Scepsis, Timolaüs de Cyzique, Evæon de Lampsaque, Python et Héraclide d'Ænia, Hippothale et Callippe d'Athènes, Démétrius d'Amphipolis, Héraclide de Pont, et beaucoup d'autres; sans oublier deux femmes, Lasthénie de Mantinée, et Axiothée de Philonte, qui, au rapport de Dicéarque, s'habillait en homme pour fréquenter l'Académie. On met aussi Théophraste au rang de ses auditeurs ; Chaméléon y joint les orateurs Hypéride et Lycurgue ; et Polémon, Démosthène. Enfin Sabinus, livre IV de ses *Exercices*, cite encore, non sans vraisemblance, Mnésistrate de Thasos....

Les ouvrages de Platon peuvent être rangés quatre par quatre, et ils forment alors neuf *tétralogies*, comme celles des auteurs tragiques. Chaque dialogue porte un double titre ; l'un est presque toujours le nom d'un interlocuteur, l'autre est pris du sujet.

I. *Euthyphron*, ou *De la Sainteté*, du genre délibératif; l'*Apologie de Socrate*; *Criton*, ou *Du Devoir*; *Phédon*, ou *De l'Ame*, dialogues moraux.

II. *Cratyle*, ou *De la Justesse des noms*, logique; *Théétète*, ou *De la Science*, délibératif; *Le Sophiste*, ou *De l'Etre*, et *Le Politique*, ou *Du Gouvernement*, logiques.

III. *Parménide*, ou *Des Idées*, logique; *Philèbe*, ou *De la Volupté*; *le Banquet*, ou *de l'Amour*; *Phèdre*, ou *de la Beauté*, moraux.

IV. *Alcibiade*, ou *De la Nature de l'homme*, dialogue par induction; *le second Alcibiade*, ou *De la Prière*, du même genre; *Hipparque* ou *De l'Amour du Gain*, et *les Rivaux*, ou *De la Philosophie*, genre moral.

V. *Théagès*, ou *De la Sagesse*, par induction; *Charmide*, ou *De la Modération*, délibératif; *Lachès* ou *Du Courage*, et *Lysis*, *De l'Amitié*, même genre que *Théagès*.

VI. *Euthydème*, ou *Le Disputeur*, réfutation; *Protagoras*, ou *les Sophistes*, satyrique; *Gorgias*, ou *De la Rhétorique*, pour réfuter; *Ménon*, *De la Vertu*, délibératif.

VII. *Le Premier Hippias*, ou *Du Beau*; *le second Hippias* ou *Du Mensonge*, tous deux réfutatifs; *Ion*, ou *De l'Iliade*, délibératif; *Ménexène*, où *Le Discours funèbre*, moral.

VIII. *Clitophon*, ou *l'Exhortation*, moral; les dix livres de la *République*, ou *Du Juste*, politique ; *Timée*, ou *De la Nature*, physique ; *Critias*, ou l'*Atlantique*, moral.

IX. *Minos*, ou *De la Loi ;* les douze livres des *Lois*, ou *De la Législation;* l'*Epinomis*, ou *le Philosophe*, tous dialogues politiques; et les treize *Lettres morales*, dont une adressée à Aristodème, deux à Archytas, quatre à Denys, une à Hermias, Eraste et Corisque, une à Laodamas, une à Dion, une à Perdiccas, deux à la famille de Dion et à ses amis.

Voilà l'ordre que Thrasyle adopte, et que plusieurs ont suivi. Cette division a quelquefois varié : ...... mais on s'accorde à regarder comme apocryphes les dialogues intitulés *Midon*, *Eryxias*, l'*Alcyon*, l'*Acéphale* ou *Sisyphe*, *Axiochus*, *Les Phéaciens*, *Démodocus*, *Chélidon*, *les Sept jours*, *Epiménide*......

La Grèce a eu d'autres personnages nommés Platon : un philosophe Rhodien, disciple de Panétius, suivant Séleucus le grammairien, premier livre de sa *Philosophie*; un disciple d'Aristote; un autre de Praxiphane ; enfin, le poète de l'ancienne Comédie*.

(Diogène Laërce, *Trad. par* J.-V. Le Clerc).

* Les éditions complètes de Platon sont celles d'Alde, 1513 ; de Bâle, 1534 et 1556 ; d'Henri Etienne, Paris, 1578 ; de Lyon, 1590 ; de Francfort, 1602 ; de Deux-Ponts, 1782 — 86; de Bekker, Berlin, 1816 — 18. Les plus beaux morceaux de Platon se trouvent réunis dans l'ouvrage intitulé : *Pensées de Platon sur la religion, la morale, la politique*, recueillies et traduites par M. J.-V. Le Clerc, Paris. 1819 ; seconde édition, 1824. Louis Le Roy, J. Racine, Maucroix, Dacier, le P. Grou, avaient traduit quelques ouvrages de Platon. M. Cousin a entrepris en 1822, une traduction complète, dont

PLATON.

JUGEMENTS.

I.

On peut dire que Socrate ne peut avoir un panégyriste plus célèbre, ni plus digne de lui que Platon ; on a souvent attaqué ce dernier comme philosophe, on l'a toujours admiré comme écrivain. En se servant de la plus belle langue de l'univers. Platon ajouta encore à sa beauté ; il semble qu'il eût contemplé et vu de près cette beauté éternelle dont il parle sans cesse, et que, par une méditation profonde, il l'eût transportée dans ses écrits. Elle anime ses images, elle préside à son harmonie, elle répand la vie et une grâce sublime sur les fonds qui représentent ses idées ; souvent elle donne à son style ce caractère céleste que les artistes grecs donnaient à leurs divinités * : comme l'Apollon du Vatican, comme le Jupiter olympien de Phidias, son expression est grande et calme ; son élévation paraît tranquille comme celles des cieux, on dirait qu'il en a le langage ; son style ne s'élance point, ne s'arrête point : les idées s'enchaînent aux idées ; les mots qui composent les phrases, les phrases qui composent les discours, tout s'attire et se déploie ensemble ; tout se développe avec rapidité et avec mesure,

il a paru trois volumes, et dont la suite est impatiemment attendue.

* Je vois dans Platon l'esprit d'un sage, le génie d'un poète, la morale d'un ange et le cœur d'une femme.

Madame DE BEAUHARNAIS.

comme une armée bien ordonnée, qui n'est ni tumultueuse, ni lente, et dont tous les soldats se meuvent d'un pas égal et harmonieux pour s'avancer au même but.

On sait que dans tous les ouvrages de Platon, c'est Socrate qui mène l'homme à la vérité, Socrate en même temps conserve son caractère et son génie; partout il garde sa manière de raisonner, ses inductions, ses interrogations, ces espèces de pièces et de longs détours dans lesquels il enveloppait ses adversaires pour les amener, malgré eux, à une vérité qu'ils combattaient. On peut donc regarder tous les dialogues de Platon ensemble, comme une espèce de drame composé en l'honneur de son maître. Socrate, dans chaque scène, prêche la morale; et le dénouement, c'est la ciguë.

Les trois dialogues qui forment ce dénouement sont de véritables éloges sans en avoir le titre, et d'autant plus intéressants qu'ils sont en action. On ne pourra pas juger dans un extrait, le style et l'éloquence de Platon; mais on connaîtra, du moins, le caractère moral de Socrate, un des plus beaux qu'il y ait jamais eu, depuis que chez les peuples civilisés, on parle de vertu en commettant des crimes.

Le premier de ces trois discours est l'*Apologie*. Qu'on se peigne un vieillard de soixante-dix ans, qui toujours a été vertueux et juste, paraissant dans les tribunaux pour la première fois; intrépide et simple devant ses juges, comme il l'était dans les actions ordinaires de sa vie, dédaignant l'artifice et les vains secours de l'éloquence, n'en connaissant d'autre que la vérité, et jurant de parler son langage jusqu'au dernier moment, priant ses juges avec l'autorité d'un vieillard et d'un homme de bien, d'examiner si ce qu'il va leur dire est juste ou ne l'est pas, parce que c'est là leur fonction, comme la sienne est de dire la vérité; en parlant de ses accusateurs sans colère comme sans dédain, du reste tranquille sur son sort, qu'il soit condamné ou qu'il soit absous, abandonnant à Dieu le succès, et se justifiant pour obéir à la loi : tel paraît Socrate dans son début.

Sa réponse aux accusations est pleine de simplicité et de force; il parle comme l'innocence doit parler à la colomnie, et la sagesse à la superstition.

Il fait voir ensuite qu'elle est l'origine et la source des bruits répandus contre lui dans Athènes; c'est qu'il n'a pas respecté les faiblesses et les vices des hommes, et sur-tout de quelques hommes puissants : voilà son crime. S'il meurt, ce ne sont par les accusateurs qui causeront sa mort, ils ne sont que les instruments de la haine : ses meurtriers sont la calomnie et l'envie.

C'était la coutume que les accusés eussent recours aux prières et aux larmes; ils faisaient paraître leurs enfants, leurs proches et leurs amis, pour obtenir par la compassion ce qu'ils n'auraient pas toujours obtenu par la justice. « Et moi aussi, dit Socrate, j'ai une famille, j'ai trois fils, dont l'un est sorti de l'enfance, et les deux autres ont encore besoin des secours de leur père ; je n'en ferai cependant paraître aucun pour vous attendrir, et ce n'est ni par mépris, ni par orgueil ; ces sentiments ne peuvent entrer dans le cœur de Socrate : mais la gloire de ses juges, la sienne, celle de la république lui défendent de donner un tel exemple, à son âge sur-tout, et avec le nom qu'il porte ; car, dit-il, que ce nom soit mérité ou ne le soit pas, on est persuadé que Socrate est au-dessus des hommes ordinaires. Un tel abaissement ne peut que déshonorer, et l'accusé qui se le permet et le juge qui le souffre. D'ailleurs, est-il permis, dit Socrate, de prier son juge ? il faut l'éclairer et non pas le fléchir ; le juge n'est point assis pour faire grace, il est assis pour prononcer selon la loi. Hommes Athéniens, leur dit-il, n'exigez donc point de moi ce qui n'est ni honnête, ni conforme à la sainteté et à la justice. Souvenez-vous de vos serments... et prononcez selon ce qui conviendra le plus à votre intérêt et au mien. »

Socrate s'arrête..... les juges se lèvent pour recueillir les voix, et il est condamné. Il reprend la parole avec le même calme : « Vous m'avez
« condamné, je vous le pardonne ; je m'y atten-
« dais, et je suis même plus étonné qu'il y ait eu
« tant de suffrages pour m'absoudre..... O Athé-
« niens ! vous venez de fournir un sujet éternel à
« ceux qui voudront blâmer Athènes ; on lui repro-
« chera d'avoir fait mourir Socrate, qui était, di-

« ra-t-on, un sage ; car, pour avoir droit de vous
« blâmer, on me donnera ce nom que je ne mérite
« pas; au lieu que, si vous aviez encore attendu
« quelques temps, je mourais sans qu'Athènes se
« déshonorât. Regardez mon âge ; je ne tiens pres-
« que plus à la vie, et déjà je touchais à ma
« tombe. »

Socrate continue ; il parle tranquillement à ses juges, il peint le plaisir qu'il aura de converser, dans un autre univers, avec les grands hommes de tous les temps, avec ceux qui ont été comme lui, les victimes d'un jugement injuste ; et il fait des vœux pour que ses enfants meurent un jour comme leur père, s'ils ont le bonheur d'importuner aussi les Anitus par leur vertu. Il finit par ces mots sublimes et simples : « Mais il est temps de nous
« en aller, moi pour mourir et vous pour vivre.
« De ces deux choses, quelle est la meilleure ?
« les dieux le savent, mais aucun homme ne le
« sait. »

Tel est ce premier discours de Platon, où il a développé l'âme de Socrate : il y règne une éloquence douce et noble, le courage de la vertu, le respect pour la divinité et pour soi-même. Socrate se justifie en conversant avec ses ennemis et avec les Athéniens : c'est l'homme sage qui montre la raison, et parle en paix à ceux qui la condamnent.

Au second discours, le scène change ; Socrate est dans la prison, et il dort. Criton approche, contemple le vieillard, et admire ce sommeil profond, il craint de le troubler, et il attend. Socrate s'éveille; Criton lui annonce que c'est le lendemain qu'il est condamné à mourir. Comme il plaira aux dieux, dit Socrate. Alors son ami le conjure de vouloir bien se conserver lui-même; il lui apprend qu'il a gagné les gardes, que tout est prêt, et qu'il ne tiendra qu'à lui de se dérober la nuit suivante à ses persécuteurs.

Socrate, avec la tranquillité d'un homme qui juge une cause qui lui est étrangère, examine s'il doit fuir ou rester. « Ami Criton, dit-il, il n'y a
« qu'une règle, la justice : tant que j'ai vécu, je
« lui ai obéi, je suis encore le même. Mon sort
« est changé, mes principes ne le sont pas.
« Voyons, et si nous n'en trouvons pas de meil-
« leurs, vous savez bien que je ne m'écarterai pas
« de ceux que j'ai toujours suivis; non, quand
« tout un peuple me présenterait comme des
« spectres menaçants la pauvreté, les chaînes et la
« mort. » Alors il discute la question, et il examine s'il est permis de désobéir aux lois pour éviter la mort.

Tout à coup il personnifie les lois, et suppose qu'au moment même où il va mettre les pieds hors de la prison pour s'enfuir, les lois lui apparaissent et lui crient : « Socrate, que fais-tu? ne sens-
« tu pas que dans ce moment tu anéantis, autant
« qu'il est en toi, et les lois et la patrie? penses-
« tu qu'une ville puisse subsister, si les jugements
« publics n'y ont plus de force, si tout citoyen,
« à son gré, peut les enfreindre?.... Eh quoi! si,
« par un jugement injuste, la patrie t'offense,

« as-tu droit de lui nuire ? Tu lui dois ta nais-
« sance, celle de ton père, le lien sacré qui à uni
« ton père à la femme qui t'a donné le jour ; ton
« éducation, ta vie, ton âme, tout lui appartient,
« tu es son fils et son esclave. Qu'elle arme contre
« toi des bourreaux, qu'elle te jette dans les fers,
« qu'elle t'envoie aux combats pour recevoir des
« blessures et mourir, ton devoir est d'obéir ; fuir
« ou quitter ton rang est un crime ; dans les tri-
« bunaux, dans les prisons, sur les champs de
« bataille, partout les ordres de la patrie sont
« sacrés, un citoyen qui se révolte contr'elle, est
« plus coupable qu'un fils armé contre son père...»
Les lois continuent : « Il ferait beau entendre
« Socrate racontant sous quel déguisement ridi-
« cule il s'est enfui de sa prison ! Et si on lui de-
« mande comment déjà vieux, et n'ayant plus que
« peu de temps à passer sur la terre, cependant,
« par un lâche amour pour la vie, il a pu se ré-
« soudre à traîner les restes d'une vieillesse si
« honteuse, après avoir enfreint les lois de son
« pays, que répondra-t-il ?.... O Socrate ; tu en-
« tendrais souvent des discours qui te feraient
« rougir..... Est-ce pour tes enfants que tu voudrais
« vivre ?.... Tes enfants, et n'as-tu pas des amis ?
« Socrate, laisse-toi persuader et ne préfère ni
« tes enfants, ni ta vie, ni rien même à la
« justice. »

Criton cède ; il admire Socrate qui finit par lui dire : « Marchons par où Dieu nous conduit. »

Le troisième discours, beaucoup plus connu

que les deux autres, est ce *Phédon* si fameux, qui contient le récit des derniers entretiens et de la mort de Socrate ; c'est un des ouvrages les plus célèbres de l'antiquité; c'est celui que Cicéron, comme il nous l'apprend lui-même, n'avait jamais pu lire sans verser des larmes ; c'est celui que Caton, prêt à mourir, relut deux fois pour s'affermir dans l'idée de l'immortalité. On ose dire que nul éloge, ni ancien, ni moderne, n'offre un tableau si grand. La mort d'un homme juste est un objet sublime par lui-même, mais si ce juste est opprimé, si l'erreur traîne la vérité au supplice, si la vertu souffre la peine du crime; si, en mourant, elle n'a pour elle-même que Dieu et quelques amis qui l'entourent ; si cependant elle pardonne à la haine ; si de l'enceinte obscure de la prison où elle meurt, ses regards se tournent avec tranquillité vers le ciel ; si, prête à abandonner les hommes, elle emploie encore ses derniers momens à les instruire ; si enfin, au moment où elle n'est plus, ce soit le crime qui l'a condamnée qui paraisse malheureux et non pas elle, alors je ne connais point d'objet plus grand dans la nature : et tel est le spectacle que nous présente Platon, en décrivant la mort de Socrate: il y joint tous ces détails qui donnent de l'intérêt à une mort célèbre, et qui en reçoivent à leur tour.

Nous suivons Socrate de l'œil, nous ne perdons pas un de ses mouvemens, pas un de ses discours; nous le voyons quand on lui amène ses deux enfants, quand il donne les derniers ordres pour sa maison, quand il fait éloigner les femmes ; quand ses amis mesurent avec effroi la course du soleil, qui bientôt va se cacher derrière les montagnes, et quand la coupe fatale arrive, et lorsqu'avant de la prendre, il fait sa prière au ciel pour demander un heureux voyage, et l'instant où il boit, et les cris de ses amis dans ce moment, et la douceur tranquille avec laquelle il leur reproche leur faiblesse, et sa promenade en attendant la mort, et le moment où il se couche sur son lit dès qu'il sent ses jambes s'appesantir et la mort qui monte et qui le glace par dégrés, et l'esclave qui lui touche les pieds que déjà il ne sent plus, et sa dernière parole, et son dernier, son éternel silence au milieu de ses amis qui restent seuls. Dans cette Athènes soumise aujourd'hui à la domination d'un peuple barbare, le voyageur curieux va encore visiter les ruines de quelque temple. Il s'arrête sur quelque colonne à demi-brisée. Pour moi, je voudrais qu'au lieu des ruines du temple de Minerve, le temps eût conservé la prison où est mort Socrate. Je voudrais que sur la pierre noire et brute on eût gravé : « Ici il prit la coupe ; là, il bénit l'esclave qui la lui portait ; voici le lieu où il expira. » On irait en foule visiter ce monument sacré ; on n'y entrerait pas sans une sorte de respect religieux, et toute âme courageuse et forte, à ce spectacle, se sentirait encore plus élevée. Ainsi l'on nous dit qu'Alexandre fut ému sur la tombe d'Achille ; et César, maître de l'Égypte, contempla long-temps en silence et dans une rêverie profonde le tombeau d'Alexandre. Au lieu de ce monument qui a péri, nous avons du moins ceux de Platon qui seront immortels. Je me plais à penser que tous les juges qui avaient condamné Socrate, lurent du moins avant de mourir ces trois discours où il est représenté si vertueux et si grand. Juges qui condamnez les hommes, vous pouvez immoler un sage et flétrir un instant l'homme que la calomnie poursuit, le glaive est dans vos mains; vous frappez, mais l'œil inévitable du temps vous observe et vous juge. Le temps renversera sur vous l'opprobre dont vous aurez couvert les gens de bien, et vingt siècles écoulés ne l'effaceront pas.

Je me suis arrêté avec plaisir sur ces ouvrages, parce qu'on les cite beaucoup et qu'on les lit peu. D'ailleurs, dans le cours de cet *Essai*, parmi la foule innombrable de ceux qui ont été loués, où trouverons-nous des hommes comme Socrate, et des panégyristes comme Platon? Enfin, dans tous les temps, il est bon de présenter aux hommes des exemples de courage. Quand Thraséas, qui mourut aussi dans Rome, pour avoir été vertueux et juste, faisait couler son sang: « Jeune homme, dit-il à un romain qni était présent, approche et regarde. * »

THOMAS, *Essai sur les Éloges.*

II.

Tous les anciens philosophes ont cru la matière éternelle, et différaient seulement sur la manière dont s'était formé l'ordre universel des choses

---

* *Propius vocato questore, specta, juvenis, inquit.*
TACIT. Ann. XVI.

physiques qu'on appelle le monde. Les uns l'attribuaient à une force motrice, répandue partout, et qu'ils nommaient l'âme du monde; les autres, au mouvement même, qui dans la succession des temps avait opéré la combinaison des divers éléments suivant leur nature et leurs rapports: ceux-xci, à tel ou tel élément en particulier, comme l'eau ou le feu, dont ils faisaient un principe générateur et conservateur; ceux-là, à une sorte d'attraction sympathique des parties similaires; et quelques-uns ont appelé Dieu le monde lui-même, *le Grand tout*, comme disaient les Stoïciens. Il serait superflu de répéter ici ce qui a été démontré tant de fois, combien toutes ces hypothèses étaient absurdes et contradictoires en elles-mêmes, quoiqu'il n'y en ait pas une qui ne se retrouve plus ou moins dans les nouveaux traités de matérialisme, dont les auteurs n'ont paru rajeunir un fonds d'extravagance usé depuis tant de siècles que parce que les dernières acquisitions de la physique et de la chimie les ont mis à portée de se servir de termes nouveaux pour reproduire de vieilles folies. Il est à remarquer que les poètes, naturellement disposés à se rapprocher en tout des opinions communes, ont été ici beaucoup plus près de la raison que tous ces fabricateurs de mondes. Frappés, comme tous les hommes en général, de cette harmonie de l'univers, qui montre à notre esprit une suprême intelligence, comme le soleil montre le jour à nos yeux, les poètes anciens ont tous représenté les dieux, non pas, il est vrai, comme créateurs, mais du moins comme ordonnateurs du monde, et auteurs de l'ordre qui a remplacé le chaos ; et l'on ne peut nier que cette espèce de cosmogonie antique, chantée par Hésiode et Ovide, ne soit beaucoup plus sensé que celle des Thalès et des Anaxagore.

Platon lui-même ne conçut pas la création telle qu'elle est dans la *Genèse*, c'est-à-dire l'acte de la puissance suprême, tirant tout du néant par sa volonté ; et ce n'est pas un reproche à faire à Platon, car cette idée est au-dessus de l'homme, et cette création ne pouvait être que révélée. Seulement la méthaphysique a compris et démontré depuis que cette création, quoique imcompréhensible pour nous, appartenait nécessairement à la puissance éternelle et infinie, à Dieu seul. Mais Platon reconnut du moins que le monde avait eu un commencement, et que Dieu seul en était le créateur. C'est sur-tout dans son *Timée* qu'il développe cette doctrine ; car dans quelques autres il ne s'explique pas si positivement, et semble laisser en doute si le monde est éternel ; mais son doute ne se trouve que dans ceux de ses écrits où cette question se présente comme en passant, au lieu que dans le *Timée*, où elle est expressément traitée, il montre Dieu partout comme l'éternel et suprême architecte. Selon lui, Dieu a tout fait, parce qu'il est bon ; il a formé l'univers sur le modèle qu'il avait dans sa pensée, et ce modèle était nécessairement le meilleur possible, en raison de la puissance, de la sagesse et de la bonté de son auteur.

L'on voit déjà que Platon est le premier qui ait fait de la bonté essentielle à la nature divine la cause de la création et le premier aussi qni ait posé en principe ce que les Modernes ont appelé l'*Optimisme* et ce qui n'a été le sujet de tant de controverses que parce qu'on a toujours confondu plus ou moins deux choses très différentes, la bonté relative et la bonté absolue, dont l'une appartient aux idées humaines, et l'autre aux idées divines : c'est une méprise très grave en métaphysique, et dont les conséquences sont très importantes, mais dont la discussion ne saurait trouver ici une place qu'elle doit avoir ailleurs.

Platon n'a pas vu moins juste quand il a dit que Dieu ne pouvait pas être l'auteur du mal moral ou du *péché:* ce sont ces expressions ; car le mot de *p'ché*, qui parmi nous n'est plus que du style religieux, était chez les anciens de la langue philosophique. Mais Platon n'a pas été et ne pouvait guère aller plus loin ; d'abord, parce qu'il ne paraît pas avoir connu la théorie métaphysique de la liberté essentielle à la substance intelligente, liberté dont il n'a parlé nulle part *, ensuite, parce qu'il se contente d'attribuer le désordre moral à la résistance de la matière, c'est-à-dire au dérègle-

---

* Platon au contraire s'exprime ainsi dans le dixième livre des *Lois* : « Dieu a voulu par la place et la destinée qu'il assignerait à chaque partie de l'âme universelle, faire en sorte que la vertu fût réellement triomphante et le vice vaincu. Alors il a porté cette loi commune à tous, que, des actions de chacun, dépendrait la place de son âme et le lieu de son séjour ; et *il a laissé à notre libre arbitre le choix de notre avenir*. » Aussi M. Le Clerc a-t-il remarqué, dans les *Pensées de Platon*, page 482, deuxième édit.,

ment des passions qui appartiennent à l'âme sensitive; car on verra tout à l'heure qu'il distingue, comme presque tous les anciens, des âmes spirituelles et des âmes matérielles, ce qui est par soi-même une grande erreur, et ce qui serait encore très insuffisant pour résoudre les objections sur le mal moral, dont la solution n'est due qu'à la bonne philosophie des Modernes, et sur-tout à celle des chrétiens.

Platon distingue en général deux sortes de substances, la substance intelligente, immuable, éternelle, incorruptible, et la substance matérielle, dépourvue de toutes ces qualités. Il range dans la première classe Dieu, et ce qu'il appelle en grec *les demons*, nom qui ne signifie point, dans sa langue comme dans la nôtre des esprits malfaisants et réprouvés, mais des divinités secondaires qui reviennent à peu près à ce qu'on entend par des génies dans les écrits des payens, et par les anges chez les chrétiens. A ces dieux du second rang il joint dans la même classe, mais au-dessous d'eux, l'âme raisonnable qui anime et régit, ainsi qu'eux, le corps de l'homme; et, comme elle est d'origine divine, il en conclut qu'elle doit se conformer en tout à ce premier modèle de perfection, par l'amour du beau et de l'honnête ; et de là dérivent ses devoirs pendant la vie, et ses destinées après sa mort.

qu'on pouvait corriger la phrase de La Harpe en lisant le contraire. En général, toute cette analyse de platonisme ne soutiendrait pas l'examen. L'auteur du *Lycée* n'avait pas étudié le texte, et il juge sur parole   F.

Ce philosophe est aussi le premier qui ait fait Dieu auteur du mouvement, et qui ait fait du mouvement la mesure du temps. C'est une de ses plus belles idées, et personne avant lui n'avait rien conçu d'aussi sublime et d'aussi vrai que ce qu'il dit du temps et de l'éternité. « L'éternité est im-
« mobile dans l'unité d'être, c'est-à-dire en Dieu,
« et n'admet ni changement ni succession. Il y a
« plus, la réalité de l'être n'est qu'en Dieu : c'est
« le seul dont on ne puisse pas dire proprement :
« il a été ou il sera, mais seulement *il est*. Il a
« créé le temps en créant le monde ; et cette durée
« successive, marquée par les révolutions des
« corps célestes, est une image mobile de l'éter-
« nité, et passera comme le monde, quelle que
« soit la fin qu'il doit avoir. » Toutes ces conceptions sont grandes, et sans contredit supérieures de beaucoup à toutes celles de l'antiquité payenne. Vous reconnaissez ici (pour le dire en passant) deux vers fameux du premier de nos lyriques :

>Le temps, cette image mobile
>De l'immobile éternité.

C'est une traduction littérale de Platon, dont l'imagination brillante était faite pour inspirer la poésie même, et n'a servi cette fois à la philosophie qu'à rendre plus sensible et plus frappante une vérité métaphysique. C'est encore un emprunt fait à Platon, que ces vers d'une ode de Thomas *sur le Temps*, l'une des meilleures de ce siècle, malgré quelques fautes :

Dieu dit au mouvement : Du temps sois la mesure.
Il dit à la nature :
Le temps sera pour vous, l'éternité pour moi.

Ces deux passages prouvent que la lecture du *Timée* n'avait pas été inutile à Rousseau et à Thomas.

La pureté et la sublimité de ces notions ont fait dire aussi à un docteur de l'Église, saint Clément d'Alexandrie, que les livres de Platon avaient servi à préparer le payens à l'Évangile, comme ceux de Moïse à préparer à la foi les Juifs que l'Évangile avait convertis. On sait en effet que la philosophie platonicienne était extrêmement en vogue dans les premiers siècles de l'Église ; et de là les efforts que l'on fit alors pour concilier en quelque sorte l'école d'Alexandrie avec le christianisme, et pour trouver dans Platon ce qui n'y était pas. C'était une erreur du zèle ; et, ce qui fait voir que toutes les erreurs sont dangereuses; c'est qu'en même temps que des chrétiens trompés croyaient tirer avantage de l'autorité de Platon, et tâchaient d'attirer le platonisme à la révélation, les ennemis du christianisme naissant prétendirent, pour en infirmer la Divinité, en retrouver les principaux dogmes dans Platon. On alla jusqu'à y voir le Verbe et la Trinité, et cette supposition a passé jusque dans ces derniers temps. Mais il suffit d'ouvrir Platon pour se convaincre qu'il n'y a ici qu'une pure confusion de mots. Le mot grec qui répond à celui de *verbe*, λόγος ne signifie pas seulement en grec *la parole*, mais aussi *la raison*, *ratio*, d'où vient le mot *logique*, et n'est pris chez Platon que dans ce sens. Il n'est jamais dit que cette *raison*, cette *sagesse* de Dieu, soit une émanation de l'essence divine, encore moins que ce soit une des trois personnes de la Trinité; et celle de Platon n'est autre chose que Dieu, l'âme du monde et le monde lui-même, dont il fait l'animal par excellence, contenant en lui toutes les espèces possibles d'animaux. Il est clair que rien de tout cela ne ressemble à nos mystères; et il ne l'est pas moins que ces mystères, que Dieu seul a pu révéler, n'ont pu en aucune manière être devinés ni même entrevus par la raison humaine, puisqu'ils sont au-dessus d'elle, même depuis qu'ils ont été révélés. Quant à la prééminence qu'il attache à son *ternaire*, que l'on a voulu confondre avec notre Trinité, elle tient à ces idées chimériques sur la puissance des nombres, que Platon emprunta des Pythagoriciens, ainsi que beaucoup d'autres erreurs mêlées avec les siennes. Il faut à présent dire un mot des principales, et voir la faiblesse de l'esprit humain, après avoir vu sa force.

Platon a beaucoup écrit, beaucoup pensé, puisque ses ouvrages embrassent toutes les connaissances naturelles, et non-seulement toutes les parties de la philosophie spéculative, mais encore la physiologie et l'anatomie; mais il faut avouer aussi qu'il a beaucoup rêvé. On lui doit pourtant cette justice, que, fidèle imitateur de la réserve de son maître, il se préserva toujours de cette affirmation tranchante qui caractérisait l'orgueil dogmatique de tant de sectes de philosophes, dont chacune se prétendait exclusivement en possession de la vérité. Socrate et Platon donnaient toujours leurs opinions seulement comme probables : nous verrons, à l'article de Cicéron, que ce probabilisme, qui devint le point de ralliement des différentes écoles de l'académie fondée par Platon, avait aussi ses inconvénients et ses abus. Mais ce fut du moins dans l'origine une sorte d'excuse pour cette foule d'hypothèses plus ou moins erronées, qu'il débitait avec d'autant moins de scrupule, qu'il ne demandait pour elles que cette espèce d'assentiment qu'on peut accorder à ce qui n'est que probable, et non pas cette conviction qui ne peut naître que de l'évidence.

Mais cette probabilité même se trouve-t-elle à l'examen, dans la plupart des théories de Platon ? Nullement : il a trop peu de méthode et de logique, il abonde en suppositions gratuites : rien n'arrête l'essor de son imagination. Il semble toujours avoir devant les yeux ce monde *intelligible*, ces idées *archétypes*, où tout est disposé dans un ordre parfait de rapports infaillibles et éternels. Cela est en effet et doit être ainsi dans la sagesse divine, et la plus grande gloire de Platon est de l'y avoir vu : c'est sûrement le plus grand pas de l'ancienne métaphysique, et qui suffirait seul pour mettre Platon au rang des plus beaux génies. Mais il n'a pas compris que, si ce modèle idéal et parfait était nécessairement dans l'intelligence infinie quand elle a produit le monde, de là même il suit qu'il ne saurait se retrouver dans l'intelligence humaine, qui elle-même n'a l'idée de l'infini que parce qu'elle trouve partout des bornes qui ne sont pas celles des choses, mais de ses conceptions ; car, si l'infini est dans les idées de Dieu parce qu'elles embrassent tout, il n'est dans les nôtres que parce qu'elles n'embrassent rien, et que nous voyons toujours au-delà de nous, et bien loin au-delà, le réel et le possible, sans aucun moyen d'y atteindre. Il n'y a pas une science qui n'atteste que tout est partiel dans nos conceptions, et que nous ne pouvons rien classer parfaitement, parce que non-seulement nous ne connaissons en rien les premiers principes, mais que nous ne connaissons pas même, à beaucoup près, tous les effets et tous les accidents. La modestie de Platon, au lieu de lui interdire toute infirmation, ce qui est un excès et une erreur, aurait été mieux entendue, si elle l'eut empêché de donner même comme probable ce qui n'était appuyé sur rien.

Que signifie cette âme du monde : qui n'est pas Dieu, et qui pourtant est une substance divine, comme s'il pouvait y avoir deux substances dans la Divinité dont Platon lui-même a compris l'unité nécessaire ? Quelle contradiction ! et que de contradictions semblables dans tout le système de Platon ! Qu'est-ce que ce *monde animal*, la troisième partie de son *ternaire*, et qui a fourni à Spinosa la première base de son incompréhensible athéisme ?

Mais que dire sur-tout de la manière dont Platon

explique la nature et la formation de l'âme humaine ? Selon lui, elle est double, et même triple, et voici comment, autant du moins qu'il est possible de le comprendre à travers les obscurités de ses termes arbitraires et vagues, et de ses définitions subtiles. Le premier ouvrier, après avoir formé les astres et tous les corps célestes, et leur avoir promis l'immortalité, non pas qu'elle appartienne à leur nature, mais comme un pur don de ses bontés ; après avoir donné au monde une âme composée de la substance immuable, indivisible et incorruptible, et de la substance matérielle, divisible et muable, et encore, d'une troisième substance mixte qui résulte des deux autres (inexplicable composé, qui pourtant, comme je l'ai dit, s'appelle chez lui un dieu, ainsi que le monde lui-même), s'adresse à ces dieux secondaires à ces *démons*, qui ne sont ni plus clairement définis ni mieux expliqués que tout le reste, et les charge de former tous les animaux, dont l'existence est comprise dans l'idée du grand animal, qui est le monde, et s'il s'en remet à eux pour cette création, c'est, dit-il, que, s'il faisait lui-même ces animaux, ils seraient immortels. Mais c'est de lui que ces agents inférieurs doivent recevoir les semences du seul animal qui sera participant de l'immortalité ; et doué de raison, en un mot, de l'homme. Alors il fait lui-même un mélange des éléments ou principes qui lui ont servi à produire les astres ou l'âme du monde, de façon pourtant qu'ils n'aient pas dans l'homme la même perfection et la même pureté. Les agents du grand ouvrier joignent ensuite à cette partie immortelle de l'âme une autre espèce d'âme mortelle, susceptible de toutes les affections sensuelles, d'où naissent le plaisir et la douleur, et de toutes les passions qui naissent du désir ou de la crainte. Voilà bien jusqu'ici deux âmes très distinctes; mais, de peur que la plus mauvaise n'ait trop d'empire sur la meilleure, ils placent celle-ci dans la partie supérieure du corps humain, dans la tête, et l'autre dans la poitrine, et cette seconde âme se divise encore en deux, l'*irascible* et la *concupiscible*, que nos agents logent de manière que le diaphragme en fait la séparation. L'*irascible* a son siège dans le cœur, afin qu'elle soit près du siège de la raison, qui doit tempérer ses mouvements : la *concupiscible* est située plus bas, entre le diaphragme et le nombril, afin que dans cet éloignement de la tête elle excite le moins de troubles et de tempêtes qu'il est possible dans le domaine de la partie divine, de la raison.

Si Platon n'eût donné toute cette fabrique que comme une allégorie, un emblême des deux puissances qui se disputent l'empire sur nous, la raison et la passion, ce genre d'apologue ne laisserait pas d'être ingénieux, et aurait du moins un dessein assez clair, quoique toujours mêlé d'inconséquence, car pourquoi les mouvements de la colère et de la vengeance auraient-ils plus besoin du secours prochain et du frein de la raison que les mouvements du désir et de la volupté ? Ces deux âmes, comme Platon les appelle, qui passèrent depuis dans l'école de son disciple Aristote et chez tous les scolastiques modernes, jusqu'à ces derniers temps, mais sous un autre nom, celui d'*appétit irascible* et d'*appétit concupiscible*, ces deux âmes ou ces deux *appétits* ne sont ni moins indociles ni moins funestes l'un que l'autre ; et l'on ne voit pas d'ailleurs ce que la distance plus ou moins grande de ces âmes à celle de la tête peut ôter ou ajouter à leur action ou à leur résistance réciproque. Mais ce qu'il est absolument impossible de concevoir, c'est ce que Platon dit du foie, qui, étant un corps spongieux, est placé tout près de l'âme *concupiscible*, comme un miroir destiné à lui représenter les lois de l'âme souveraine, de la raison. C'est une étrange idée, que de faire du foie un miroir moral, et l'usage des figures et des comparaisons, qui est en général un des agréments du style de ce brillant philosophe, est aussi un des écueils de son jugement, et le jette dans des écarts bien extraordinaires.

Vous sentez que je ne m'amuse pas à relever tout ce qu'il y a d'incohérent et d'incompréhensible dans ce maladroit assemblage de métaphysique et d'anatomie. Je ne fais guère que marquer de préférence les erreurs qui se sont propagées des anciens jusqu'à nous, pour vous faire voir qu'en ce genre les différents siècles n'ont guère fait que se copier les uns les autres avec plus ou moins de variations, et que le principe est toujours et sera toujours le même, la présomptueuse curiosité pour ce que nous ne pouvons pas savoir, et pour ce que nous voulons toujours deviner. L'erreur se lègue ainsi d'un âge à l'autre dans la race humaine comme un héritage de famille, tantôt grossi, tantôt diminué, éprouvant divers changements selon les mains où il tombe, et enrichissant les uns ou ruinant les autres, selon l'usage qu'on en fait. Le faible pour la divination, par exemple, qui est celui de Platon comme de tous les Anciens, a fait de ses ouvrages le premier répertoire des illuminés et des théosophes, et des cabalistes de tous genres. C'est lui qui nous dit très sérieusement que cette âme matérielle, et sensuelle, toute grossière qu'elle est, n'est pourtant pas inhabile à la connaissance de toutes sortes de vérités, et lui attribue particulièrement la faculté de deviner et de prophétiser, ce qui n'arrive, dit-il que dans le sommeil, par le moyen des songes, ou dans cet état d'enthousiasme que les Anciens appelaient fureur, aliénation, tel qu'était celui des sybilles et des prêtresses ; et voilà nos *somnambulistes* et nos *convulsionnaires*. Les beaux moyens de vérité, que les rêves et la démence! C'est aussi par les écrits de Platon que s'est le plus répandue la chimérique doctrine des *nombres*, qui joue un si grand rôle dans la cabale ; car, quoique cette doctrine fût de Pythagore, comme nous n'avons aucun de ses ouvrages, nous ne la connaissons guère que par ceux de Platon, qui fréquenta long-temps ses disciples en Sicile, et emprunta beaucoup de leur philosophie, qu'il fondit dans la sienne. Ce n'est pas qu'il ait jamais été aussi fou que les cabalistes sur les merveilleuses propriétés des nombres, mais un ton souvent exalté ou mystérieux, qui est un des caractères de ses traités métaphysiques, a donné en effet lieu de croire qu'il voyait dans les nombres ce que jamais le bon sens n'y verra. S'il y a quelque chose au monde d'évident, c'est que les propriétés des nombres sont purement mathématiques, c'est-à-dire qu'elles ne peuvent s'étendre en aucun sens au delà de la sphère des calculs et des mesures, sans que jamais il en puisse résulter un effet quelconque sur les objets calculés ou mesurés, ni sur l'intelligence qui calcule ou qui mesure. Il n'est pas moins certain que cette ténébreuse folie est encore aujourd'hui une science dans toute l'Europe ; c'est-à-dire la science des insensés.

Platon n'a-t-il pas pris à Pythagore sa métempsychose, qui ne lui sert qu'à gâter le dogme salutaire des peines et des recompenses à venir? Écoutez-le, et il vous dira, ou plutôt il fera parler Dieu même, pour vous dire avec l'autorité d'un suprême législateur : « Que les âmes qui auront
« surmonté la colère, la volupté, la cupidité, et
« vécu dans la justice, soient heureuses après la
« mort ; que celles qui auront mal vécu deviennent
« *femmes* dans une seconde génération, et *bêtes*
« dans une troisième, si elles ne sont pas amen-

« dées, et qu'elles ne cessent de parcourir les dif-
« férentes espèces de bêtes, jusqu'à ce qu'elles
« aient appris à se soumettre en tout à la raison, » Platon, qui s'était fait législateur dans sa
République, c'est-à-dire dans son cabinet, ce qui
est permis à tout le monde, aurait pu du moins
faire de même dans sa Théodicée*, et ne pas
promulguer ses lois par l'organe de la sagesse éternelle. Je ne parle pas de cette singulière progression de peines, qui place la bête immédiatement
au-dessous de la femme : j'imagine que vous n'aurez fait qu'en rire ; et, si Platon peut devenir une
occasion de scandale, c'est quand il statue longuement et disertement dans sa *République* que toutes les femmes seront communes à tous les citoyens. Ce n'est pas sans quelque répugnance que
je mets sous vos yeux ce monstrueux délire d'un
des plus illustres philosophes de l'antiquité : le
scandale est ici d'autant plus réel, que le même
dogme a été renouvelé plus d'une fois, et même
de nos jours. Mais il est juste d'ajouter que cette
immoralité, qui à la vérité, est forte, est du
moins la seule qui se rencontre dans Platon, dont
les écrits respirent d'ailleurs la morale, non-seulement la plus pure, mais la plus élevée, et qui
n'est jamais plus éloquent que quand il appelle
l'âme de l'homme à la contemplation de ce modèle
parfait dont elle porte en elle l'image, et de ces

---

* Ce mot veut dire *justice de Dieu*. C'est le titre d'un ouvrage de Leibnitz.

idées éternelles qui sont pour elle les miroirs de l'honnêteté et de la vertu. Lui-même eut une conduite conforme à ces principes ; et, s'il s'est une fois égaré à ce point dans ses spéculations politiques, tout ce qu'il y a de meilleur à en conclure c'est que la raison humaine sans guide est capable, même au moral, et même dans le plus honnête homme, des plus honteuses illusions.

Je laisse de côté ses androgynes, autrement hermaphrodites, fable cependant aussi ingénieuse qu'aucune de celle des Grecs, et qui a fourni à nos poètes la matière de petits contes assez gais et assez connus pour me dispenser d'en parler ici. Mais je puis ajouter à ce que vous avez entendu de sa métempsychose une autre distribution qui vous paraîtra plus plausible comme allégorie morale, et qui lui sert à rendre compte, à sa manière, de l'origine des diverses espèces d'animaux. Le premier, l'homme, fut d'abord créé mâle dans tous les individus, mais ceux qui furent méchants ayant été à la seconde période changés en femmes comme il avait été prescrit, alors les individus de l'un et de l'autre sexe qui n'avaient pas bien vécu subirent à une troisième époque les métamorphoses suivantes : les philosophes d'un esprit léger, qui avaient cru pouvoir, par le secours des sens, atteindre à la connaissance des choses intellectuelles, furent changés en oiseaux : ceux qui, négligeant l'étude des choses célestes, ne s'occupèrent que des objets terrestres, devinrent des quadrupèdes, et parmi eux les plus mauvais devinrent des reptiles ; enfin, les plus stupides furent condamnés à être poissons, comme indignes de respirer le même air que nous. Sans nous arrêter à ces transformations successives et sans cesse renouvelées, qui n'ont d'autre fondement que des analogies plaisamment morales, observons le seul résultat sérieux qu'on en peut tirer : c'est que, dans le système de Platon, l'âme humaine, telle qu'il la suppose, mi-partie de la substance immortelle et de la substance mortelle, est incessamment répandue dans toutes les espèces animales, qui par conséquent ne diffèrent de l'homme que par la forme. Ce dogme est pris tout entier de l'école de Pythagore, et n'en est pas moins une des plus choquantes absurdités où puisse tomber la philosophie, et l'une des contradictions les plus manifestes dans un philosophe qui nous avait d'abord dit de si belles choses sur l'origine de notre âme et sur sa destination.

L'ordre et la méthode ne sont sûrement pas pour Platon au nombre des mérites et des devoirs; car sa métaphysique, et sa physique, et sa musique, et sa physiologie, et ses mathématiques, sont indifféremment semées dans ses livres *De la République* et *Des Lois*. Tout est pêle-mêle dans ses ouvrages; ce qui n'empêche pas que la lecture n'en soit agréable; parce qu'il jette sur tous les objets une étonnante profusion d'idées, la plupart très hasardées, et souvent même fausses, mais toujours plus ou moins séduisantes, ou par une imagination qui exerce celle du lecteur, ou par l'attrait d'un style orné et fleuri, ou par le piquant de la controverse et du dialogue. C'est peut-être le plus bel esprit de l'antiquité, et celui qui a parlé de tout avec le plus de facilité et d'agrément. Aussi les poètes et les orateurs les plus célèbres chez les Grecs et les Romains avaient sans cesse dans les mains ses nombreux écrits, et ne se cachaient pas, ou se glorifiaient même du profit qu'ils en tiraient. On sait quelle vénération avait pour lui Cicéron, qui le traite toujours d'homme divin, et qui ne connaît pas de plus grande autorité que la sienne ; et nous apprenons de Plutarque que ce fut la lecture de Platon qui détermina Démosthène au genre d'éloquence politique qu'il adopta, celui qui consiste à préférer en toute occasion ce qui est honnête et glorieux ; et tel est en effet, si vous vous en souvenez, le principe de toutes ses harangues. Si l'on cherche ce qui peut donner à Platon cette puissante influence qu'il exerça long-temps sur les plus grands esprits, on verra que ce ne pouvait être que la partie morale de sa philosophie, sans comparaison la meilleure de toutes, parce qu'elle est noble, insinuante, persuasive, accommodée à la nature humaine, et la dirigeant toujours vers le bien dont elle est capable, sans la rebuter par la morgue et la raideur du soïcisme. Personne, parmi les Payens, n'a mieux parlé de la Divinité et de nos rapports avec elle. On croit à la vérité que les livres des Hébreux, qui font une partie de nos livres saints, ne lui ont pas été inconnus * ; et, ce qui peut appuyer cette conjecture, c'est qu'ils étaient assez répandus en Egypte lorsque Platon y voyagea, puisqu'il ne s'écoula guère qu'un siècle depuis lui jusqu'à Ptolomée Philadelphe, que la célébrité des écrits de Moïse et le désir d'enrichir la fameuse bibliothèque d'Alexandrie, formée par son père, engagèrent à faire traduire en grec les livres sacrés des Hébreux. Ce qui vient encore à l'appui de cette opinion, c'est la conformité frappante des idées de Platon avec celles de l'Ecriture sur l'inévitable jugement de Dieu, sur sa présence à toutes nos actions et à toutes nos pensées : conformité qui va même jusqu'à celle des expressions et des phrases, témoin ce passage des *Psaumes* : » Si je m'élève jusqu'aux « cieux, vous y êtes; si je descends dans les pro- « fondeurs de la terre, je vous y trouve; » et celui de Platon, dans le dixième livre des *Lois* :

---

* — Cette opinion est formellement énoncée par M. de Maistre, qui s'exprime ainsi, dans son ouvrage intitulé *Du Pape* : « Lisez Platon; vous ferez à chaque page une distinction bien frappante. Toutes les fois qu'il est Grec, il ennuie et souvent il impatiente. Il n'est grand, sublime, pénétrant que lorsqu'il est théologien, c'est-à-dire lorsqu'il énonce des dogmes positifs et éternels, séparés de toute chicane, et qui portent si clairement le cachet oriental que, pour le méconnaître, il faut n'avoir jamais entrevu l'Asie. Platon avait beaucoup lu et beaucoup voyagé. Il y a dans ses écrits mille preuves qu'il s'était adressé aux véritables sources des véritables traditions. Il y avait en lui un sophiste et un théologien; ou, si l'on veut, un Grec et un Chaldéen. On n'entend pas ce philosophe si on ne le lit pas avec cette idée toujours présente à l'esprit.» F.

« Quand vous seriez assez petit pour descendre « dans les profondeurs de la terre, ou assez haut « pour monter dans le ciel avec des ailes, vous « n'échapperez pas aux regards de Dieu. » Il est possible que Platon et le psalmiste se soient rencontrés, mais la rencontre est remarquable. Au reste c'est dans ce même livre des *Lois* que Platon établit et justifie la Providence par des moyens puisés dans la plus saine philosophie. Il prouve très bien que l'indifférence ou l'impuissance, à l'égard des choses humaines, sont également incompatibles avec la nature divine : il est le premier chez lequel on trouve cet argument invincible, que l'homme, qui ne peut jamais voir que les accidents de l'individu et du temps, c'est-à-dire ce qui est partiel et passager, ne saurait être juge compétent du dessein de Dieu, qui doit nécessairement rapporter et subordonner le particulier au général, et le temps à l'éternité.

Il n'y a en philospohie aucune réponse possible à cette démonstration ; il n'y en a que dans l'athéisme, qui n'est point une philosophie, et l'on s'attend bien que Platon ne doit pas aimer les athées. Il est même, dans sa législation, très sévère à leur égard, et d'autant plus que la justice divine est la première base de toutes ses lois criminelles et civiles, et que le sacerdoce et le culte sont chez lui au premier rang dans l'ordre politique: en quoi Platon ne diffère d'aucun législateur ni d'aucun gouvernement connu depuis l'origine des sociétés : ce n'est pas en ce point qu'on peut le trouver novateur ou romanesque. Quant aux athées, voici ses paroles à l'article des lois contre l'impiété : « Parmi ceux qui nient la Divinité, il en « est qui, par une suite de leur bon naturel, « s'abstiennent de mal faire et vivent bien : il en « est qui ne cherchent dans cette opinion qu'une « sauvegarde à leurs passions et à leurs vices. Les « uns et les autres sont plus ou moins nuisibles à « l'ordre public. Les premiers seront punis de cinq « ans de détention ; et pendant ce temps ils ne ver- « ront que les magistrats chargés de l'inspection « des prisons, et qui les exhorteront à rentrer en « eux-mêmes et à revenir au bon sens. Ils seront « ensuite mis en liberté, mais, s'ils se rendent de « nouveau coupables du même crime, ils seront « mis à mort. Les autres seront condamnés à une « prison perpétuelle, et après leur mort ils seront « privés de sépulture et jetés hors du territoire de « la république. » L'on ne sera pas surpris de cette rigueur, si l'on se rappelle combien tous les gouvernements de la Grèce étaient ennemis de l'irréligion, et que les deux ou trois sophistes qui manifestèrent une opinion contraire à l'existence des dieux n'évitèrent le supplice que par un exil volontaire. Les Romains, encore fort étrangers à toute espèce de philosophie lorsqu'ils firent leurs lois, ne supposèrent pas apparemment que l'on pût nier l'existence de la Divinité, puisqu'en ordonnant des peines capitales contre le sacrilège et l'impiété, ils ne firent aucune mention de l'athéisme, qui pourtant, vers les derniers temps de la république, et à l'époque de l'extrême dépravation des mœurs ; devint commun chez eux comme chez les Grecs, mais de la même manière que parmi nous, c'est-à-dire que la Divinité était plutôt oubliée ou méconnue par inconsidération que niée par conviction. Il y eut pourtant cette différence, que Rome n'eut point de professeurs d'athéisme, proprement dit, et que la France et l'Europe en ont eu, dont plusieurs même, dans les deux derniers siècles, périrent du dernier supplice. Malgré ces exemples et l'autorité de Platon, qui en toute autre chose est fort loin d'une rigueur outrée, mon avis, si j'étais obligé d'en avoir un, ne serait jamais pour une peine capitale ; mais il me semble que l'on pourrait dire à celui qui professe ouvertement l'athéisme : votre doctrine est contraire à tout ordre social, et vous êtes par conséquent très coupable de n'avoir pas du moins gardé pour vous seul une opinion qui ne peut faire que du mal. Dès que vous l'avez fait connaître, vous ne pouvez plus vivre sous nos lois, dont vous méconnaissez le premier principe. Retirez-vous donc de notre territoire, et allez vivre là où l'on voudra vous souffrir.

« Toute impiété, dit Platon, a l'erreur pour « principe. » C'est directement l'opposé de la doctrine de nos jours, qui tient pour premier axiome, que *toute religion est une erreur*. Il paraît que Platon, d'ailleurs si doux et si indulgent, ne pouvait tolérer l'irréligion. On s'en aperçoit au commencement de son dixième livre des *Lois*, où il se

propose de convaincre l'impiété comme absurde, avant de la condamner comme criminelle. « Quoi-
« qu'il ne soit pas possible, dit-il, de ne pas haïr
« les impies, et de ne pas s'élever contre eux avec
« véhémence, tâchons cependant de contenir notre
« indignation, et de raisonner avec eux le plus
« paisiblement qu'il nous sera possible. » Et c'est ce qu'il fait; mais plus ses raisonnements sont plausibles, plus on peut conclure qu'on n'eût pas ainsi laissé raisonner de nos jours un si grand ennemi de l'irréligion, et que, s'il fut assez heureux pour échapper aux deux tyrans de Syracuse, il n'aurait pas échappé aux tyrans de notre révolution.

L'article des femmes est toujours celui où Platon est le plus malheureux. Il veut les faire élever dans les mêmes exercices que les hommes, et qu'elles portent les armes comme eux. Sa raison est qu'il n'y a de différence d'un sexe à l'autre que celle de la force, en quoi d'abord il se trompe beaucoup; mais; en admettant même cette assertion, dont on prouverait aisément la fausseté, comment un philosophe tel que lui n'a-t-il pas fait attention aux conséquences aussi nombreuses qu'importantes qui résultent de cette seule disparité de constitution physique? Comment n'a-t-il pas vu qu'il serait inconséquent et absurde, dans l'ordre naturel, que cette disparité si marquée fût un accident isolé, et qui ne tînt pas à une disparité bien plus étendue de moyens, de fonctions et de devoirs, qui enrichissent à la fois les deux sexes, précisément par l'opposition et la compensation de ce qui manque à chacun des deux? Ce qui lui manque à lui, c'est la liaison des idées : s'il l'avait consultée avec plus d'attention, et s'il eût rempli ce premier devoir du philosophe, d'analyser d'abord parfaitement le réel avant de chercher le possible, d'où il résulte le plus souvent que ce qui est n'est autre chose que ce qui doit être; s'il eût suivi cette marche dans l'examen des différences spécifiques des deux sexes, et de l'action réciproque du physique et du moral dans tous les deux, il aurait bien autrement encore adoré cette Providence bienfaitrice dont il parle d'ailleurs si bien, mais qu'il était loin d'avoir assez étudiée. Cette étude, au reste, devait être un des grands avantages de ceux qui ont eu le secours inappréciable de la révélation : eux seuls peuvent savoir qu'il n'y a ici de vraie philosophie (pour parler humainement), ou, pour mieux dire, qu'il n'y a de vraie sagesse que dans ces simples paroles du Créateur, lorsqu'il voulut faire une compagne pour Adam, et que pour la lui donner il la tira de sa propre chair : *il n'est pas bon que l'homme soit seul;* et Platon ne s'aperçoit pas que, dans son système, l'homme, avec une femme, serait encore *seul.* Heureusement ce système est totalement impraticable; aussi un philosophe révolutionnaire * s'est-il empressé de l'adopter, il y a quelques années. Il n'a pas fait plus fortune chez lui que chez Platon;

---

* Condorcet.

mais je suis fâché que ce soit Platon qui le lui ait fourni.

On a emprunté de ses traités des *Lois* deux autres articles fort différents, et qui font partie de la dernière constitution française ; l'un fort sensé, la justice arbitrale, dont je crois que Platon est le premier auteur, mais qui a été rarement usitée ; l'autre encore très problématique, la révision décennale des lois : celui-là pourrait être le sujet d'une discussion qui n'a rien de commun avec les matières qui nous occupent.

Au reste, si l'on veut une preuve du peu d'accord qui règne dans la politique de Platon, bien plus encore que dans sa métaphysique, il suffira de remarquer ce qu'il dit dans son Dialogue intitulé *l'Homme politique*, et ce qu'il prescrit ensuite dans sa *République* et dans les lois qu'il lui donne. Voici les propositions qu'il établit dans son Dialogue : « La politique est l'art de commander aux
« hommes, de conduire la chose publique : cet
« art est une science, et une science très rare et
« très difficile, qui ne peut appartenir, dans cha-
« que état, qu'à un homme ou deux, ou du moins
« à très peu d'hommes. C'est donc une science
« qu'on peut appeler royale, d'où il suit que le
« meilleur de tous les gouvernements est la mo-
« narchie, et le plus mauvais de tous la démo-
« cratie, comme étant le plus éloigné du premier.
« Quant à celui qui est entre les deux, et qu'on
« nomme aristocratique, c'est-à-dire le gouver-
« nement des meilleurs ou du très petit nombre,
« il ne vaut pas le monarchique, mais il vaut

« mieux que le démocratique. » Platon développe ensuite avec une très grande force tous les vices et tous les dangers du pouvoir de la multitude, et refuse même le nom de politique à toute administration qui n'est pas celle d'un seul, parce que l'administrateur, à moins d'être roi, est plus ou moins subordonné aux caprices de ceux qu'il gouverne.

Sans entrer dans un examen qui nous serait ici étranger, j'observerai seulement que toutes les conséquences de Platon ne découlent point du tout de ces principes, et que, quand la science de gouverner ne pourrait résider que dans un seul gouvernant, ce qui est très faux, il ne s'ensuivrait point du tout que le gouvernant dût avoir cette science, qui certainement n'est ni une attribution ni un héritage. Il n'est pas plus vrai que la politique appartienne exclusivement ni même éminemment à celui qui gouverne seul, sous quelque nom que ce soit, et ici les faits parlent plus haut que toutes les théories; car, à ne consulter que l'histoire, je ne sais, si au jugement des connaisseurs, on trouverait dans quelque monarque que ce soit, à plus forte raison dans une suite de monarque, une politique plus admirable que celle du sénat romain jusqu'au temps des Gracches, ou du sénat de Venise jusqu'au dernier siècle. Que serait-ce si je faisais entrer ici en ligne de compte les ministres, qui non-seulement ne gouvernaient pas seuls, mais qui avaient à combattre à la fois, et le roi, et la nation, tels, par exemple, que Richelieu et

Ximenez, regardés universellement comme deux politiques du premier ordre ? Toutes ces méprises font assez voir que ce n'est pas sans fondement que j'ai reproché à Platon le défaut de logique, qui en effet tient de fort près pour l'ordinaire à la vivacité d'imagination. Il pose beaucoup trop légèrement ses principes, et les conséquences deviennent ensuite ce qu'elles peuvent ; et, comme elles ne le font jamais revenir sur ses pas, du moins dans un même ouvrage, il s'en tire par des subtilités qui à la fin le mènent très loin du point d'où il était parti.

Mais, ce qui est plus étonnant, c'est qu'immédiatement après ce traité où il vient de faire un éloge exclusif de la monarchie, viennnent les livres de sa *République*, qui n'est autre chose qu'un mélange de beaucoup d'aristocratie et d'un peu de démocratie, et, pour tout dire, une espèce de communauté philosophique, comme Sparte était une communauté militaire, avec cette différence que Sparte, au moyen de l'injure faite à l'humanité dans ses esclaves appelés Ilotes, et de son empire tyrannique sur ses sujets qu'elle appelait alliés, pouvait subsister par la force de ses institutions guerrières, et qu'au contraire la république de Platon, ne donnant des armes qu'à une partie des citoyens qu'il appelle *les gardiens*, et s'en rapportant d'ailleurs à leur éducation et à leur sagesse, sans donner au reste du peuple aucun contre-poids contre leur puissance, il était plus que probable que *les gardiens* pourraient, quand ils le voudraient, devenir des loups, et dévorer le troupeau au lieu de le garder. Je ne me pique nullement de connaissances en ce genre ; mais toutes les fois que je lis des philosophes qui se font législateurs, je me rappelle toujours ce vers d'une de nos comédies :

Je vois qu'un philosophe est mauvais politique ;

et je serai toujours porté a croire qu'il en est de cette science comme de toutes les autres qu'on appelle *pratiques*, pour les distinguer de celles qui se bornent à la spéculation : je veux dire que, comme il faut avoir manié l'instrument pour être artiste, il faut (qu'on me passe le terme) avoir manié les hommes pour être politique. La machine du gouvernement, la plus compliquée de toutes, est encore, bien plus que les autres, sujette à l'épreuve des frottements et des résistances, pour être bien connue, parce que les frottements et les résistances ne se trouvent ni sous la plume ni sous le crayon. Aussi, pour peu qu'on veuille étudier l'histoire, on verra que nul homme, excepté Lycurgue, n'a fait un gouvernement; et l'on pourrait assigner les motifs de cette exception, qui sont connus, et ajouter que ce gouvernement n'était pas bon, puisqu'il ne l'était que pour quelques milliers de Spartiates. Et qui donc a fait tous les autres gouvernements, et les a maintenus plus ou moins de temps au milieu de leurs inévitables variations ? Les deux seuls législateurs du monde, le temps et l'expérience, ou, en d'autres termes, la force réunie des hommes et des choses, qui, dans l'ordre moral comme dans l'ordre physique, tendent toujours, malgré des oscillations et des secousses, à se reposer dans l'équilibre.

C'est dans les deux dialogues qui ont pour titre *Alcibiade*, que l'on remarque les rapports les plus prochains de l'école de Platon avec celle des moralistes chrétiens. C'est là que Socrate donne les premières leçons de conduite à ce jeune Athénien, à peine sorti de l'adolescence, et déjà rempli d'espérances présomptueuses. Il lui démontre que la haute opinion qu'il paraît avoir de lui-même, fondée sur sa naissance, sa beauté, ses richesses, son esprit, n'est qu'une illusion et un danger. Il lui enseigne à regarder la vertu, non-seulement comme le premier des devoirs, mais comme le premier des moyens, ou plutôt comme le seul qui puisse faire employer utilement tous les autres. Pour arriver à la vertu, le premier pas est la connaissance de soi-même, c'est-à-dire des défauts et des vices de la nature humaine, qui sont la source de tous ses maux; et ces vices sont principalement l'ignorance et l'orgueil; et, comme la source de toute vérité et de tout bien est en Dieu, c'est de la manière d'honorer et de prier Dieu que Socrate fait dépendre cette sagesse qui consiste à se connaître soi-même. Il importe d'observer ici que dans ces deux dialogues c'est toujours de Dieu qu'il parle, et non pas des dieux : il établit que ce qui est agréable à Dieu, ce n'est pas la multitude et la pompe des sacrifices; mais la disposition du cœur et la pureté des vœux qu'il forme; qu'il faut surtout bien prendre garde à ce qu'on demande à Dieu, parce qu'il nous punit souvent, en exauçant nos vœux, de l'offense que nous lui faisons en les lui adressant. En conséquence il approuve cette formule de prière à Dieu, comme la meilleure de toutes * : « Donnez-nous ce qui nous est bon, même « quand nous ne le demanderions pas; et refusez-« nous ce qui est mauvais, même quand nous le « demanderions. » Enfin, sur ce qu'Alcibiade lui dit qu'il espère acquérir la sagesse, si Socrate le veut, il répond : « Vous ne dites pas bien : dites, « si Dieu le veut; » et en effet c'était une des phrases qu'on entendait le plus souvent dans la bouche de Socrate, et qui est la phrase des chrétiens, *s'il plaît à Dieu*. Dans un autre dialogue intitulé *Ménon*, il établit que ce n'est pas l'étude de la philosophie qui peut donner la vertu, mais que la vertu ne peut venir que de Dieu seul.

C'est dans ce même dialogue qu'il soutient que notre esprit, en apprenant, ne fait que se ressouvenir, et il devait être d'autant plus attaché à ce dogme, que c'était une conséquence de celui de la transmigration successive des âmes. Mais c'était une erreur née d'une erreur : ce qui pouvait la rendre spécieuse, sur-tout pour un homme d'une conception aussi prompte que Platon, c'est cette avidité du vrai, et cette vivacité du plaisir que

---

* Cette prière est d'un ancien poète grec, et se trouve dans l'*Anthologie*.

ressent notre âme par l'apercevance de la vérité, sentiments naturels à l'homme, quoiqu'ils aient plus ou moins de force dans chacun, suivant la différence des facultés morales, et qui ont servi un moment à mettre en crédit les idées innées dans la philosophie moderne, qui bientôt y a renoncé à mesure qu'elle s'est perfectionnée. Pour prouver cette prétendue réminiscence, l'interlocuteur Socrate interroge un esclave qui n'a aucune connaissance de la géométrie, et le conduit de questions en questions à résoudre le problème du carré double, ce qui peut être une fort bonne méthode pour enseigner de façon à donner de l'exercice à l'esprit, mais ce qui ne prouve nullement que l'esprit se ressouvienne de ce qu'il découvre. Platon ne s'est pas aperçu que cette découvrte n'est pas un souvenir de l'esprit, quoiqu'elle en soit l'ouvrage, mais qu'elle est le produit du rapport exact des idées, considérées attentivement par la faculté pensante qui procède du connu à l'inconnu. C'est ainsi que, sans connaître aucune méthode algébrique, on résout de petits problèmes d'algèbre, seulement en combinant de différentes manières la quantité qu'on cherche avec les quantités données. A mesure que vous écartez les résultats faux, vous approchez du véritable, que vous trouvez un peu plus tard que vous n'auriez fait par les procédés de la science, à peu près comme Pascal devina par ses propres calculs les premières propositions d'Euclide.

Cette subtilité d'argumentation, qui nuit à la

justesse, est une des causes principales des fréquentes erreurs de Platon. Ainsi, par exemple, pour faire voir que la faculté intelligente a la prééminence dans l'homme, et que l'âme doit commander au corps, il se laisse aller à un flux de dialectique qui le mène jusqu'à conclure que l'homme n'est rien qu'une âme, ce qui est évidemment faux, car alors il serait une intelligence pure ; et l'homme est un animal, dans lequel le corps même a ses lois comme l'âme, et la dépendance mutuelle de l'un et de l'autre est même une des merveilles de la sagesse créatrice, et aussi l'une de celles que les anciens ont le moins approfondies. Cette erreur n'a pas, il est vrai, des suites graves dans la doctrine de Platon, où elle n'aboutit, pour ainsi dire, qu'à une figure de style, à une exagération oratoire pour exalter l'âme et déprimer le corps. Mais c'est toujours un mauvais moyen, même avec une bonne intention ; et c'est sur-tout en philosophie que qui prouve trop ne prouve rien ; d'autant plus qu'en partant d'un faux principe, vous tombez aussitôt dans le filet des fausses conséquences, dont vous ne pouvez plus sortir avec tout adversaire qui saura vous y envelopper. Un interlocuteur habile qui, en réfutant ici Platon dans la personne de Socrate, lui aurait démontré non-seulement que l'homme est un composé de corps et d'âme, mais même que les besoins du corps, dont la conservation est confiée à l'âme, sont par conséquent des lois pour elle-même, qu'elle ne peut violer sans attenter à la nature de l'homme, qui est celle d'un animal, et par conséquent sans désobéir à Dieu, qui en est l'auteur, aurait pu rétorquer contre Socrate ses propres arguments, jusqu'à l'embarrasser beaucoup, même sur cette excellence de la substance pensante, qui est pourtant une vérité, et une vérité nécessaire. Aussi tout ce que je prétends inférer de cette observation, c'est que dans des matières si importantes il n'y a point d'erreur indifférente, et qu'il faut se garder soigneusement de l'enthousiasme, même en morale comme en tout autre chose. La mesure du bien est ce qu'il y a de plus essentiel dans le bien; et le siècle qui va finir fera époque dans tous les siècles, pour leur avoir enseigné, par un mémorable exemple, que l'enthousiasme de la *philosophie*, le fanatisme de la *raison*, sont capables de faire plus de mal que tout autre enthousiasme et tout autre fanatisme, précisément parce que la raison et la philosophie sont en elles-mêmes de très bonnes choses, et que l'abus du très bon, suivant un vieil axiome, est très mauvais.

Mais rien n'a fait plus d'honneur à Socrate et à Platon que la guerre opiniâtre qu'ils déclarèrent tous deux aux sophistes de leur temps, et que le disciple poursuivit avec courage, quoiqu'elle eût coûté la vie au maître. Ces sophistes, tels que nous les voyons aujourd'hui dans les écrits de Platon, ne nous paraissent qu'impudents et ridicules; mais la vogue et le crédit qu'ils eurent un certain temps prouvent que leur charlatanisme ne laissait pas d'être contagieux, sur-tout chez un peuple qui, entre autres rapports avec le peuple français, avait particulièrement celui de se piquer d'esprit par-dessus tout, et de mettre ainsi au premier rang dans l'opinion ce qui, dans les choses et dans les hommes, ne doit jamais être qu'au second, puisque l'honnêteté doit être partout au premier. On peut juger de la jactance d'un Protagoras, d'un Gorgias et d'une foule d'autres qui se vantaient d'être prêts à répondre sur-le champ à toutes sortes de questions, de soutenir le pour et le contre sur toutes sortes de sujets, et de fournir des arguments pour démontrer le faux et infirmer le vrai en tous genres. Il fallait bien que cette grande science, qui en bonne police n'est qu'un grand scandale, et aux yeux du bon sens une grande ineptie, ne fût pas sans attrait, au moins pour les jeunes gens, puisque ceux qui la professaient y gagnèrent de la célébrité et des richesses, quoiqu'elle ne fût pas sans inconvénient pour les professeurs eux-mêmes, puisque plusieurs furent mis en justice et condamnés à des amendes ou à l'exil, et que les livres de Protagoras, qui avait mis la Divinité en problème, furent brûlés sur la place publique d'Athènes. Mais cette animadversion des magistrats n'avait lieu que sur les matières qui touchaient à la Religion, la seule chose que les Grecs ne permissent pas de tourner en controverse. Du reste les sophistes avaient toute liberté, et l'on conçoit sans peine que des leçons de cette nature pouvaient être du goût de la jeunesse, toujours si disposée à regarder toute nouveauté comme un bien, et toute espèce de frein comme un mal.

Aussi courait-elle en foule à la suite des sophistes, qui, allant de ville en ville, mettaient partout à contribution la curiosité et la crédulité. On sait que c'est là le fonds sur lequel les charlatans en tous genres ont placé leur revenu, dans tous les lieux et dans tous les temps : et c'est peut-être le seul qu'on ait jamais pu appeler un fonds perdu ; il était très fructueux pour ces maîtres nouveaux, d'autant plus courus qu'ils se faisaient payer plus cher, comme c'est la coutume, mais qui pourtant, s'ils faisaient des dupes, l'étaient quelquefois eux-mêmes de leurs disciples, tant ceux-ci profitaient bien de leurs leçons. Aulu-Gelle en rapporte un exemple que je crois pouvoir citer, comme assez amusant pour égayer un peu le sérieux continu des matières que nous traitons.

Un jeune homme, nommé Évathle, qui se destinait au barreau, avait fait marché avec Protagoras pour apprendre de lui toutes les finesses de la plaidoirie et de la chicane, moyennant une certaine somme, mais sous la condition qu'il n'en paierait d'abord qu'une moitié, et ne serait tenu de payer l'autre qu'après le gain de la première cause qu'il plaiderait. Le jeune avocat, bien endoctriné, ne se hâte pourtant pas de mettre ses talents à l'épreuve ; et, quoique pressé par son maître, qui avait le double intérêt de faire briller son disciple et d'en être payé, il diffère toujours d'entrer en lice, jusqu'au point qu'enfin le sophiste impatienté le fait assigner sur sa promesse écrite, et, se croyant sûr de son fait, débute ainsi devant les juges, d'un ton triomphant et avec l'assurance d'un maître qui va confondre un écolier : « De « quelque manière que cette affaire soit jugée, « mon débiteur ne peut manquer d'être obligé au « paiement, car de deux choses l'une : ou il perdra « sa cause, et en conséquence de votre arrêt il « faut qu'il me paie ; ou il la gagnera, et dès-lors « sa première cause étant gagnée, il s'ensuit en-« core qu'il doit me payer. » Grandes acclamations : le jeune homme se lève à son tour, et du ton le plus tranquille : « J'accepte : dit-il à son « maître, cette même alternative, comme le vrai « fondement de toute cette cause, et comme un « moyen péremptoire en ma faveur ; car de deux « choses l'une : ou la sentence me sera favorable, « et dès-lors je ne vous dois rien ; ou elle me sera « contraire, et dès-lors ma première cause est « perdue, et je suis quitte. » Le rhéteur resta muet et les juges interdits trouvèrent la cause si épineuse et si équivoque, qu'ils refusèrent de prononcer.

J'ai conté ce trait pour vous donner une idée non-seulement de cet art sophistique, mais de ce qui le fit valoir chez les Grecs : c'était sur-tout le faible qu'ils eurent en tous temps pour les arguties, pour tout ce qui est subtil et délié, pour tout ce qui brille et échappe à l'esprit comme l'éclair aux yeux. Ce goût est d'autant plus à remarquer en eux, qu'ils ne le portèrent point dans l'éloquence ni dans la poésie, chez eux recommandables surtout par une saine simplicité; mais il dominait dans l'esprit social et dans le commerce de la vie civile. On en a des preuves sans nombre dans tout ce que les lettres anciennes nous ont transmis. Ici, par exemple, il est clair qu'on abusait de part et d'autre d'une équivoque qui tombait sur-le-champ, en distinguant ce que le bon sens devait distinguer. Il était clair que le procès pour le paiement devait d'abord être séparé de cette *première cause*, dont le gain éventuel devait motiver ce paiement même ; sans quoi l'engagement réciproque n'aurait eu aucun sens, aucun des contractants n'aurait rien stipulé d'obligatoire ; chacun des deux aurait promis le oui ou le non ; ce qui répugne. Il s'ensuivait que jusqu'à cette *première cause*, qui ne pouvait pas être celle du paiement, le jeune homme, en aucun cas, ne devait rien, grâces à la négligence du maître, qui, en acceptant un paiement conditionnel, n'avait pas eu la précaution nécessaire de fixer l'époque où cette condition devait être réalisée, sous peine de payer dans le cas même où elle ne le serait pas. Faute de cette clause, le jeune homme n'était tenu à rien ; et tout restait égal, attendu qu'en ne faisant point usage des leçons qu'il avait reçues, s'il gagnait d'un côté la moitié de la somme promise, de l'autre il perdait ce qu'il aurait pu gagner dans les tribunaux: et comme cette seconde moitié devait être, du consentement du maître le prix du succès de ses leçons, rien ne lui était dû dès que ce succès n'avait pas lieu; puisque lui-même avait consenti que l'un fût le prix de l'autre.

Ce qu'il y a de bon, c'est que les juges, quoiqu'ils n'eussent pas su écarter un dilemme également sophistique de part et d'autre, et qui ne pouvait pas être la solution du procès, puisque c'était le procès même qui faisait du dilemme un argument contradictoire dans les termes, au fond cependant jugèrent comme nous jugeons; car, en ne rendant aucune sentence, ils donnaient, par le fait, gain de cause au jeune homme, puisque ne rien prononcer sur une demande en paiement, c'est dispenser de paiement, celui qui est actionné comme débiteur.

Cette historiette a pu vous divertir, parce qu'ici du moins le sophisme est lié à quelque chose de réel; mais vous ne verriez qu'un excès de sottise, d'autant plus digne de mépris qu'elle affiche plus de prétention, dans cette foule de subtilités puérilement captieuses, qui faisaient le fond de la doctrine de ces sophistes qui figurent dans les dialogues de Platon. Ce n'est que chez lui qu'on peut les entendre avec quelque plaisir, parce qu'il a eu l'art de les présenter avec des formes comiques, comme les casuistes des *Provinciales* de Pascal. C'est précisément leur sérieux, qui les rend plus fous, et il n'est pas douteux que le Molière de Port-Royal n'ait pris pour modèles les dialogues de Platon sur les sophistes, d'autant qu'il n'y avait pas d'auteur ancien qui fût alors lu, cité et célébré autant que Platon, dans la bonne littérature française.

Un des premiers essais de Racine fut la traduction d'un morceau de cet illustre Grec, et La Fontaine en était naïvement enthousiaste, comme de Baruch. Il est certain que cette ironie de Socrate, qu'on n'a pas vantée sans raison, joue ici un rôle très avantageux. Il commence toujours avec ses sophistes comme il faut commencer avec les sots glorieux et les bavards importants dont on veut tirer parti dans la société. Il a l'air et le ton d'un humble écolier qui veut s'instruire; et, pour les rassurer contre son nom et mettre à l'aise toute leur impertinence, il feint d'abord une sorte d'étonnement qu'ils ne manquent pas de prendre pour de l'admiration, quoique pour tout autre qu'eux il laisse percer un mépris froid et piquant, qui bientôt devient très gai à mesure que nos rhéteurs encouragés débitent plus librement toutes les inepties de leur science. Alors Socrate, usant de la permission de les interroger, et argumentant sur leurs réponses avec cette finesse qu'on peut se permettre dans des questions frivoles, pour confondre la vanité et l'ignorance de docteurs de cette espèce, les fait tomber à tout moment dans les contradictions les plus absurdes et les conséquences les plus folles, jusqu'à ce qu'enfin ils se sentent assez humiliés par le rire des auditeurs pour prendre de l'humeur contre lui, et que, se taisant de confusion, ils lui laisssent la parole ; il ne s'en sert que pour ramener la philosophie à son véritable but, à des vérités utiles et morales ; car c'est toujours là qu'il en revient, et il ne veut décrier ces sophismes devant la jeunesse que pour la garantir de leurs séductions, et lui inspirer le goût des bonnes études et l'amour du devoir et de la vertu. Mais on ne peut rien détacher de ces dialogues : c'est un tissu où tout se tient, et, pour en sentir l'adresse et l'heureux artifice, il faut le suivre d'un bout à l'autre ; et je ne sache pas que cette partie des ouvrages de Platon, qui, pour être bien rendu en français, demanderait beaucoup de facilité, de précision et de grace, ait jamais été parmi nous traduite comme elle devait l'être. Ce ne sont guère que des savants qui ont travaillé sur Platon, et, pour le traduire, il faut plus que de la science : celle-ci même n'a réussi que fort médiocrement à faire passer dans notre langue les morceaux les plus sérieux des écrits de Platon, ceux qui regardent la politique et la métaphysique.

C'est en effet dans la partie sérieuse et didactique, et dans les résumés moraux des dialogues de Platon, que l'on peut plus convenablement prendre quelques morceaux qui justifient ce que j'ai dit de cette surprenante conformité de sa morale avec celle des chrétiens. Ainsi, par exemple, lorsque, dans son *Gorgias*, il a mis à bout ce vieux rhétheur et son jeune admirateur Calliclès, dont l'un fait de la réthorique un art d'imposture, et l'autre confond absolument le pouvoir et l'autorité avec la tyrannie, Socrate termine ainsi, de manière à ce que vous croiriez presque entendre un prédicateur de l'Église, si ce n'est que le ton de l'un est plus oratoire, et l'autre plus philosophique ; mais les idées sont les mêmes.

« Pour moi, Calliclès, je considère comment je
« pourrai, devant le souverain juge, lui présenter
« mon âme dans l'état le plus sain. Méprisant les
« honneurs populaires, et attentif à la vérité, je
« tâcherai, le plus qu'il m'est possible, de vivre
« et de mourir honnête homme, et c'est à quoi
« j'exhorte aussi les autres autant qu'il est en moi.
« Je vous y invite vous-même, et vous rappelle à
« cette vie qui doit être ici-bas celle de l'homme,
« et à cette espèce de combat qui est vraiment celui
« de la vie humaine, et celui que l'homme doit sou-
« tenir de préférence à tous les autres. C'est là-des-
« sus que je vous réprimande *, vous qui oubliez
« que vous ne pourrez vous secourir vous-même
« quand vous serez jugé, et quand la sentence dont
« je vous parlais tout à l'heure vous menacera de
« près. Lorsque vous serez saisi et amené devant
« ce tribunal**, vous serez tremblant et muet : c'est

* Sur cette expression, qui est littérale, il faut se souvenir de l'autorité que donnait la vieillesse chez les anciens, et du respect inviolable que les jeunes gens étaient tenus de lui porter.

** C'est ici celui de Minos, parce que dans ce dialogue il y a un auditoire, et que Socrate se faisait un devoir de respecter le culte

« là que vous essuierez de véritables affronts, et
« que vous serez véritablement humilié et mal-
« traité*, réellement frappé et soufflété. Peut-
« être ceci vous paraît-il un conte de vieille
« et des paroles dignes de mépris ; et ce mépris
» ne m'étonnerait pas, si vous étiez en état d'op-
« poser à ce que je dis quelque chose de meilleur
« et de plus vrai. Mais vous l'avez cherché, et
« vous ne l'avez pas trouvé, et vous venez de voir
« qu'entre trois personnages tels que vous,
« qui passez pour les plus éclairés des Grecs,
« Polus, Gorgias et vous, vous n'avez pu prou-
« ver qu'il fallût vivre d'une manière autre que
« celle que j'ai démontrée être la plus avantageuse
« pour paraître à ce dernier jugement. En effet
« de toutes nos discussions, qu'est-ce qui est resté
« sans réponse et reconnu irréfragable ? cela
« seul, qu'il faut se donner de garde de faire du
« mal plus que d'en souffrir ; qu'il faut travailler

de son pays, et de se conformer en public au langage commun. Mais dans les traités particuliers où Socrate et Platon parlent librement, ils disent d'ordinaire DIEU, *Théos*, et rarement les dieux, si ce n'est quand la controverse les y force.

* Socrate venait de soutenir que les mauvais traitements qu'on essuie des tyrans et des hommes injustes ne sont en effet que des injures et de vrais maux pour celui qui les fait, et non pas pour celui qui les souffre : ce qui avait d'abord causé une étrange surprise à Gorgias et à Calliclès, mais ce qu'il avait démontré de manière à les réduire à l'absurde et au silence par les aveux qu'il leur avait successivement arrachés, comme il va le rappeler ici. Ces notes, au reste, prouvent ce que je disais tout à l'heure de la difficulté d'extraire d'un écrit où tout se tient.

« avant tout, non pas à être tenu pour honnête
« homme ; mais à l'être en effet, soit dans le pu-
« blic, soit dans le particulier; que, si l'on a fait le
« mal, on doit en être puni, et que si le premier
« bien est d'être juste et irréprochable, le second
« est de recevoir ici la peine du mal qu'on a fait,
« et de devenir bon par le châtiment et le repen-
« tir ; qu'il faut éviter d'être flatteur ni pour soi-
« même, ni pour les particuliers, ni pour la
« multitude; et qu'enfin la rhétorique, comme
« tout autre chose ne doit servir que pour la
« justice. Croyez-moi donc, Calliclès, et marchez
« avec moi vers ce but : si vous y parvenez, vous
« serez heureux, et dans cette vie et après votre
» mort. A ce prix, laissez-vous traiter d'insensé,
« et ne regardez pas comme un affront si quel-
« qu'un vous injurie ou vous frappe ; car vous
« n'éprouverez jamais rien qui soit véritablement
« à craindre tant que vous serez juste, honnête et
« attaché à la pratique de la vertu. »

Après ces échantillons de la philosophie de Socrate et de son disciple, j'aurais quelque peine, et même quelque honte à vous en donner de celle dont ils s'étaient déclarés les ennemis, et qui était si loin d'en mériter le nom. Mais, comme il convient pourtant d'en faire au moins apercevoir la distance, je me bornerai, ne fût-ce que pour varier, à vous citer un des arguments de ces écoles, entre mille autres tout semblables, qui en étaient l'exercice habituel. On se proposait, par exemple, de prouver qu'il était faux qu'un rat pût manger des livres, ou du lard, ou du fromage; et voici comme on s'y prenait : « N'est-il pas vrai qu'un *rat* est une « syllabe? » On accordait cette majeure, et le maître alors reprenait. « Or une syllabe ne mange » ni livres, ni lard, ni fromage : donc, etc. » Cela est sans doute prodigieusement ridicule; vous vous tromperiez cependant si vous pensiez que les Grecs, quoiqu'ils ne fussent pas sots, eussent en général pour ces sottises le dédain et la pitié qu'elles méritaient, et qu'elles trouvèrent à Rome, quand elles y furent transportées dans les derniers temps de la république. Il y eut toujours dans le caractère des Grecs un fonds de frivolité que les Romains appelaient *græcam levitatem*, et dont leur sévérité naturelle ne put jamais s'accommoder, du moins jusqu'à l'époque de l'entière dégradation de l'esprit public. C'est ce qui fit chasser de Rome les philosophes grecs dans les plus beaux siècles de la république, non pas qu'ils fussent tous si décidément frivoles, mais tous donnaient plus ou moins dans le sophistique, c'est-à-dire dans l'argumentation des mots, sans en excepter même les plus graves de tous, les Stoïciens. S'ils furent bannis pareillement sous Domitien, l'on comprend bien que ce ne pouvait pas être pour la même raison; mais c'est que les philosophes étaient aussi mathématiciens, et que, les mathématiciens étant en même temps astrologues et devins, ils étaient suspects et odieux aux tyrans, qui veulent bien qu'on raisonne mal, mais qui ne sauraient souffrir qu'on prédise, de peur que tout le monde ne croie ce qu'ils savent que tout le monde souhaite.

Ne vous imaginez pas d'ailleurs que ces ineptes sophismes se renfermassent dans des jeux d'esprit; non, ils s'étendaient aux matières les plus importantes, soit dans l'ordre moral, soit dans l'ordre judiciaire ; et avec ces abus de mots, rien n'était plus ni faux, ni vrai, ni juste, ni injuste ; ce qui convient toujours merveilleusement à une certaine classe d'hommes, et alors la déraison passe à la faveur de la perversité. On en voit la preuve dans les livres de Platon, ou les sophistes mettent en avant les propositions les plus immorales, toujours en jouant sur les mots. On demandera peut-être comment il y avait quelques embarras à pulvériser ces niaiseries scolastiques, qui devaient s'évanouir devant la simple définition des termes et la distinction naturelle des idées.

Mais d'abord la logique d'Aristote, qui est là-dessus d'un grand secours, n'était pas encore connue, et ne le fut qu'après Platon, dont Aristote fut le disciple. Jusque-là l'on ne savait guère attaquer les mauvais raisonnements par le vice de forme, qui se trouvait en effet dans la plupart de ses sophismes dont on fit tant de bruit dans les écoles, qui dès-lors seraient tombés d'eux-mêmes, au point de dispenser de toute réponse, puisqu'un raisonnement vicieux par la forme est nécessairement faux ; non pas qu'il ne puisse y avoir du vrai dans les propositions, mais parce que la démonstration entière est nécessairement

mauvaise, faute de cohérence dans les parties qui la composent. De plus il était reçu dans les écoles des sophistes (et ils avaient bien leur raison pour cela), qu'il fallait se tirer d'un argument tel qu'il était, sous peine de paraître vaincu ; et c'est ce qui favorisait le plus cette lutte méprisable, où l'on n'était armé que de l'équivoque des termes. Aussi que faisait-on ? Souvent l'on rétorquait l'argument par une autre équivoque, c'est-à-dire l'absurde par l'absurde. Ainsi, pour achever le peu de détails que je me permets sur ces misères de l'esprit humain, et dont je demande pardon à la curiosité même, quoique voulant à un certain point la satisfaire, il y avait deux manières d'écarter le bel argument qui tout à l'heure vous a fait rire. La première et la bonne était de distinguer la majeure en définissant les termes : « Le mot *rat* est une syllabe ? oui : la chose *rat* est une syllabe ? non; car un rat est un animal, et dès-lors il n'y a pas même de sens dans tout le reste, qu'on ne peut répéter qu'en éclatant de rire aux dépens du raisonneur. Mais cela était trop simple et trop sensé pour contenter des sophistes ; et, pour ne pas demeurer court, on leur répondait dans leur genre : « Un rat est une syllabe : or un
« rat mange des livres : donc une syllabe mange
« des livres : » et les deux arguments sont de la même force : l'un vaut l'autre. Rien ne ressemble plus à ce faussaire normand, à qui un autre faussaire montrait en justice une obligation où l'écriture du premier était si parfaitement contrefaite,

que les experts mêmes n'osaient pas la démentir. *Nieras-tu ton écriture ?* disait le demandeur. *Je m'en garderais bien*, répondit l'autre ; *je suis trop honnête homme pour cela. Mais apparemment tu ne nieras pas non plus la tienne, et voici ta quittance ;* et en effet la quittance valait l'obligation.

En voilà bien assez et même trop sur cette matière ; et je terminerai cet article en m'arrêtant un moment aux deux morceaux de Platon les plus renommés peut-être, ou du moins les plus généralement connus, l'*Apologie de Socrate*, ou le discours qu'il prononça devant l'Aréopage, et *le Phédon*, dialogue fameux où quelques heures avant de boire la ciguë, le sage d'Athènes entretient de l'immortalité de l'âme ses amis qui l'admirent et qui pleurent. Ces deux morceaux se retrouvent partout dans nos livres d'histoire et de philosophie : on les a même transportés sur la scène, quoique ce ne fût pas là leur place, comme on s'en est bien vite aperçu. Je dois donc dire peu de chose de ce qui est partout ; et j'observerai d'abord que dans ces ouvrages, les plus purs qui nous restent de l'auteur, il se rencontre pourtant quelques erreurs dont les unes tiennent à son pythagorisme, c'est-à-dire à ses chimères sur la transmigration des âmes, et les autres à ces illusions brillantes qui devaient plaire à son imagination. Je voudrais retrancher du *Phédon* cette argumentation subtilement erronée qui a pour objet de prouver *que le vivant naît du mort*, ce qui est également faux dans l'ordre physique et dans l'ordre intellectuel ; car, pour ce qui est des corps, rien ne peut naître sans germes; et, pour ce qui regarde les âmes, il est prouvé en métaphysique qu'elles ne peuvent devoir leur origine qu'à Dieu même. Platon en convenait, puisqu'il les regardait, ainsi que nous, comme des émanations de la substance divine; mais il abusait des termes pour prouver que, l'âme immortelle passant d'un corps à un autre, chaque naissance était ainsi le produit d'une mort. On excusera plus aisément ce qu'il dit du cygne, et la comparaison qu'il fait de lui-même avec cet oiseau. Comme ses amis s'étonnent de son inaltérable tranquillité, et de la hauteur et de la force de ses pensées à l'approche du moment fatal, il tire de ce qui les étonne un nouvel appui pour la thèse qu'il soutient, que l'âme, en quittant le corps dont elle n'a pas été l'esclave, ne fait autre chose qu'être rendue à sa pureté originelle ; qu'en conséquence il est tout simple qu'à l'instant de rompre ses chaînes corporelles, elle paraisse s'épurer et se fortifier d'autant plus qu'elle est plus près de sa délivrance. C'est là-dessus qu'il ajoute qu'on se trompe beaucoup en prenant pour une plainte funèbre le chant du cygne, qui devient plus mélodieux quand l'oiseau va mourir, qu'au contraire, cet oiseau étant consacré à Apollon et aux Muses, la beauté de ces derniers accents est une espèce d'oracle divin qui fait l'éloge de la mort, et nous apprend à n'y voir que l'entrée dans une meilleure vie. Tout ce passage serait charmant dans un poète, mais l'est un peu trop pour un philosophe, qui, vouant à la vérité le dernier reste d'une belle vie et l'autorité d'une belle mort, n'y doit rien mêler de fictif et de fabuleux; et l'on sait que tout ce qu'on a dit du cygne est une fable. Mais il fallait bien que l'imagination de Platon, qu'on pouvait appeler lui-même le cygne de la philosophie, en adoptant ses fictions et son langage, se montrât partout et se servît de tout, quelque sujet qu'il traitât. Il ne s'en est abstenu que dans l'*Apologie*,, que l'on croit avec raison être à peu près le même discours de Socrate : discours qui avait eu un trop nombreux auditoire pour que Platon se permît d'en altérer en rien le caractère et les expressions ; en sorte qu'il fut cette fois comme enchaîné, et par le respect pour son maître, et par le respect pour le public.

On ne peut attribuer qu'à cette même effervescence d'esprit un dialogue (celui qui a pour titre *Ion*) destiné tout entier à prouver que la poésie n'est point un art, parce qu'elle ne peut être que l'effet de l'inspiration et de l'enthousiasme, et que les poètes ne peuvent faire des vers que quand ils sont hors d'eux-mêmes. On voit que l'auteur a outré beaucoup trop une vérité commune, et que son opinion favoriserait trop aussi ceux qui veulent à toute force que tous les poètes soient des fous ; ce qui n'est pas plus vrai qu'il ne l'est que tous les fous sont poètes. C'est comme si l'on disait qu'un athlète ou un danseur de corde n'est pas fait comme un autre homme, parce que les mouvements de l'un et les efforts de l'autre vont au delà des facultés communes. Mais l'un et l'autre, hors de la lutte ou du théâtre, rentrent dans la classe générale; et la facilité même qu'ils ont à en sortir quand ils exercent leur art prouve que c'en est un réellement, et qui ne s'acquiert, comme tous les autres, que par une méthode et un travail qui se joignent aux dispositions naturelles.

Les discours de Socrate dans le *Phédon* seraient d'ailleurs admirables partout, mais le sont encore plus là où ils sont; car il n'est pas douteux que, si Platon les a écrits, c'est Socrate qui les a tenus, et il ne paraît pas qu'il ait été donné à aucun homme de voir plus loin par ses propres lumières, ni de monter plus haut par l'essor de son âme. Si l'on se rappelle que dans ce siècle un philosophe, d'ailleurs très estimable *, a condamné la salutaire pensée de la mort, qui est le plus grand frein de la vie, on n'en sera que plus frappé de ces paroles du *Phédon*, les premières de ce genre qu'on trouve dans toute l'antiquité : « Voulez-vous que je vous ex-
« plique pourquoi le vrai philosophe voit la mort
« prochaine avec l'œil de l'espérance, et pourquoi
« il est fondé à croire qu'elle sera pour lui le com-
« mencement d'une grande félicité ? La multitude
« l'ignore, et je vais vous le dire : c'est que la
« vraie philosophie n'est autre chose que l'étude de
« la mort; et que le sage apprend sans cesse dans
« cette vie, non-seulement à mourir, mais à être

---

* Vauvenargues.

« déjà mort; car qu'est-ce que la mort? N'est-ce
« pas la séparation de l'âme d'avec le corps? Et ne
« sommes-nous pas convenus que la perfection de
« l'âme consiste sur-tout à s'affranchir le plus qu'il
« est possible du commerce des sens et des soins
« du corps, pour contempler la vérité dans Dieu?
« Ne sommes-nous pas convenus que le plus grand
« obstacle à cet exercice de l'âme est dans les
« objets terrestres et dans les séductions des sens?
« N'est-il pas démontré que, si nous pouvons
« avoir ici quelque connaissance du vrai, c'est en
« le considérant avec les yeux de l'esprit, et en
« fermant les yeux du corps et les portes des sens?
« Donc, si jamais nous pouvons parvenir à la pure
« compréhension du vrai, ce ne peut être qu'après
« la mort; et vous avez reconnu avec moi dans
« le cours de cette entretien, qu'il n'y a de bonheur
« réel pour l'homme que dans la connaissance de
« la vérité; que Dieu en est le principe et la source,
« et que cette connaissance ne peut être parfaite
« qu'en lui. N'avons-nous donc pas droit d'espérer
« que celui qui a fait de cette recherche la grande
« affaire de sa vie, et dont le cœur a été pur,
« pourra s'approcher après sa mort de cette vie
« éternelle et céleste? car assurément ce qui est
« impur ne peut approcher de ce qui est pur. Voilà
« pourquoi le sage vit en effet pour méditer sur
« la mort, et pourquoi il n'en est pas effrayé quand
« elle approche : voilà le fondement de cette con-
« fiance heureuse que j'emporte avec moi au mo-
« ment de ce passage qui m'est prescrit aujour-

« d'hui, confiance que doit avoir comme moi qui-
« conque aura préparé de même et purifié son âme. »

Quand on entend ce langage, qui est d'un bout
à l'autre celui du *Phédon*, l'on excuse cette singulière saillie de l'un des plus spirituels écrivains du
seizième siècle, Érasme, qui s'écrie quelque part :
Saint Socrate, priez pour nous ! et, en effet, il n'y a
rien là qui ne soit parfaitement d'accord avec ce
que les saints ont écrit et pratiqué.

Une similitude n'est pas une preuve ; mais je
vous ai déjà prévenu que Platon ne se fait pas
scrupule d'employer l'une pour l'autre ; et ce même
endroit m'en offre un exemple, où vous ne serez
pas fâché de retrouver encore l'imagination du
disciple de Socrate. « Quoi donc ! (fait-il dire à son
« maître) l'art des Egyptiens conserve les corps
« pendant des siècles, avec des préparations aro-
« matiques, et vous croiriez que la substance qui
« est par elle-même incorruptible, que l'âme, en
« un mot, pourrait mourir au moment où elle se
« dégage de la contagion du corps pour s'élever
« jusqu'à la demeure de l'Être éternel, qui est le
« seul bon et le seul sage ! »

Cette idée si purement métaphysique, que Dieu
seul est vraiment bon et vraiment sage, c'est-à-
dire que la sagesse et la bonté, également infinies
en lui, sont des attributs essentiels de son être, est
en effet de Socrate, et se représente sous les mêmes
termes dans l'*Apologie*. Ce précieux monument de
l'antiquité grecque est peut-être encore plus singulier que le *Phédon*, car c'est le seul exemple parmi

les Anciens, qu'un accusé ait parlé de ce ton à ses juges. Ce n'est rien moins qu'un plaidoyer : le célèbre orateur Lysias en avait fait un pour Socrate, qui le refusa : *Il est fort beau* (lui dit-il) *mais il ne me convient pas*. Le sien, s'il est permis de l'appeler ainsi, ressemble parfaitement à une leçon de philosophie, du même genre que celles qu'il donnait habituellement à la jeunesse d'Athènes. Il ne justifie point sa conduite; il rend compte de ses principes avec un calme imperturbable, et tel qu'il ne pouvait l'avoir qu'en parlant pour lui-même ; car il n'aurait pas pu l'avoir en parlant pour un autre. Mais s'il est sans trouble, il est aussi sans orgueil, quoiqu'il ne cache pas le mépris pour ses accusateurs: il le montre même d'autant plus, qu'il n'y mêle aucune indignation, par le plus léger mouvement de colère, comme il convient quand le méchant ne fait de mal qu'à nous, et quand il n'est que notre ennemi particulier, sans être un ennemi public. Socrate qui d'ailleurs sentait bien que son danger venait sur-tout de l'envie que lui attirait cette haute réputation de sagesse, confirmée par un oracle, apprécie cette oracle suivant ses principes, qui sont encore ici entièrement conformes à ceux de la philosophie chrétienne, qui font un devoir, non pas seulement de la modestie, que tous les sages ont recommandée, mais de l'humilité, dont Socrate seul paraît avoir eu quelque idée avant les chrétiens. Voici ses paroles : « On « m'appelle sage parce qu'on s'imagine que je « suis savant dans les choses sur lesquelles je prouve

« aux autres qu'ils sont ignorants ; on se trompe,
« Athéniens : Dieu seul est sage ; et tout ce que
« signifie l'oracle rendu en ma faveur, c'est que
« la sagesse humaine est peu de chose, ou plutôt
« n'est rien. Si l'oracle m'a nommé sage, c'est
« qu'il s'est servi de mon nom comme d'un
« exemple ; c'est comme s'il eût dit aux hommes :
« Apprenez que celui-là est le plus sage de tous,
« qui sait qu'en effet sa sagesse n'est rien. »

On ne peut mieux dire ; et, quant à ce courage tranquille, qui ne va pas chercher le danger, mais qui ne le regarde pas quand il le rencontre dans la route du devoir, il ne peut s'exprimer avec plus de simplicité, c'est-à-dire avec plus de grandeur que dans cette déclaration de Socrate à ses juges :

« Si vous me promettiez de m'absoudre, sous la
« condition que je ne m'occuperais plus de l'étude
« et de l'enseignement de la philosophie, je vous
« répondrais : Athéniens, je vous aime et vous
« chéris, mais j'aime mieux obéir à Dieu qu'à vous ;
« et, tant qu'il me laissera la vie et la force, je
« ne cesserai pas de faire ce que j'ai fait jusqu'ici,
« c'est-à-dire d'exhorter à la vertu tous ceux qui
« voudront bien m'écouter. »

Tout cela ne saurait être trop loué, mais il fallait bien que l'imperfection humaine se montrât ici comme ailleurs ; et si, comme je le disais tout à l'heure, Socrate a du moins aperçu la théorie de l'humilité, il fit voir une fois qu'il n'en soutenait pas la pratique, ni même celle de la modestie, telle que l'enseignent les bienséances fondées sur la nature de l'homme. Jamais la raison n'approuvera que dans cette même *Apologie*, où il a si bien prouvé que l'homme doit faire peu de cas de sa propre sagesse, il réponde aux juges que, puisqu'ils lui ordonnent de statuer lui-même sur la peine qu'il mérite, il ne croit pas en mériter d'autre que celle d'être nourri dans le Prytanée, ce qui était le plus honorable tribut de l'estime publique. Ici l'orgueil humain est pris sur le fait, et dans la personne d'un sage. Assurément il lui suffisait de répondre que, ne se croyant pas coupable, il était dispensé de prononcer contre lui-même aucune peine : cela était conséquent et irréprochable, et même suffisamment courageux ; car il était d'usage de ne déférer ainsi à l'accusé la faculté d'arbitrer lui-même la peine, que quand elle devait se borner à une amende; et, lorsque cette faculté lui fut accordée, le parti qui voulait le sauver avait prévalu dans l'Aréopage, et sa vie était en sûreté. L'orgueil de sa réponse révolta la plus grande partie des juges : ce qui n'empêchait qu'ils ne fussent très injustes en le condamnant; car l'orgueil n'est pas un délit dans les tribunaux, mais c'est une tache dans l'homme, et c'était de plus dans Socrate une contradiction.

Mais, ce qui n'en était pas une, et ce qui faisait voir au contraire un accord très réel entre sa doctrine et sa conduite, c'est que dans toute cette affaire on voit clairement le mépris de sa vie, et la détermination à saisir dans cet odieux procès une belle occasion de bien mourir. Il est évident qu'il ne voulut pas la perdre, et qu'il refusa deux fois la vie : d'abord à ses juges qui la lui offraient visiblement, ensuite à ses amis mêmes qui lui offraient toutes les facilités possibles pour sortir sans obstacle et sans danger, et de la prison, et de sa patrie. Ici le sage d'Athènes autorisa ses résolutions sur des principes très beaux et très vrais, mais qui ne sont pas encore sans mélange d'erreur; de façon pourtant que les vérités sont d'un grand usage, et l'erreur de peu de conséquence. Quand il ne voulut point consentir à se donner la mort lui-même pour échapper à ce qu'on appelait la honte du supplice, il eut toute raison; et ses arguments contre le suicide lui font d'autant plus d'honneur, qu'il est le premier, et je crois même le seul parmi les payens, qui ait osé condamner, non pas seulement comme une faiblesse, mais comme un délit, ce qui était reçu dans toute l'antiquité, et dans l'opinion, et dans l'usage. On peut dire que la philosophie avait deviné la religion en ce point, quand elle décida, par la bouche de Socrate, que l'homme, qui a reçu de Dieu la vie, ne doit pas la quitter sans son ordre, et qu'il n'a pas le droit de disposer de ce qui n'est pas à lui. Socrate semble avoir aussi aperçu le premier ce principe social et politique, qui fait de l'obéissance aux lois un devoir fondé sur un pacte tacite, par lequel tout homme, en naissant, est censé appartenir à sa patrie, et tenu d'obéir à l'autorité qui le protège, tant que cette autorité est en effet protectrice ; car on sent bien qu'un pays où il n'y aurait plus ni lois ni garantie de la sûreté commune ne serait plus une patrie pour personne, et remettrait chacun dans l'état de nature; ce qui n'était nullement le cas d'Athènes et de Socrate. Dans tous ces points il a devancé de fort loin tous les philosophes des âges suivants. Mais il va trop loin quand il prétend qu'il n'est pas permis de se soustraire par la fuite à une condamnation injuste, en vertu de cette règle, qu'il ne faut pas rendre le mal pour le mal, ni à sa patrie ni aux particuliers. La règle est juste et certaine, mais ici mal appliquée. Elle serait violée sans doute, si vous opposiez la force à l'injustice publique, ce qui ne pourrait se faire sans révolte, et dès-lors vous rendriez en effet le mal pour le mal, ce qui est défendu, et vous feriez même à votre patrie un mal plus grand que celui qu'elle pourrait se faire par une sentence inique. Mais, en vous y dérobant, vous ne lui en faites aucun, vous suivez une loi naturelle sans renverser les lois positives: dont aucune ne vous ordonne d'abandonner sans nécessité le soin de votre conservation; et de plus vous servez la patrie, loin de lui nuire, puisque vous lui épargnez un crime. Au reste, il n'y a là dans Socrate et dans Platon qu'un excès de scrupule, sorte d'excès aussi peu dangereux que peu commun.

Cicéron disait que si les dieux voulaient parler la langue des hommes, ils parleraient celle de Platon; ce qui sans doute ne se rapportait pas seulement à l'élégance de son élocution, mais aussi à la nature de ses conceptions philosophiques, qui sont d'un ordre très élevé. C'est sans contredit de tous les philosophes anciens celui qui a le plus brillé par le talent d'écrire: sans parler de cette pureté de diction qu'on appelait atticisme, et que tous les critiques anciens lui accordent dans le plus haut degré, il a su concilier la sévérité des matières les plus abstraites avec les ornements du langage, et l'on voit que celui qui conseillait à Xénocrate de sacrifier aux Graces n'avait pas négligé leur culte, et avait profité de leur commerce. Il n'est pourtant pas exempt de défauts dans son style, non plus que dans sa composition et dans sa méthode. S'il a communément de l'éclat et de la richesse, il a aussi quelquefois du luxe et de la recherche, et très souvent de la diffusion et du désordre. Il se répète beaucoup, et ne se suit pas toujours. Quant à l'obscurité qu'on peut lui reprocher en beaucoup d'endroits, elle n'est pas dans sa manière d'écrire, mais dans sa manière de philosopher. Architecte d'un monde intellectuel et hypothétique, il bâtit dans le possible avec une confiance égale à sa facilité, comme on dessinerait sur le papier un magnifique édifice sans songer aux matériaux et aux fondements. Il est certain que ceux du monde de Platon sont en grande partie chimériques; et comme il suppose des êtres de sa façon, sans prouver leur existence, il en arrange les rapports aussi gratuitement qu'il en a créé la substance; et, au lieu d'idées qu'il puisse communiquer à ses lecteurs, il entasse des dénominations métaphysiques dont on peut d'autant moins se rendre compte, que lui-même, au besoin, varie sur leur acception. Il ne faut donc pas aspirer à rendre son système intelligible dans toutes ses parties; mais il n'y en a pas une qui ne présente des notions et des idées d'une tête très philosophique qui conçoit trop vite pour s'assurer de ces conceptions, mais qui dans cette science des propriétés générales de l'être, qu'on appelle *ontologie*, fait comme en courant des découvertes rapides et lumineuses, dont elle laisse à d'autres les conséquences et le profit. C'est ainsi, par exemple, qu'il a marqué le premier, avec la plus grande sagacité, le principe universel du plaisir et de la douleur, dont l'un consiste dans ce qui est analogue au maintien de la constitution organique des corps animés, et l'autre dans ce qui lui est contraire; et l'on peut appeler cette définition un excellent aphorisme de physiologie. Ainsi, dans un autre genre, il a conçu le premier que l'âme, séparée du corps, arrive à une autre vie dans le même état moral où l'a laissée le moment de la mort, c'est-à-dire avec les affections vicieuses ou vertueuses qui lui ont été habituelles dans son union avec le corps; ce qu'il n'a pas développé suffisamment, à beaucoup près, mais ce qui, par une suite de conclusions philosophiques, conduit à infirmer la grande erreur de ceux qui, pour nier les peines et les récompenses à venir, soutiennent que l'âme, dégagée des sens, ne peut rien conserver des habitudes d'être qui ne tenaient qu'aux objets sensibles.

Je crois devoir rappeler en finissant, comme objet de remarque et de curiosité, que c'est dan

Platon que les Modernes ont trouvé les plus anciennes traditions de cette grande île de l'Océan atlantique, appelée Atlantide, qui a donné lieu à tant de discussions et de conjectures dans ces derniers temps, où l'on a soutenu que cette île prétendue devait tenir autrefois au continent de l'Amérique, dont une des révolutions du globe l'avait détachée, ou du moins qu'elle n'en était pas éloignée, et qu'elle y avait porté tous les arts dont nous avons trouvé des vestiges au Mexique et au Pérou. Je laisse aux savants ces controverses, et renvoie à Platon même ceux qui voudront voir tout ce qu'il raconte de cette Atlantide sur la foi des prêtres égyptiens. Mais il est bon d'observer que, si Platon lui-même n'a pas fait son île comme il a fait un monde, il ne faut pas croire sur sa parole tout ce qu'il fait dire à ses Egyptiens, qui font remonter à huit mille ans l'existence et la disparition de cette Atlantide, aussi grande, selon leur rapport, que l'Europe et l'Afrique ensemble. Platon et beaucoup d'autres Anciens ont voulu accréditer de prétendus livres des sages d'Egypte, qui devaient contenir une foule de merveilles que l'on cachait au vulgaire; mais il est extrêmement probable que ces livres n'ont jamais existé. Il n'est guère possible qu'ils se fussent entièrement perdus dans un pays où les rois en avaient rassemblé si soigneusement un si grand nombre, ou que du moins il n'en fût pas demeuré quelque trace certaine, soit dans les écrits, soit dans les traditions de l'antiquité. Les seuls qu'on ait cités en ce genre sont ceux qu'on attribuait à **Hermès**; mais ces livres, qui ne renferment ni secrets ni merveilles, sont très certainement apocryphes; et, quand ils furent imprimés dans le dernier siècle, on prouva qu'ils ne pouvaient pas être plus anciens que le second âge de l'ère chrétienne, et que l'auteur, qui montre partout une grande horreur de l'idolâtrie, ne pouvait pas être cet Hermès contemporain d'Osiris, et regardé comme un des auteurs de la philosophie égyptienne, la plus idolâtrique de toutes, mais bien quelque platonicien de l'école d'Alexandrie.

LA HARPE, *Cours de Littérature.*

III.

Il est peu de sectes philosophiques dont il soit permis d'écrire l'histoire comme celle d'un peuple. On demande, pour s'intéresser aux révolutions d'une seule doctrine qui porte le nom d'un seul homme, que cet homme ait exercé une longue puissance sur les esprits, et que cette puissance vive encore. Platon, Aristote, Zénon, dans l'antiquité profane, ont ainsi régné par la pensée; on les prendrait pour les fondateurs d'une religion, et jusqu'à présent la religion de Mahomet a vécu moins long-temps que le platonisme. Mais il y a quelque chose de singulier dans cette admirable école de Socrate: elle a fondé le Lycée, le Portique, et nous la voyons aujourd'hui renaître dans presque toute l'Europe savante, tandis que la raison des siècles a renversé la plupart des systèmes qui l'ont précédée ou suivie, que la fortune d'Aristote semble finie pour toujours, et que le stoïscisme n'a jamais eu que des moments de triomphe et d'éclat. Il faut que cette philosophie; qui encourage l'âme, et qui la nourrit d'amour et d'espérance, soit bien propre à notre nature. Les hommes, en y restant fidèles, s'en sont montrés dignes, et ils se sont fait honneur en croyant à ses promesses.

Cette lumière est partie de l'Orient, et déjà Thalès, d'origine phénicienne, et Pythagore, le père de la philosophie *merv. illeuse*, avaient éclairé de la lumière de l'Orient quelques nations occidentales. Socrate fut d'abord le disciple de la secte Ionique, formée par Thalès, et qui s'appliquait sur-tout aux sciences naturelles; mais il s'éleva ensuite bien plus haut, puisqu'il s'occupa de l'homme même. Platon apprit de Socrate cette philosophie morale, et les principes d'une théologie pure et sublime. Ce n'était pas assez pour lui. Socrate n'était jamais sorti de la Grèce : Platon voulait savoir s'il ne trouverait pas ailleurs les leçons de quelque autre instituteur des hommes, quelques vérités secrètes, inspirées par un autre génie. Son séjour en Italie, auprès des pythagoriciens Euryte, Philolaüs, Archytas, lui fit connaître les dogmes du philosophe de Samos; il recueillit les ouvrages des disciples, Timée, Ocellus à Tarente, à Crotone, il trouva la mémoire encore récente des entretiens du maître avec les prophètes de l'Egypte, les mages de la Chaldée et les gymnosophistes de l'Inde. Bientôt, comme Pythagore, aux connaissances géométriques des sages de Babylone, aux traditions religieuses des brachmanes, il joignit, dans son voyage d'Egypte, les enseignements et les archives des prêtres de Says. Il leur dut son Atlantide et une partie de ses *Lois*. Nous distinguons moins les traces des récits asiatiques, mais il n'est guère possible de méconnaître Zoroastre dans cet Arménien qui ressuscite après douze jours, et la métempsychose dans la description des récompenses et des peines de l'autre vie. On doit regretter qu'il n'ait pu traverser la Perse, agitée alors par la guerre, et s'entretenir avec ces brachmanes qui instruisirent tour à tour Pythagore, Démocrite, Anaxarque, Pyrrhon, Apollonius ; mais s'il ne pénétra pas jusqu'à l'Inde, il en connut du moins la cosmogonie et les principales croyances, comme le prouvent les nombreux rapports de ses livres avec le *Védam* et le *Shastah*. L'Orient, cette source mystérieuse, qui est encore si féconde aujourd'hui, nourrit et charma son imagination toujours jeune et puissante ; il crut y voir le berceau du monde ; il crut entendre, dans les fables de l'Assyrien, dans ces traditions, qu'il appelle *les anciens Discours*, un bruit lointain, un souvenir confus des premières vérités ; il remonta par la pensée jusqu'à la naissance de l'homme et des peuples, et ce que les sages ne pouvaient lui apprendre lui fut révélé par son âme pieuse, toute remplie de la grandeur de Dieu, par sa raison et sa conscience, par ce Verbe éternel qui parle au cœur de tous les hommes.

Nous ne pouvons donner une analyse complète : il est difficile de réunir en corps de doctrine toutes ces idées éparses, toutes ces opinions soit *publiques*, soit *secrètes*, suivant l'ancienne division des écrits philosophiques, et dont quelques-unes sont soutenues et attaquées dans le même ouvrage. La forme dramatique, le ton de poète et d'inspiré, les apologues, l'ironie, l'usage de réfuter les définitions des autres sans définir soi-même, le nombre et la discorde des interprètes, augmentent la difficulté. Enfin, nous l'avouerons le mélange des systèmes ou le *sincrétisme* ; dont Platon a donné l'exemple aux Alexandrins, répand quelques nuages sur ces véritables pensées. Il était beau. sans doute, d'élever le premier tout l'édifice de la philosophie, et de présenter dans le même ensemble la métaphysique de Pythagore et de Parménide ; la physique de Thalès, d'Héraclite, de Philolaüs, la dialectique d'Euclide, la morale de Socrate ; mais cette alliance est quelquefois confuse, et des termes vagues, des contradictions nous arrêtent. C'est peut-être à cette incertitude, qui naît presque toujours des dialogues du maître, qu'il faut attribuer le doute universel de la seconde Académie. Cependant, si j'ose soustraire quelque chose au redoutable *que sais je ?* de Socrate et de ses disciples, il me semble que plusieurs dogmes sortent triomphants du combat des opinions théologiques, morales, politiques.

Le Platonisme enseigne un seul Dieu, esprit pur, éternel, immuable, immense, tout-puissant; Dieu de bonté et de justice, qui voit et prévoit tout, qui gouverne en Père ce monde vivant, Fils de Dieu, créé; par une pensée de son intelligence, d'après un monde idéal, seul vrai, seul incorruptible; les causes secondes; anges, démons, génies; la spiritualité et l'immortalité de l'âme, ouvrage du moteur suprême, et qui apporte avec elle sur la terre les idées innées des premiers principes; les récompenses et les peines d'une autre vie, représentées allégoriquement dans le *Phèdre*, le dixième livre de la *République*, le *Phédon* et le *Timée*, par des fables orientales et quelques idées de Pythagore et des brachmanes sur la métempsychose, ou les différentes migrations de celles des âmes qui, pendant leur exil terrestre, ont oublié leur céleste origine. Il commande la charité ou l'amour de Dieu, souverain bien de l'homme, la foi, l'espérance, le culte et la prière.

En morale, il enseigne la loi naturelle sur le juste et l'injuste; la prudence, la tempérance, la force; l'amour du prochain; le libre arbitre, le bonheur dans la vertu, sans laquelle tout le reste n'est rien, la soumission du corps à l'âme, et du plaisir au devoir, l'oubli des injures, l'humilité.

La politique de Socrate paraît, en général

fondée sur la haine de la démocratie. La *République*, ou plutôt le *Traité du Juste et de l'Injuste*, n'a pour but que l'aristocratie dans l'homme comme dans l'état, c'est-à-dire, dans l'homme, l'empire de la raison, dans l'état, le gouvernement des meilleurs citoyens. Socrate, pour arriver à ce but, examine tour à tour les divers caractères, ou timocratique, ou oligarchique, ou démocratique, ou tyrannique, de l'homme et de la cité. Celle qu'il imagine pour établir ce parallèle, dont j'écarte les digressions et les paradoxes, est formée des ministres de la loi, des guerriers et du peuple, ou, suivant ses propres termes, des bergers, des chiens et du troupeau : ainsi, dans l'homme, il trouve la raison, qui seule doit régner, et les deux autres parties de l'âme, nommées *irascible* et *concupiscible*, qui doivent obéir à la raison. Voilà toute la République. L'auteur ne peut y dissimuler son penchant pour le despotisme de la vertu, c'est là son aristocratie. Mais il rejette comme indignes d'une nation et comme injustes, la tyrannie d'un seul, et celle des grands, et celle du peuple, il veut que son aristocratie, qu'il appelle souvent gouvernement *royal*, nous garantisse à jamais de ces trois fléaux de la liberté. Quel est donc, enfin, ce régime salutaire, le seul raisonnable, le seul légitime ? Ici, nous devons tout dire : dans *le Politique*, la monarchie absolue paraît lui plaire, et il fait du monarque le ministre des dieux, l'image de la raison et de la justice même. Mais partout ailleurs, il recommande aux hommes une constitution mixte, composée des trois membres du corps social, maintenus dans cet équilibre, seul garant du juste contre l'injuste, et il n'accorde le droit divin sur la terre qu'à la loi : la loi, née du consentement du prince ou des princes, du sénat et du peuple, lui semble alors la seule raison, la véritable aristocratie, il en fait un dieu. Les opinions du philosophe ont varié, comme celle de tant de publicistes nos contemporains. Son incertitude eut peut-être la même cause. Il vit la démocratie d'Athènes, et il écrivit *le Politique* *, il vit la tyrannie de Sicile, et il écrivit *la République, les Lois*, et la *Lettre aux Syracusains.*

J.-V. Le Clerc, Histoire abrégée du Platonisme.

PLAUTE (Marcus Accius Plautus) était de Sarsine, ville d'Ombrie en Italie (dans la Romagne.) Il se rendit célèbre à Rome par ses comédies, et mourut vers l'an 184 avant Jésus-Christ.

Aulu-Gelle (*l.* III. *c.* 3.) rapporte d'après Varron, que Plaute s'étant voulu mêler du négoce, et ayant perdu tout ce qu'il avait, fut obligé, pour vivre, de se donner à un boulanger, chez qui il tournait une meule de moulin.

* Ainsi la démocratie anglaise de 1640 inspira, dit-on, à Th. Hobbes son apologie du pouvoir absolu.

Il ne reste de tous les autres poètes qui avaient paru jusqu'à lui, que quelques fragments. Plaute a été plus heureux. Vingt de ses comédies presque entières ont résisté au temps, et sont parvenues jusqu'à nous. Il y a beaucoup d'apparence que ses pièces se sont mieux conservées que celles des autres, parce qu'étant trouvées plus agréables, elles étaient aussi plus souvent redemandées. On ne les jouait pas seulement du temps d'Auguste : il paraît par un passage d'Arnoble (*l.* VII.) qu'elles étaient encore jouées du temps de Dioclétien, trois cents ans après la naissance de Jesus-Christ.

JUGEMENTS.

I.

On a porté diversts jugemens de Plaute. Il me semble que pour l'élocution il est généralement estimé, sans doute par rapport à la pureté, à l'exactitude, à l'énergie, à l'abondance, et même à l'élégance du discours. Varron disait que « si les Muses voulaient parler en latin, elles emprunteraient le langage de Plaute. » Un tel éloge n'excepte rien, et ne laisse rien, à désirer. Aulu-Gelle n'en parle pas moins avantageusement.

Horace, bon juge sans doute en cette matière, ne paraît pas favorable à Plaute. « Nos ancêtres, dit-il aux Pisons, ont loué et admiré les vers et les railleries de Plaute, un peu trop bonnement, pour ne pas dire sottement ; s'il est vrai que vous et moi sachions distinguer, dans les railleries, le délicat d'avec le grossier et que nous ayons l'oreille assez fine pour bien juger du son et de la cadence des vers. » Cette critique peut faire d'autant plus de tort à Plaute, qu'il paraît qu'Horace n'était pas seul de ce sentiment, et que la cour d'Auguste ne goûtait pas plus que lui, ni la versification, ni les plaisanteries de ce poète.

La censure d'Horace tombe sur deux articles, sur le nombre et la cadence des vers, *numeros*; et sur les railleries, *sales*. Je crois qu'on ne peut pas se dispenser d'adopter le jugement d'Horace en grande partie; mais il peut bien être arrivé que ce poète, piqué de l'injuste préférence que ceux de son siècle donnaient aux anciens poètes latins sur ceux de leur temps, ait un peu outré la critique en quelques occasions, et ici en particulier.

Il est certain que Plaute n'est point exact dans ses vers, qu'il a appelés par cette raison *numeros innumeros*, des nombres sans nombre. Dans son épitaphe qu'il fit lui-même, il ne s'est point assujetti à suivre une même mesure, et il a mêlé tant de sortes de vers, que les plus savants ont de la peine à les reconnaître. Il est certain encore qu'il a des plaisanteries fades, basses, et souvent outrées; mais il en a aussi de fines et de délicates. C'est pourquoi Cicéron, qui n'était pas un mauvais juge de ce que les anciens appelaient *urbanité*, le propose comme un modèle à suivre pour la raillerie.

Ces défauts de Plaute n'empêchent donc point

qu'il n'ait été un excellent poète comique. Ils sont bien réparés par beaucoup de qualités qui peuvent même le mettre au-dessus de Térence. C'est le jugement qu'en porte madame Dacier, dans la comparaison qu'elle fait de ces deux poètes, dans la préface de la traduction de trois comédies de Plaute.

« Térence, dit-elle, a sans doute beaucoup plus d'art, mais il me semble que l'autre a plus d'esprit. Térence fait plus parler qu'agir ; Plaute fait plus agir que parler, et c'est le véritable caractère de la comédie, qui est beaucoup plus dans l'action que dans le discours. Cette vivacité me paraît donner encore un grand avantage à Plaute : c'est que ses intrigues sont toujours conformes à la qualité des acteurs, que ses incidents sont bien variés, et ont toujours quelque chose qui surprend agréablement ; au lieu que le théâtre semble languir quelquefois dans Térence, à qui la vivacité de l'action, et le nœud des incidents et des intrigues manquent manifestement. » C'est le reproche que lui fait César comme je le dirai en parlant de Térence.

Pour donner au lecteur quelque idée du style de Plaute, de sa latinité et de son langage antique, je copierai ici le commencement du prologue d'une de ses plus belles pièces, intitulé *Amphitrion*. C'est Mercure qui parle. Il faut se souvenir que Mercure était le dieu des marchands, et le courrier des dieux.

« Par la même raison que vous voulez que

je vous sois favorable dans vos achats et dans vos ventes, que vous souhaitez de prospérer dans les affaires que vous avez à la ville et dans les pays étrangers, et de voir augmenter chaque jour d'un profit considérable celles que vous avez entreprises, ou que vous êtes sur le point d'entreprendre ; par la même raison que vous voulez que je vous apporte de bonnes nouvelles, à vous et à vos familles, et que je vous apprenne des choses qui soient pour le bien de votre république (car vous savez, il y a long-temps qu'il m'est échu en partage d'être le dieu des nouvelles, et de présider au gain) : par la même raison donc que vous voulez que je vous accorde toutes ces choses, et que je n'oublie rien de ce qui peut vous procurer l'avancement de vos affaires : par cette même raison. il faut aussi que vous donniez une favorable attention à cette pièce, et que vous en jugiez équitablement. »

On rencontre de temps en temps dans Plaute de fort belles maximes pour la conduite de la vie et pour la pureté des mœurs. J'en apporterai un exemple tiré de la pièce que j'ai déjà citée (*act. II, scène* 2) : c'est Alcmène qui parle à son mari Amphitrion, et qui renferme en peu de vers tous les devoirs d'une femme sage et vertueuse.

« Pour moi, j'estime que la véritable dot d'une femme n'est pas l'argent qu'elle apporte en se mariant: c'est l'honneur, c'est la pudicité, c'est de savoir modérer ses désirs, d'avoir la crainte des dieux, d'aimer ceux de qui l'on a reçu la naissance, et de vivre en bonne intelligence avec ses parents. Je n'ai jamais eu d'autre but que de vous obéir en toutes choses, de secourir les gens de bien, et de pouvoir leur être utile. »

Mais pour quelques endroits de cette sorte, combien y en a-t-il de contraires à la pureté des mœurs ! Il est bien fâcheux que ce reproche tombe presque généralement sur les meilleurs poètes du paganisme. On peut bien appliquer ici ce que dit Quintilien de certaines poésies dangereuses : Qu'il faut les laisser absolument ignorer à la jeunesse, s'il est possible, ou du moins les réserver pour un âge plus mûr, et pour un temps où les mœurs seront en sûreté.

Rollin, *Histoire ancienne.*

II.

Il n'y a point, à proprement parler, de comédie latine, puisque les Latins ne firent que traduire ou imiter les pièces grecques, que jamais ils ne mirent sur le théâtre un seul personnage romain [*],

---

[*] Ceci n'est pas tout-à-fait exact. On sait qu'il y avait à Rome un genre de comédies nommées *togatæ*, du mot *toga*, parce que les personnages et les costumes qu'on y faisait paraître étaient romain. Ce fait n'ôte rien d'ailleurs à l'observation générale de La Harpe qui subsiste dans toute sa force malgré l'exception. Voici ce que de Schlegel dit de cette espèce de comédie latine :

« Afranius était l'écrivain le plus célèbre dans ce dernier genre. Ce qui nous reste de ces pièces est si peu de chose, et les données sur ce sujet sont même en si petit nombre, que nous ne pouvons pas décider avec certitude si l'invention en était véri-

et que dans toutes leurs pièces c'est toujours une ville grecque qui est le lieu de la scène. Qu'est-ce que des comédies latines, où rien n'est latin que le langage, Ce n'est pas là sans doute un spectacle national. Le nôtre lui-même n'a mérité ce titre que depuis Molière : avant lui, toutes nos pièces étaient espagnoles, parce que Lopez de Vega, Calderon, Roxas et d'autres, furent les premiers modèles de nos auteurs. C'est un tribut que paient en tous genres les nations qui viennent

tablement originale. Il paraîtrait plus vraisemblable que les *comediæ togatæ* n'étaient que des pièces grecques refondues et adaptées aux mœurs des romains, puisque Afranius vivait à une époque où la littérature latine n'avait pas encore osé prendre un essor indépendant; et cependant il est très difficile de comprendre que la comédie athénienne ait pu se prêter à des formes locales, qui lui étaient aussi étrangères. Les Romains avaient certainement une gaieté fort spirituelle, et du goût pour la plaisanterie dans la société intime ; mais leur vie extérieure était soumise à une marche grave et sérieuse. La distinction des rangs était fort marquée à Rome ; et quelques particuliers y possédaient des fortunes de princes. Les femmes romaines, beaucoup plus répandues dans le monde que les Grecques, y jouaient un rôle bien autrement important Une comédie d'origine purement romaine, et qui aurait introduit sur la scène un système de mœurs aussi différent de celui des Grecs, eût été dans ce temps un phénomène littéraire très remarquable, et nous ferait à présent connaître le peuple vainqueur de l'univers, sous un aspect tout-à-fait nouveau. Mais les écrivains anciens parlent de *la comédia togata* avec trop d'indifférence pour qu'on puisse supposer qu'elle méritât sous aucun rapport d'attirer l'attention. Quintilien dit en propre terme que c'est sur-tout dans la comédie que la littérature latine est boiteuse. »

H. P.

les dernières dans la carrière des arts; mais, quand on arrive après les autres, il reste une ressource : c'est d'aller plus loin qu'eux, et les Français ont eu cette gloire, qui a manqué aux Romains.

Ennius, Nevius, Cecilius, Aquilius et beaucoup d'autres, tous imitateurs des Grecs, ne sont point venus jusqu'à nous. Il nous reste vingt et une pièces de Plaute, qui écrivait dans le temps de la seconde guerre punique, Épicharme, Diphilus, Démophile et Philémon furent ceux dont il emprunta le plus. Si l'on en juge par ses imitations, on n'aura pas une grande idée de ses modèles. Le comique de Plaute est très défectueux : il est si borné dans ses moyens, si uniforme dans son ton, qu'on peut l'appeler un comique de convention, tel qu'a été long-temps celui des Italiens, c'est-à-dire un cannevas dramatique retourné en plusieurs façons, mais dont les personnages sont toujours les mêmes. C'est toujours une jeune courtisane, un vieillard ou une vieille femme qui la vend, un jeune homme qui l'achète, et qui se sert d'un valet fourbe pour tirer de l'argent de son père. Joignez-y un parasite, espèce de complaisant du plus bas étage, et dont le métier, à Athènes comme à Rome, était d'être prêt à tout faire pour le patron qui lui donnait à manger; de plus, un soldat fanfaron, dont la jactance extravagante et burlesque a servi de modèle aux *capitans*, aux *matamores* de notre vieille comédie, qui ne reparaissent plus aujourd'hui, même sur nos tréteaux : voilà les caractères qui se représentent sans cesse dans les pièces de Plaute. Cette uniformité de personnages et d'intrigues n'est que fastidieuse : celle du style et du dialogue est dégoûtante. Tous ces gens-là n'ont qu'un langage dans toutes les situations : c'est celui de la bouffonnerie, souvent la plus plate et la plus grossière. Vieillards, jeunes gens, femmes, esclaves, soldats, parasites, tous sont des bouffons qui ne s'expriment guère que par des quolibets et des turlupinades. Il paraît que Plaute et ceux qu'il a suivis se sont entièrement mépris sur l'espèce de gaieté qui doit régner dans la comédie, et sur la plaisanterie qui convient au théâtre. Elle doit être naturelle et conforme à la situation et au caractère : les personnages d'une comédie ne sont point des baladins qui ne songent qu'à faire rire, n'importe comment : Il faut que le poète le fasse agir et parler de manière à faire rire, sans qu'ils aient l'air de le vouloir et d'y penser ; sans quoi il n'y a plus d'illusion. L'humeur du Misanthrope et le jargon mystique et hypocrite de Tartufe nous font rire; mais il s'en faut de beaucoup que ni l'un ni l'autre aient l'air d'en avoir dessein : c'est parce qu'ils sont vrais, c'est parce qu'ils sont eux-mêmes, qu'ils sont plaisants et risibles. Aussi rien n'est meilleur que le Misanthrope, quant il dit à tout un cercle que ses boutades divertissent beaucoup :

> Par la sambleu ! Messieurs, je ne croyais pas être-
> Si plaisant que je suis.

Et vraiment non, il ne le croit pas; il ne doit pas

le croire, et c'est pour cela même qu'il l'est infiniment. Mais qu'un amant qui vient de perdre sa maîtresse, ou qui est brouillé avec elle, qu'un esclave menacé d'un châtiment rigoureux, qu'un père irrité contre ses enfants ou contre ses valets, ne s'occupent qu'à bouffonner, c'est là proprement la farce, et nullement la comédie.

Plaute ne connaît pas davantage toutes les autres convenances théâtrales. Ses acteurs adressent à tout moment de longs narrés, de longs monologues, d'insipides lieux communs au spectateur, et causent sans cesse avec lui. Ces scènes sont remplies de longs *à parte* hors de toute vraisemblance; ses personnages entrent et sortent sans raison, ou laissent le théâtre vide. Des gens qui se disent très pressés parlent un quart-d'heure lorsque rien ne les empêche d'aller où ils ont affaire. Enfin l'auteur ne paraît point avoir pour but d'imiter la nature, si ce n'est celle qu'il ne faut pas imiter ; car il met sur la scène, avec la plus révoltante vérité, les mœurs des femmes perdues et toute l'infamie des lieux de prostitution ; et quoiqu'il y ait eu, même de nos jours, des auteurs assez insensés pour croire qu'une pareille peinture pouvait être bonne à quelque chose et avoir quelque mérite, on peut assurer qu'il est du devoir de l'écrivain et de l'artiste de ne jamais présenter des objets d'une telle nature, qu'un honnête homme ne puisse y arrêter ses regards.

Plaute eut beaucoup de réputation de son

temps, et en conserva même dans le siècle d'Auguste. Varron, Quintilien, Cicéron, en font l'éloge, et cependant Térence avait écrit. On loue particulièrement Plaute d'avoir bien connu le génie de sa langue, mérite très grand pour les Latins, sur-tout dans un auteur qui écrivait avant que cette langue fût arrivée à sa perfection; mérite qui peut s'accorder avec un très mauvais goût de plaisanterie et un très mauvais dialogue. C'est ce que nous sommes autorisés à penser d'après Horace, juge si fin et si délicat, et qui dit en propres termes : « Nos aïeux ont admiré les vers et les « bons mots de Plaute avec une complaisance « qu'on peut appeler sottise. » Mais parmi tant de défauts, quel fut donc son mérite ? Le voici : un fonds de comique dans quelques situations, de la gaieté dans quelques scènes, enfin un caractère, le seul à la vérité qui mérite ce nom, mais que Molière a immortalisé en le surpassant, celui de *l'Avare*. Il a fourni à ce même Molière l'*Amphitryon*, l'original de *Scapin* et quelques détails ; à Regnard, *les Ménechmes* et *le Retour imprévu*. Voilà sa gloire : elle est réelle ; car quoique, dans les pièces même où ils l'ont imité, nos deux comiques l'aient laissé bien loin derrière eux, c'est quelque chose d'avoir eu des idées assez heureuses pour que de si grands maîtres les aient employées.

Observons pourtant qu'aucun de ces ouvrages n'est du genre de ceux qui tiennent parmi nous le premier rang, n'est ce qu'on appelle du haut comique ; que *les Fourberies de Scapin* et *le Retour imprévu* ne sont que de petites pièces, des intrigues de valets, et que si l'*Amphitryon* et *les Ménechmes* sont des pièces très plaisantes, il faut commencer par admettre dans l'une le merveilleux de la Fable, et dans l'autre un jeu de la nature, qui est une sorte de merveilleux, tant il est loin de la vraisemblance. *L'Avare* est, à la vérité, un caractère de comédie; mais, outre que Molière l'a placé dans des situations beaucoup plus variées, il a su l'attacher à une excellente intrigue, et celle de Plaute est très mauvaise, ou plutôt il n'y a point du tout d'intrigue. Je ne dirai rien de ses autres pièces : l'analyse en serait aussi ennuyeuse qu'inutile. Je ne m'arrêterai que sur celle dont la comparaison avec les Modernes peut être un objet de curiosité et d'instruction. Molière a suivi à peu près la marche de l'*Amphitryon* latin, en y ajoutant le rôle de Cléanthis; ce qui produit des scènes si plaisantes entre elle et Sosie. Il donne encore à celui-ci une scène de plus avec Mercure, celle où le dieu l'empêche d'entrer à l'instant où l'on va se mettre à table. On se doute bien d'ailleurs qu'il a fait tous les changements, toutes les corrections que le goût peut indiquer, et que son dialogue est beaucoup plus châtié, plus précis, plus piquant que celui de Plaute ; mais il ne faut pas dissimuler que les traits les plus heureux appartiennent à l'original. Ce que Molière a très bien fait; c'est de ne pas imiter un prologue de cent cinquante vers que débite Mercure avant la pièce. Il y a substitué un dialogue très ingénieux entre Mercure et la Nuit. Mais il est bon de faire connaître quelques endroits du prologue de Plaute.

« Je m'appelle Mercure. Je viens de la part de
« Jupiter vous prier bien doucement et bien hum-
« blement de nous être favorable ; car mon père,
« afin que vous le sachiez, est aussi poltron qu'au-
« cun de vous autres. Étant né de race humaine,
« il ne faut pas s'étonner s'il est timide. Moi-même,
« quoique fils de Jupiter, je n'en suis pas plus
« hardi, et je crois que mon père ma communiqué
« sa poltronnerie...... Ce Jupiter jouera dans la
« pièce; j'aurai l'honneur de jouer avec lui. Ce
« n'est pas d'aujourd'hui qu'on a vu Jupiter faire le
« bateleur... Vous savez d'ailleurs qu'il ne se con-
« traint pas dans ses goûts ; il est de complexion
« fort amoureuse. Il est maintenant avec Alcmène,
« sous la figure d'Amphitryon.... » Et le reste, qui explique tout le sujet de la pièce. C'est ainsi qu'on s'égayait aux dépens de Jupiter, *très bon* et *très grand*, sur le théâtre de Rome. Sosie ouvre la pièce au milieu de la nuit, mais il n'a point la lanterne dont Molière fait un usage si heureux. Il meurt de peur d'être rencontré et battu ; ce qui amène d'abord un défaut de vraisemblance ; car plus il est peureux, plus il doit être pressé d'arriver, et ce n'est pas là le moment d'avoir avec lui-même une conversation de deux cents vers ; et de préparer le long récit qu'il doit faire à sa maîtresse. Le plus pressé pour lui, c'est d'entrer à la maison. Molière a senti cette objection, et l'a prévenue. Après

une vingtaine de vers sur sa frayeur et sur la condition des esclaves, Sosie dit :

> Mais enfin dans l'obscurité
> Je vois notre maison, et ma frayeur s'évade.

Le voilà rassuré. Il est devant sa porte ; c'est alors qu'il s'occupe de son message :

> Il me faudrait pour l'ambassade
> Quelque discours prémédité.

La vraisemblance est observée. Suit ce dialogue si comique de Sosie avec sa lanterne, qui n'est pas même indiqué dans le latin. Plaute, qui ailleurs a tant d'envie de faire rire, même quand il ne le faut pas, est tombé ici dans un défaut tout opposé. Il a mis dans la bouche de Sosie un récit très suivi, très détaillé et très sérieux de la victoire des Thébains, tel qu'il pourrait être dans une histoire ou dans un poème. Molière a conservé le ton de la comédie et la mesure de la scène. Il a senti qu'on s'embarrasserait fort peu du combat, et que le comique ne tenait qu'à la manière dont Sosie s'en tirerait. Il lui fait tracer comme il peut la disposition des troupes ; il l'arrête prudemment au *corps d'armée*, et amène Mercure quand Sosie ne sait plus où il en est. Cela vaut un peu mieux que la description de Plaute, qui n'aurait pas manqué d'ennuyer. Autre défaut non moins choquant dans l'auteur latin : Mercure est sur la scène dès le commencement de la pièce. Il entend toute la narration, tous raisonnements de Sosie; et depuis le moment où celui-ci l'aperçoit, il y a encore quatre pages d'un double *à parte*, c'est-à-dire que Mercure s'épuise en fanfaronnades et en menaces pour épouvanter le pauvre Sosie, et que celui-ci quoique demi-mort de frayeur, répond par des quolibets qui font un contre-sens dans la situation. Molière en savait trop pour commettre toutes ces fautes. Il ne fait entrer Mercure qu'à propos, se garde bien de prolonger les *à parte*, ni de faire goguenarder Sosie dès qu'il a aperçu Mercure. C'est la différence d'une peinture naïve à une caricature grotesque. Sosie fait rire par l'excès de sa frayeur, et non pas par des rébus et des calembourgs. On s'étonnera peut-être que ce genre de plaisanterie se trouve dans Plaute. Mais il faut rendre justice à qui elle est due ; les calembourgs sont de toute antiquité. Dans toutes les langues on a joué sur les mots ; Cicéron lui-même en a donné l'exemple plus d'une fois; et Boileau ; en proscrivant les pointes, ne défend pas à la gaieté d'en faire quelquefois usage. Mais il observe, avec tous les gens de goût, que, rien n'étant plus aisé ni plus frivole que cette espèce de débauche d'esprit, il ne faut se la permettre que très-rarement et avec beaucoup de réserve. Voici un des calembourgs de Plaute. Mercure dit que la veille il a assommé quatre hommes. « Je crains bien, dit Sosie, de changer aujourd'hui de nom, et de m'appeler Quintus. C'est que Quintus, qui était un nom romain, voulait dire aussi cinquième; et Sosie craint de faire le cinquième. Il continue à bouffonner sur le même ton. *Merc.* Je ferai manger mes poings au premier que je rencontrerai. *Sos.* J'ai soupé: garde ce ragoût pour ceux qui ont faim. *Merc.* Une voix a volé vers moi. *Sos.* Je suis bien malheureux de n'avoir pas coupé les ailes à ma voix puisqu'elle est volatile. *Merc.* Il faut que je le charge de coups. *Sos.* Je suis las, je ne puis porter aucune charge. *Merc.* Je ne sais qui parle là. *Sos.* Je suis sauvé: il ne me voit pas. Je m'appelle Sosie, et non pas je ne sais qui. *Merc.* Une voix m'a frappé à droite. *Sos.* Si ma voix l'a frappé, je crains bien qu'il ne me frappe moi-même. » — Tous ces jeux de mots sont du ton d'Arlequin, et non pas de celui de Molière. Mais, je le répète, toutes les plaisanteries de la scène qui suit, et qui roulent sur les deux mots *moi*, sont excellentes, et Molière n'a pu rien faire de mieux que de se les approprier. Il a emprunté aussi la querelle et le raccommodement avec Alcmène, et la scène où Mercure, du haut d'une fenêtre, traite si mal Amphitryon, et achève de le pousser à bout, et même le dénouement, qu'il a accommodé à notre théâtre.

La pièce dont il a tiré le rôle de *l'Avare* a pour titre *l'Aululaire*, d'un mot latin qui signifie pot de terre, parce que *l'Avare* de Plaute, Euclion, a trouvé dans sa maison un trésor dans un pot de terre que son grand-père avait enfoui. Dans la pièce française, ce trésor n'a pas été trouvé ; il a été amassé ; ce qui vaut beaucoup mieux. De plus, Harpagon est riche et connu pour tel ; ce qui rend son avarice plus odieuse et moins excusable. Euclion est pauvre ; et est à peu près dans le cas du savetier de La Fontaine, à qui ses cent écus tournent la tête. Euclion, depuis qu'il a trouvé un trésor, n'est occupé qu'à le garder. Il est dans des transes continuelles, et se refuse tout, de peur qu'on ne se doute de sa bonne fortune. Ce tableau est vrai, et tous les traits en sont frappants. Euclion ouvre la scène comme dans Molière, en querellant sa servante, parce qu'il imagine qu'elle se doute du trésor, et qu'elle cherche à le voler. Il répète sans cesse qu'il est pauvre, ce qui est fort bien ; mais Harpagon dit la même chose, ce qui est encore mieux, parce qu'on sait le contraire. Euclion met sa servante dehors pendant qu'il va dans l'intérieur de sa maison faire la visite de son trésor. Il est obligé de sortir, quoiqu'à regret, et il en a une bonne raison, c'est qu'il va à une assemblée du peuple où l'on distribue de l'argent. Il ne faut rien moins pour faire sortir un avare. Obligé de laisser sa servante pour garder la maison, il lui défend d'ouvrir à personne, pas même à la Fortune, si elle se présentait. « J'en serais bien étonnée, dit la servante, elle ne nous a jamais rendu visite. *Euclion.* Fais bonne garde. *La serv.* Et que voulez-vous que je garde ; il n'y a chez vous que des toiles d'araignées. *Euclion.* Je veux qu'il y en ait. Je te défends de les balayer. Je reviens dans le moment : ferme ta porte aux verroux, et n'ouvre à qui que ce soit. Eteins le feu, de peur qu'on ne t'en demande. Tu es morte si je ne trouve pas le feu éteint. Si l'on vient te demander du feu, dis que nous n'en n'avons pas. Si l'on vient te demander un couteau, un mortier, un couperet, quelqu'un des ustensiles que les voisins ont coutume d'emprunter, dis que les voleurs ont tout emporté.

Tous ces traits ont de la vérité ; mais en voici qui sont outrés et hors de nature. On dit d'Euclion qu'il se plaint qu'on le pille quand la fumée de ses tisons sort de chez lui ; qu'en dormant il se met un soufflet dans la bouche pour ne pas perdre sa respiration ; qu'il ramasse les rognures de ses ongles, etc. C'est passer le but. De même lorsque, après avoir examiné les deux mains d'un esclave, il dit : *Voyons la troisième*, il blesse la vraisemblance. Euclion, qui n'est pas fou, sait bien qu'on n'a que deux mains. Molière a pourtant profité de ce trait ; mais comment ? Harpagon, après avoir vu une main, dit : *L'autre ;* et après avoir vu la seconde, il dit encore : *L'autre.* Il n'y a rien de trop, parce que la passion peut lui faire oublier qu'il en a vu deux ; mais elle ne peut pas lui persuader qu'on en a trois. Le mot de Plaute est d'un farceur, celui de Molière est d'un comique.

Un voisin riche vient demander la fille d'Euclion en mariage. Il croit d'abord qu'on a flairé le trésor ; mais on offre de la prendre *sans dot*, et cela le rassure. On sait quel parti Molière a tiré de ce mot *sans dot*, qui lui a fourni une des meilleures scènes de sa pièce. Le gendre d'Euclion envoie des cuisiniers chez lui, en son absence, pour préparer le repas de noces, et fait porter toutes les provisions et tous les intruments de cuisine. Euclion, de retour, jette des cris horribles, bat les cuisiniers, les met dehors, et garde tout ce qu'on a apporté. Fort bien, mais j'aime encore mieux l'idée du poëte français, qui, faisant son avare amoureux, a mis aux prises les deux passions qui vont le plus mal ensemble. La perfection du comique, c'est de mettre le caractère en contraste avec la situation. Rien n'est si divertissant que les angoisses d'un avare qui se croit obligé de donner à dîner à sa prétendue, et qui voudrait bien ne pas dépenser beaucoup d'argent. Ce sont là de ces moments où le poëte peut prendre la nature sur le fait; et quel auteur y a réussi comme Molière ?

Enfin, le trésor d'Euclion est découvert et volé par un esclave, et il se trouve en même temps que sa fille a été violé par celui qui veut l'épouser. Euclion ignore ce dernier incident, et n'est occupé que de son trésor, lorsque l'amant de sa fille vient lui demander pardon de son attentat ; en sorte que tout ce que l'un dit de la fille violée est appliqué par l'autre au trésor emporté, méprise plaisante et théâtrale, dont Molière a bien connu la valeur ; mais, substituant un moyen plus honnête, il a supposé que le jeune homme qui aime la fille d'Harpagon est dans la maison, déguisé en valet. Cela produit la même scène, les mêmes aveux : le même dialogue à double entente, et enfin cette exclamation qui a fait proverbe : *les beaux yeux de ma cassette !* mot qui n'est point une charge, parce qu'il est impossible qu'Harpagon ne le dise pas. Il voit un coupable qui avoue, on lui parle de trésor; il ne songe qu'au sien : à sa cassette ; enfin on lui parle de beaux yeux, *Les beaux yeux de ma cassette!* ce mot doit lui échapper. Il est excessivement gai: mais ce n'est pas la faute du poète : il n'a voulu dire que le mot de la nature.

Lyconide, celui qui aime la fille d'Euclion, lui fait rendre son cher pot de terre avec tout l'or qui est dedans. Le bonhomme, transporté de joie, baise son trésor, le caresse. Rien de mieux; mais ce qu'on est loin d'attendre et de prévoir, c'est que dans l'instant même il s'écrie : « A qui rendrai je « graces? aux dieux qui ont pitié des honnêtes « gens, ou à mes amis qui en agissent si bien avec « moi? A tous les deux. » Et aussitôt il met le trésor entre les mains de son gendre, et consent que tous les deux s'établissent dans la maison. Un esclave s'adresse aux spectateurs et dit : « Mes-« sieurs, l'avare Euclion a changé tout à coup de « caractère, il est devenu libéral. Si vous voulez aus-« si user de libéralité envers nous, applaudissez. »

Non, vraiment, je n'applaudirai point ce dénouement; il contredit trop la nature et l'un des préceptes de l'art qu'elle a le mieux fondé, celui de conserver jusqu'au bout l'unité de caractère. Un avare ne se transforme pas ainsi tout à coup, sur-tout dans un moment où son trésor qu'il vient de retrouver doit lui être plus cher que jamais. J'applaudirai le talent qui se montre dans le reste du rôle; mais ce denouement et les autres défauts de la pièce me font voir que Plaute n'était pas très avancé dans l'art dramatique*.

On connaît le fond des *Ménechmes* ; tout l'effet tient à ces méprises, qui sont une des sources de comique les plus faciles et les plus sûres ; La ressemblance des deux frères est le ressort principal que Regnard doit à Plaute ; il lui a pris aussi quelques situations, mais les siennes sont en général plus fortes, plus piquantes et plus variées. Dans Plaute, l'un des deux Ménechmes, qui a été enlevé à ses parents dans son enfance, vient dans Athènes, où son frère a une maîtresse, c'est-à-dire une courtisane : il n'y en a point d'autres sur les théâtres anciens. Il arrive au moment où Ménechme le citadin vient de donner à sa maîtresse une belle robe qu'il a prise à sa femme, et lui a promis, en la quittant, de revenir dîner chez elle. Un moment après, cette femme croit l'apercevoir sur

* Ce paralèlle entre Plaute et Molière, est plein de justesse, et l'on peut s'étonner qu'il soit venu dans l'esprit à quelqu'un d'en renverser la conclusion, et d'accorder la supériorité à Plaute sur Molière pour la vérité et le comique. C'est ce qu'a fait M. Schlegel dans son *Cours* ; d'ailleurs, si plein d'intérêt, de littérature dramatique, en appuyant son opinion de ces raisons subtiles qui ne manquent guère à l'esprit de paradoxe. Ce critique distingué qui a si bien parlé, quoiqu'avec un enthousiasme indiscret, des théâtres anglais et espagnols, qui a mieux que tous les modernes, apprécié le génie dramatique des anciens, a eu le malheur d'être tout-à-fait inaccessible à ce que nous regardons comme le chef-d'œuvre de notre scène, et sur-tout de choisir pour les objets particuliers de son aversion et de son dédain ; Racine et Molière. C'est en haine de ce dernier qu'il se prend d'une si vive admiration pour Plaute. H. P.

la place, et vient demander à Ménechme l'étranger pourquoi il se fait attendre, et n'entre pas, puisqu'il n'a rien à faire. C'est précisément la scène de Regnard, lorsque Araminte et sa suivante attaquent Ménechme le provincial. Mais quelle différence d'exécution ! Celui de Plaute, après s'être défendu quelque temps, finit par se prêter à la méprise, attendu, dit-il, qu'il n'a rien de mieux à faire que d'accepter un bon dîner qui ne lui coutera rien. Il feint d'avoir voulu plaisanter, et la courtisane, qui commençait à s'impatienter, lui remet alors cette même robe qu'elle croit avoir reçue de lui, et le prier de la porter chez le tailleur pour y faire mettre quelques agréments. Remarquons, en passant, que la nomenclature des ajustements de femme paraît avoir été alors tout aussi savante et tout aussi étendue qu'aujourd'hui. Voici quelques-uns des noms que les Athéniennes donnaient à leurs habillements : *la transparente*, *l'épi de blé*, *le petit linge blanc*, *l'intérieure*, *la diamantée*, *la jaune de souci*, *la basilique*, *l'étrangère*, *la vermillonne*, *la méline*, *la céline*, *la plumatile*, etc. Il est clair que les marchandes de modes d'Athènes avaient l'esprit tout aussi inventif que celles de Paris : cet article mériterait bien une petite digression.

Ménechme l'étranger prend la robe, mange le dîner, et emporte encore les bijoux qu'on le charge de porter chez le joaillier pour les raccommoder. Il dit à son valet, qu'il a trouvé une bonne dupe. Toute cette conduite n'est pas fort délicate dans un homme qu'on ne donne pas pour un escroc; et de plus, elle est fort peu comique. C'est dans Regnard qu'il faut voir la fureur également risible de Ménechme le campagnard, qui croit que les deux friponnes veulent le duper, et d'Araminte et de sa suivante, qui se voient insultées et méprisées. C'est là que la gaieté est portée à son comble, quand Araminthe a recours aux larmes pour attendrir celui qu'elle prend pour un infidèle, et que le campagnard, poussé hors de toute mesure, et ne sachant plus de quoi s'aviser pour se délivrer d'un pareil fléau, la conjure et l'exorcise, comme on exorcise les démons et les possédés:

> Esprit, démon, lutin, ombre, femme ou furie,
> Qui que tu sois, enfin, laisse-moi, je te prie.

C'est-là ce qui s'appelle approfondir une situation. Plaute n'a fait que l'indiquer et l'effleurer.

Il n'a marqué aucune nuance dans le caractère de ses deux Ménechmes : Regnard au contraire s'est avisé très ingénieusement de faire de l'un des deux un homme grossier et brusque, moyen sûr de rendre bien plus vives les scènes de méprises. En joignant ce qu'il a d'humeur avec ce qu'on lui en donne d'ailleurs, il y a de quoi le rendre fou. Aussi ne dit-il pas un mot qui ne soit caractérisé. Dans Plaute, quand Ménechme l'étranger parle du vaisseau sur lequel il est venu à Athènes. « Eh! « bons dieux, dit la courtisane, de quel vaisseau

« me voulez-vous parler? *Mén.* un vaisseau de
« bois, qui depuis long-temps met à la voile,
« vogue, jette l'ancre, se radoube, et reçoit bien
« des coups de marteau. C'est comme la boutique
« d'un pelletier; une pièce y joint l'autre. » Ce
n'est là que de la bouffonnerie. Regnard a pourtant imité cet endroit, mais en le corrigeant. Ménechme le campagnard parle aussi du coche qui
l'a amené à Paris :

> Mais de quel coche ici me voulez-vous parler ?
> — Du coche le plus rude où mortel puisse aller ;
> Et je ne pense pas que, de Paris à Rome,
> Un coche, quel qu'il soit, cahote mieux son homme.

Voilà le ton de l'humeur, et cette réponse est
de caractère.

On ne finirait point si l'on voulait épuiser ces
sortes de parallèles, dont il suffit de présenter
l'idée pour marquer la différente manière des deux
auteurs. Le goût dans les choses d'esprit est une
espèce de sens tout aussi délicat que les autres :
il suffit de l'avertir, et il faut craindre de le rassasier.

Ceux qui cherchent des sujets d'opéras comiques pourraient en trouver un dans la pièce intitulé *Casine* ; l'une des plus gaies de Plaute. C'est
un vieillard amoureux d'une jeune orpheline élevée chez lui; qu'il veut faire épouser à un de ses
esclaves, à condition qu'en bon valet il en fera
les honneurs, à son maître. C'est précisément le
marché que le comte Almaviva propose à Susanne

dans *les Noces de Figaro*, si ce n'est que l'esclave est plus accommodant que la camériste. La femme du vieillard, instruite de cette menée, protège un autre esclave à qui elle veut aussi faire épouser la jeune personne. Après bien des débats entre le mari et la femme, on convient de s'en rapporter au sort. Le confident du vieillard gagne; mais on se réunit pour duper le vieux débauché; et, au lieu de la jeune épousée, il trouve un esclave robuste qui le traite fort rudement. Ce dénouement est du genre de la farce; mais nous en avons plus d'un exemple, même au théâtre français, qui, comme on sait, se permet quelquefois de déroger *.

La Harpe, *Cours de Littérature.*

* On peut consulter sur Plaute, outre les divers auteurs qui l'ont traduit et commenté, les observations qu'a faites sur cet auteur, M. Lemercier dans son *Cours analytique de Littérature*, après l'avoir pris lui-même, pour le héros d'une ingénieuse comédie : *Plaute, ou la comédie latine.*

H. P.

FIN DU VINGT ET UNIÈME VOLUME.

www.ingramcontent.com/pod-product-compliance
Lightning Source LLC
Chambersburg PA
CBHW060516230426
43665CB00013B/1533